Susanne Rippl/Christian Seipel/
Angela Kindervater (Hrsg.)
Autoritarismus

Susanne Rippl/Christian Seipel/
Angela Kindervater (Hrsg.)

Autoritarismus

Kontroversen und Ansätze der aktuellen
Autoritarismusforschung

Leske + Budrich, Opladen 2000

Gerda Lederer in Dankbarkeit gewidmet

Gedruckt auf alterungsbeständigem und säurefreiem Papier.

Die Deutsche Bibliothek – CIP-Einheitsaufnahme

Autoritarismus : Kontroversen und Ansätze der aktuellen Autoritarismusforschung /
Susanne Rippl ... (Hrsg.). – Opladen : Leske + Budrich, 2000

ISBN 3-8100-2634-4

Satz: Leske + Budrich, Opladen
Druck: DruckPartner Rübelmann, Hemsbach
Printed in Germany

Inhalt

Autoritarismus in unterschiedlichen kulturellen Kontexten

Ansätze der Autoritarismusforschung und die Probleme ihrer empirischen Prüfung

Zu diesem Band

Auch 50 Jahre nach dem Erscheinen der Studie „The Authoritarian Personality" von Theodor W. Adorno, Else Frenkel-Brunswik, Daniel J. Levinson und R. Nevitt Sanford hat dieser Forschungsansatz nicht an Aktualität verloren. Im Gegenteil, weltweit wachsender Nationalismus und Fremdenfeindlichkeit haben zu einer Wiederbelebung des Konzeptes geführt. Dabei sind auch die wissenschaftlichen Kontroversen um dieses Konzept bis heute nicht abgeschlossen. Dennoch liegt in Deutschland keine Veröffentlichung vor, die einen Überblick über den aktuellen Stand der internationalen Autoritarismusforschung gibt. Ein Grund hierfür liegt vielleicht in der interdisziplinären Ausrichtung der Autoritarismusforschung, denn sie ist nicht klar auf ein Fachgebiet festgelegt. Die Wissenschaftler und Wissenschaftlerinnen kommen aus den Bereichen der Soziologie, der Psychologie, den Politikwissenschaften und der Pädagogik, ohne daß sich in einem dieser Gebiete eine „Schule" oder ähnliches etabliert hätte. Obwohl diese Aufgliederung zum Teil die Kommunikation zwischen den Wissenschaftlern erschwert, ist sie doch für die Weiterentwicklung der Autoritarismusforschung kein Hindernis, denn mit Renate Mayntz (1996) kann man spekulieren, daß sich zunehmend eine neue Form der Wissensproduktion etabliert, deren Organisationsprinzip Themen und nicht mehr Disziplinen sind. In diesem Sinn stellt der vorliegende Band die erste umfassende Publikation zur aktuellen internationalen Autoritarismusforschung in Deutschland dar. Er orientiert sich thematisch an vier zentralen Kontroversen.

Einleitend wird zunächst von *Susanne Rippl, Angela Kindervater* und *Christian Seipel* der Forschungsstand der aktuellen Autoritarismusforschung skizziert und zentrale theoretische Fragestellungen sowie Weiterentwicklungen vorgestellt. In den folgenden Beiträgen gehen die wichtigsten Vertreter und Vertreterinnen der verschiedenen neueren Ansätze vertiefend auf die bestehenden Kontroversen ein.

Im Rahmen der *ersten Kontroverse* wird die Frage nach der politischen Relevanz der Familie behandelt. Stellvertretend für die gegenläufigen Positionen in dieser Diskussion im deutschen Forschungskontext kommen Christel Hopf (Universität Hildesheim) und Detlef Oesterreich (Max-Planck-

Institut für Bildungsforschung, Berlin) zu Wort. *Christel Hopf* vertritt dabei eine psychoanalytisch orientierte Position, die neuere Entwicklungen der Bindungsforschung in den klassisch psychoanalytischen Ansatz der autoritären Persönlichkeit integriert, die im Rahmen qualitativer Studien überprüft werden. *Detlef Oesterreich* hingegen distanziert sich von der psychoanalytisch geprägten Tradition und stellt seinen lerntheoretischen Ansatz vor. Er verwendet Daten einer repräsentativen Schülerstichprobe zur Überprüfung seiner Thesen. In der amerikanischen Diskussion beschäftigen sich besonders *Michael Milburn* und *Sheree Conrad* (University of Massachusetts/Boston) mit dieser Thematik. Auch sie vertreten eine psychoanalytisch orientierte Position, beziehen sich aber im Gegensatz zu C. Hopf nicht auf die Bindungsforschung und verwenden quantitative Methoden zum Test ihrer Hypothesen.

Die *zweite Kontroverse* ist innerhalb der Entwicklung der Autoritarismusforschung zu Unrecht etwas in den Hintergrund geraten. Lipset hat in seinen Beiträgen aus den 50er und 60er Jahren die These vertreten, Autoritarismus sei ausschließlich ein Arbeiterklassenphänomen. Diese These ist zeitweise in Vergessenheit geraten. *Wulf Hopf* (Universität Göttingen) faßt die neueren, verstreut vorliegenden Forschungsergebnisse und Thesen zum schicht- bzw. klassenspezifischen Autoritarismus zusammen und leistet damit einen Beitrag, die Diskussion wieder aufzunehmen. *Aribert Heyder* und *Peter Schmidt* (beide ZUMA, Mannheim) legen in diesem Kontext auf der Basis der repräsentativen Stichprobe des Allbus 1996 eine empirische Analyse des Zusammenhangs von Autoritarismus, Ethnozentrismus und Schulbildung vor.

Die Konzeption der autoritären Persönlichkeit war ursprünglich auf Westeuropa bzw. die USA ausgerichtet. Nationalismus, Fundamentalismus und Fremdenfeindlichkeit sind jedoch globale Probleme, die sich in wirtschaftlich und politisch unterschiedlich strukturierten Ländern zeigen. Die *dritte Kontroverse* bezieht sich daher auf die Frage, ob dieses Konzept auf andere politische und kulturelle Kontexte übertragen werden kann. *Ofer Feldmann* (Naruto University of Education, Japan) und *Meredith Watts* (University of Wisconsin-Milwaukee) diskutieren die Frage nach der kulturübergreifenden Gültigkeit des Konzeptes im Kontext der japanischen Gesellschaft. Im Zentrum steht dabei die Frage, ob Autoritarismus in Gesellschaften, in denen nicht das Individuum sondern das Kollektiv oder die Gruppe zentrale Bedeutung haben, überhaupt verwendet werden kann. *Sam McFarland* (Western Kentucky University) diskutiert diese Thematik am Beispiel Rußlands. Er präsentiert dabei eine zusammenfassende Darstellung seiner eigenen Autoritarismusstudien sowie die Ergebnisse anderer Arbeiten, die nach dem Zusammenbruch der UdSSR entstanden sind. *Gerda Lederer* (New School of Social Research, New York) berichtet von den Ergebnissen einer vergleichenden Jugendstudie zum Thema Autoritarismus, die sie 1990/91 noch kurz vor der formellen Vereinigung in Ost- und Westdeutschland durchgeführt hat. Schließlich legt *Jos Meloen* (University of Leiden) eine theoretische und empirische Studie zur Frage universeller Merkmale und

Determinanten des Staatsautoritarismus vor. Er präsentiert eine empirische Analyse auf der Ebene von Aggregatdaten, die 133 Länder umfaßt.

Im Rahmen der *vierten Kontroverse* wird es um Ansätze und Probleme bei der Konzeption und Messung der autoritären Persönlichkeit gehen. *Stanley Feldman* (State University of New York at Stony Brook) befaßt sich in seinem Beitrag kritisch mit den bisherigen Konzeptionen und Meßinstrumenten der Autoritarismusforschung, und geht dabei insbesondere auf die Arbeiten von Bob Altemeyer ein. Er nimmt diese Kritik zum Anlaß, seinen neuen Ansatz vorzustellen. Im letzten Beitrag geben *Christian Seipel, Susanne Rippl* und *Angela Kindervater* einen Überblick über aktuelle Probleme der empirischen Autoritarismusforschung.

Trotz einiger Bemühungen ist es den HerausgeberInnen leider nicht gelungen, Bob Altemeyer für einen Beitrag zu gewinnen. Seine Arbeiten werden aber insbesondere in dem Beitrag von Stanley Feldman und in verschiedenen anderen Beiträgen vorgestellt und berücksichtigt. Die Beiträge der nicht deutschsprachigen Kollegen (Michael Milburn/Sheree Conrad; Ofer Feldman/Meredith Watts; Sam McFarland; Jos Meloen und Stanley Feldman) wurden von den HerausgeberInnen übersetzt – diese Ansätze liegen somit erstmals überhaupt in deutscher Sprache vor.

Wir möchten uns bei den Autoren und Autorinnen für die konstruktive und vertrauensvolle Zusammenarbeit bei der Vorbereitung dieser Publikation bedanken. Danken möchten wir auch Herrn Budrich und insbesondere Frau Haverland für die gute Zusammenarbeit zwischen dem Verlag und den HerausgeberInnen in den unterschiedlichen Projektphasen.

Chemnitz, Hildesheim, Hamburg im Oktober 1999,

Susanne Rippl   Christian Seipel   Angela Kindervater

Einleitung

Die autoritäre Persönlichkeit: Konzept, Kritik und neuere Forschungsansätze[1]

Susanne Rippl, Angela Kindervater und Christian Seipel

Zusammenfassung: Dieser Beitrag gibt einen Überblick über den aktuellen Stand der Autoritarismusforschung. Neben einer kurzen Einführung in die klassische Studie von Adorno et al. (1950) und der Darstellung zentraler Kritikpunkte an dieser Studie, stehen neuere theoretische Entwicklungen im Zentrum des Interesses. Dabei wird in die Ansätze und Kontroversen eingeführt, die in den folgenden Beiträgen von den Vertretern der unterschiedlichen Positionen vertiefend diskutiert werden.

1. Hintergründe zur Entstehung der Studien zur autoritären Persönlichkeit

Dieses Kapitel gibt einen Überblick über die zentralen Fragestellungen und Ergebnisse der Autoritarismusforschung. Der Schwerpunkt liegt dabei weniger auf der Geschichte der Autoritarismusforschung als auf einer kurzen Darstellung der theoretischen Annahmen und der empirischen Arbeiten sowie einer überblickartigen Zusammenfassung neuerer Ansätze, die in den folgenden Beiträgen des Buches aufgegriffen werden. Für umfassendere Darstellungen der Geschichte und der theoretischen Hintergründe der Autoritarismusforschung liegen bereits einige Veröffentlichungen vor, die hier einen umfassenden Einblick geben können (z.B. Hopf und Hopf 1997; Six 1997; Oesterreich 1996; Lederer und Schmidt 1995; Stone et al. 1993; Wiggershaus 1986; Jay 1985).

Vorläufer der Forschungsarbeiten zur „Authoritarian Personality" sind die Arbeiten von Wilhelm Reich (1936) und die frühen „Studien über Autorität und Familie" des Frankfurter Instituts für Sozialforschung (Institut für Sozialforschung 1936). Dabei war es insbesondere Erich Fromm der durch eine Erweiterung der Freudschen Charakterlehre die Idee eines autoritären

---

1   Für Anregungen und kritische Kommentare an früheren Fassungen dieses Beitrages bedanken wir uns bei Christel Hopf, Gerda Lederer und Peter Rieker.

Sozialcharakters entwickelte, die in den 40er Jahren von Adorno aufgegriffen und weiterentwickelt wurde.[2]

Auslöser der Forschungsarbeiten zur „Authoritarian Personality" waren die Erfahrungen des Faschismus in Deutschland. Das Frankfurter Institut für Sozialforschung war selbst unmittelbar von den Übergriffen der Nationalsozialisten betroffen. Max Horkheimer war der erste, der bereits unmittelbar nach der Machtergreifung der Nazis zur Emigration gezwungen war, ihm sollten die anderen, meist jüdischen Mitarbeiter des Instituts folgen. Die in die USA emigrierten Wissenschaftler faßten dort den Entschluß, eine umfangreiche Studie zur Erforschung der Ursachen von Antisemitismus und Vorurteilen durchzuführen und die Frage zu beantworten, ob auch die Bevölkerung der USA für faschistische Einstellungen anfällig ist. Auftraggeber und Financier der aufwendigen Forschungsarbeiten war das „American Jewish Committee".

Die Zusammenarbeit mit Else Frenkel-Brunswik, Daniel Levinson und Nevitt Sanford, die sich bereits Anfang der 40er Jahre in den USA mit der Erforschung des Antisemitismus befaßt hatten, begann 1944. Die emigrierten Forscher der Frankfurter Schule und die amerikanischen Wissenschaftler stellten sich die Frage nach den psychologischen und gesellschaftlichen Mechanismen, die diese unfaßbare Katastrophe ermöglicht hatten. Ihr Ziel war es, die „unbewußten seelischen Bedingungen" aufzuzeigen, unter denen Massen für eine Politik gewonnen werden konnten, die ihren eigenen vernünftigen Interessen entgegengesetzt war. Bei den Untersuchungen erkannte man sehr schnell, daß Personen mit einer Affinität zu faschistischen Einstellungen in vielen Aspekten Gemeinsamkeiten in ihren Denkmustern aufweisen. Es wurde die Hypothese aufgestellt, daß die Empfänglichkeit für antisemitische Einstellungen nicht Ausdruck einer spezifischen Haltung gegenüber Juden sei, sondern daß es sich dabei objektunabhängig um eine weitaus umfassendere Charakterstruktur handeln mußte. Die Ausgangsfragestellung, die ursprünglich nach den Wurzeln des Antisemitismus suchte, erweiterte sich im Laufe der Forschungsarbeiten, so daß bald die Entstehung von Vorurteilen gegenüber Minderheiten im Zentrum des Interesses stand. Man interessierte sich dabei nicht für Personen, die offen faschistische Orientierungen äußerten, sondern vielmehr für einen offenbar viel größeren Anteil von Personen, der latent empfänglich für faschistische Ideologien ist (Adorno et al. 1950). Es entstand ein fünfbändiges Gesamtwerk mit dem Titel „Studies in Prejudice", das 1949 und 1950 erschien. Ein Band umfaßte „The Authoritarian Personality" von Theodor W. Adorno, Else Frenkel-Brunswik, Daniel J. Le-

---

2   In den 40er Jahren kam es zum Bruch zwischen Fromm und dem Frankfurter Kreis. In einer revidierten Sicht der Psychoanalyse interpretierte Fromm den Nationalsozialismus als „Flucht vor der Freiheit" (1941 in engl.) und behielt dabei eine positive Utopie gesellschaftlicher Weiterentwicklung bei, im Gegensatz dazu zeichnete sich die von Adorno und Horkheimer vorgelegte Gesellschaftsanalyse zunehmend durch einen extremen Kulturpessimismus aus.

vinson und R. Nevitt Sanford. Bis heute stellt dieser Klassiker der Autoritarismusforschung den zentralen Bezugspunkt vieler Studien und Forschungsarbeiten zur Erklärung von Rechtsextremismus, Nationalismus, Fremdenfeindlichkeit und Rassismus dar.

2. Die theoretischen Annahmen der Studien zur autoritären Persönlichkeit

Die Ausgangsthese der Studien zur „Authoritarian Personality" formuliert Adorno wie folgt: „Die Untersuchungen über die hier berichtet wird, waren an der Hypothese orientiert, daß die politischen, wirtschaftlichen und gesellschaftlichen Überzeugungen eines Individuums häufig ein umfassendes und kohärentes, gleichsam durch eine ‚Mentalität' oder einen ‚Geist' zusammengehaltenes Denkmuster bilden, und daß dieses Denkmuster Ausdruck verborgener Züge der individuellen Charakterstruktur ist" (Adorno et al. 1950; zitiert nach Adorno 1973: 1), „...und daß die Empfänglichkeit des Individuums für solche Ideologien in erster Linie von psychologischen Bedürfnissen abhängt" (Adorno et al. 1950; zitiert nach Adorno 1973: 3). Ein entscheidendes Hilfsmittel für die Entwicklung eines theoretischen Modells boten die Annahmen der Freudschen Psychoanalyse. Sie wiesen einen Weg, der Erklärung unbewußter Prozesse und Strebungen in der menschlichen Psyche näher zu kommen, die die individuelle Psychodynamik und die Herausbildung handlungsleitender Charakterstrukturen bestimmen. Je weniger das Handeln der Einsicht in die Wirklichkeit entspringt, desto notwendiger schien es den Forschern, die irrationalen, zwangsmäßigen psychologischen Mechanismen aufzudecken. Bereits in den 1936 veröffentlichten „Studien über Autorität und Familie" wurde ein Zusammenhang zwischen Autoritätsverhältnissen in der Familie und dem Verhalten des Individuums in der Gesellschaft herausgearbeitet. Insbesondere das von Fromm erarbeitete Konzept des „sadomasochistischen Charakters" – das eine starke psychoanalytische Orientierung aufweist – gehört zu den wichtigen Bausteinen des späteren Konzeptes der autoritären Persönlichkeit.

Als entscheidend für die Entstehung dieser Bedürfnisse und damit für die Erklärung faschistischer Folgebereitschaft und der Entwicklung einer autoritätsgebundenen Charakterstruktur wurden die Sozialisationspraktiken der mittelständisch-patriarchalischen Familie der 20er Jahre angesehen. In der Beschreibung von Adorno et al. ist die Familie der Weimarer Zeit durch eine kühl dominierende Vaterfigur geprägt. Es herrscht ein Mangel an emotionaler Zuwendung, verbunden mit einer strikten Disziplinierung sowie einer Bagatellisierung innerer Prozesse. Es dominiert eine Orientierung an äußeren Konventionen. Man ging davon aus, daß die Entwicklung von Vorurteilen und Gehorsam ihren Ursprung in solch autoritären Erziehungspraktiken der frü-

hen Kindheit hat (vgl. Adorno et al. 1950: 385f.). Menschen, die Affinitäten
zu faschistischer Ideologie zeigen, haben in ihrer Kindheit oftmals Haßge-
fühle gegenüber Autoritäten (den Eltern, insbesondere dem Vater) entwickelt,
die sie aber unter keinen Umständen ausdrücken oder ausleben konnten. Der
angestaute, aber nie direkt ausgelebte Haß, der ursprünglich gegen die Eltern
gerichtet war, wird auf andere verschoben. Diese Verschiebung richtet sich
auf Schwächere oder soziale Randgruppen (z.b. Ausländer, Homosexuelle).
Das Muster setzt sich im Erwachsenenalter in Form einer unterwürfigen und
unkritischen Identifikation mit anderen Autoritäten, wie etwa dem Vorgesetzten etc. fort. Die Entwicklung fremdenfeindlicher Orientierungen wurde im
Rahmen dieser Konzeption als Folge eines autoritären Erziehungsstils und
daraus entstehender Charakterstrukturen gesehen. Im Rahmen qualitativer
Analysen und einer eher empirisch orientierten induktiven Vorgehensweise
wurden neun Charakterdimensionen identifiziert – die die autoritäre Persönlichkeit beschreiben. Der potentiell faschistische Charakter zeichnet sich
demnach durch ein *Syndrom* unterschiedlicher Merkmale aus (vgl. Adorno et
al. 1950: 228):

1) *Konventionalismus*: Starre Bindung an die konventionellen Werte des Mit-
   telstandes.
2) *Autoritäre Unterwürfigkeit:* Unkritische Unterwerfung unter idealisierte
   Autoritäten der Eigengruppe.
3) *Autoritäre Aggression:* Tendenz, nach Menschen Ausschau zu halten, die
   konventionelle Werte mißachten, um sie verurteilen, ablehnen und bestrafen
   zu können.
4) *Anti-Intrazeption*: Abwehr des Subjektiven, des Phantasievollen, Sensiblen.
5) *Aberglaube und Stereotypie*: Glaube an die mystische Bestimmung des eigenen Schicksals; die Disposition in rigiden Kategorien zu denken.
6) *Machtdenken und „Kraftmeierei":* Denken in Dimensionen wie Herrschaft –
   Unterwerfung, stark – schwach, Führer – Gefolgschaft; Identifizierung mit
   Machtgestalten; Überbetonung der konventionellen Attribute des Ich; übertriebene Zurschaustellung von Stärke und Robustheit.
7) *Destruktivität und Zynismus*: Allgemeine Feindseligkeit, Diffamierung des
   Menschlichen.
8) *Projektivität*: Disposition, an wüste und gefährliche Vorgänge in der Welt zu
   glauben; die Projektion unbewußter Triebimpulse auf die Außenwelt.
9) *Sexualität*: Übertriebene Beschäftigung mit sexuellen Vorgängen.

Die Autoren der „Authoritarian Personality" stellen im Verlauf ihrer Untersuchungen fest, daß nicht alle Aspekte mit gleicher Bedeutung bei jeder
autoritären Persönlichkeit vorhanden sein müssen. Es zeichnete sich eine
Vielzahl von Variationen dieser Grundzüge und zusätzlicher Dimensionen
ab (Adorno et al. 1950). Adorno beschreibt in dem Kapitel „Typen und
Syndrome" (Adorno 1973: 303-359) verschiedene Typen der autoritären
Persönlichkeit, die zwar alle ihre Basis in autoritären Sozialisationsbedingungen haben, die sich aber durch die Dominanz je spezifischer Merkmale
unterscheiden. Sanford (1973) erläutert in einer späteren Veröffentlichung,

daß es sich um ein interdependentes Geflecht von Charaktermerkmalen handelt, die nicht starr verbunden sind, sondern deren Kombinationen und Ausprägungen in Abhängigkeit von anderen Persönlichkeitsmerkmalen variieren können. Der Stellenwert und die Beziehung der einzelnen Dimensionen zueinander wurde im Laufe der weiteren Forschung widersprüchlich gesehen. In der neueren Forschung werden die drei Aspekte Konventionalismus, autoritäre Unterwürfigkeit und autoritäre Aggression als Grundfaktoren zur Charakterisierung der autoritären Persönlichkeit aufgefaßt (vgl. Seipel und Rippl 1999; Hopf et al. 1995; Altemeyer 1988, 1996; kritisch hierzu Feldman in diesem Band).

Um die Zusammenhänge der neun Subdimensionen untereinander sowie deren Beziehung zu autoritären Erziehungspraktiken zu erforschen, wurde auf quantitative und qualitative Verfahren zurückgegriffen. Die zentralen Kapitel zum Zusammenhang von Sozialisation und der Entstehung des autoritären Charaktersyndroms wurden von Else Frenkel-Brunswik verfaßt und basieren auf den qualitativen Analysen von Tiefeninterviews (Adorno et al. 1950: Kapitel IX bis XIII). Die nachhaltigste Wirkung für das Forschungsgebiet hatte die Konstruktion der sogenannten F-Skala (Faschismusskala). Mit der F-Skala sollte eine „Quantifizierung antidemokratischer Trends auf der Ebene der Charakterstruktur" (Adorno et al. 1950; zitiert nach Adorno 1973: 38) ermöglicht werden. Im Gegensatz zu den vorher verwendeten Skalen, die entsprechend der damals üblichen Forschungspraxis zur Messung ideologischer Oberflächentrends geeignet waren, sollte die neue Skala tieferliegende Charakterzüge erfassen. Es wurden daher keine direkten Fragen verwendet, sondern die Items wurden als indirekte Stimuli konzipiert. Die Items sollten bei den Befragten Reaktionen auslösen, die auf tieferliegende Charakterstrukturen schließen ließen. Die F-Skala zeichnete sich durch eine recht hohe Reliabilität aus. Hinsichtlich der Prüfung der Validität konnten Personen, die mit Hilfe der F-Skala als autoritär eingestuft worden waren, auch im Rahmen von Tiefeninterviews als solche identifiziert werden. Die F-Skala (und Varianten dieses Instrumentes), zur Messung des potentiell faschistischen Charakters wurde später in vielen anderen Studien eingesetzt (vgl. Meloen 1993) und erwies sich als guter Prädiktor ethnozentrischer und antidemokratischer Tendenzen. Mit der Popularität der F-Skala und der Weiterentwicklung statistischer Auswertungsmethoden war und ist eine Dominanz quantitativer Studien im Bereich der Autoritarismusforschung verbunden. In Deutschland knüpfen insbesondere Christel Hopf und ihre Mitarbeiter und Mitarbeiterinnen (Rieker 1997; Hopf et al. 1995) in jüngster Zeit an die etwas in Vergessenheit geratenen qualitativen Traditionen der „Authoritarian Personality" an.

3. Kritik an der „Authoritarian Personality"

Der Veröffentlichung der Arbeiten zur autoritären Persönlichkeit folgten zahlreiche kritische Einwände. Die wichtigsten Punkte sollen hier kurz dargestellt werden. Man kann dabei methodische Kritik, die sich vor allem an der F-Skala festmachte und inhaltliche Kritik an dem Konzept der autoritären Persönlichkeit unterscheiden (insbesondere in Christie und Jahoda 1954).

Methodische Kritik an der F-Skala richtete sich vor allem auf „Konstruktionsmängel" der Skala, etwa deren starke Anfälligkeit für die sogenannte Ja-Sage-Tendenz. Unbestritten ist bis heute die Existenz dieses Phänomen der Akquieszenz (Hyman und Sheatsley 1954). Die Beurteilung des Einflußes und die Interpretation dieser Tatsache gehen allerdings sehr weit auseinander. Während einige Autoren einen verzerrenden Einfluß auf das Antwortverhalten durch die Tendenz, eine Frage unabhängig vom Frageinhalt zu beantworten, sehen, kommen andere Wissenschaftler zu einem gegenteiligen Ergebnis. Zur ersten Gruppe gehören z.b. Kirsch und Dillehay, sie interpretieren das Ergebnis, wonach Personen der Unterschicht autoritärer seien, als reines Artefakt, da der Zusammenhang zwischen diesen beiden Variablen ausschließlich über die verstärkte Zustimmungstendenz der Unterschicht bedingt sein könnte (vgl. Kirsch und Dillehay 1967: 13ff.). Freyhold hingegen sieht die Validität der F-Skala an dieser Stelle nicht gefährdet, sie schreibt „daß acquiescense response-sets, also die Neigung, im Zweifelsfall einem Satz zuzustimmen, ein gültiges Indiz für den Konventionalismus autoritärer Charaktere ist" (von Freyhold 1971: 243). Weitere Kritik richtete sich auf eine starke Bildungsabhängigkeit der Items. Cohn (1952) etwa behauptet, daß die F-Skala nicht bildungsneutral sei und das Instrument von intelligenten Personen durchschaut werden könne; damit besteht für solche Personen die Möglichkeit einer bewußten Verzerrung des Testergebnisses („faking good"). Ähnliche Kritik formuliert auch Ursula Jaerisch (1975) in ihrem Buch „Sind Arbeiter autoritär?". Sie vertritt die These, das Angehörige niedrigerer Schichten allein aufgrund ihres restringierten Sprachcodes autoritär erscheinen.

Als problematisch wurde auch die Erfassung eines Charaktersyndroms durch Einstellungsmessungen angesehen (vgl. hierzu zusammenfassend z.B. Oesterreich 1998, 1996; Ray 1979; Roghmann 1966; Hyman und Sheatsley 1954). Oesterreich (1998) kritisiert, daß in den herkömmlichen Autoritarismusskalen zu stark politische Inhalte thematisiert würden, die eine Messung von Charaktereigenschaften zweifelhaft erscheinen lassen. Adorno et al. gingen hingegen davon aus, daß Ideologien, definiert als System von Meinungen, Attitüden, und Wertvorstellungen (die für den Einzelnen je nach individuellem Bedürfnis unterschiedlich starke Anziehungskraft haben), mit den verwendeten Methoden der standardisierten Befragung erfaßbar sind (Adorno et al. 1950). Ein kohärentes Muster einer Vielzahl von Einstellungen in verschiedenen Dimensionen, wurde als Indikator für tieferliegende Dispositionen verwendet. Der Nachweis bezüglich der kausalen Beziehung zur Charakterstruktur bleibt jedoch unklar und wurde aus der Sicht der Autoren der „Authoritarian Personality" durch die Validierung der F-Skala in den klinischen Interviews hergestellt (Adorno et al 1950: 385; vgl. hierzu auch Seipel, Rippl, Kindervater in diesem Band).

Auf der Ebene der theoretischen Annahmen wurden insbesondere die behaupteten Zusammenhänge von spezifischen autoritären Erziehungspraktiken und rechtsextremen und ethnozentrischen Orientierungen bezweifelt. Insbesondere Altemeyer (1981) und Oesterreich (1993, 1997) glauben auf der Basis ihrer empirischen Studien belegen zu können, daß es keinen klaren Zusammenhang zwischen diesen beiden Aspekten gibt. Feldman und Stenner (1997) sehen in den von ihnen gefundenen Interaktionseffekten zwischen gesellschaftlichen Bedrohungssituationen und Autoritarismus ein Indiz, das gegen ein psychodynamisches Modell der Entstehung autoritärer Dispositionen spricht. Dieser Position, die versucht das Konzept des Autoritarismus von den sozialisatorischen Hintergrundannahmen abzukoppeln, wird von Hopf widersprochen (Hopf et al. 1995; Hopf und Hopf 1997). Sie weist daraufhin, daß standardisierte Erhebungen von Sozialisationserfahrungen in der Kindheit – wie sie Grundlage der Studien von Altemeyer und Oesterreich sind – ungeeignet sind, diese Fragestellung zu untersuchen. Hopf macht dabei insbesondere auf das Problem der Tendenz der Elternidealisierung aufmerksam (Hopf 1992), was gerade bei autoritären Personen dazu führt, daß diese ihre Erziehungserfahrungen verzerrt darstellen. Diese Fehlerquelle – die Frage also, ob z.B. Personen idealisieren oder tatsächlich eine liebevolle Erziehung hatten – läßt sich – so Hopf bei standardisierten Erfassungen nicht kontrollieren. Hopf et al. (1995) finden in ihren qualitativen Untersuchungen Zusammenhänge zwischen Bindungserfahrungen in der Kindheit und rechtsextremen Einstellungen (vgl. zu dieser Thematik auch Hopf in diesem Band). Auch Mantell (1972) findet in seiner Studie „Familie und Aggression" einen Zusammenhang zwischen dem familiären Hintergrund und der Haltung zum Kriegsdienst. Familien von Vietnam-Freiwilligen (Green Berets) erwiesen sich im Gegensatz zu den Familien von Kriegsdienstverweigerer fast durchgängig als stärker konformistisch, rigider und gewalttätiger (Mantell 1978: 37).

Ein weiterer Kritikpunkt am Konzept der autoritären Persönlichkeit bezieht sich auf die vermeintliche Ideologieanfälligkeit des Ansatzes. Den Autoren wurde vorgeworfen, autoritäre Charakterzüge im linken Spektrum bewußt zu vernachlässigen, was insbesondere im Amerika der 50er Jahre auf Unmut stieß (Shils 1954). Eine Kritik die letztlich auf die Frage der Vergleichbarkeit autoritärer Strukturen im linken und rechten Spektrum hinausläuft. Es folgten Versuche, ein Maß für linken (z.B. Eysenck 1954) oder generellen Autoritarismus zu entwickeln. Hierzu gehört auch Rokeach's (1960) Versuch, „Dogmatismus" als allgemeineres, politisch „neutrales" Konzept einzuführen. Daß diese Versuche ein neutrales Konzept zu finden problematisch sind, lassen z.b. die Überlegungen von Hopf und Hopf (1997) erkennen. Sie weisen auf zentrale Unterschiede in den Inhalten und Zielsetzungen rechter und linker Ideologien hin, die eine Übertragung des Konzeptes zweifelhaft erscheinen lassen. Betrachtet man etwa den Aspekt der autoritären Aggression, so richtet sich diese im rechten Lager eindeutig gegen Schwächere und Minderheiten, ein Muster, das im linken Lager so nicht zu finden ist. Diese Annahmen belegen auch die Analysen von Stone und Smith (1993). Sie kommen zu dem Ergebnis, daß bisher noch kein gültiger Beweis erbracht wurde, der die Ähnlichkeit von linkem und rechtem Autoritarismus nachweist. Bereits 1980 sprach Stone vom linken Autoritarismus als Mythos. Oesterreich sieht sogar in der Konzeption eines linken Autoritarimus eine Abwendung von der eigentlichen Idee des Autoritarismuskonzepts (1996: 60f.). Aufgrund der Problematik linken und rechten Autoritarismus als einheitliches Konzept zu fassen, entwickelt Altermeyer (1981, 1988) in den 80er Jahren ein Autoritarismusmaß, das ganz explizit nur rechten Autoritarismus (right-wing authoritarianism) erfassen soll. Allerdings weist Altemeyer daraufhin, das politische Systeme keineswegs rechts stehen müssen, um autoritäre Persönlichkeiten zur Unterordnung zu bewegen (Altemeyer 1981: 152). Mit einer von Altemeyer 1996 entwickelten „left-wing authoritarianism scale" konnte kein spezifischer Autoritarismus bei linken Gruppen nachgewiesen werden.

Schließlich wurde den Studien zur autoritären Persönlichkeit vorgeworfen, daß sie komplexe gesellschaftliche Entwicklungen psychologisch verkürzt analysieren. Der Reduktionismusvorwurf wurde in Deutschland insbesondere von Wacker (1979), in den USA z.B. von Duckitt (1989) vertreten. In dieser Diskussion wird die zu starke Konzentration der autoritären Persönlichkeit auf psychologische Mechanismen kritisiert. Die Einbettung dieser Prozesse in gesellschaftliche Konstellationen, wird von den Autoren der „Authoritarian Personality" zwar gesehen und teilweise auch angesprochen, eine systematische Auseinandersetzung kommt aber in den Studien zur „Authoritarian Personality" zu kurz. Duckitt (1989) versucht das Konzept des Autoritarismus von der Konzeptualisierung als Persönlichkeitszug zu lösen und Autoritarismus in eine Theorie von Gruppenprozessen einzuordnen. In Anlehnung an die Theorie sozialer Identität von Tajfel (1982) macht er eine starke Eigengruppen-Identifikation unter der Bedingung eines schwachen bzw. unsicheren Status der sozialen Identität (z.B. bei Gefährdung des Eigengruppenstatus) für autoritäre Orientierungen verantwortlich. Er entfernt sich hiermit deutlich von der theoretischen Tradition der autoritären Persönlichkeit.

Versuche, das Autoritarismuskonzept völlig aus dem theoretischen Hintergrund des klassischen Ansatzes der autoritären Persönlichkeit zu lösen, hat es immer wieder gegeben, etwa der kognitionspsychologische Ansatz von Rokeach (1960) oder der Versuch von Ray (1976, 1998), Autoritarismus auf

Direktivität (also den Wunsch andere zu beherrschen) zu reduzieren. Diese Versuche scheitern letztlich daran, daß sie sich so weit vom Konzept der autoritären Persönlichkeit entfernen, daß sie dem ursprünglichen Ansatz nicht mehr gerecht werden. Dennoch ist der Auffassung Oesterreichs (1996: 77) zuzustimmen, der darauf hinweist, daß die Revisionsversuche, nicht nur auf Probleme der traditionellen Meßinstrumente, sondern auch auf konzeptionelle Schwächen zurückzuführen sind, die eine Weiterentwicklung des traditionellen Konzeptes notwendig erscheinen lassen.

4. Neuere Ansätze und Fragestellungen

Viele der Studien, die sich bis heute mit der Thematik Autoritarismus befaßt haben, konzentrieren sich auf die quantitative Erfassung autoritärer Orientierungen in verschiedenen kulturellen Kontexten oder verschiedenen gesellschaftlichen Gruppen, auf die Analyse von Niveauveränderungen oder auf die Analyse möglicher Korrelate. Dabei wird auf die F-Skala oder Varianten der F-Skala zurückgegriffen, populär ist auch die von Altemeyer entwickelte RWA-Skala (right-wing authoritarianism scale). Aufgrund der methodischen Kritik an der F-Skala befaßten und befassen sich auch zahlreiche Forschungsarbeiten mit der Entwicklung neuer Instrumente zur Messung von Autoritarismus (Oesterreich 1998; Altemeyer 1981, 1988, 1996; Lederer 1983; von Freyhold 1971).

Sehr häufig werden Autoritarismusskalen als erklärende Faktoren für ethnozentrische Orientierungen eingesetzt. Ansätze einer systematischen Überprüfung der theoretischen Annahmen (etwa der sozialisationstheoretischen Thesen) der „Authoritarian Personality" finden sich allerdings selten. Dies ist verwunderlich, insbesondere wenn man bedenkt, daß die grundlegenden Arbeiten 50 Jahre alt sind, sich also die der Theorie der autoritären Persönlichkeit zugrundeliegenden gesellschaftlichen Bedingungen, insbesondere die stark gesellschaftlich geprägten Familienkonstellationen, Sozialisationsstile und Wertvorstellungen, verändert haben. Auf neuere Arbeiten, die nach der aktuellen Relevanz des Konzeptes der autoritären Persönlichkeit fragen und die für die theoretische Weiterentwicklung und „Modernisierung" des Konzeptes stehen, soll im folgenden eingegangen werden (für einen Überblick zu methodischen Weiterentwicklungen vgl. Seipel, Rippl und Kindervater in diesem Band) Hinsichtlich der neueren Forschungsarbeiten scheinen insbesondere die folgenden Ansatzpunkte interessant:

– Zum einen wurde die Perspektive hinsichtlich des Sozialisationshintergrundes und der empirischen Prüfung dieser Annahmen erweitert (Hopf et al. 1995; Milburn et al. 1995; vgl. C. Hopf und Milburn und Conrad in diesem Band). In diesem Kontext lösen sich einige Autoren vom psychoanalytischen Hintergrund des klassischen Autoritarismuskonzeptes und favorisieren z.B. lerntheoretisch orientierte Ansätze (Oesterreich 1993, 1996; Altemeyer 1988, 1996). Ein weiterer Zweig der aktuellen Forschung versucht, die Ideen Fromms (1941), die er in „Escape from Freedom" formuliert hat, für eine neue Sicht des Autoritarismus wiederzubeleben. In diesen Ansätzen spielen Interaktionseffekte mit situationalen Faktoren, wie bedrohlichen gesellschaftlichen Situationen, eine wichtige Rolle (Rickert 1998; Feldman und Stenner 1997; Oesterreich 1995, 1997; Doty, Peterson und Winter 1991). Während z.b. Oesterreich (in diesem Band) versucht, gesellschaftliche Bedrohungssituationen und sozialisatorische Einflüsse zu verbinden, löst sich Feldman weitgehend von sozialisationsbezogenen Überlegungen und präsentiert einen neuen Ansatz (vgl. den Beitrag von S. Feldman in diesem Band).

–   Ein in der aktuellen Forschung vernachlässigter Bereich, sind Forschungsarbeiten zur Schicht- und Bildungsabhängigkeit des Autoritarismus. Insbesondere die Bildungsabhängigkeit ist ein immer wieder dokumentierter Befund in der Autoritarismusforschung (vgl. auch Heyder und Schmidt in diesem Band). Nach einer Debatte in den 60er Jahren, die insbesondere von Lipset (1962) angestoßen wurde, hat in der neueren Forschung eine Gruppe niederländischer Wissenschaftler Anfang der 90er Jahre diese Thematik mit differenzierteren Analysen wieder aufgenommen (vgl. für einen Überblick W. Hopf in diesem Band).

–   Spätestens nach den politischen Umwälzungen in Europa hat sich die Anzahl der kulturvergleichenden Studien in der Autoritarismusforschung deutlich erhöht (Rippl und Seipel 1998; Rippl und Boehnke 1995; Lederer und Kindervater 1995; Watts 1994; McFarland et al. 1996, 1993, Meloen und Farnen 1998). Damit wurde auch die Frage nach der Übertragbarkeit des Ansatzes auf andere politische oder kulturelle Zusammenhänge z.B. Staaten des früheren Ostblocks oder „kollektivistische" Kulturen wieder neu aufgeworfen (vgl. dazu Feldman und Watts; Lederer; McFarland und Meloen in diesem Band).

Im folgenden soll einleitend auf die Hintergründe dieser Fragestellungen eingegangen werden. Eine ausführliche Darstellung findet sich in den Beiträgen des vorliegenden Bandes.

Zentral in der theoretischen Diskussion der Autoritarismusforschung ist bis heute die Frage nach der Genese von Autoritarismus. Dabei wurde das Konzept von einigen Forschern zum Teil völlig aus dem sozialisationtheoretischen Kontext gelöst. Duckitt (1989) führt die Entstehung von Autoritarismus auf spezifische Intergruppenprozesse zurück. In den 90er Jahren wurde die Frage nach den Ursprüngen von Autoritarismus auch aus einer evolutionstheoretischen Perspektive behandelt (Smither 1993; Somit und Peterson 1997). Ein Großteil der Autoritarismusforscher hält jedoch an einem sozialisationstheoretischen Ansatz fest, formuliert aber Kritik an den sehr eng definierten spezifischen Sozialisationsbedingungen (vgl. Oesterreich 1993; Hopf

1990; Altemeyer 1988). Altemeyer und Oesterreich distanzieren sich von der psychoanalytischen Orientierung. Hopf (vgl. Hopf et al. 1995; Hopf 1987, 1990, 1993) behält eine psychoanalytisch orientierte Perspektive bei, plädiert aber dafür, die „zu enge und verzerrte Sicht des Familienhintergrundes von Autoritären" (Hopf 1990: 373) in der Theorie der autoritären Persönlichkeit zu erweitern.

Um differenziertere Informationen zu verschiedenen Familienkonstellationen in die Überlegungen zu integrieren, verknüpft C. Hopf in ihren Studien, Autoritarismus- und Attachment-Forschung (Hopf 1990, 1993). Dabei steht weniger die konkrete Beziehung zum Vater oder der Mutter im Vordergrund der Überlegungen, sondern die Art von Bindungserfahrungen zu wichtigen Bezugspersonen und deren Verarbeitung und Repräsentation im Erwachsenenalter. In ihren qualitativen Studien können Hopf und ihre Mitarbeiter (Hopf et al. 1995) einen Zusammenhang zwischen rechtsextremen Einstellungen und einer problematischen Verarbeitung negativer, verunsichernder Bindungserfahrungen nachweisen. Eine ähnliche Perspektive wählen auch Milburn et al. (1995), sie beziehen sich dabei u.a. auf die Arbeiten von Alice Miller (1983) und gehen davon aus, daß autoritär geprägte Erziehungserfahrungen insbesondere dann zu straf- und gewaltorientierten politischen Einstellungen führen, wenn diese Erfahrungen und negativen Gefühle von den Betroffenen verleugnet werden. In ihrer empirischen Studie können Milburn et al. – unter Berücksichtigung dieses Aspektes, inwieweit Personen aktiv mit ihren Kindheitserfahrungen umgehen oder diese verleugnen – nachweisen, daß es insbesondere bei Männern Zusammenhänge zwischen autoritären Erziehungserfahrungen und straforientierten politischen Einstellungen gibt. Für Frauen zeigt sich allerdings ein umgekehrter Zusammenhang, den sie wie folgt erklären: „This pattern is consistent with research on socialization that suggests that males are socialized to displace anger outward while females are socialized to empathize with others" (Milburn et al. 1995: 472). Hopf et al. (1995) wie auch Milburn et al. (1995) werten ihre Ergebnisse als Bestätigung der wichtigen Rolle der Sozialisation für die Ausbildung politischer Einstellungen und favorisieren weiterhin einen psychoanalytisch orientierten Ansatz unter Bezugnahme auf neuere Entwicklungen der psychoanalytischen Forschung.

Von anderen Autoren wird dieser psychoanalytisch orientierte Ansatz, der die Bedeutung der Sozialisationserfahrungen ins Zentrum rückt, kritisch gesehen oder gar gänzlich verworfen. So nehmen beispielsweise Altemeyer (1988) und auch Oesterreich (1996) die zum Teil in ihren eigenen Studien ermittelten mangelnden empirischen Belege hinsichtlich des Zusammenhangs zwischen autoritären Erziehungspraktiken und politischen Einstellungen zum Anlaß, die ursprüngliche Konzeption der autoritären Persönlichkeit anzuzweifeln. Altemeyer (1981, 1988) legt ein lerntheoretisches Modell vor, in dem autoritäre Dispositionen in verschiedenen Phasen der Entwicklung ausgebildet werden können. In dem Kapitel „How do people become authoritarians?" seines Buches „Enemies of Freedom" schreibt er dazu: „The explanations also differ on the age at which authoritarianism is created. Like other psychoanalytic accounts, the Berkeley model placed great emphasis on early childhood experiences. I have proposed instead that although some authoritarian attitudes are formed during early childhood, the process is hardly complete then. The most dramatic change in the organization of submissive, aggressive and conventional attitudes is expected to occur during adolescence. But I have also argued that neither the organization nor the level of authoritarianism is ever „finally established" (Altemeyer 1988: 61).

Oesterreich (1993, 1996) lehnt eine primär psychoanalytisch orientierte Sichtweise sozialisatorischer Einflüsse ab und präsentiert einen Ansatz, der ebenfalls von einer Theorie des sozialen Lernens ausgeht. Oesterreich geht davon aus, daß Autoritarismus seine motivationalen Grundlagen in Angst und Verunsicherung hat. In überfordernden Situationen suchen Menschen Schutz und Sicherheit bei „Autoritäten". Dieses von ihm als „autoritäre Reaktion" bezeichnete Verhalten, sieht er als völlig natürlichen psychologischen Grundmechanismus in Gefahrensituationen an, womit er den Augenmerk auf die Bedeutung der Situation lenkt (Oesterreich 1996: 107ff.). Autoritäre Persönlichkeiten entstehen nach seiner Auffassung dort, wo Menschen es im Sozialisationsprozeß nicht lernen, sich von den Sicherheit gewährenden Instanzen zu lösen und in Unselbständigkeit verharren (Oesterreich 1998). Aus seiner lerntheoretischen Sichtweise sind weniger emotionale Erfahrungen in der Kindheit bedeutsam als ein Umfeld, das das Erlernen von Selbständigkeit ermöglicht (vgl. Oesterreich in diesem Band). Feldman und Stenner (1997) und Rickert (1998) vertreten eine ähnliche Position. Auch sie argumentieren, daß Autoritarismus einen Mechanismus der Flucht vor bedrohlichen Situationen darstellt. Feldman bezieht sich dabei in neueren Veröffentlichungen auf einen von ihm entwickelten neuen Ansatz der Autoritarismusforschung, der auf der Wertetheorie von Schwartz (1992) aufbaut. Er macht insbesondere Situationen die essentielle Wertorientierungen bedrohen für autoritäre Reaktionen verantwortlich (vgl. hierzu S. Feldman im vorliegenden Band). Rickert (1998: 717) weist allerdings zu Recht darauf hin, daß es angefangen mit den „frühen" Studien von Sales (1972, 1973) weitgehend ungeklärt ist, ob bedrohliche Situationen die Ursache autoritärer Äußerungen sind oder ob die Bedrohungssituation bereits existierende Charakterstrukturen aktiviert. Alle genannten Autoren beziehen sich auf die Arbeiten von Fromm (1941). Nach Fromm resultieren solche Bedrohnungssituationen aus Zuständen der Entwurzelung und Entfremdung, die die Funktionslogik der modernen kapitalistischen Gesellschaft hervorbringt. Diese Überlegungen geraten dann in einen logischen Widerspruch zu den Überlegungen von Adorno et al. (1950), wenn bedrohliche Situationen als *alleinige* Ursachen der Entstehung autoritärer Äußerungen verstanden werden. Vereinbar mit der „Authoritarian Personality" ist hingegen eine Sichtweise, die davon ausgeht, daß Bedrohungssituationen bereits vorhandene Charakterdispositionen aktivieren. Im Rahmen einer solchen Argumentation wird *neben* Sozialisationsprozessen die Bedeutung situationaler Faktoren hervorgehoben und somit die rein sozialisationstheoretische Sichtweise fruchtbar erweitert.

Hier gibt es auch Anknüpfungspunkte, für eine weitere Erforschung des Zusammenhangs von Autoritarismus und sozialer Schicht. Diese Frage wurde in den 60er Jahren diskutiert, aber im aktuellen Forschungskontext, trotz ihrer Relevanz, leider kaum aufgegriffen. Die These eines „working-class authoritarianism" wurde von Lipset (1962) formuliert. Er stellte die These auf, daß Arbeiter auf Grund ihrer geringeren formalen Bildung geringere kognitive Fähigkeiten aufweisen und daher größere Schwierigkeiten hätten, eine Pluralität von Sichtweisen zu tolerieren. Als weitere begünstigende Faktoren nennt er eine größere ökonomische Unsicherheit und eine größere Präsenz von Frustration und Aggressivität in Arbeiterfamilien, die mit einer strafenden, rigiden und eher undemokratischen Familienstruktur verbunden seien. Er spricht in diesem Zusammenhang zudem von einem „working-class worldview", der z.B. von Schwarz/Weiß-Denken, dem Mißtrauen gegenüber anderen (insbesondere dann wenn diese außerhalb der Eigengruppe stehen) und einer pessimistischen Haltung gegenüber dem Leben im allgemeinen geprägt ist (Gabennesch 1972). Auch in diesen Überlegungen spielen der familiäre Kontext sowie spezifische situationale Faktoren, die sich aus den Lebensbedingungen bestimmter sozialer Schichten ergeben, eine wichtige Rolle. Studien von Grabb (1979) und Meloen und Middendorp (1991) können diese Thesen von Lipset nur zum Teil belegen. Einen Überblick über den Stand der Forschung zum Zusammenhang von Autoritarismus und sozialer Schicht gibt W. Hopf in diesem Band.

Betrachtet man die aktuelle Autoritarismusforschung zur Genese autoritärer Orientierungen und zur Frage nach der Rolle der Sozialisationspraktiken so kann zusammenfassend festgehalten werden, daß weder Kritiker noch Befürworter sozialisationstheoretischer Argumentationen die Frage nach der Bedeutung der Erziehung für die Genese der autoritären Persönlichkeit abschließend beantworten können. Die Behauptung Oesterreichs (1996), wonach die traditionellen Ansätze zur autoritären Persönlichkeit obsolet seien, kann zum heutigen Zeitpunkt empirisch weder belegt noch widerlegt werden. Dennoch ist das klassische Konzept modernisierungsbedürftig und es ist daher sinnvoll, neuere Entwicklung z.B. der psychoanalytischen Forschung zu integrieren (wie z.B. Hopf et al. 1995) und die Theorie der autoritären Persönlichkeit weiterzuentwickeln.

Damit verbunden ist ein weiterer Ansatzpunkt der neueren Autoritarismusforschung, nämlich die Frage, ob mit veränderten Sozialisationsbedingungen, wie sie sich z.B. in Deutschland nach dem Krieg entwickelt haben, auch die Entstehungsbedingungen und die Ausprägungen des Autoritarismus Veränderungen erfahren haben. In den Jahren nach 1945 veränderten sich die Erziehungsziele und -praktiken in der deutschen Familie deutlich (vgl. Reuband 1988; Neidhardt 1975; Lupri 1970). Insbesondere die Rolle des Vaters

innerhalb der Familie muß neu verortet werden. Oesterreich (1974), Hopf et
al. 1995 und Seipel und Rippl (1999) werfen vor dem Hintergrund dieser gesellschaftlichen Veränderungen die Frage nach einer Reformulierung des
Autoritarismuskonzeptes auf. Dabei kommt der Erforschung verschiedener
Varianten des Autoritarismus große Bedeutung zu. Man könnte z.b. vermuten, daß Autoritarismus heute nicht mehr so stark durch die Aspekte Konventionalismus und Unterwürfigkeit charakterisiert ist, wie dies vor 40 oder
50 Jahren der Fall war. Hopf et al. halten es für plausibel anzunehmen, daß
eine Gesellschaft, die die Ideale der Stärke, Aggressivität und des Erfolges
favorisiert, neue Varianten der autoritären Persönlichkeit produziert (Hopf et
al. 1995: 77), in denen einige der klassischen Merkmale der autoritären Persönlichkeit sich verändert haben oder sich in anderer Form äußern oder gar
keine Rolle mehr spielen. Empirische Trendanalysen von Seipel und Rippl
(1999) können eine allgemeine Tendenz zu einer Veränderung des klassischen Syndroms aber nicht belegen. In diesem Forschungsfeld wäre es sinnvoll, Analysen des sozialen Wandels enger mit der Autoritarismusforschung
zu verknüpfen. Dubiel (1992) weist in diesem Zusammenhang darauf hin,
daß in unserer Gesellschaft weniger die Auseinandersetzung mit traditionellen Identifikationsgrößen (insbesondere den Eltern), als der Verlust dieser
und die Analyse damit verbundener kollektiver Identifikationsschwierigkei-
ten an Bedeutung gewinnen.

Abschließend soll noch die Frage nach der Übertragbarkeit des Ansatzes
auf andere politische oder kulturelle Zusammenhänge aufgegriffen werden.
Die Problematik wurde bereits sehr früh von Cigdem Kagitcibasi (1967) aufgeworfen. In ihrer vergleichenden Analyse des Autoritarismus in den USA
und der Türkei kommt sie zu dem Schluß, daß sich gesellschaftliche und
kulturelle Normen und andere Familienstrukturen auf die Messung des Autoritarismus auswirken könnten. Sie argumentiert daher, daß bestimmte Itemformulierungen nicht kulturneutral sind und zu einer Überschätzung des Autoritarismus in bestimmten Kulturen führen. Diese Überlegungen sind insbesondere dann relevant, wenn Kulturen in den Blick genommen werden, in deren Weltbild nicht das Individuum, sondern das Gemeinwesen oder die Familie einen zentralen Stellenwert einnehmen (z.B. in Staaten des früheren
Ostblocks oder in kollektivistischen Kulturen). Auch im Rahmen dieses For-
schungskontextes kann und muß die theoretische Frage nach der Art des Zusammenhangs von Sozialisationsbedingungen – die in verschiedenen kulturellen Kontexten sehr stark differieren können – und der Entwicklung autoritärer Charaktereigenschaften aufgegriffen werden. Diese Problematik wird in
kultur- oder systemvergleichenden Studien, die auch die Frage nach der universellen Gültigkeit des Konzeptes der autoritären Persönlichkeit aufwerfen,
relevant (Meloen und Farnen 1998; Mc Farland 1996, 1993; Lederer und
Kindervater 1995; Watts 1994).

5. Fazit

Die zahlreichen Veröffentlichungen zum Thema Autoritarismus allein in den 90er Jahren, die Arbeit an den weiterhin offenen Forschungsfragen und die Bezugnahme auf das Konzept zur Erklärung aktueller Problemlagen, belegen die Aktualität und Faszination, die bis heute von der Studie zur „Authoritarian Personality" ausgeht. Ein zentraler Bezugspunkt der aktuellen Diskussion ist dabei die Frage nach den Entstehungsbedingungen des Autoritarismus. Verbunden mit der Auseinandersetzung um die sozialisationstheoretischen Annahmen, werden insbesondere Ansätze diskutiert, die situationale Faktoren wie z.b. gesellschaftliche Krisensituationen in die theoretischen Überlegungen einbeziehen. Entscheidend für diese Diskussion ist wohl die noch ausstehende Beantwortung der Frage, ob bedrohliche Situationen, Ursache autoritärer Orientierungen sind oder ob die Bedrohungssituation bereits existierende Charakterstrukturen aktiviert. Eine genauere Analyse der Interaktion dieser beiden Bedingungsfaktoren (Situation oder/und Sozialisation) ist somit ein zentraler Bereich für die zukünftige Forschung zum Thema Autoritarismus. Theoretisch und empirisch vielversprechend und spannend sind die damit verbundenen Versuche, die in der „Authoritarian Personality" nur rudimentär entwickelte Einbettung psychologischer Prozesse in gesellschaftliche Konstellationen zu leisten.

Der vorliegende Band greift mit Beiträgen wichtiger Autoren der aktuellen Autoritarismusforschung die Diskussion in diesen unterschiedlichen Forschungsbereichen auf, und gibt damit eine kompakte Darstellung des aktuellen Standes der Autoritarismusforschung.

Literatur

Adorno, Theodor W. 1973. Studien zum autoritären Charakter. Frankfurt am Main: Suhrkamp.

Adorno, Theodor W., Else Frenkel-Brunswik, Daniel J. Levinson und Nevitt R. Sanford; in Zusammenarbeit mit Betty Aron, Maria Hertz Levinson und William Morrow. 1950. The Authoritarian Personality. New York: Norton Library.

Altemeyer, Bob. 1996. The authoritarian specter. Harvard: Harvard University Press.

Altemeyer, Bob. 1981: Right-wing authoritarianism. Canada: The University of Manitoba Press.

Altemeyer, Bob. 1988. Enemies of freedom: Understanding right-wing authoritarianism. San Francisco u.a.: Jossey-Bass.

Christie, Richard und Marie Jahoda (Hg.). 1954. Studies in the scope and methods of „The Authoritarian Personality". Glenoce, IL: Free Press.

Cohn, Thomas S. 1952. Is the F Scale Indirect? Journal of Abnormal and Social Psychology 47:125-134.

Doty, Richard M., Bill E. Peterson und David G. Winter. 1991. Threat and authoritarianism in the United States 1978-1987. Journal of Personality and Social Psychology 61: 629-640.

Dubiel, Helmut. 1992. Kritische Theorie der Gesellschaft. Weinheim und München: Juventa.

Duckitt, John. 1989. Authoritarianism and group identification: A new view of an old construct. Political Psychology 1: 63-84.

Eysenck, Hans J. 1954. The Psychology of Politics. London: Routledge and Kegan Paul.

Feldman, Stanley und Karen Stenner. 1997. Perceived threat and authoritarianism. Political Psychology 4: 741-770.

Frenkel-Brunswik, Else. 1948. A study of prejudice in children. Human Relations 1: 295-306.

Fromm, Erich. 1941. Escape from Freedom. New York: Holt, Rinehart and Winston.

Gabennesch, Howard. 1972. Authoritarianism as World View. American Journal of Sociology 5: 857-875.

Grabb, Edward G. 1979. Working-class authoritarianism and tolerance of outgroups: A Reassessment. Public Opinion Quarterly 1: 36-47.

Hopf, Christel. 1987. Zur Aktualität der Untersuchungen zur „autoritären Persönlichkeit". Zeitschrift für Sozialisationsforschung und Erziehungssoziologie 7: 162-177.

Hopf, Christel. 1990. Autoritarismus und soziale Beziehungen in der Familie. Qualitative Studien zur Genese autoritärer Dispositionen. Zeitschrift für Pädagogik 36: 371-391.

Hopf, Christel. 1992. Eltern-Idealisierung und Autoritarismus. Kritische Überlegungen zu einigen sozialpsychologischen Annahmen. Zeitschrift für Sozialisationsforschung und Erziehungssoziologie 12: 52-65.

Hopf, Christel. 1993. Rechtsextremismus und Beziehungserfahrungen. Zeitschrift für Soziologie 6: 449-463.

Hopf, Christel, Peter Rieker, Martina Sanden-Marcus und Christiane Schmidt. 1995. Familie und Rechtsextremismus. Familiale Sozialisation und rechtsextreme Orientierung junger Männer. Weinheim und München: Juventa.

Hopf, Christel und Wulf Hopf. 1997. Familie, Persönlichkeit, Politik. Eine Einführung in die politische Sozialisation. Weinheim und München: Juventa.

Hyman, Herbert H. und Paul B. Sheatsley. 1954. The Authoritarian Personality – A Methodological Critique. S. 50-122 in: Richard Christie und Marie Jahoda (Hg.): Studies in the Scope and Method of „The Authoritarian Personality". Glencoe, IL: Free Press.

Institut für Sozialforschung. 1936. Studien über Autorität und Familie. Forschungsberichte aus dem Institut für Sozialforschung. Paris: Librairie Felix Alcan (insbesondere der von Fromm verfaßte „Sozialpsychologische Teil": 77-135).

Jaerisch, Ursula. 1975. Sind Arbeiter autoritär? Zur Methodenkritik politischer Psychologie. Frankfurt am Main u.a.: Europäische Verlagsanstalt.

Jay, Martin. 1985. Dialektische Phantasie. Die Geschichte der Frankfurter Schule und des Instituts für Sozialforschung 1923-1950. Frankfurt am Main: Fischer.

Kagitcibasi, Cigdem C. 1967. Social norms and authoritarianism: A comparison of Turkish and American adolescents. Berkeley: Doctoral dissertation, University of California.

Kirscht, John P. und Ronald C. Dillehay. 1967. Dimensions of authoritarianism: A review of research and theory. Lexington: University of Kentucky Press.

Lederer, Gerda. 1983. Jugend und Autorität. Über den Einstellungswandel zum Autoritarismus in der Bundesrepublik Deutschland und den USA. Opladen: Westdeutscher Verlag.

Lederer, Gerda und Angela Kindervater. 1995. Internationale Vergleiche S. 167-188 in: Gerda Lederer und Peter Schmidt (Hg.): Autoritarismus und Gesellschaft. Trendanalysen und vergleichende Jugenduntersuchungen von 1945-1993. Opladen: Leske + Budrich.

Lederer, Gerda und Peter Schmidt (Hg.). 1995. Autoritarismus und Gesellschaft. Trendanalysen und vergleichende Jugenduntersuchungen von 1945-1993. Opladen: Leske + Budrich.

Lipset, Seymour M. 1962. Soziologie der Demokratie. Neuwied: Luchterhand (zuerst 1959).

Lupri, Ernst. 1970. Gesellschaftliche Differenzierung und familiale Autorität. Ein interkultureller Vergleich. Kölner Zeitschrift für Soziologie und Sozialpsychologie, Sonderheft 14: Soziologie der Familie: 323-352.

Mantell, David M. 1972. Familie und Aggression. Zur Einübung von Gewalt und Gewalt-losigkeit. Frankfurt/M: Fischer.

McFarland, Sam, Vladimir S. Ageyev und Nadya Djintcharadze. 1996. Russian Authorita-rianism two years after communism. Personality and Social Psychology Bulletin 2: 210-224

McFarland, Sam, Vladimir S. Ageyev und Marina Abalakina. 1993. The authoritarian per-sonality in the U.S.A. and the U.S.S.R.: Comparative Studies. S. 199-225 in William F. Stone, Gerda Lederer und Richard Christie (Hg.): 1993: Strength and weakness. The authoritarian personality today. New York, Berlin u.a.: Springer-Verlag.

Meloen, Jos D. 1993. The F Scale as a Predictor of Facism: An Overview of 40 Years of Authoritarianism Research. S. 47-69 in: William F. Stone, Gerda Lederer und Richard Christie (Hg.): Strength and weakness. The authoritarian personality today. New York, Berlin u.a.: Springer-Verlag.

Meloen, Jos D. und Cees P. Middendorp. 1991. Authoritarianism in the Netherlands. The Empirical Distribution in the Population and its Relation to Theories on Authoritaria-nism 1970-1985. Politics and the Individual 1: 49-72.

Meloen, Jos D. und Russell Farnen. 1998, July. Authoritarianism, democracy, and multi-culturalism in cross-national perspective: A survey in 44 countries. Presented at the International Society of Political Psychology, Montreal, Canada.

Milburn, Michael, Sheree Conrad, Fabio Sala und Sheryl Carberry. 1995. Childhood pu-nishment, denial and political attitudes. Political Psychology 3: 447-478.

Miller, Alice. 1983. For your own good: Hidden cruelty in child rearing and the roots of violence. New York: Farrar, Straus, Giroux.

Mitscherlich, Alexander. 1963. Auf dem Weg zur vaterlosen Gesellschaft. München: Piper.

Neidhardt, Friedhelm. 1975. Die Familie in Deutschland. Opladen: Leske + Budrich.

Oesterreich, Detlef. 1974. Autoritarismus und Autonomie. Stuttgart: Ernst Klett Verlag.

Oesterreich, Detlef. 1993. Autoritäre Persönlichkeit und Gesellschaftsordnung. Der Stellen-wert psychischer Faktoren für politische Einstellungen – eine empirische Untersuchung von Jugendlichen in Ost und West. Weinheim und München: Juventa.

Oesterreich, Detlef. 1996. Flucht in die Sicherheit. Zur Theorie des Autoritarismus und der autoritären Reaktion. Opladen: Leske + Budrich.

Oesterreich, Detlef. 1997. Krise und autoritäre Reaktion. Drei empirische Untersuchungen zur Entwicklung rechtsextremistischer Orientierungen bei Jugendlichen in Ost und West von 1991 bis 1994. Gruppendynamik 3: 259-272.

Oesterreich, Detlef. 1998. Ein neues Maß zur Messung autoritärer Charaktermerkmale. Zeitschrift für Sozialpsychologie 29: 56-64.

Ray John J. 1976. Do authoritarians hold authoritarian attitudes? Human Relations 29: 307-325.

Ray John J. 1979. Does Authoritarianism of Personality go with Conservatism? Australian Journal of Psychology 1: 9-14.

Reich, Wilhelm. 1936. Massenpsychologie des Faschismus. Kopenhagen: Verlag für Se-xualpolitik.

Reuband, Karl-Heinz. 1988. Von äußerer Verhaltenskonformität zu selbständigem Han-deln: Über die Bedeutung kultureller und struktureller Einflüsse für den Wandel in den Erziehungszielen und Sozialisationsinhalten. S. 73-97 in: Heinz O. Luthe und Heiner Meulemann (Hg.): Wertwandel – Faktum oder Fiktion? Bestandsaufnahmen und Diagnosen aus kultursoziologischer Sicht. Frankfurt/Main, New York: Campus.

Rickert, Edward J. 1998. Authoritarianism and economic threat: Implications for political behavior. Political Psychology 4: 707-720.

Rieker, Peter. 1997. Ethnozentrismus bei jungen Männern. Fremdenfeindlichkeit und Na-tionalismus und die Bedingungen ihrer Sozialisation. Weinheim: Juventa.

Rippl, Susanne und Klaus Boehnke. 1995. Authoritarianism: Adolescents from East and West Germany and the United States compared. S. 57-70 in: Youniss, James (Hg.): After the wall: Family adaptations in East and West Germany. San Francisco: Jossey-Bass.

Rippl, Susanne und Christian Seipel. 1998. Autoritarismus und Fremdenfeindlichkeit bei ost- und westdeutschen Jugendlichen. Zeitschrift für Politische Psychologie 3: 273-288.

Roghmann, Klaus 1966. Dogmatismus und Autoritarismus. Meissenheim am Glan: Verlag Anton Hain.

Rokeach, Milton. 1960. The open and the closed mind. New York: Basic Books.

Sales, Stephen M. 1972. Economic threat as a determinant of conversion rates in authoritarian and nonauthoritarian churches. Journal of Personality and Social Psychology 23: 420-428.

Sales, Stephen M. 1973. Threat as factor in authoritarianism. Journal of Personality and Social Psychology 28: 44-57.

Sanford, R. Nevitt. 1973. Authoritarian Personality in contemporary perspective. S. 139-170 in: Jeanne N. Knutson (Hg.): Handbook of political psychology. San Francisco u.a.: Jossey Bass.

Schwartz, Shalom. 1992. Universals in the Content and Structure of Values. S. 1-65 in: Mark P. Zanna (Hg.): Advances in Experimental Social Psychology, Vol. 25. New York: Academic Press.

Seipel, Christian und Susanne Rippl. 1999. Jugend und Autorität. Ist die autoritäre Persönlichkeit heute noch ein tragfähiges Konstrukt? Zeitschrift für Sozialisationsforschung und Erziehungssoziologie 2: 188-202.

Shils, Edward A. 1954. Authoritarianism: „Right" and „Left". S. 24-49 in: Richard Christie und Marie Jahoda (Hg.): Studies in the Scope and Method of „The Authoritarian Personality". Glenoce, IL: Free Press.

Six, Bernd. 1997. Autoritarismusforschung: Zwischen Tradition und Emanzipation. Gruppendynamik 3: 223-238.

Smither, Robert D. 1993. Authoritarianism, dominance, and social behavior: A perspective from evolutionary personality psychology. Human Relations 46: 23-43.

Somit, Albert und Steven A.Peterson. 1997. Darwinism, dominance, and democracy: The biological bases of authoritarianism. Westport, CT: Praeger.

Stone, William. F., Gerda Lederer und Richard Christie (Hg.). 1993. Strength and weakness. The authoritarian personality today. New York, Berlin u.a.: Springer-Verlag.

Stone, William F. 1980. The Myth of the Left-Wing-Authoritarianism. Political Psychology 2: 3-19.

Stone, William F. und Laurence D. Smith. 1993. Authoritarianism: Left and Right. S. 144-156 in: William F. Stone, Gerda Lederer und Richard Christie (Hg.) 1993. Strength and weakness. The authoritarian personality today. New York, Berlin u.a.: Springer-Verlag.

Tajfel, Henri. 1982. Gruppenkonflikt und Vorurteil. Bern: Huber.

von Freyhold, Michaela. 1971. Autoritarismus und politische Apathie. Frankfurt/M.: Europäische Verlagsanstalt.

Wacker, Ali. 1979. Zur Aktualität und Relevanz klassischer psychologischer Fachismustheorien – Ein Diskussionsbeitrag. S. 105-138 in: Gerhard Paul und Bernhard Schoßig (Hg.): Jugend und Neofaschismus: Provokation oder Identifikation? Frankfurt am Main: Europäische Verlagsanstalt.

Watts, Meredith. 1994. Was there anything left of the „Socialist Personality"? Values of Eastern and Western German youth at the beginning of the unification. Political Psychology 15: 481-508.

Wiggershaus, Rolf. 1986. Die Frankfurter Schule. Geschichte. Theoretische Entwicklung. Politische Bedeutung. München und Wien.

Ziehe, Thomas. 1975. Pubertät und Narzißmus: Sind Jugendliche entpolitisiert? Frankfurt/M.: Europäische Verlagsanstalt.

Die Bedeutung der familialen Sozialisation in der neueren Autoritarismusforschung

Familie und Autoritarismus – zur politischen Bedeutung sozialer Erfahrungen in der Familie

Christel Hopf

Zusammenfassung: In diesem Beitrag werden zentrale sozialisationstheoretische und familienbezogene Annahmen vorgestellt und diskutiert, die in der „Authoritarian Personality" zur Erklärung faschistischer Potentiale entwickelt werden. Dabei werden neuere theoretische Traditionen – insbesondere die Tradition der Bindungsforschung – und neuere empirische Studien in die Diskussion einbezogen. Als nach wie vor relevant erscheinen vor allem: die Thesen der Berkeley-Gruppe zum Verhältnis von Gewissensentwicklung und Autoritarismus, die Thesen zum Umgang mit Aggressionen und zur Abwehr problematischer Beziehungserfahrungen (modifizierte Idealisierungsthese) und die Überlegungen zum Instrumentalismus der Autoritären. Es werden abschließend auch Überlegungen und Daten zum Verhältnis von latenter und manifester politischer Sozialisation in der Familie vorgestellt.

Die sozialisationstheoretischen Grundannahmen der Untersuchungen zur „autoritären Persönlichkeit" (Adorno et al. 1950/1969) waren in der Geschichte der Autoritarismusforschung stets umstritten. Die Vorstellung, daß eine strenge, straforientierte und lieblose Erziehung in der Familie die sozialen und politischen Orientierungen von Menschen – ihr Verhältnis zu Autoritäten, Schwächeren, Minderheiten – langfristig beeinflussen könnte, erzeugte vielfach Skepsis und Kritik. Man kritisierte die schmale empirische Basis der weitgehenden theoretischen Schlußfolgerungen. Man nahm Anstoß an der psychoanalytischen Orientierung der Autoren, konnte in Nachfolgeuntersuchungen zentrale Deutungen der „Authoritarian Personality" nicht belegen oder monierte, daß in der Studie aktuelle ökonomische und politische Entwicklungen zu wenig berücksichtigt seien.[1]

Da die Kritik an den sozialisationstheoretischen Annahmen der Berkeley-Gruppe an anderer Stelle resümiert wird (vgl. Oesterreich, in diesem Band), möchte ich mich in meinem Beitrag mit dieser Kritik nicht ausführlich auseinandersetzen, sondern vielmehr versuchen, empirische Befunde und Argumente zusammenzufassen, die für die These sprechen, daß frühe soziale

---

1   Vgl. u.a. Hyman und Sheatsley (1954); Kirscht und Dillehay (1967); Altemeyer (1981, 1988); Oesterreich (1974, 1993). Vgl. kritisch zu dieser Kritik Hopf (1997) oder Hopf und Hopf (1997: 27ff., 147ff.).

Erfahrungen in der Familie das Verhältnis zu Autoritäten, Schwächeren und Minderheiten langfristig beeinflussen. Ich gehe dabei in drei Schritten vor. In Abschnitt 1 werden die meiner Ansicht nach zentralen sozialisationstheoretischen Annahmen, die der „Authoritarian Personality" (im folgenden auch AP) zugrunde liegen, erläutert. In Abschnitt 2 werden Forschungsergebnisse vorgestellt, die der Überprüfung und Weiterentwicklung dieser Annahmen dienen sollen. In Abschnitt 3 soll der Bezugsrahmen der Argumentation dadurch erweitert werden, daß Überlegungen zum Verhältnis von indirekter (latenter) und direkter (manifester) politischer Sozialisation in der Familie einbezogen werden.

Um gängigen Mißverständnissen vorzubeugen, möchte ich den folgenden Abschnitten zwei einschränkende Kommentare voranstellen: In den Untersuchungen zur „autoritären Persönlichkeit" bedeutet die Konzentration auf sozialisationstheoretische Deutungen nicht, daß man von einer deterministischen Beziehung zwischen innerfamilialen Beziehungserfahrungen und sozialen und politischen Orientierungen ausging. Die durch spezifische Sozialisationserfahrungen jeweils vorgegebenen Entwicklungspfade können vielmehr durch vielfältige soziale und politische Erfahrungen, z.B. elementare Veränderungen in den sozialen Beziehungen, in eine andere Richtung gelenkt werden. Die Konzentration auf sozialisationstheoretische Deutungen bedeutet ebenfalls nicht, daß die Relevanz politischer und ökonomischer Strukturen und Entwicklungen in der „Authoritarian Personality" bestritten wurde. Die Verführbarkeit durch faschistische Propaganda wird nicht nur in Familien erzeugt, sondern auch in anderen Bereichen politischer Sozialisation und in je spezifischen gesamtgesellschaftlichen Kontexten (vgl. hierzu auch Adorno et al. 1950: 7ff.). Da der Anspruch, alle diese Einflußfaktoren in eigenen Analysen gleichermaßen qualifiziert erfassen zu wollen, überaus schwer einzulösen ist, ist es legitim, wenn nicht unvermeidlich, sich in der Analyse auf ausgewählte Fragen der Genese faschistischer Potentiale zu konzentrieren.

1. Zentrale sozialisationstheoretische Annahmen in den Untersuchungen zur autoritären Persönlichkeit

Wie in der Einleitung zu diesem Band ausgeführt, können als zentrale Dimensionen des autoritären Syndroms die autoritäre Unterordnung bzw. Unterwürfigkeit, die autoritäre Aggression und der Konventionalismus angesehen werden. Der Autoritäre buckelt nach oben, tritt nach unten und weist nach außen alle Anzeichen konventionellen Wohlverhaltens auf. Für die Konventionalität entscheidet er sich dabei nicht vor dem Hintergrund eigener moralischer Überzeugungen, sondern in seinem Konventionalismus drückt sich eher die Tendenz zu außengeleiteter Konformität aus (vgl. Adorno et al. 1969: 230), was es im übrigen auch so schwer macht, Konventionalismus empirisch zu erfassen. Zum Beispiel bedeutet Konventionalismus in einer Gruppe jugendlicher Skinheads etwas völlig anderes als in einer dörflichen Gemeinschaft.

Es gehört zu den zentralen, sozialisationstheoretisch relevanten Annahmen der Berkeley-Gruppe, daß die bei Autoritären zu beobachtenden Tendenzen zur Unterordnung, Aggression und Konventionalismus mit einer Persönlichkeitsstruktur verbunden sind, für die eine schwach entwickelte Integration moralischer Anforderungen kennzeichnend ist. Der Aufbau einer stabilen inneren moralischen Instanz bzw. eines internalisierten Überichs oder Gewissens ist unzureichend gelungen (vgl. Adorno et al. 1969: 234; vgl. hierzu auch van IJzendoorn 1989 oder Hopf et al. 1995: 55ff.). Fragen der moralischen Entwicklung und der Herausbildung moralischer Autonomie sind daher für die Autoren der „Authoritarian Personality" von zentraler Bedeutung. Mit ihnen befaßt sich in der AP insbesondere Else Frenkel-Brunswik in ihren Analysen der Kindheits- und Familienerfahrungen autoritärer und nichtautoritärer Befragter (vgl. Adorno et al. 1969: 371ff.) und entwickelt in der Auseinandersetzung mit Interview-Texten, die in qualitativen Interviews gewonnen wurden, Thesen zu den innerfamilialen Bedingungen der Gewissensentwicklung.

Der Aufbau einer stabilen inneren moralischen Instanz gelingt vor allem dann sehr schwer, wenn für die Erziehung kennzeichnend ist:

– die Forderung an das Kind, sich an kleinlich vorgegebene Regeln anzupassen, und der weitgehende Verzicht darauf, die Anforderungen an das Kind zu begründen und ihren Bezug zu allgemeineren Werten oder Prinzipien zu verdeutlichen;

– ihr furchterregender Charakter: die Eltern erzeugen bei dem Versuch, ihre Kinder zu erziehen, Angst – sei es durch harte körperliche Strafen, durch Willkürakte oder durch die Drohung, das Kind ins Heim zu schicken – und setzen ihre Erziehungsziele in einer bedrohlichen, für das Kind nicht „assimilierbaren" Weise durch.

Umgekehrt werden als relevante Bedingungen der Internalisierung von Normen oder moralischer Autonomie Erziehungsstile angesehen, bei der die Verständigung und wertbezogene Begründung von Verhaltensanforderungen im Vordergrund steht und bei der auf furchterregende Varianten der Disziplinierung weitgehend verzichtet wird.

Die Überlegungen zur Gewissensentwicklung, die Frenkel-Brunswik auf der Grundlage von Interview-Interpretationen erarbeitete, enthalten viele Parallelen zu dem von Hoffman und Saltzstein (1967) entwickelten Ansatz der Moralentwicklungsforschung, in dem es um das Verhältnis von elterlichen Erziehungsstilen und Gewissensentwicklung geht. Ich werde auf diese Parallelen in Abschnitt 2 dieses Beitrages eingehen und dort auch Befunde aus der Moralentwicklungsforschung referieren, die die skizzierten, für den Ansatz der AP grundlegenden sozialisationstheoretischen Annahmen stützen.

Die Annahmen zur Entwicklung einer stabilen inneren moralischen Instanz sind für die Interpretation aller drei zentralen Aspekte des autoritären Syndroms wichtig. Hingegen bezieht sich eine weitere grundlegende theoretische Annahme der „Authoritarian Personality" vor allem auf die Interpretation autoritärer Aggression. Es handelt sich um die Idealisierungsthese, nach der Menschen, die sich den Autoritäten der Eigengruppe unterwerfen und Schwächere attackieren, zur Idealisierung der eigenen Eltern neigen (vgl. Adorno et al. 1969: 340ff., 228ff.). Sie loben die eigenen Eltern zum Teil überschwenglich, unterdrücken elternbezogene Kritik und Aggressionen und verlagern diese auf andere, die straffreier anzugreifen sind.

Nach Frenkel-Brunswik sind die Tendenzen zur Idealisierung der eigenen Eltern Resultat einer strengen, straforientierten Erziehung, in der aggressive Impulse, die gegen die Eltern gerichtet waren, massiv unterdrückt oder mit Liebesentzug beantwortet wurden. Die weniger autoritär Erzogenen können sich Aggressionen und offene Kritik an den Eltern leichter erlauben, weil sie in ihrer Erziehung weniger Strenge und Strafen und mehr uneingeschränkte Zuwendung erfahren haben (vgl. hierzu auch Adorno et al. 1969: 388).

Mit der These der Eltern-Idealisierung werden in den Untersuchungen zur „autoritären Persönlichkeit" Interpretationen entwickelt, bei denen die kognitive und affektive Auseinandersetzung oder Nicht-Auseinandersetzung mit den eigenen Erfahrungen stärker berücksichtigt werden (vgl. hierzu auch Hopf und Hopf 1997: 58ff.). Es geht um die kognitive und emotionale Repräsentation und Verarbeitung von Kindheitserfahrungen. Aggressivität gegenüber Schwächeren wird nicht einfach durch erfahrene Härte, Strafen oder Zurückweisungen erzeugt, sondern wird erst durch die fehlende Auseinandersetzung und die Leugnung der erfahrenen Härte bzw. durch die Idealisierung der eigenen Eltern möglich. In Abschnitt 2 dieses Aufsatzes werde ich mich ausführlicher mit theoretischen und empirischen Aspekten der These der Eltern-Idealisierung befassen und dabei auch Untersuchungsergebnisse vorlegen, die eine Einschätzung ihrer Tragfähigkeit erlauben.

Generell ist festzustellen, daß in den sozialisationstheoretischen Analysen der „Authoritarian Personality" der Aspekt der elterlichen Kontrolle im Vordergrund steht, weniger der Aspekt elterlicher Zuwendung oder Responsivität (vgl. zu dieser Unterscheidung Maccoby und Martin 1983: 39). Am deutlichsten wird der Aspekt elterlicher Zuwendung dabei in Frenkel-Brunswiks Analysen betont: Den Nicht-Autoritären sei im Vergleich zu den Autoritären insgesamt mehr Liebe und Zuwendung entgegengebracht worden und sie fühlten sich in der Beziehung zu ihren Eltern „more basically secure" (Adorno et al. 1969: 388; vgl. zur Akzentuierung dieses Aspekts auch Frenkel-Brunswik 1954: 236f.). Empirische Belege für die größere emotionale Sicherheit der Nicht-Autoritären sind in der AP eher knapp vertreten. Allerdings gibt es indirekte Evidenzen. Die Bindung der Nicht-

Autoritären an ihre Eltern resultiert, nach den Ergebnissen der qualitativen Interviews zu urteilen, eher aus dem Bedürfnis nach Zuneigung, wobei bei den Männern vor allem die emotionale Beziehung zur Mutter wichtig ist. Bei den Autoritären ist dagegen die Beziehung zu den Eltern eher durch materialistische und tauschbezogene Orientierungen bestimmt (vgl. Adorno et al 1969: 353ff., 341). Die Angst davor, zu kurz zu kommen, ist dabei vergleichsweise stark ausgeprägt. Die Tendenzen zu materialistischen Orientierungen und zum „Haben-Wollen" sind auch in anderen Beziehungen zu entdecken. Max Horkheimer formuliert dies so: Der autoritätsgebundene Charakter „kennt keine starken Gefühlsbindungen. Die Begriffe ‚Tausch' und ‚Gegenleistung' beherrschen sein Denken, und oft beklagt er sich, daß er nicht soviel empfing, wie er gab." (Horkheimer 1980/1949: 357). Wie im folgenden Abschnitt auszuführen ist, wird mit den Annahmen zur emotionalen Distanz und zum Materialismus der Autoritären ein wichtiges, in der Rezeption der „Authoritarian Personality" häufig vernachlässigtes Phänomen angesprochen, das für ein Verständnis der inhaltlichen Ausgestaltung ihrer Fremdenfeindlichkeit wichtig ist.

2. Zur Tragfähigkeit des Ansatzes. Empirische Befunde und theoretische Argumente

In diesem Abschnitt sollen die dargestellten Hypothesen zur Entwicklung autoritärer Dispositionen auf der Grundlage vorliegender empirischer Untersuchungen diskutiert und weiterentwickelt werden. Ich stütze mich dabei nicht allein auf Studien, die im engeren Bereich der Autoritarismusforschung entstanden, sondern auch auf solche Untersuchungen, in denen relevante Teilaspekte des autoritären Syndroms Thema sind, wie dies beispielsweise in Untersuchungen zur moralischen Entwicklung der Fall ist. Ich berücksichtige zudem in meinen Analysen zum einen Studien, die sich direkt auf den Autoritarismus der untersuchten Gruppen beziehen, zum anderen Studien, deren Themen Ethnozentrismus[2] und rechtsextreme Orientierungen sind. Da es empirisch sehr enge Zusammenhänge zwischen Autoritarismus einerseits und Ethnozentrismus und rechtsextremen Orientierungen andererseits gibt (vgl. hierzu z.B. Meloen 1993), ist dies meiner Ansicht nach vertretbar.

---

2   Der Begriff des Ethnozentrismus wird hier in dem in der AP vorgegebenen Sinn verwandt. Gemeint sind kognitive und affektive Orientierungen, nach denen die Eigengruppe – die eigene Nation, Religion u.ä. – übertrieben hoch bewertet wird und die Außengruppen herabgesetzt und verachtet werden (vgl. zur Entwicklung des Ethnozentrismus-Begriffs auch Rieker 1997: 14ff.).

2.1 Moralische Autonomie, Autoritarismus und Sozialisation

Insgesamt wurde das Verhältnis von Autoritarismus und moralischer Autonomie, das für ein Verständnis von autoritärer Unterordnung, Aggression und
Konventionalismus so wichtig ist, selten untersucht. Wo dies geschah, sprechen die Befunde für den in der „Authoritarian Personality" unterstellten Zusammenhang (vgl. hierzu van IJzendoorn 1989, Hopf und Hopf 1997: 32ff.).
Marinus van IJzendoorn befragte in den achtziger Jahren holländische
Studentinnen und Studenten und erhob Daten zu: ihrem Autoritarismus, der
mit einer gekürzten Version der F-Skala erfaßt wurde, zu ihrem Ethnozentrismus, zu ihrer politischen Position und zum Niveau ihrer moralischen Urteilsfähigkeit im Kohlbergschen Sinn.[3] In den einbezogenen zwei studentischen Stichproben ergaben sich hohe Korrelationen zwischen Ethnozentrismus und Autoritarismus, politischer Position im Links-Rechts-Spektrum und
Autoritarismus und dem Niveau der moralischen Urteilsfähigkeit und Autoritarismus. Je weniger entwickelt dieses Niveau war, um so autoritärer waren
die Studenten. Der Zusammenhang zwischen moralischer Urteilsfähigkeit
und Autoritarismus blieb auch dann signifikant, wenn andere Einflüsse (Ethnozentrismus, politische Position, Alter, Geschlecht, sozioökonomischer Status) kontrolliert wurden.
In einer qualitativen Untersuchung, in der Auszubildende und junge
Facharbeiter und Handwerker im Raum Hildesheim-Hannover befragt wurden, versuchten Peter Rieker, Martina Sanden-Marcus, Christiane Schmidt
und ich ebenfalls, den Zusammenhang zwischen moralischer Autonomie und
Autoritarismus direkt zu erfassen (vgl. Hopf et al. 1995: 55ff.). Wir untersuchten den Zusammenhang zwischen autoritärer Unterordnung und autoritärer Aggression auf der einen Seite und der Internalisierung moralischer Normen auf der anderen Seite. Unterordnungs- und Aggressionstendenzen wurden in qualitativen Interviews zu Autoritätsbeziehungen im näheren sozialen
Umfeld der Befragten (Betrieb, Schule, Freundeskreis) erfaßt, die Norm-In-
ternalisierung erfaßten wir in teilstandardisierten Interviews, in denen die Befragten aufgefordert wurden, zu vorgegebenen moralischen Konfliktsituationen Stellung zu nehmen. Bei der Auswertung unserer Interviewdaten (insgesamt 25 Fälle) ergab sich ein sehr enger Zusammenhang zwischen „Radfahrer"-Mentalität und Norm- und Gewissensbindung (vgl. Hopf et al. 1995:
70ff.). Alle sechs Befragten, die „Radfahrer" im klassischen Sinne waren –
nach oben buckelten, nach unten traten – waren nur in geringem oder mittle-

---

3   Bei der Erhebung der Stufen moralischer Entwicklung stützte sich van IJzendoorn
    nicht auf das klassische teilstandardisierte Dilemma-Interview, sondern auf ein stan-
    dardisiertes Maß, das „Socialmoral Reflection Objective Measure" (SROM). In die-
    sem als Multiple Choice-Test konstruierten Maß werden zwei der klassischen Kohl-
    berg-Dilemmata behandelt: Das Heinz-Dilemma und das Vater-Sohn-Dilemma (vgl.
    zur Information zu Theorie und Methoden des Kohlbergschen Ansatzes u.a. Oser und
    Althof 1992).

ren Maße an moralische Normen (z.B. ein Versprechen zu halten, die Wahrheit zu sagen o.a.) gebunden. Entsprechendes gilt für die fünf Befragten, für die weniger die Unterordnung als vielmehr die autoritäre Aggression kennzeichnend war. Anders verhielt es sich bei denen, für die nur Unterordnungstendenzen kennzeichnend waren, oder bei denen, die im klassischen Sinn nicht-autoritär waren. Beide Gruppen reagierten auf die moralischen Konfliktsituationen deutlicher normgebunden.

Anhaltspunkte für die Plausibilität der These, daß Autoritäre moralische Normen in geringerem Maße als andere verinnerlicht haben, gibt es auch in anderen Untersuchungen. Für besonders aufschlußreich halte ich die frühe Untersuchung Nathan Ackermans und Marie Jahodas zum Problem des Antisemitismus, die 1950 ebenso wie die „Authoritarian Personality" als Teil der „Studies in Prejudice" erschien.[4] Die Untersuchung basiert im wesentlichen auf sehr umfangreichen Interviews und Diskussionen mit Psychoanalytikern und Psychoanalytikerinnen über Fallgeschichten antisemitischer Patienten und Patientinnen. Einer der zentralen und spektakulären Befunde in der Studie Ackermans und Jahodas ist: Bei keinem der in die Untersuchung einbezogenen Patienten (insgesamt 27), die ihren Antisemitismus während der psychoanalytischen Behandlung mehr oder minder intensiv zum Ausdruck brachten, lag eine schwere Depression vor. Nach Auffassung der Autoren ist dies ein inhaltlich plausibles Korrelat der Externalisierungstendenzen von Antisemiten: Man gibt anderen die Schuld für Probleme, nicht sich selbst, wie dies zum Bild klassischer depressiver Erkrankungen gehören würde (vgl. Ackerman und Jahoda 1950: 26). Hierzu paßt, daß die antisemitischen Analyse-Patienten und -Patientinnen nicht über stark ausgeprägte und verinnerlichte moralische Standards verfügten. Bisweilen fehlten die genuinen Schuldgefühle, die zu depressiven Erkrankungen gehören, vollständig (vgl. ebenda: 38).

Wenn man den Zusammenhang zwischen Autoritarismus oder Antisemitismus auf der einen Seite und Gewissensentwicklung auf der anderen Seite inhaltlich für plausibel hält, folgt daraus, daß Studien zur moralischen Entwicklung für die Überprüfung der sozialisationstheoretischen Thesen der „Authoritarian Personality" sehr wichtig sind, was in der Autoritarismusforschung meist viel zu wenig berücksichtigt wird. Einschlägig sind hier insbesondere die Arbeiten Martin Hoffmans und Herbert Saltzsteins, die sich dem Zusammenhang zwischen Familienstruktur, Erziehungsstilen und Gewissensentwicklung mit nicht wieder erreichter Breite und Intensität widmeten.[5]

Hoffman und Saltzstein (1967) befragten in den sechziger Jahren ca. 12jährige Kinder aus Detroit zu ausgewählten moralischen Konfliktsituatio-

---

4   „Anti-Semitism and Emotional Disorder". Vgl. zur Information über diese Studie auch den zusammenfassenden Aufsatz, den Ackerman und Jahoda 1950 veröffentlichten und der inzwischen in deutscher Übersetzung vorliegt (vgl. Ackerman und Jahoda 1994). Vgl. als Überblick über die Studie Hopf (1990: 374ff.).

5   Vgl. hierzu Hoffman und Saltzstein 1967; Hoffman 1970. Vgl. als informative Darstellung und Erläuterung dieser Untersuchungen Maccoby (1980: 339ff.).

nen, mit denen Kinder zu tun haben können – z.B. Schummeln in der Schule oder bei Wettbewerben, Gefährdung anderer Kinder u.a. Bei der Auswertung der Reaktionen der Kinder wurden unterschiedliche Niveaus der Gewissensentwicklung und der Fähigkeit, Schuldgefühle zu empfinden, bestimmt. Diese wurden mit elterlichen Erziehungsstilen und den Autoritätsvorstellungen der Eltern verglichen, die vor allem aus Eltern-Interviews erschlossen wurden. Zu einigen Ergebnissen (vgl. Hoffman und Saltzstein 1967: 49ff.): Die Fähigkeit und Bereitschaft, bei Normbrüchen Schuldgefühle zu entwickeln, war besonders wenig bei solchen Kindern ausgeprägt, die aus Familien kamen, in denen als Erziehungsstil die Machtbehauptung dominierte (körperliche Strafen, Androhung solcher, Taschengeldentzug u.ä.). In diesen Familien bemühte man sich zugleich besonders wenig darum, den Kindern die jeweiligen Verbote und Gebote verständlich zu machen und sie auf die Konsequenzen ihres Handelns für andere aufmerksam zu machen. D.h. der sogenannte induktive Erziehungsstil war hier besonders wenig ausgeprägt.

Hoffman und Saltzstein weisen bei der Interpretation ihrer Untersuchungsergebnisse auch auf die Bedeutung eines unterstützenden, liebevollen Erziehungsklimas hin. Andere Autoren akzentuieren dies sogar noch stärker, wie zum Beispiel Hoff et al. (1991), Döbert und Nunner-Winkler (1983) oder Hopf et al. (1995: 84ff.). Trotzdem bleibt festzuhalten, daß die Thesen Frenkel-Brunswiks zur Gewissensentwicklung (vgl. Abschnitt 2) insbesondere durch die Arbeiten Hoffmans und Saltzsteins deutlich bestätigt werden: Wenn die wertbezogene Begründung von Geboten oder Verboten fehlt und wenn Fügsamkeit durch Strafandrohungen und Erzeugung von Furcht erreicht wird, dann sind die Chancen für die Entwicklung einer stabilen inneren moralischen Instanz ungünstig. Es gibt also wenig Anlaß, die in der „Authoritarian Personality" entwickelten sozialisationstheoretischen Annahmen zur Gewissensentwicklung grundlegend zu revidieren, was nicht ausschließt, daß diese in weiteren Untersuchungen differenziert und erweitert werden sollten.

2.2 Eltern-Idealisierung, Aggressionsabwehr, Ethnozentrismus

Verschiedene Autoren haben die These, daß Autoritäre ihre Eltern idealisieren und die unterdrückten Aggressionen auf Minderheiten verschieben (vgl. Abschnitt 1), scharf kritisiert. Zu ihnen gehört Bob Altemeyer, für den diese These ein Einfallstor für Beliebigkeit und Interpretationswillkür ist. Er meint, daß die Autoren der „Authoritarian Personality" die Kindheitsschilderungen der Befragten je nach Wunsch interpretierten (vgl. Altemeyer 1988: 54): Priesen die Befragten ihre Eltern, sah man darin die erwartete Idealisierung oder Glorifizierung; stellten sie ihre Eltern als streng und grausam dar, nahm man dies für bare Münze; und taten sie beides, sprach man von einer Mixtur aus Glorifizierung und akkurater Erinnerung.

Obgleich Altemeyers Kritik überzogen ist, lenkt sie die Aufmerksamkeit auf ein relevantes methodisches Problem: Auf welcher Grundlage können wir bei der Auswertung qualitativer Interviews entscheiden, ob in der sehr positiven Schilderung der jeweiligen Eltern Idealisierungstendenzen oder realistische Erinnerungen zum Ausdruck kommen und ob das überschwengliche Lob durch eigene Erfahrungen gerechtfertigt ist oder nicht? In den Analysen Frenkel-Brunswiks wird dies im Prinzip dadurch versucht, daß Diskrepanzen zwischen allgemeinen Äußerungen und konkreten Informationen, die bisweilen gegen die Intention in das überschwengliche Lob hineingeraten, analysiert werden.[6] In den theoretischen und empirischen Analysen Mary Mains et al. (vgl. Main et al. 1985; Main und Goldwyn 1994, Main 1995), auf die wir uns in unseren eigenen Studien stützten (vgl. unten), wird ein differenzierteres Vorgehen gewählt. Es werden zum einen im Vergleich zu den Untersuchungen zur „autoritären Persönlichkeit" sehr viel ausführlichere Informationen zur Kindheit der befragten Erwachsenen erhoben – in den auf Bindungserfahrungen bezogenen teilstandardisierten Interviews („Adult Attachment Interviews") –, und zum anderen werden mehr Gesichtspunkte bei der Interviewauswertung berücksichtigt. Zentral ist die Einschätzung der Stimmigkeit, der Kohärenz der Darstellung, und des Belegs, der Fähigkeit zur illustrativen Erläuterung der auf allgemeiner Ebene angesiedelten Einschätzungen. Dabei ist es selbstverständlich, daß man bei der Auswertung von Interviews zu Kindheitserinnerungen nicht beanspruchen kann, die „wahre" Geschichte zu rekonstruieren (vgl. hierzu und zum folgenden Main und Goldwyn 1994: 51ff.). Man kann jedoch, wie Main und Goldwyn erläutern, systematische Diskrepanzen zwischen dem auf allgemeiner, „semantischer" Ebene entworfenen Bild vorbildlicher Eltern und den Erzählungen über konkrete Verhaltensweisen der Eltern entdecken. Wichtig ist darüber hinaus auch, ob die zu ihrer Kindheit Befragten in der Lage sind, positive Wertschätzungen plausibel zu untermauern. Dies ist beispielsweise dann nicht der Fall, wenn ein Befragter sagt, daß die Mutter für ihn „vorbildlich" gewesen sei und daß die Beziehung zu ihr „positiv" war, wenn ihm jedoch keine Beispiele einfielen, die dieses „positiv" oder „vorbildlich" belegen könnten.

In verschiedenen im Raum Hildesheim-Hannover durchgeführten Studien[7] haben wir versucht, die in den Untersuchungen zur „autoritären Persön-

---

6 Vgl. Adorno et al. 1969:342. Vgl. kritisch zu einzelnen Aspekten ihrer Analyse auch Hopf 1992.

7 Es handelt sich dabei:

    a) um die oben bereits erwähnte Befragung Auszubildender und junger Facharbeiter und Handwerker (insgesamt 25) (vgl. Hopf et al. 1995; Rieker 1997);

    b) um eine Befragung junger Frauen, die als Auszubildende oder als Beschäftigte im Dienstleistungsbereich, in Verkaufsberufen, im Verwaltungsbereich oder in anderen Bereichen tätig waren (insgesamt 24) (vgl. Projektgruppe 1996; Hopf und Hopf 1997, Kap. 3) – diese Studie wurde ebenso wie die erste durch die Deutsche Forschungsgemeinschaft gefördert;

lichkeit" entwickelten Thesen zur Eltern-Idealisierung zu überprüfen. Wir gingen dabei von einem breiteren theoretischen Rahmen aus und verknüpften Ideen der „Authoritarian Personality" mit Überlegungen, die in der auf den Arbeiten John Bowlbys und Mary Ainsworths aufbauenden Bindungsforschung entwickelt wurden. Wir nahmen an, daß die Idealisierung der eigenen Eltern nicht die einzige, möglicherweise nicht einmal die dominante Form der Abwehr oder Unterdrückung von Aggressionen ist, die gegen die Eltern gerichtet sind, sondern daß es vielfältige andere Varianten der Aggressions- und Kritikabwehr gibt (vgl. Hopf 1992: 57ff.).

Bei der Präzisierung dieser unterschiedlichen Varianten der Abwehr von Aggressionen und Kritik an den eigenen Eltern stützten wir uns auf eine Typologie, die von Main u.a. im Kontext der Bindungsforschung entwickelt wurde (vgl. Main et al. 1985; Main und Goldwyn 1994; Main 1995). Mit dieser Typologie sollen kognitive und affektive Repräsentationen von Bindungserfahrungen bzw. mentale Bindungsmodelle charakterisiert werden. Unterschieden wird – zunächst auf sehr allgemeiner Ebene – zwischen folgenden Varianten des Umgangs mit Bindungserfahrungen:

– einer abwehrend-bagatellisierenden („dismissing") Variante der Repräsentation von Bindungserfahrungen;
– einer sicher-autonomen Variante: die Bedeutung der Bindung an die Eltern wird betont, was Kritik und Aggressionen ihnen gegenüber jedoch nicht ausschließt;
– einer verstrickten/präokkupierten Variante des Umgangs mit Bindungserfahrungen, bei der es sowohl um passive als auch um aggressive Formen der Verstrickung gehen kann.

Für die Diskussion der in der „Authoritarian Personality" vertretenen These, daß Autoritäre ihre Eltern idealisieren und Kritik und Aggressionen unterdrücken, ist die Gruppe derer, die als „dismissing" beschrieben werden, besonders interessant: Bei ihnen bleiben bindungsbezogene Emotionen – auch Aggressionen im Verhältnis zu den eigenen Eltern – in ihren Kindheitsschilderungen „deaktiviert"; sie werden weggeschoben. Dies kann auf unterschiedliche Weise erreicht werden (vgl. hierzu und zum folgenden Main und Goldwyn 1994: 126ff.):

a) durch Idealisierung der eigenen Eltern bei rudimentärem Erinnerungs-vermögen für negative – oder auch positive – Erfahrungen; diese Gruppe entspricht den Idealisierern in der AP am deutlichsten;
b) durch kühl-verachtende Abwertung („derogation") der Beziehung zu den eigenen Eltern; problematische Aspekte der eigenen Erziehung und schwierige Erfahrungen (körperliche Strafen, Zurückweisungserfahrungen, emotionale Vernachlässigung o.a.) werden im Interview dargestellt,

---

c) um eine Befragung dreier arbeitsloser Jugendlicher, die im Rahmen einer Diplom-arbeit erfolgte (vgl. Wernich 1996).

aber mit einer Attitüde der Gleichgültigkeit, die sich aus der Abwertung der eigenen Eltern ergibt.

c) durch eine gefühlseingeschränkte Haltung im Verhältnis zu Bindungserfahrungen („restricted in feeling"); negative Erfahrungen werden im Interview zwar dargestellt, sie werden jedoch als bedeutungslos für die aktuellen Gefühle oder als irrelevant für die eigene Entwicklung bezeichnet (vgl. Main und Goldwyn 1994: 129).

Insgesamt sind in den verschiedenen Studien, die wir in den neunziger Jahren durchgeführt haben (vgl. zur Information über sie Anm. 7), die generell als „dismissing" eingeordneten Befragten deutlich ethnozentrischer als diejenigen Befragten, die einen sicher-autonomen Umgang mit den eigenen Beziehungserfahrungen haben. Unter den als sicher-autonom beschriebenen Befragten gibt es nur sehr wenige, die ausgeprägt ethnozentrisch sind (2 von 11), unter den als abwehrend-bagatellisierend eingeordneten Befragten hingegen sehr viel mehr (18 von 31) (vgl. Hopf 1997: 165). Noch deutlicher werden die Unterschiede, wenn man die vergleichenden Analysen auf die Ausprägung rechtsextremer Orientierungen bezieht, bei denen – nach unserer Definition – Ethnozentrismus, Gewalttolerierung und Bagatellisierung der NS-Verbrechen zusammenkommen (vgl. zur ausführlichen Begriffsdefinition Hopf et al. 1995, Kap. 2).

Wie die Übersicht in Tabelle 1 zeigt, gibt es unter den Befragten, die sich mit ihrer Kindheit in einer sicher-autonomen Weise auseinandersetzen, keine rechtsextrem Orientierten. Von den Befragten mit abwehrenden, bagatellisierenden („dismissing") Bewältigungsstrategien sind hingegen relativ viele deutlich oder tendenziell rechtsextrem orientiert (23 von 31). Die beschriebenen Zusammenhänge sind hierbei sowohl in der Gruppe der befragten Männer als auch bei den befragten Frauen zu beobachten. Es gibt darüber hinaus – vor allem in der Gruppe der befragten Männer – eine kleine Zahl von Befragten, für die eine verstrickte Bindungsrepräsentation kennzeichnend ist und die zum Teil rechtsextrem orientiert sind. Wir haben uns an anderer Stelle ausführlich mit diesen Fällen auseinandergesetzt (vgl. den Beitrag C. Schmidts in Hopf et al. 1995: 119ff., 146ff.; Hopf und Hopf 1997: 59f., 73ff.), und ich möchte sie daher hier nur knapp erwähnen.

Wenn man unsere Untersuchungsergebnisse auf die Thesen der „Authoritarian Personality" bezieht, so kann man im ersten Schritt folgendes sagen: Die in der AP formulierte Annahme, daß die Abwehr oder Unterdrückung von Aggressionen im Verhältnis zu den eigenen Eltern mit ethnozentrischen Tendenzen und Aggressionen gegen Minderheiten einhergeht, wird durch unsere Daten unterstützt. Die Befragten, die als „dismissing" eingeordnet werden und bei denen bindungsbezogene Gefühle, auch Aggressionen, gegen die Eltern unterdrückt oder nur sehr reduziert zugelassen werden, sind ethnozentrischer und stärker rechtsextrem orientiert – d.h. auch: anfälliger für rechtsextreme Propaganda – als die Befragten, die in sicher-autonomer Weise mit ihren Bindungserfahrungen umgehen.

Tabelle 1: Muster der Repräsentation von Bindungserfahrungen und rechtsextreme Orientierungen. Ein Überblick über ausgewählte
Untersuchungsergebnisse der Hildesheimer Studien zum Verhältnis
von Beziehungserfahrungen und politischen Orientierungen

	Deutlich rechtsextrem orientiert	eher rechtsextrem orientiert	eher nicht rechtsextrem orientiert	nicht rechtsextrem orientiert	unklar oder dazwischen	insgesamt
alle Befragten						
abwehrend-bagatellisierend	11	12	3	3	2	31
sicher-autonom	–	–	6	4	1	11
verstrickt	2	1	–	1	–	4
CC-abwehrend und verstrickt	1	1	–	–	–	2
unklar/zu wenig Informationen	1	1	–	2	–	4
insgesamt	15	15	9	10	3	52
die Gruppe der befragten Männer (berufstätig und in der Ausbildung)						
abwehrend-bagatellisierend	2	6	2	1	1	12
sicher-autonom	–	–	2	3	–	5
verstrickt	2	1	–	–	–	3
CC-abwehrend und verstrickt	1*	–	–	–	–	1
unklar/zu wenig Informationen	1	1	–	2	–	4
insgesamt	6	8	4	6	1	25
(* in früheren Auswertungen als verstrickt eingeordnet)						
die Gruppe der befragten Frauen (berufstätig oder in der Ausbildung)						
abwehrend-bagatellisierend	7	6	1	2	1	17
sicher-autonom	–	–	4	1	1	6
verstrickt	–	–	–	–	–	–
CC-abwehrend und verstrickt	–	1	–	–	–	1
insgesamt	7	7	5	3	2	24
die Gruppe der befragten arbeitslosen Männer						
abwehrend-bagatellisierend	2	–	–	–	–	2
sicher-autonom	–	–	–	–	–	–
verstrickt	–	–	–	1	–	1
CC-abwehrend und verstrickt	–	–	–	–	–	–
insgesamt	2	–	–	1	–	3

Im zweiten Schritt ist jedoch festzuhalten, daß unsere Fallanalysen der in der
AP formulierten These, daß Autoritäre ihre Eltern in besonderem Maße idea-
lisieren, bei genauerer Betrachtung widersprechen: Von den insgesamt 31
Befragten, die als abwehrend-bagatellisierend eingeordnet wurden, waren nur

sieben Idealisierer im engeren Sinn – drei Männer und vier Frauen. Sie idealisierten entweder ihre Mutter oder ihren Vater oder beide. Die Mehrheit der abwehrend-bagatellisierenden Befragten reagierten dagegen in den Interviews zur ihren Bindungserfahrungen in einer Weise, die ich oben als gefühlseingeschränkt („restricted in feeling") beschrieben habe, nämlich 19 Befragte (acht von 14 Männern, 11 von 17 Frauen). Drei weitere Befragte (zwei Männer, eine Frau) sind durch einen derogativen, kühl-abwertenden Umgang mit Bindungserfahrungen zu kennzeichnen: Sie schildern die Erfahrungen mit ihren Eltern gegebenenfalls als negativ, erklären aber zugleich, daß die Eltern ihnen „total gleichgültig" seien. Bemerkenswert ist dabei, daß die Tendenzen zu ethnozentrischen und rechtsextremen Orientierungen in den charakterisierten Teilgruppen (Idealisierer, Derogative, Gefühlseingeschränkte) ähnlich ausgeprägt sind. D.h. unter den Befragten mit einem Gefühle abwehrenden Bindungsmodell sind auch diejenigen, die ihre Eltern *nicht* idealisieren, besonders anfällig für ethnozentrisches Denken und rechtsextreme Propaganda.

Die Idealisierungsthese im engeren Sinn kann also durch unsere Fallanalysen nicht gestützt werden, wohl jedoch die in der „Authoritarian Personality" ebenfalls enthaltene Annahme, daß bei der Interpretation ethnozentrischer Orientierungen der Umgang mit Aggressionen im Verhältnis zu den eigenen Eltern wichtig ist. Aggressionen müssen nicht notwendig mit Hilfe von Idealisierungsprozessen unterdrückt werden, sondern können, wie beschrieben, auch in anderer Weise unterdrückt oder abgewehrt werden. So können mit der Behauptung, erfahrene Kränkungen, Härten, Belastungen seien für die eigene Entwicklung gänzlich irrelevant und emotional bedeutungslos, ebenfalls Aggressionen abgewehrt werden, die gegebenenfalls auf Minderheiten verschoben werden. Die zu engen Annahmen der Idealisierungsthese sollten daher meiner Ansicht nach revidiert werden und durch Thesen ersetzt werden, die den Umgang mit der eigenen Aggressivität im Verhältnis zu den Eltern expliziter berücksichtigen und die Frage nach der Art der Bindungsrepräsentation in den Vordergrund stellen.

Daß dies ergiebig sein dürfte, zeigen nicht nur unsere Analysen, sondern auch Untersuchungen, die kürzlich von Marinus van IJzendoorn und Eric Hesse in Berkeley durchgeführt wurden (vgl. van IJzendoorn 1997: 715f.). Einbezogen waren Studenten und Studentinnen, die im Alter den von uns befragten jungen Männern und Frauen vergleichbar waren. Mit ihnen wurden Interviews zu ihren Bindungserfahrungen („Adult Attachment Interviews") durchgeführt, und sie füllten Fragebögen zu rechtsautoritären Orientierungen aus („right wing authoritarianism" nach Altemeyer 1988). Entsprechende Daten lagen für 116 Studierende vor. Es zeigte sich, daß sowohl unter den befragten Männern als auch unter den befragten Frauen die als „dismissing" eingeordneten Befragten signifikant autoritärer als die sicher-autonomen Befragten waren. Es gibt also gute Gründe dafür, die Idealisierungsthese in der Autoritarismusforschung zu revidieren, jedoch an der These festzuhalten, daß die Art des Umgangs mit der Aggressivität gegenüber den eigenen Eltern berücksichtigt werden sollte, wenn man ethnozentrische und rechtsextreme Orientierungen erklären will.

2.3 Gefühlsabwehr, materialistische Orientierung, Fremdenfeindlichkeit

Die These, daß Autoritäre in ihren sozialen Beziehungen materialistischer und stärker an ihrem individuellen Vorteil orientiert sind als andere (vgl. hierzu auch Abschn. 1), blieb in der Autoritarismusforschung weitgehend unberücksichtigt. Man konzentrierte sich in der Diskussion vielmehr auf die Aspekte des autoritären Syndroms, die in dem Kapitel über die F-Skala beschrieben werden. Die Thesen zum Materialismus der Autoritären sind jedoch meiner Ansicht nach bemerkenswert, da sie dazu beitragen können, die spezifischen Inhalte ethnozentrischen Denkens – insbesondere die ökonomischen Inhalte – besser zu erklären.

In diesem Abschnitt möchte ich die Thesen zum Materialismus der Autoritären vor allem am Beispiel innerfamilialer Beziehungen diskutieren und Frenkel-Brunswiks Analysen mit den im vorigen Abschnitt entwickelten Thesen vergleichen, nach denen ethnozentrisch und rechtsextrem Orientierte stärker als andere zur Abwehr bzw. zum „dismissing" bindungsbezogener Gefühle neigen.

Else Frenkel-Brunswik arbeitet in ihrer Auswertung der qualitativen Interviews mit Autoritären und Nicht-Autoritären eine spezifische Art der Abhängigkeit von den Eltern heraus, die sie als veräußerlichte Abhängigkeit charakterisiert, die primär materiell ausgerichtet ist („dependence for things"). Diese Abhängigkeit sei von einer anderen Variante der Abhängigkeit abzugrenzen, bei der es mehr um die emotionalen Beziehungen und den Wunsch nach liebevoller Zuwendung von Seiten der Eltern gehe („dependence for love") (vgl. Adorno et al. 1969: 353). Im ersten Fall beziehe sich die Abhängigkeit mehr auf das Erlangen von Vorteilen, Leistungen der Eltern, Gütern und weniger auf spezifische Personen, im zweiten Fall stehen die Personen und die auf sie gerichteten Wünsche und Gefühle im Vordergrund. Als Beispiel für eine stärker materiell bezogene Abhängigkeit sei ein Textausschnitt aus der „Authoritarian Personality" wiedergegeben. Einer der männlichen Befragten sagt über seine Mutter: „Well, I guess her being so good and friendly to everybody, especially to me. (For example?) Well, always trying to do everything for me. Very seldom go uptown without bringing something back for me." (Adorno et al. 1969: 354). Bei den Befragten, die eher zu einer emotionalen Abhängigkeit neigen, sind hingegen Äußerungen der Zuneigung und emotionaler Bindung häufiger.

Die beschriebenen Muster der Abhängigkeit von den Eltern sind in den Gruppen der Autoritären und Nicht-Autoritären ungleich verteilt. Die Autoritären sind signifikant häufiger als die Nicht-Autoritären an den Leistungen interessiert, die ihre Eltern für sie erbringen – an den materiellen Zuwendungen oder ihrer Arbeitsleistung. Die Abhängigkeit der Nicht-Autoritären ist hingegen sehr viel deutlicher emotional vermittelt (vgl. Adorno et al. 1969: 341, 353ff.). Vergleichbare Resultate gibt es in den Studien über ethnozentrische und rechtsextrem orientierte Männer und Frauen, über die im vorangehenden Abschnitt referiert wurde. Die rechtsextrem orientierten Männer und Frauen betonen häufiger als die anderen, daß die Eltern oder auch Großeltern ihnen viel geschenkt hätten, etwas mitbrachten etc. In einer Reihe von Fällen steht der Hinweis auf die Freigebigkeit der Eltern im Zusammenhang mit Schilderungen, die eher auf emotionale Vernachlässigung oder übermäßige Strenge schließen lassen (vgl. Hopf und Hopf 1997: 66ff.; Hopf et al. 1999: 19ff.).

Nach unserer Auffassung ist die Tendenz, die materiellen Leistungen der eigenen Eltern besonders stark zu betonen, plausibles Korrelat einer gefühlsabwehrenden Bindungsrepräsentation. Die Hervorhebung der materiellen Leistungen, die die Eltern erbrachten, kann helfen, die Aufmerksamkeit von anderen Defiziten abzulenken und Gefühle der Enttäuschung oder Wut wegzuschieben.

Ich möchte dies im folgenden am Beispiel einer jungen Frau erläutern, die von uns auf der Grundlage des „Adult Attachment Interviews" als „dismissing" – in der Variante eines gefühlseingeschränkten Bindungsmodells (vgl. hierzu Abschnitt 2.2) – eingeordnet wurde (vgl. ausführlicher zu diesem Fall Hopf und Hopf 1997: 66ff.): Diese junge Frau („Frauke") erzählt in dem mit ihr geführten Bindungsinterview ausführlich und anschaulich von ihren Kindheitsängsten: von der Angst davor, nachts allein zu sein, und der Angst vor den Schlägen der Mutter. Die Mutter habe sie mit einem Kochlöffel verprügelt, wenn sie zu sehr in der Wohnung herumtobte oder der „Mutter auf den Geist" ging. Die Befragte sei aus Angst vor „dem Kochlöffel" häufiger – allerdings vergeblich – davongelaufen. Die Erinnerungen an Ängste und Schläge sind also präsent, werden jedoch im weiteren Verlauf des Interviews weggeschoben. „Frauke" antwortet auf die Frage, wie denn damals die Beziehung zu ihrer Mutter gewesen sei: „War eigentlich eine sehr gute. Ich konnte (–) hab eigentlich alles bekommen. (–) Sicherlich gehört ein Arschvoll auch mit dazu, warum nicht, wenn man frech ist." Die Prügel erscheinen als gerechtfertigt, die Angst vor dem Alleinsein – kurze Zeit vorher noch ausführlich und lebendig geschildert – kommt gar nicht mehr zur Sprache. Die Darstellung und Bewertung der Beziehung zur Mutter nehmen auf allgemeiner Ebene vielmehr eine andere Wendung, die das Wegschieben der gefühlsmäßigen Beteiligung erleichtert. „Frauke" geht dazu über, lobend hervorzuheben, daß ihre Mutter immer versuchte, alles gerecht zwischen dem jüngeren Bruder und ihr aufzuteilen. „Das war immer so, immer anteilmäßig, beide dasselbe bekommen. (–) Ob es nun Klamotten zum Anziehen waren oder (–) irgendwelche Spielsachen oder (–) irgendwo hingefahren. Also es gab immer für beide das gleiche."

Die Fragen, was es gibt, was sie „kriegt" oder ob man ihr eventuell etwas wegnimmt, sind in den verschiedenen mit dieser Befragten geführten Interviews auch sonst sehr wichtige Themen, auch in ihrem Erwachsenenleben. Sie denkt in Tauschkategorien und hat Angst davor, den kürzeren zu ziehen. „Frauke" tritt aus der Kirche aus – obgleich sie eigentlich ganz gern in „Weiß" heiraten würde –, weil ihr die Kirchensteuer zu teuer ist. Sie spendet nicht für die Bevölkerung in Bosnien – obgleich sie im Interview ein gewisses Mitleid erkennen läßt –, weil sie sich das ihrer Ansicht nach nicht leisten kann und weil *ihr* ja auch keiner etwas gibt. „Ich denke mal, wenn ich hier (–) ne Kleiderspende brauche, also mir gibt garantiert keiner was. Oder wenn ich zur Kirche gehe und sage, ‚ich möchte ’n Stück Brot haben weil ich Hunger habe‘ oder ‚geben Sie mir mal ’n paar Mark, damit ich mir was zu Essen kaufen kann‘, werde ich garantiert auch nicht bekommen von der Kirche." Angst vor Ausbeutung hat Frauke auch im Verhältnis zu ihren jüngeren Geschwistern („die wollen nur Geld haben") und im Verhältnis zu ihrem Freund. Er war eine Zeit lang arbeitslos, und sie hatte Angst davor, ihn im Fall einer Heirat „durchfüttern" zu müssen.

Nicht bei allen Befragten, die wir in den verschiedenen qualitativen Untersuchungen als „dismissing" eingeordnet haben, ist die materialistische Orientierung so deutlich ausgeprägt wie in dem hier geschilderten Fall. Es gibt eine Reihe von Befragten, bei denen das „Haben-Wollen" „Nicht-Geben-Wollen" oder die Angst vor Ausbeutung schwächer ausgeprägt sind. Sehr häufig steht die Artikulation der materialistischen Handlungsmotive jedoch in einem Erzählkontext, der mehr oder minder ausführliche Hinweise auf frühe emotionale Entbehrungen, frühe Zurückweisungs- oder Vernachlässigungserfahrungen oder harte Strafen enthält. Dies spricht dafür, die materialistische Orientierung als Teil einer Wegschiebe-Strategie zu begreifen. Die tieferen Kränkungen und Enttäuschungen können weggeschoben werden – bindungsbezogene Gefühle bleiben „deaktiviert" –, und mit dem Hinweis auf die materiellen Leistungen der Eltern kann am Ende ein positives Bild erhalten bleiben.

In dem soeben skizzierten Fall schlägt sich die materialistische Orientierung auch in der inhaltlichen Ausgestaltung der Fremdenfeindlichkeit der Befragten nieder. „Frauke" äußert im Interview ein gewisses Verständnis für fremdenfeindliche Gewalttaten und meint, diese seien als Aufstand der Bürger anzusehen. Die Politiker hätten verpaßt, einen „Riegel davorzuschieben, daß hier immer mehr Asylanten reinkommen und Ausländer auf unsere Kosten leben...". In anderen Fällen, die wir genauer analysiert haben, finden wir ähnliche Parallelen zwischen individuellen materialistischen Orientierungen und materiell bezogenen Argumenten, wenn über Asylbewerber und Ausländer gesprochen wird. Eine fremdenfeindliche Propaganda, die die materialistisch-instrumentell bezogene Argumentation in den Vordergrund stellt (vgl. zu dieser politisch sehr bedeutsamen Variante ethnozentrischen Denkens W. Hopf 1996), ist insofern gerade bei diesen Befragten erfolgreich. Sie werden durch den ökonomisch begründeten Ethnozentrismus besonders angesprochen, weil zweckrationale Kalkulationen und die Angst davor, zu kurz zu kommen, auch in ihrem privaten Leben eine große Rolle spielen. Diese Angst wird um so intensiver sein, je stärker faktisch der ökonomische Druck ist. Die reale ökonomische Situation muß daher in jedem Fall mitbedacht werden, wenn es um den Zusammenhang zwischen ökonomistischem Denken und Fremdenfeindlichkeit geht.

3. Zur Weitervermittlung ethnozentrischer und rechtsextremer Orientierungen – ein Resümee

In seinen Untersuchungen zur Genese rechts-autoritärer Dispositionen hebt Bob Altemeyer gegen den Ansatz der Untersuchungen zur „autoritären Persönlichkeit" lerntheoretische Überlegungen hervor. Er konzediert, daß Kinder durch ihre Eltern politisch beeinflußt würden, meint jedoch, daß dabei latente sozial-emotionale und psychodynamische Prozesse, die im Zentrum der Untersuchungen zur „autoritären Persönlichkeit" stehen, eine geringe Rolle spielten. Wichtiger seien vielmehr diverse Varianten direkten sozialen und politischen Lernens (vgl. Altemeyer 1988: 51ff.). Altemeyer bezieht sich insbesondere auf den lerntheoretischen Ansatz Albert Banduras (1977) und hebt das Imitationslernen, das Lernen am Beispiel geschätzter Vorbilder und die Prozesse stellvertretender Bekräftigung von Handlungsorientierungen hervor (vgl. Altemeyer 1988: 54f.).

Es wäre sicher verfehlt, die Bedeutung sozialen und politischen Lernens in der Familie zu leugnen. Wie Altemeyer ausführt, wollen Eltern ihre Kinder in ihren autoritätsbezogenen Orientierungen beeinflussen und sind damit, wie die politische Übereinstimmung zwischen Eltern und ihren Kindern im Jugendlichenalter zeigt, recht erfolgreich – wenn auch nicht so erfolgreich, wie sie selbst es wünschen (vgl. Altemeyer 1988: 63ff.). Auch in anderen Untersuchungen wird von bemerkenswerten Parallelen in den jeweiligen politischen Orientierungen der Eltern und den politischen Orientierungen ihrer adoleszenten Kinder berichtet (vgl. zusammenfassend Hopf und Hopf 1997: 136ff.). Bezogen auf ethnozentrische rechtsextreme Orientierungen zeigen dies die Arbeiten Helmut Fends (vgl. Fend 1991: 238f.), die Arbeiten Bärbel Krackes u.a. (vgl. Kracke et al. 1993: 979ff.) und die Arbeiten Dieter Urbans und Joachim Singelmanns (1998).

Zu bedenken ist jedoch folgendes: Auch wenn man der Auffassung ist, daß das direkte politische Lernen in der Familie und das politische Vorbild der Eltern die jeweilige politische Sozialisation von Jugendlichen und jungen Erwachsenen stark beeinflussen, sind damit beziehungsbezogene, psychodynamische Interpretationen politischer Sozialisation nicht hinfällig. Sie müssen in einem komplexeren Modell politischer Sozialisation ebenfalls berücksichtigt werden. Argumente, die hierfür sprechen sind u.a.:

1. Ob es zu inhaltlichen Übereinstimmungen zwischen Eltern und ihren jugendlichen Kindern kommt, hängt auch vom Charakter der sozialen und emotionalen Beziehungen zwischen Eltern und Kindern ab. Jugendliche, die sich ihren Eltern subjektiv wenig verbunden fühlen, übernehmen die elterlichen Auffassungen in geringerem Maße als andere (vgl. Kracke et al. 1993: 981ff.; vgl. hierzu auch Hopf und Hopf 1997: 141f.).

2. Wie erfolgreich die Transmission politischer Orientierungen ist, hängt nicht allein von den inhaltlichen Orientierungen der Eltern, sondern auch von den elterlichen Erziehungsstilen ab.[8] Hierauf macht Helmut Fend bei der Erklärung rechtsextremer Orientierungen von Jugendlichen aufmerksam. Nach den von ihm vorgelegten Längsschnittanalysen neigen solche Jugendliche stärker zu rechtsextremen Orientierungen, deren Eltern ausländerfeindlicher und in ihrem Erziehungsstil und ihren Erziehungskonzepten zugleich autoritärer als andere sind (vgl. Fend 1991: 204f., 238f.).

Es gibt also wenig Anlaß dafür, aus der Relevanz lerntheoretischer Überlegungen auf die Bedeutungslosigkeit der latenten, an Erziehungsstile und emotionale Beziehungen gebundenen politischen Sozialisation zu schließen. Die latente politische Sozialisation in der Familie muß in komplexen Modellen politischer Sozialisation berücksichtigt werden, und es gehört zu den großen Verdiensten der Untersuchungen zur „autoritären Persönlichkeit", dies sehr früh erkannt zu haben.

Literatur

Ackerman, Nathan W. und Marie Jahoda. 1950. Antisemitism and emotional disorder. A psychoanalytic interpretation. New York: Harper („Studies in prejudice").

Ackerman, Nathan W. und Marie Jahoda. 1994. Die dynamische Basis antisemitischer Einstellungen. S. 224-240 in: Marie Jahoda: Sozialpsychologie der Politik und Kultur. Ausgewählte Schriften, herausgegeben und eingeleitet von Christian Fleck. Graz, Wien: Nausner & Nausner.

Adorno, Theodor W., Else Frenkel-Brunswik, Daniel J. Levinson, und Nevitt R. Sanford; in Zusammenarbeit mit Betty Aron, Maria Hertz Levinson und William Morrow. 1969 (zuerst 1950). The Authoritarian Personality. New York: Norton Library.

Altemeyer, Bob. 1981. Right-wing authoritarianism. Canada: The University of Manitoba Press.

Altemeyer, Bob. 1988. Enemies of freedom. Understanding right-wing authoritarianism. San Francisco, London: Jossey-Bass.

Bandura, Albert. 1977. Social learning theory. Englewood Cliffs, N.J.: Prentice-Hall.

Döbert, Rainer und Gertrud Nunner-Winkler. 1983. Moralisches Urteilsniveau und Verläßlichkeit. Die Familie als Lernumwelt für kognitive und motivationale Aspekte des moralischen Bewußtseins in der Adoleszenz. S. 95-122 in: Georg Lind, Hans A. Hartmann und Roland Wakenhut (Hg.): Moralisches Urteilen und soziale Umwelt. Weinheim, Basel: Beltz.

---

8   Vgl. zum Verhältnis von Erziehungsstilen und Fremdenfeindlichkeit auch Hefler et al. (1999: 80ff.).

Fend, Helmut. 1991. Identitätsentwicklung in der Adoleszenz. Lebensentwürfe, Selbstfindung und Weltaneignung in beruflichen, familiären und politisch-weltanschaulichen Bereichen. Entwicklungspsychologie der Adoleszenz in der Moderne. Band 2. Bern u.a.: Huber.

Frenkel-Brunswik, Else. 1954. Further explorations by a contributor to „The authoritarian personality". S. 226-275 in: Richard Christie und Marie Jahoda (Hg.): Studies in the scope and method of „The authoritarian Personality". Continuities in social research. Glencoe, Ill.: Free Press.

Hefler, Gerd, Klaus Boehnke und Petra Butz. 1999. Zur Bedeutung der Familie für die Genese von Fremdenfeindlichkeit bei Jugendlichen. Eine Längsschnittanalyse. Zeitschrift für Sozialisationsforschung und Erziehungssoziologie (ZSE) 19: 72-87.

Hoff, Ernst-H., Wolfgang Lempert und Lothar Lappe. 1991. Persönlichkeitsentwicklung in Facharbeiterbiographien. Bern u.a.: Hans Huber.

Hoffman, Martin L. 1970. Moral development. S. 261-359 in: Paul H. Mussen (Hg.): Charmichael's Manual of Child Psychology, 3. Aufl., Bd. II. New York u.a.: John Wiley.

Hoffman, Martin L. und Herbert D. Saltzstein. 1967. Parent discipline and the child's moral development. Journal of Personality and Social Psychology 5: 45-57.

Hopf, Christel. 1990. Autoritarismus und soziale Beziehungen in der Familie. Qualitative Studien zur Genese autoritärer Dispositionen. Zeitschrift für Pädagogik 36: 371-391.

Hopf, Christel. 1992. Eltern-Idealisierung und Autoritarismus. Kritische Überlegungen zu einigen sozialpsychologischen Annahmen. Zeitschrift für Sozialisationsforschung und Erziehungssoziologie (ZSE) 12: 52-65.

Hopf, Christel, Marlene Silzer und Jörg M. Wernich. 1999. Ethnozentrismus und Sozialisation in der DDR. Überlegungen und Hypothesen zu den Bedingungen der Ausländerfeindlichkeit von Jugendlichen in den neuen Bundesländern. S. 80-121 in: Kalb, Peter, Karin Sitte und Christian Petry (Hg.): Rechtsextremistische Jugendliche. Was tun? 5. Weinheimer Gespräch. Weinheim und Basel: Beltz.

Hopf, Christel. 1997. Beziehungserfahrungen und Aggressionen gegen Minderheiten. S. 154-171 in: Stefan Hradil (Hg.): Differenz und Integration. Die Zukunft moderner Gesellschaften. Verhandlungen des 28. Kongresses der Deutschen Gesellschaft für Soziologie in Dresden 1996. Frankfurt/Main, New York: Campus.

Hopf, Christel und Wulf Hopf. 1997. Familie, Persönlichkeit, Politik. Eine Einführung in die politische Sozialisation. Weinheim, München: Juventa.

Hopf, Christel, Peter Rieker, Martina Sanden-Marcus und Christiane Schmidt. 1995. Familie und Rechtsextremismus. Familiale Sozialisation und rechtsextreme Orientierungen junger Männer. Weinheim, München: Juventa.

Hopf, Wulf. 1996. Ethnozentrismus und Ökonomismus. Die "Leistungsgesellschaft" als Deutungsmuster für soziale Ausgrenzung. Prokla, Zeitschrift für kritische Sozialwissenschaft, 26: 107-130.

Horkheimer, Max. 1980 (zuerst 1949). Autorität und Familie in der Gegenwart. S 343-359 in: Helmut Dahmer (Hg.): Analytische Sozialpsychologie. 1. Band. Frankfurt/Main: Suhrkamp.

Hyman, Herbert H. und Paul B. Sheatsley. 1954. "The authoritarian personality – A methodological critique. S. 50-122 in: Richard Christie und Marie Jahoda (Hg.): Studies in the scope and method of "The authoritarian personality". Continuities in social research. Glencoe, Ill.: The Free Press.

Kirscht, John P. und Ronald C. Dillehay. 1967. Dimensions of authoritarianism: A review of research and theory. Lexington: University of Kentucky Press.

Kracke, Bärbel, Peter Noack, Manfred Hofer und Elke Klein-Allermann. 1993. Die rechte Gesinnung: Familiale Bedingungen autoritärer Orientierungen ost- und westdeutscher Jugendlicher. Zeitschrift für Pädagogik 39: 971-988.

Maccoby, Eleanor E.. 1980. Social development. Psychological growth and the parent-child relationship. San Diego, New York u.a.: Harcourt Brave Jovanovich.

Maccoby, Eleanor E. und John A. Martin. 1983. Socialization in the context of the family: Parent-child interaction. S. 1-101 in: Paul H. Mussen (Hg.): Handbook of child psychology. 4. Ed., Band IV. New York u.a.: Wiley.

Main, Mary. 1995. Recent studies in attachment: Overview, with selected implications for clinical work. S. 407-474 in: Susan Goldberg, Roy Muir und John Kerr (Hg.): Attachment theory. Social, developmental and clinical perspectives. Hillsdale (N.J.): The Analytic Press.

Main, Mary und Ruth Goldwyn. (accepted for publication): Adult attachment scoring and classification systems. Manual in draft: Version 6.0, 1994. Wird in überarbeiteter Form erscheinen in: Mary Main (Hg.): Assessing attachment through discourse, drawings and reunion situations (Arbeitstitel). New York: Cambridge University Press.

Main, Mary, Nancy Kaplan und Jude Cassidy. 1985. Security in infancy, childhood, and adulthood: A move to the level of representation. S. 66-104 in: Inge Bretherton und Everett Waters (Hg.): Growing points of attachment. Theory and research. Monographs of the society for research in child development. Serial No. 209, Vol. 50, Nos. 1-2. Chicago: Univ. of Chicago Press.

Meloen, Jos D.. 1993. The F scale as a predictor of fascism. An overview of 40 years of authoritarian research. S. 47-69 in: William F. Stone, Gerda Lederer und Richard Christie (Hg.): Strength and weakness. The authoritarian personality today. New York: Springer.

Oesterreich, Detlef. 1974. Autoritarismus und Autonomie. Untersuchungen über berufliche Werdegänge, soziale Einstellungen, Sozialisationsbedingungen und Persönlichkeitsmerkmale ehemaliger Industrielehrlinge, Bd. II. Stuttgart: Klett.

Oesterreich, Detlef. 1993. Autoritäre Persönlichkeit und Gesellschaftsordnung. Der Stellenwert psychischer Faktoren für politische Einstellungen – eine empirische Untersuchung von Jugendlichen in Ost und West. Weinheim, München: Juventa.

Oser, Fritz und Wolfgang Althof. 1992. Moralische Selbstbestimmung. Modelle der Entwicklung und Erziehung im Wertebereich. Stuttgart: Klett-Cotta.

Projektgruppe „Soziale Beziehungen in der Familie, geschlechtsspezifische Sozialisation und die Herausbildung rechtsextremer Orientierungen". 1996. Dokumentation und Erläuterung des methodischen Vorgehens. Hildesheim: Institut für Sozialwissenschaften der Universität Hildesheim.

Rieker, Peter. 1997. Ethnozentrismus bei jungen Männern. Fremdenfeindlichkeit und Nationalismus und die Bedingungen ihrer Sozialisation. Weinheim, München: Juventa.

Urban, Dieter und Joachim Singelmann. 1998. Eltern-Kind-Transmissionen von ausländerablehnenden Einstellungen. Eine regionale Längsschnitt-Studie zur intra- und intergenerativen Herausbildung eines sozialen Orientierungsmusters. Zeitschrift für Soziologie 27: 276-296.

Van IJzendoorn, Marinus H. 1989. Moral judgment, authoritarianism, and ethnocentrism. The Journal of Social Psychology 129: 37-45.

Van IJzendoorn, Marinus H. 1997. Attachment, emergent morality, and aggression: Toward a developmental socioemotional model of antisocial behaviour. International Journal of Behavioral Development 21: 703-727.

Wernich, Jörg Michael. 1996. Familiale Sozialisation, aktuelle Lebenssituation und politische Orientierungen – eine qualitative Untersuchung zum Zusammenhang von subjektiver Repräsentation von Bindungsmustern und politischen Orientierungen bei arbeitslosen jungen Männern. Hildesheim: Diplomarbeit im Studiengang Sozialpädagogik der Universität Hildesheim.

Die Sozialisation von Autoritarismus

Michael A. Milburn und Sheree D. Conrad

Zusammenfassung: Obwohl genetische/evolutionäre Ansätze in der jüngeren Autoritarismusforschung wieder zunehmend auf Interesse stoßen, zeigen neue empirische Ergebnisse, daß Sozialisationserfahrungen einen bedeutenden Einfluß auf die Entwicklung von Autoritarismus haben. Umfrageergebnisse und experimentelle Forschungen von Milburn und Conrad belegen, daß die Erfahrungen eines harten und strafenden Erziehungsstils während der Kindheit – insbesondere bei Männern ohne Therapieerfahrungen – im Erwachsenenalter zu Autoritarismus und straforientierten politischen Einstellungen, wie z.B. der Befürwortung der Todesstrafe, führen. In ihren Studien können sie zudem zeigen, daß Autoritäre ein höheres Maß an Zorn und Verleugnung aufweisen. Negative emotionale Reaktionen auf Bestrafungen in der Kindheit werden verschoben und äußern sich in Form rigider politischer Einstellungen und einer autoritären Persönlichkeitsstruktur.

What becomes of all those people who are the successful products of a strict upbringing? It is inconceivable that they were able to express and develop their true feelings as children, for anger and helpless rage, which they were forbidden to display, would have been among these feelings – particularly if these children were beaten, humiliated, lied to, and deceived. What becomes of this forbidden and therefore unexpressed anger? Unfortunately, it does not disappear, but is transformed with time into a more or less conscious hatred directed against either the self or substitute persons, a hatred that will seek to discharge itself in various ways permissible and suitable for an adult (Miller 1983: 61).

1. Einleitung

Angesichts der Tatsache, daß sich immer mehr Wissenschaftler für die Idee zu begeistern scheinen, Autoritarismus habe genetische Ursachen, könnte es manche Leser verwundern, daß wir uns mit der Sozialisation von Autoritarismus beschäftigen. Somit und Peterson (1997) und Smither (1993) behaupten, daß Autoritarismus am besten als Folge evolutionärer Prozesse zu verstehen sei, Sozialisation wird somit zum unbedeutenden Faktor. Im Gegensatz zu solchen sozio-biologischen Erklärungen unterstützen eine Reihe von Studien und Experimenten, die von uns durchgeführt wurden (Milburn, Conrad, Sala und Carberry 1995; Milburn und Conrad 1996; Levine 1996; Milburn und Ezzati 1998), die Hypothese von Adorno, Frenkel-Brunswik, Levinson und Sanford (1950), daß ein strafender Erziehungsstil und die Gefühle, die mit einem solchen Erziehungsverhalten verbunden sind, wesentlich zur Entwicklung autoritärer Einstellungen beitragen.

Es besteht ein klarer Zusammenhang zwischen dem Ausmaß an Autoritarismus der Eltern und dem ihrer Kinder. Peterson, Smirles und Wentworth (1997) ermitteln einen signifikanten Pfadkoeffizienten (r = .47) zwischen dem Autoritarismus der Eltern und dem ihres Kindes. Dieses Ergebnis ist vergleichbar mit dem Zusammenhang zwischen dem Autoritarismus von Eltern und deren Kindern den Altemeyer (1996) berichtet (r = .40). Diese Ergebnisse können allerdings sowohl als Beleg für das evolutionär genetische Modell wie für das Sozialisations-/Transmissionsmodell interpretiert werden.

2. Evolution und Autoritarismus

Altemeyer (1996) gibt in seinem Buch „The Authoritarian Specter" anhand von Studien, die mit identischen/eineiigen Zwillingen durchgeführt wurden einen kurzen Überblick über die Belege, die für die genetischen Grundlagen von Autoritarismus sprechen könnten. Obwohl er die Plausibilität der theoretischen Argumentation anerkennt, kommt er zu dem Schluß: „the evidence for genetic factors is presently inconsistent and unconvincing" (Altemeyer 1996: 92). Obwohl eine vollständige Analyse der Argumente und Belege, die Somit und Peterson (1997) vorlegen, im Rahmen dieses Beitrages nicht geleistet werden kann, gibt es offenbar keine fundierten Belege für eine Evolutionstheorie des Autoritarismus.

Adorno et al. (1950) konzipierten Autoritarismus ursprünglich als eine komplexe Struktur von Einstellungen und Überzeugungen, die die Wahrscheinlichkeit erhöht, eine ethnozentrische Politik und ethnozentrische Aktivitäten zu unterstützen. Somit und Peterson (1997) diskutieren Autoritarismus im Kontext von Prozessen, die auf die Makroebene und damit auf Gruppen bezogen sind, wie Regierungen oder die Entstehung einer hierarchischen Sozialstruktur. Smither (1993) sieht in dem Konzept Autoritarismus sowohl ein individuelles Merkmal wie ein Charakteristikum von Gesellschaften. Der Ansatz der von diesen Forschern favorisiert wird, erscheint für eine evolutionäre Erklärung allerdings problematisch.

Evolutionstheorien befassen sich mit der Weitergabe von Genen auf einer individuellen Ebene von Selektionsprozessen. Es werden nur solche Gene von den Eltern an ihren Nachwuchs weitergegeben, die Eigenschaften vermitteln, die innerhalb einer bestimmten Spezies die Wahrscheinlichkeit einer erfolgreichen Reproduktion erhöhen. Die Konzeptualisierung von Autoritarismus als Prozeß, der auf die Makro-Ebene bezogen ist, wie sie Somit und Peterson und auch Smither vorlegen, berücksichtigt die in der Evolutionstheorie angesprochene Ebene der Selektionsprozesse nicht angemessen. Christopher Badcock (1991) weist in seinem Buch „Evolution and Individual Behavior: An Introduction to Human Sociobiology" darauf hin, daß die Idee einer Evolution von Gruppen mit der Evolutionstheorie „inkompatibel" ist. Badcock diskutiert den Aspekt der Gruppen-Evolution im Kontext „kultureller Evolution" und argumentiert, daß: „cultural evolution by natural selection would appear to be impossible" (Badcock 1991: 256). Somit und Peterson gehen davon aus, daß „our species has a genetically transmitted tendency to favor authoritarianism" (Somit und Peterson 1997: 100). Dieses Argument ist nicht in der Lage, die deutlichen inter-individuellen Unterschiede im Ausmaß von Autoritarismus zu erklären. Auch wenn es plausibel erscheint, in dem Konkurrenzverhalten von Akteuren auch genetische Ursachen zu vermuten, ist es unzulässig „Dominanz" mit Autoritarismus, als einer komplexen Kombination aus Ethnozentrismus, straforientierten politischen Einstellungen, autoritärer Aggression und Unterwerfung, implizit auf eine Stufe zu stellen.

3. Sozialisationserfahrungen und die Genese autoritärer Dispositionen

Harold Lasswell (1930/1960) war einer der ersten Wissenschaftler, der sich mit der Beziehung zwischen Persönlichkeitsmerkmalen und politischen Einstellungen befaßt hat. Die Entstehung politischer Überzeugungen ist nach seiner Auffassung durch ungelöste Persönlichkeitskonflikte und Gefühle beeinflußt, die sich aus der Eltern-Kind- und den Beziehungen mit den Geschwistern ergeben. Lasswell greift auf das Konzept der Verdrängung (vgl. Freud 1930/1961: 43) zurück und entwickelt folgendes Prozeßmodell: p } d } r = P „where p equals private motives; d equals displacement onto a public object; r equals rationalization in terms of public interest; P equals the political man; and } equals transformed into" (Lasswell 1930/1960: 75). Dieser Prozeß umfaßt nach Lasswell zum einen die Verschiebung der Gefühle, die ursprünglich auf die Familie gerichtet waren, auf politische Objekte und zum anderen wird eine subjektive Realität konstruiert, die es ermöglicht, diese Gefühle auch zu äußern. Lasswell (1930/1960: 76) schreibt: „...primitive psychological structures continue to function within the personality long after the epochs of infancy and childhood have been chronologically left behind. The prominence of hate in politics suggests that we may find that the most important private motive is a repressed and powerful hatred of authority....".

Adorno, Frenkel-Brunswik, Levinson und Sanford legen in der Studie „The Authoritarian Personality" eine spezifischere Bestimmung der Beziehung zwischen Persönlichkeitsmerkmalen und politischen Einstellungen vor, die aber dennoch Parallelen zur Konzeption von Lasswell aufweist. In der Kindheit erlebte Erfahrungen harter körperlicher Strafen und einer geringen elterlichen Wärme gegenüber den Kindern führen zu einem Persönlichkeitssyndrom, in dem die elterliche Autorität glorifiziert und der ursprüngliche Zorn gegenüber den Eltern auf verachtete Fremdgruppen verschoben wird. Die eigenen vom Individuum nicht akzeptierten Impulse werden auf diese Fremdgruppen projiziert und rechtfertigen damit den Ärger gegenüber diesen Gruppen.

Bei den von Adorno et al. (1950) durchgeführten qualitativen Interviews mit den Personen, die einen hohen Wert auf der F-Skala erzielten, fanden sie eine ambivalente Beziehung zu den Eltern: „It was usually not long after the statements of glorification that a note of complaint or self-pity began to creep into the interview" (Sanford 1971: 319). Die „high scorer" ließen sich alle durch einen gemeinsamen Hintergrund charakterisieren: „Discipline in the families of the more authoritarian men and women was characterized in their accounts by relatively harsh application of rules, in accordance with conventional values, and this discipline was commonly experienced as threatening or traumatic or even overwhelming" (Sanford 1971: 337). Diese Beziehung zwischen einem harten strafenden Erziehungsstil und der Entwicklung einer autoritären Charakterstruktur wurde auch in einer Längsschnittstudie von Frenkel-Brunswik (1954) bestätigt, in der sie Eltern zehnjähriger Kinder interviewte.

In einer vertiefenden Analyse der Effekte strafender Erziehungspraktiken weist Alice Miller (1983) darauf hin, daß ein strafender und harter Erziehungsstil Ärger bei den Kindern gegenüber den Eltern erzeugt, dieser Ärger aber geleugnet werden muß. Wird dieser Ärger später nicht mehr verarbeitet, kann das vorhandene Potential an Zorn und Wut in die politische Arena verschoben werden. In diesem Zusammenhang benutzt sie das Wort „poisonous pedagogy", um die Erziehungspraktiken zu beschreiben, die auch Adorno et al. (1950) als die Voraussetzung von Autoritarismus benennen. Nach Miller reicht die „einfache" Erfahrung harter Bestrafungen oder Mißhandlungen alleine nicht aus, um später negative Gefühle in unterschiedlicher Art und Weise zu verschieben, wichtiger ist vielmehr die Verleugnung der Effekte und der Bedeutung dieser Erfahrungen, die dazu führen, daß die Gefühle im Erwachsenenalter verschoben werden. Für Miller sind in diesem Zusammenhang die folgenden Merkmale elterlichen Erziehungsverhaltens am wichtigsten: körperliche Bestrafung, Scham und die Verleugnung von Gefühlen sowie der absolute Anspruch an Gehorsam gegenüber der Autorität.

Adorno et al. (1950) sehen die Genese autoritärer Charakterstrukturen als das Ergebnis einer harten, strafenden Erziehungspraxis an; bis zur Veröffentlichung der Ergebnisse von Milburn et al. (1995) gab es in den vergangenen Dekaden nur wenige empirische Belege für diese These. Milburn et al. (1995) führten zwei Untersuchungen durch: eine schriftliche Befragung von Collegestudenten und eine Telefonumfrage mit einer Zufallsstichprobe von Personen, die im Osten von Massachusetts leben. In beiden Studien wurden die gleichen Meßinstrumente verwendet: eine Skala, um unterschiedliche straforientierte Maßnahmen zu erfassen, wie z.b. die Unterstützung der Todesstrafe und des Einsatzes militärischer Gewalt sowie Beschränkungen von Schwangerschaftsabbrüchen; ferner Altemeyers Instrument zur retrospektiven Messung elterlicher Bestrafung in Bezug auf eine Vielzahl unerwünschter Verhaltensweisen. Zur Messung von Verleugnung wurden die Personen gefragt, ob sie jemals eine Psychotherapie durchgeführt haben.

Abbildung 1: Interaktion: Bestrafung x Therapie

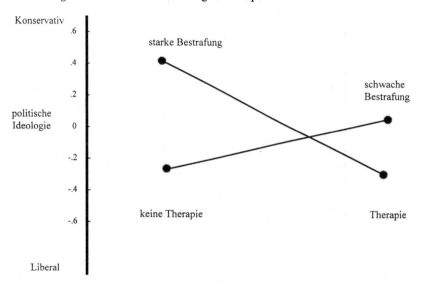

Die Ergebnisse dieser Studien stützen die Annahme eines Zusammenhangs zwischen Erziehungserfahrungen und daraus resultierenden straforientierten politischen Einstellungen. In beiden Studien ergibt sich eine zweifache Interaktionsbeziehung, zwischen Bestrafung und Geschlecht und zwischen Therapie und einem zusammengestellten Index politischer Einstellungen (Unterstützung für die Todesstrafe, Nutzung militärischer Gewalt, wenn die Interessen der USA gefährdet sind sowie Opposition zum Schwangerschaftsabbruch). Personen, die in ihrer Kindheit sehr stark bestraft wurden und sich keiner Therapie unterzogen, weisen signifikant höhere Werte bei der politischen Einstellungsmessung auf, als Personen die stark bestraft wurden und sich einer Therapie unterzogen haben (vgl. Abbildung 1). Zusätzlich stimmen Männer, die über einen stark strafenden Erziehungsstil berichten, eher der Todesstrafe und der Nutzung militärischer Gewalt zu und stehen einem Schwangerschaftsabbruch eher ablehnend gegenüber, während es zwischen Frauen mit ausgeprägten strafenden Erziehungserfahrungen und Frauen, die

über einen eher induktiven Erziehungsstil berichten, hinsichtlich der politischen Einstellungen keinen Unterschied gibt oder sie eher liberalere Einstellungen aufweisen (vgl. Abbildung 2). Bei allen Analysen wurde sowohl das
Bildungsniveau der Befragten als auch das Bildungsniveau der Eltern kontrolliert. Da es ungewöhnlich ist, identische Interaktionen in unterschiedlichen Populationen und mit unterschiedlichen Messinstrumenten zu finden,
wird die Bedeutung dieser Ergebnisse noch unterstützt.

Abbildung 2: Interaktion: Bestrafung x Geschlecht

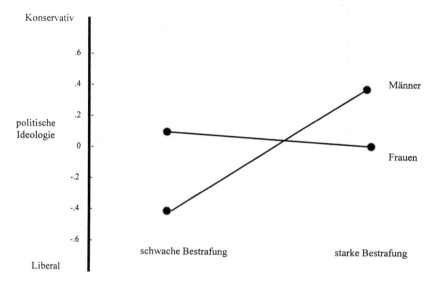

Die These, daß frühkindliche Erziehungserfahrungen politische Einstellungen
im Erwachsenenalter beeinflussen, wird in der Studie mit den Telefoninter-
views ebenfalls gestützt. In dieser Untersuchung wurde ein split-ballot Design angewandt, in dem die Reihenfolge der Fragen nach den Erziehungserfahrungen und den politischen Einstellungen variiert wurde. In der Kontrollgruppe wurde zu Beginn des Interviews gefragt, ob die Personen die Todesstrafe und andere strafende politische Aktivitäten unterstützen; in der Rückerinnerungs-Katharsis-Situation (Experimentalgruppe) wurden die Personen
zunächst gebeten, sich an Strafereignisse während ihrer Kindheit zu erinnern,
in dem sie einen projektiven Satzergänzungstest durchführten (mit Fragen
wie: „Meine Mutter _____" oder „Meine größte Angst _____") und
danach die Fragen zu den politischen Einstellung beantworteten. Folgende
Hypothese wurde formuliert: Die Rückerinnerung an bestrafende Ereignisse
während der Kindheit legt die damit verbundenen und (noch vorhandenen)

Emotionen frei und durch den projektiven Test besteht die Möglichkeit, diese Gefühle vorübergehend auch zu zeigen.

Hinsichtlich politischer Einstellungen ergeben sich zwei signifikante Triple-Interaktionen, nämlich Bestrafung x Geschlecht x Versuchsbedingung und Bestrafung x Therapie x Versuchsbedingung. Für diese beiden Interaktionen ergeben sich hinsichtlich der Mittelwerte der Kontrollgruppe die oben dargestellten signifikanten Interaktionen (Bestrafung x Geschlecht und Bestrafung x Therapie); in der Rückerinnerungs-Katharsis-Situation verschwinden diese Interaktionen (vgl. Abbildungen 3 und 4). Die Ergebnisse dieser experimentellen Anordnung unterstützen die These eines direkten Effektes der Rückerinnerung von Bestrafungen während der Kindheit. Befragte, die zunächst ihre Erfahrungen über bestrafende Ereignisse erinnern sollten und danach die politischen Einstellungsfragen beantworteten, unterstützen signifikant geringer die Todesstrafe, als Befragte in der Kontrollbedingung, die sich zuerst zu ihren politischen Einstellungen und dann zu den Bestrafungsfragen geäußert haben. Zahlreiche Studien haben gezeigt, daß Gefühle wie Ärger und Angst sowie Gefühle von Hilflosigkeit mit Erfahrungen frühkindlicher körperlicher Bestrafungen einhergehen. Die Untersuchungsergebnisse die von Milburn et al. (1995) vorgestellt werden, legen es nahe, daß diese Gefühle nicht einfach verschwinden, sondern im Erwachsenenalter auf politische Einstellungen verschoben werden können.

Abbildung 3: Interaktion: Versuchsbedingung x Bestrafung x Geschlecht (Kontrollgruppe)

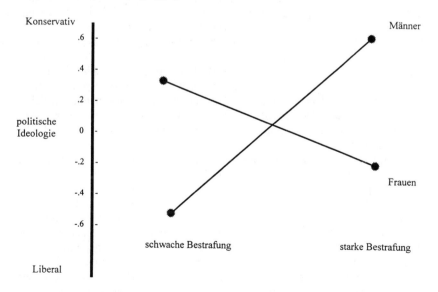

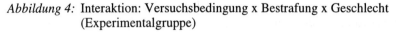

Abbildung 4: Interaktion: Versuchsbedingung x Bestrafung x Geschlecht
(Experimentalgruppe)

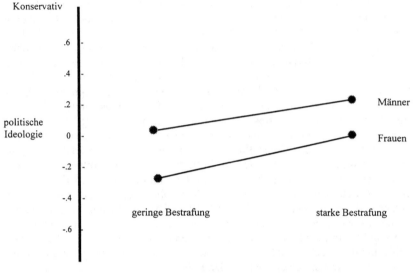

Auf der Grundlage der gefunden Geschlechtsunterschiede könnte man nun
vermuten, daß damit die These einer genetischen Bedingtheit strafender und
autoritärer Einstellungen gestützt wird. Milburn et al. (1995) verweisen dagegen auf die unübersehbaren Unterschiede in der Sozialisation von Gefühlen bei Frauen und Männern. Das Gefühl Ärger wird bei Männern und Frau-
en unterschiedlich sozialisiert. Fivush (1989) kommt in einer Studie, in der
die häusliche Konversation zwischen Müttern und ihren 30 bis 35 Monate
alten Kindern mit den Rückerinnerungen der Kinder an vergangene Erlebnisse verglichen wurden, zu folgenden Ergebnissen: Mädchen benutzten dabei
die Worte „zornig" und „mad" zweimal so oft wie Jungen, um ihre vergangenen Erlebnisse zu beschreiben, dagegen verwandten die Mütter von Töch-
tern diese Worte aber nie. Mütter von Jungen gebrauchten diese Worte dagegen sehr häufig. Für Mädchen ist nach Fivush Ärger demnach keine adäquate
Gefühlsäußerung, da sie während ihrer Kindheit diese Gefühle nicht gespiegelt bekommen haben.

   Geschlechtsunterschiede gibt es auch bei der Sozialisation anderer Gefühle. Mädchen sind empathischer als Jungen (Hoffman 1977). Zwei verschiedene Literaturübersichten über Geschlechtsunterschiede hinsichtlich aggressiven Verhaltens (Frodi, Macaulay und Thome 1977; Eagly und Steffen
1986) weisen Frauen in manchen Situationen als weniger aggressiv aus, gerade weil sie sich eher in die Rolle des Opfers versetzen können und eher
Schuldgefühle und Sorgen wegen des von ihnen verursachten Schadens emp-

finden. In beiden Literaturübersichten werden die Unterschiede in der Fähigkeit der Perspektivenübernahme auf geschlechtsspezifische Sozialisationspraktiken zurückgeführt.

Aufgrund der unterschiedlichen Sozialisation von Ärger reagieren Frauen anders als Männer auf innere Reize von Ärger. Hokanson und Edelman (1966) verabreichten Männern und Frauen Elektroschocks. Dabei zeigten Männer und Frauen eine erhöhte Herzrate und ansteigenden Blutdruck. Die Möglichkeit, den Ärger durch feindselige Handlungen zu äußern, verminderte die Herzrate und den Blutdruck bei Männern. Frauen waren dagegen weniger feindselig und eher freundlich und großzügig gegenüber dem Angreifer und diese Haltung führte zu einer verminderten Erregung der Frauen.

Eine Analyse von Bevölkerungsumfragen aus den USA (Milburn und Conrad 1996) belegt ebenfalls einen Zusammenhang zwischen Bestrafungserfahrungen in der Kindheit und der Unterstützung der Todesstrafe sowie weiterer gewaltbefürwortender politischer Akte. Diese Ergebnisse unterstützen somit die Untersuchungsergebnisse von Milburn et al. (1995). 1968 wurde eine Untersuchung (Harris Survey) durchgeführt, in der die Befragten angaben, wie oft sie in ihrer Kindheit verprügelt wurden. Ferner wurde ihre Einstellung gegenüber der Todesstrafe und folgender Variablen erhoben, die in einem Zusammenhang mit Autoritarismus stehen: strikte Erziehungspraktiken (Was junge Menschen am nötigsten brauchen, ist strenge Disziplin), rigides Denken (In den guten alten Zeiten ging es den Leuten besser, weil sie wußten, wie sich zu verhalten haben), Unterstützung von Gewalt (Gruppen haben das Recht ihre Mitglieder als Scharfschützen auszubilden und paramilitärische Taktiken einzuüben, um konspirative Vereinigungen im Land niederzuschlagen), Einsatz von Gewalt als politisches Mittel (Einige Politiker deren Leben bedroht wurde, haben es auch verdient). Nachdem Drittvariablen wie der Bildungsabschluß kontrolliert wurden, finden Milburn und Conrad (1996), daß sowohl das Geschlecht wie auch die erlebten Bestrafungen während der Kindheit die Werte auf der Einstellungsskala zur Todesstrafe und zu den anderen Autoritarismusfragen signifikant vorhersagen, zudem ist die Interaktion zwischen Geschlecht und Bestrafung signifikant. Leider wurde in der (Harris) Untersuchung keine Messung von Verleugnung erhoben, dennoch zeigen die Ergebnisse deutliche Parallelen zu den früheren Ergebnissen von Milburn et al. (1995).

Milburn et al. (1995) haben ursprünglich eine Hypothese der Verschiebung von Gefühlen (affect displacement) getestet; danach werden Gefühle, die durch frühkindliche Bestrafungserfahrungen hervorgerufen wurden, mit in das Erwachsenenalter genommen und können auf politische Einstellungen verschoben werden (Lasswell 1930/1960). Zahlreiche Studien haben experimentell die kurzfristige Verschiebung von Ärger auf verachtenswerte Objekte nachgewiesen. Rogers und Prentice-Dunn (1981) führten eine Studie durch, in der sie weiße Studenten aus Alabama in dem Glauben ließen, sie verabreichten weißen und schwarzen Kommilitonen, die sie beleidigt hatten, Elektroschocks. Die verärgerten Studenten gaben den schwarzen Kommilitonen signifikant höhere Elektroschocks als ihren weißen Kommilitonen. Wenn die Versuchspersonen nicht verärgert waren, gab es in der Verabreichung von Elektroschocks zwischen weißen und schwarzen Kommilitonen keinen Unterschied. Dieses Resultat ist den Untersuchungsergebnissen von Weatherly (1981) ähnlich, der antisemitische Studenten frustrierte und sie bat, Geschichten über ein präsentiertes Bild zu schreiben. Dabei waren diese Studenten gegenüber Personen, die in dem Bild mit jüdischem Namen eingeführt wurden wesentlich feindseliger als gegenüber Personen mit nicht-jüdischem Namen. Meindl und Lerner (1985) frustrierten in ihrer Untersuchung englisch sprechende Kanadier und kommen zu dem gleichen Ergebnis; die verärgerten Versuchspersonen schätzten die Mitglieder der Fremdgruppe (Franco-Kanadier) signifikant negativer ein als die Kontrollgruppe, die nicht verärgert wurde.

Zusätzlich zu diesem kurzfristigen Verschiebungseffekt wurde durch zwei von uns durchgeführte Laboruntersuchungen die Hypothese von Milburn und Conrad unterstützt, wonach eine langfristige Verschiebung von Emotionen auf politische Einstellungen auf Erfahrungen mit körperlichen Strafen in der Kindheit beruht. Levine (1996) setzte ähnliche Skalen zur Messung straforientierter Einstellungen, Bestrafungserfahrungen in der Kindheit und Therapieerfahrungen wie Milburn et al. (1995) ein und benutzte auch die Rückerinnerungs-Katharsis-Situation. Um das Niveau der Gefühle Angst und Depression zu erheben, verwendete Levine (1996) face-to-face Interviews, wobei zusätzlich der Puls dieser Personen gemessen wurde. Vorliegende Studien belegen einen Zusammenhang zwischen der Erfahrung von Ärger und einer erhöhten Herzrate (vgl. Sinha, Lovallo und Parsons 1992).

Die Ergebnisse von Levine (1996) sind mit den Ergebnissen von Milburn et al. (1995) konsistent. Personen, die über ein höheres Ausmaß an Bestrafungen in ihrer Kindheit berichten, weisen signifikant häufiger straforientierte politische Einstellungen auf, als Personen die über weniger Bestrafungserfahrungen in ihrer Kindheit berichten. Zudem weisen Männer signifikant höhere Werte bei diesen Einstellungen auf als Frauen. Weiterhin gibt es Ergebnisse, die die Beziehung zwischen Emotionen und strafenden Einstellungen unterstützen. Befragte, die über ein höheres Ausmaß an Bestrafungen in ihrer Kindheit berichten, weisen signifikant höhere Werte auf der Ärger-Skala von Spielberger et al. (1985) auf. Weiterhin hatten Personen, die in der Kontrollgruppe zunächst über ihre politischen Einstellungen und dann nach ihren Bestrafungserfahrungen in der Kindheit befragt wurden, einen signifikant höheren Puls als Personen in der Experimentalgruppe, die zuerst über ihre Bestrafungserfahrungen mit Hilfe des oben beschriebenen projektiven Tests berichteten und danach zu ihren politischen Einstellungen befragt wurden. Wie aus den früheren Studien von Milburn et al. abzuleiten war, waren Personen, die nicht die Chance hatten, ihre Bestrafungserfahrungen zunächst zu erinnern, um dadurch ihrem Ärger teilweise Luft zu machen, bei der Beantwortung der politischen Fragen emotional stärker beeinflußt.

Ein wesentlicher Aspekt von autoritären Persönlichkeiten ist darin zu sehen, daß sie straf- orientierte politische Einstellungen vertreten. Die oben angeführten Studien zeigen, daß Bestrafungserfahrungen in der Kindheit sowie die Interaktion mit dem Geschlecht und einem Therapiebesuch ausschlaggebend sind, ob jemand für die Todesstrafe und andere gewalttätige politische Aktivitäten eintritt. In einer weiteren Studie (Milburn und Ezzati 1998) verwendeten wir die „right-wing-authoritarianism" Skala (RWA) von Altemeyer (1996) und replizierten die Zusammenhänge zwischen Ärger und Besorgnissen sowie geringer Introspektion und Autoritarismus.

Werden diese Ergebnisse auf autoritäre Persönlichkeiten angewandt, so müssen die Laboruntersuchungen, die sich auf Stimuli beziehen, die eine vorübergehende Abneigung erzeugen, generalisiert werden zu dem, was Adorno et al. (1950) als konsistent belastende Lebenserfahrung beschrieben haben. Insofern schützt die autoritäre Persönlichkeit, als ein Abwehrmechanismus, das Individuum vor Besorgnissen, die viel konzentrierter, beunruhigender und bedrohlicher sind, als die Besorgnisse und Ängste, die in einer Laboruntersuchung hervorgerufen werden können. Um diese Besorgnisse zu vermeiden, muß das Individuum jede lebhafte oder eingehende Erinnerung der Erfahrungen, die diese Ängste und Besorgnisse auslösten, verhindern. Kogan (1956) fand in einem Laborexperiment die autoritäre Repression bestätigt. In dieser Studie verringerte sich die richtige Zuordnung für Sätze mit sexuellen und aggressiven Inhalten, wenn die Werte auf der F-Skala (als Messung für Autoritarismus) anstiegen. Ein weiterer Beleg für die autoritäre Repression kann in der positiven Korrelation zwischen Feindseligkeit (als einem Element der autoritären Persönlichkeit) und Repression (Palmer und Altrocchi 1967) gesehen werden, die auf das Vorhandensein unterdrückten Ärgers bei autoritären Persönlichkeiten hinweist. Autoritarismus wurde von Adorno et al. (1950) so konzipiert, daß Individuen damit einen Weg finden, mit Besorgnissen und Ängsten, die aus frühkindlichen Bestrafungserfahrungen resultieren, umzugehen. Deshalb sollte sich ein Zusammenhang zwischen Besorgnissen, Ängsten und Autoritarismus ergeben.

Ein wesentliches Element der autoritären Persönlichkeit wird von Adorno et al. (1950) Anti-Intrazeption und von Rokeach (1960) Engstirnigkeit genannt. Dieser Aspekt bewahrt das Individuum vor einer desintegrierten Persönlichkeitsstruktur im Erwachsenenalter. Ein anderer Bereich wissenschaftlicher Untersuchungen kann in diesem Zusammenhang genutzt werden, um diesen Aspekt der autoritären Persönlichkeit besser zu erfassen. Wicklund und Duval (1971) haben den Begriff des Selbstbewußtseins eingeführt, der seitdem immer wieder erweitert und modifiziert wurde. Das Modell und die Definition von Selbstbewußtsein in diesem Beitrag geht auf die Autoren Fenigstein, Scheier und Buss (1975) zurück. Die drei von den Autoren definieren Komponenten von Selbstbewußtsein, werden durch die von ihnen entwickelte Skala gemessen. Die Komponente der individuellen Befangenheit ist für unsere Diskussion von Selbstbewußtsein am wichtigsten.

Steenbarger und Aderman (1979) zeigen, daß das Niveau von Selbstbewußtsein bei den Personen geringer ist, die davon ausgehen, daß ihre negativen und unerwünschten Persönlichkeitsmerkmale permanent und nicht veränderbar sind. Kinder, die die meiste Zeit ihrer Kindheit in einem lieblosen und einem hart bestrafenden Umfeld aufwachsen, entwickeln ein negatives Selbstbild, von dem sie annehmen, es sei angeboren und/oder ein dauernder Aspekt ihrer Identität. Von daher läßt sich vorhersagen, daß autoritäre Individuen ein geringeres Niveau von Selbstbewußtsein aufweisen.

Milburn und Ezatti (1998) ließen Versuchspersonen die manifeste Besorgnis-Skala von Taylor und die Ärger-Skala von Spielberger beantworten. In einer Regressionsanalyse wurde ein positiver signifikanter Zusammenhang zwischen Ärger und Autoritarismus belegt. Individuen die hohe Werte auf der Autoritarismusskala aufweisen, berichten auch über ein höheres Maß an Ärger. Weiterhin findet sich ein signifikanter negativer Zusammenhang zwischen berichteten Besorgnissen und Autoritarismus, danach weisen Personen mit einem hohen Wert auf der Autoritarismuskala ein signifikant niedrigeres Niveau an Besorgnissen auf. Dieses Ergebnis widerspricht den erwarteten Beziehungen, durch weitere Analysen kann dieser Unterschied jedoch erklärt werden. Ein weiteres Ergebnis der Regressionsanalyse zeigte, daß Personen mit einem hohen Wert auf der Autoritarismusskala ein signifikant geringeres Niveau an Selbstbewußtsein aufweisen, d.h., diese Individuen unterschätzen möglicherweise ihr Niveau an Besorgnissen, da sie in einem signifikant geringeren Ausmaß Zugang zu ihren inneren Zuständen haben, als Personen mit niedrigeren Autoritarismuswerten. Diese Erklärung ist auch mit anderen Untersuchungsergebnissen zu vereinbaren. Personen, die im Sinne von Weinberger et al. (1979) Gefühle sehr stark unterdrücken, berichten von einem geringeren Niveau an Besorgnissen, obwohl sie in ihrem Verhalten und in physiologischen Messungen ein hohes Maß an Besorgnissen aufweisen. Schachter und Latane (1964) und Valins (1967) finden, daß relativ emotionslose Personen auf aversive Stimuli (z.B. Schocks) mit einem höheren Ausmaß an physiologischen Reaktionen reagieren als Personen, die relativ emotional sind.

Die oben dargestellten Untersuchungsergebnisse deuten darauf hin, daß Bestrafungserfahrungen in der Kindheit eine Quelle für negative Gefühle von Personen sind. Milburn und Ezatti erfaßten die Bestrafungserfahrungen mit der elterlichen Bestrafungsskala von Altemeyer und untersuchten, ob diese Personen auch Erfahrungen mit Psychotherapie hatten. Wie zuvor wurden die Stichprobe in zwei Gruppen aufgeteilt, in Personen mit hoher und mit niedriger Bestrafungserfahrung in der Kindheit. Milburn et al. (1995) haben dreifache Interaktionsbeziehungen zwischen Bestrafung, Geschlecht und Therapieerfahrung gefunden, die die straforientierten politischen Einstellungen vorhersagen konnten. Nachdem, wie in den vorhergegangenen Studien auch, der Bildungsabschluß der Eltern kontrolliert wurde, replizieren Milburn und Ezatti die dreifachen Interaktionsbeziehungen durch die Vorhersage von Werten auf der RWA Skala von Altemeyer. Frauen in der Stichprobe, die Therapieerfahrungen hatten, weisen unabhängig von dem Ausmaß der Bestrafung in ihrer Kindheit geringere RWA Werte auf. Wie bereits bei Milburn et al. (1995) geschildert, zeigt sich auch hier bei den Männern ein komplexeres Bild. Bei Männern, mit einer geringen Bestrafungserfahrung in ihrer Kindheit, zeigen sich unabhängig davon, ob sie Therapieerfahrungen haben oder nicht, keine Unterschiede bei den Autoritarismuswerten. Aber diejenigen Männer, die über ein hohes Niveau an Bestrafungserfahrungen in ihrer Kindheit berichten und keine Therapieerfahrungen aufweisen, hatten substantiell höhere Autoritarismuswerte als Männer mit Bestrafungs- und Therapieerfahrungen. Die in den oben genannten Studien immer wieder gefundenen signifikanten Geschlechtsunterschiede bei politischen Einstellungen, scheinen auf der geschlechtsspezifischen Sozialisation von Gefühlen zu beruhen.

4. Schlußfolgerung

Ideologische Transformationen sollten auf der Grundlage der genetischen bzw. evolutionären Erklärung von Autoritarismus sehr unwahrscheinlich sein. Auf der Grundlage einer Anekdote wird aber eine solche Transformation in dem Buch „The Politics of Denial" von Milburn und Conrad (1996) beschrieben. 1989 wurde von intellektuellen Kreisen der westdeutschen Neo-Nazibewegung in dem Ostdeutschen Ingo Hasselbach die zukünftige neue „Führerfigur" gesehen. Aufgewachsen bei einem Stiefvater, der ihn mit einem Kleiderbügel schlug, kam er mit einer gewalttätigen Jugendgang in Kontakt und schlug jeden „who dressed differently from you" (225). Während er im Gefängnis saß, traf Hasselbach auf eine Reihe von Nazi-Kriegsverbrecher, zu denen er sich aufgrund ihrer offenen Haltung gegenüber der Anwendung von Gewalt hingezogen fühlte: „If you're going to worship power, why not admit it? At least the Nazis had been straightforward in their brutality. These people [Communists] insisted that they were beating you and locking you up for your own edification and for the sake of universal brotherhood" (226).

Eher persönliche Motive als politische Ideologien und Überzeugungen führten wohl dazu, daß Hasselbach zunächst zu einem Neo-Nazi wurde und sich dann aber wieder davon abwendete. Zwei Ereignisse sind dabei von besonderer Bedeutung: er verabscheute die Ermordung von Flüchtlingen durch einen Brandanschlag; durch seine Bekanntschaft mit einem Filmemacher, der ihn überredete einen Film über die Neo-Naziszene zu drehen, sah er mit den Augen dieses Filmemachers seine Kameraden in einem anderen Licht und „began to feel ashamed to be associated with these hate-filled, drunken pigs" (226). Würde sich Autoritarismus hauptsächlich durch genetische Faktoren bestimmen, dann wäre nicht nur die eben beschriebene Transformation sehr unwahrscheinlich, sondern auch die experimentellen Ergebnisse einer kurzfristigen emotionalen Katharsis, die durch die Erinnerung an Bestrafungserfahrungen in der Kindheit hervorgerufen wurden (vgl. Milburn et al. 1995).

Im verstärktem Maße erkennen Wissenschaftler die Rolle von Emotionen bei der Genese politischer Einstellungen und Verhaltensweisen an und die bisherigen Forschungsergebnisse zeigen, daß es signifikante Unterschiede in der Sozialisation von Gefühlen bei Männern und Frauen gibt. Männer werden ermutigt Ärger zu zeigen, während Frauen darin bestärkt werden Empathie auszudrücken. Die oben angeführten Untersuchungsergebnisse zeigen, daß die politische Sozialisation durch eine Vielzahl unterschiedlicher Erfahrungen beeinflusst wird, wobei nicht alle Erfahrungen explizit mit politischen Inhalten verbunden sind. Bestrafungserfahrungen in der Kindheit können auf zweierlei Art und Weise wirken: zum einen können sie politische Botschaften über den Gehorsam der Autorität gegenüber vermitteln und zum anderen stellen sie die emotionale Energie dar, die hinter straforientierten Einstellungen, wie der Anwendung der Todesstrafe und dem Einsatz von militärischer Gewalt, steht.

Literatur

Altemeyer, Bob. 1996. The authoritarian specter. Cambridge, MA: Harvard University Press.

Adorno, Theodor W., Else Frenkel-Brunswik, Daniel J. Levinson, und Nevitt R. Sanford; in Zusammenarbeit mit Betty Aron, Maria Hertz Levinson und William Morrow. 1950. The Authoritarian Personality. New York: Norton Library.

Badcock, Christopher R. 1991. Evolution and individual behavior: An introduction to human sociology. Oxford: Blackwell.

Eagly, Alice H. und Valerie J. Steffen. 1986. Gender and aggressive behavior: A meta-analytic review of the social psychological literature. Psychological Bulletin 94: 100-131.

Fivush, Robyn. 1989. Exploring sex differences in the emotional content of mother-child conversations about the past. Sex Roles 20: 675-691.

Frenkel-Brunswik, Else. 1954. Further exploration by a contributor. S. 226-275 in: Richard Christie und Marie Jahoda (Hg.): Studies in the scope and method of „The Authoritarian Personality". Glencoe, IL. Free Press.

Freud, Sigmund. 1961. Civilization and its discontents. (J Strachey, Trans.). New York: Norton. (zuerst 1930).

Frodi, Ann, Jacqueline Macaulay und Paul R. Thome. 1977. Are women always less aggressive than men? A review of the experimental literature. Psychological Bulletin 84: 634-660.

Hoffman, Martin L. 1977. Sex differences in empathy and related behaviors. Psychological Bulletin 84: 712-722.

Hokanson, Jack E. und Robert Edelman. 1966. Effects of three social responses on vascular processes. Journal of Personality and Social Psychology 3: 442-447.

Kogan, Nathan. 1956. Authoritarianism and repression. Journal of Abnormal and Social Psychology 53: 34-37.

Lasswell, Harold D. 1930/1960. Psychopathology and politics. New York: Viking Press.

Levine, Ron. 1996. Childhood punishment, emotion, and political ideology. Unpublished Senior Honors thesis, University of Massachusetts/Boston.

Meindl, James R. und Melvin J. Lerner. 1985. Exacerbation of extreme responses to an out-group. Journal of Personality and Social Psychology 47: 71-84.

Milburn, Michael A. und Sheree D. Conrad. 1996. The politics of denial. Cambridge, MA: MIT Press.

Milburn, Michael A., Sheree D. Conrad, Fabio Sala und Sheryl Carberry. 1995. Childhood punishment, denial, and political attitudes. Political Psychology 16: 447-478.

Milburn, Michael A., und Alan Ezzati. 1998. Childhood punishment, anger, and authoritarianism. Paper presented at the International Society of Political Psychology meetings, Montreal, Canada, July 12-15, 1998.

Miller, Alice. 1983. For your own good: Hidden cruelty in child-rearing and the roots of violence. New York: Farrar, Straus, Giroux.

Palmer, John und John Altrocchi. 1967. Attribution of hostile intent as unconscious. Journal of Personality 35: 164-167.

Peterson, Bill E., Kimberly A. Smirles und Phyllis A. Wentworth. 1997. Generativity and authoritarianism: Implications for personality, political involvement, and parenting. Journal of Personality and Social Psychology 72: 1202-1216.

Rogers, Ronald und Steven Prentice-Dunn. 1981. Deindividuation and anger-mediated interracial aggression: Unmasking regressive racism. Journal of Personality and Social Psychology 41: 63-73.

Rokeach, Milton und Clarence G. Kemp. 1960. Open and closed systems in relation to anxiety and childhood experience. S. 347-365 in: Milton Rokeach: The open and closed mind. New York: Basic Books.

Sanford, Nevitt. 1971. The approach of "The Authoritarian Personality". S. 304-345 in: Fred I. Greenstein und Michael Lerner (Hg.): A source book for the study of personality and politics. Chicago, IL: Markham.

Schacher, Stanely und Bibb Latane. 1964. Crime, cognition, and the autonomic nervous system. S. 221-273 in: D. Levine (Hg.): Nebraska Symposium on Motivation. Lincoln NE: University of Nebraska Press.

Sinha, Rajita, William R. Lovallo und Oliver A. Parsons. 1992. Cardiovascular differentiation of emotions. Psychosomatic Medicine 54: 422-435.

Smither, Robert D. 1993. Authoritarianism, dominance, and social behavior: A perspective from evolutionary personality psychology. Human Relations 46: 23-43.

Somit, Albert und Steven A.Peterson. 1997. Darwinism, dominance, and democracy: The biological bases of authoritarianism. Westport, CT: Praeger.

Spielberger, Charles, Ernest H. Johnson, Stephen F.Russell, Rosario J. Crane, Gerald A. Jacobs und Timothy J. Worden. 1985. The experience and expression of anger: Construction and validation of an anger expression scale. S. 1-36 in: Margaret A. Chesney and Ray H. Rosenman (Hg.): Anger and hostility in cardiovascular and behavioral disorder. Washington: Hemisphere Publishing.

Steenbarger, Brett N. und David Aderman. 1979. Objective self-awareness as a nonaversive state: Effects of anticipating discrepancy reduction. Journal of Personality 47: 330-339.

Valins, Stuart C. 1967. Emotionality and autonomic reactivity. Journal of Experimental Research in Personality 2: 41-48.

Weatherly, Donald. 1981. Anti-semitism and the expression of fantasy aggression. Journal of Abnormal and Social Psychology 62: 454-457.

Weinberger, David, Gary E. Schwartz und Richard J. Davidson. 1979. Low-anxious, high-anxious, and repressive coping styles: Psychometric patterns and behavioral and physiological responses to stress. Journal of Abnormal Psychology 88: 369-380.

Wicklund, Robert A. und Shelley, Duvall. 1972. A theory of objective self awareness. New York, NY: Academic Press.

Autoritäre Persönlichkeit und Sozialisation im Elternhaus. Theoretische Überlegungen und empirische Ergebnisse

Detlef Oesterreich

Zusammenfassung: In der Tradition der Frankfurter und der Berkeley Schule wurde die autoritäre Persönlichkeit als das Produkt einer kalten, hochgradig kontrollierenden, das Kind ablehnenden und bedrohenden Sozialisation beschrieben. Diese Annahme ist empirisch niemals bestätigt worden. Geht man davon aus, daß die autoritäre Persönlichkeit ein gesellschaftlicher Durchschnittstypus ist, dann ist dies keineswegs ein überraschendes Ergebnis. Solche Sozialisationsprozesse führen viel eher zu hochgradig neurotischen oder gar psychotischen Persönlichkeiten. In meinen eigenen Arbeiten habe ich die Idee entwickelt, daß autoritäre Persönlichkeiten vor allem das Ergebnis einer das Kind überfordernden Sozialisation sind. Kinder, die einer sozialen Realität gegenüberstehen, die sie nicht bewältigen können, sind gezwungen, sich in den Schutz und die Sicherheit von Autoritäten zu flüchten. In zwei empirischen Studien (1994, 1999) konnte ich nachweisen, daß autoritäre Persönlichkeitsmerkmale signifikant mit einer das Kind in seinen Entwicklungsmöglichkeiten einschränkenden Sozialisation sowie mangelnder emotionaler Unterstützung korrelieren.

1. Fragen und Probleme

Persönlichkeit ist im Rahmen psychologischen Denkens das Ergebnis individueller Sozialisationsprozesse. Versteht man das Konzept einer autoritären Persönlichkeit als das, was der Name unterstellt, nämlich als ein Persönlichkeitsmerkmal, dann müssen eindeutige Zusammenhänge zwischen diesem Merkmal und der individuellen Sozialisation vorhanden sein. Dies klingt trivial, ist es aber im Zusammenhang des Autoritarismuskonzepts keineswegs. Das Konzept erfüllt nämlich, obwohl es von der Zahl der Publikationen her eines der am besten erforschten Konzepte der Sozialforschung ist, diese Voraussetzung nicht. Weder ist klar, was die autoritäre Persönlichkeit nun eigentlich ist – eine Persönlichkeitseigenschaft oder aber ein Syndrom von politischen Einstellungen –, noch gibt es empirisch abgesicherte Annahmen darüber, wie autoritäre Persönlichkeiten sich entwickeln.

Wenn man sich mit der Autoritarismusforschung kritisch befaßt, muß man fairerweise sagen, welches Verständnis von Autoritarismus man zu-

grunde legt, Autoritarismus als Persönlichkeitsvariable oder als Einstellungssyndrom. Die Autoritarismusforschung beschwört in der Regel das Verständnis als Persönlichkeitsvariable, arbeitet empirisch aber mit einem Einstellungssyndrom. Ein Blick in die Geschichte der Autoritarismusforschung zeigt
klar, daß das Konzept als Persönlichkeitsvariable konzipiert wurde. Mit seiner Hilfe sollte versucht werden, den Erfolg des Faschismus Ende der 20er,
Anfang der 30er Jahre in Deutschland in einem sozialpsychologischen Rahmen zu erklären. Die Pioniere der Autoritarismusforschung – Reich (1933),
Horkheimer, Fromm und Marcuse (1936) sowie später Adorno, Frenkel-
Brunswik, Sanford und Levinson (1950) – waren davon überzeugt, daß diese
Orientierung am Faschismus auf eine an Unterwerfung unter Autorität orientierte Sozialisation zurückzuführen sei. Das Produkt dieser Sozialisation ist
die autoritäre Persönlichkeit. Autoritäre Persönlichkeiten seien aufgrund einer „Ich-Schwäche" dazu prädisponiert, sich in Krisensituationen an Versprechungen von Stärke und Macht zu orientieren. Als nicht autonome Individu-
en folgten sie nicht ihren genuinen Interessen, sondern gäben diese durch
Unterwerfung unter Autoritäten auf (Adorno et al. 1950: 10).

Mit diesem Ansatz wurde eine alte Frage der Philosophie der Aufklärung, die sich von Kant über Marx, Le Bon und Freud bis in dieses Jahrhundert verfolgen läßt, wiederaufgenommen: warum unterwerfen sich Menschen
freiwillig nicht legitimierter Herrschaft? Ein auf dieser Grundfrage basieren-
des Verständnis von Autoritarismus versucht zu erklären, nicht nur zu beschreiben. An diesem Ansatz sollte meiner Auffassung nach festgehalten
werden.

Die Autoritarismusforschung hatte ihre große Zeit in den 30er bis 50er
Jahren. Der Grund dafür war allerdings weniger wissenschaftlicher Natur,
sondern hatte vor allem politische Gründe. Mit Hilfe des Autoritarismuskonzepts hoffte man, politische Gegner als „psychisch minderwertig" entlarven
zu können. Wie Masling schon 1954 treffend feststellte, sind autoritäre Persönlichkeiten immer die anderen (Masling 1954: 318). Ursprünglich waren
autoritäre Persönlichkeiten die Anhänger des Faschismus, dann auch die Führer des Faschismus selbst, dann die Kommunisten und schließlich all diejenigen, die sich nicht an der westlichen Definition von Demokratie orientierten.
In jüngster Zeit hat das Konzept eine gewisse Renaissance erlebt, als es speziell in der deutschen Diskussion dazu gedient hat, die Bürger der ehemaligen
DDR als scheinbar autoritär zu entlarven: die Vertreter des Regimes und ihre
Helfershelfer, weil sie angeblich die Menschen in der DDR autoritär unterdrückten, die Bürger der DDR selbst, weil sie sich angeblich unterdrücken
ließen, sich anpaßten und nicht schon früher das Regime abschüttelten (siehe
hierzu kritisch Oesterreich 1993).

Wissenschaftlich dagegen hat sich, wie schon eingangs erwähnt, der Er-
klärungsansatz der autoritären Persönlichkeit nicht bewährt. So ist für die
umfangreiche empirische Forschung (es gibt weit über 2000 Publikationen zu
diesem Thema) festzuhalten, daß es zu jedem Befund Gegenbefunde gibt.

Die Forschungslage ist so desolat, daß sie führende Autoritarismusforscher wie Altemeyer oder Ray zu dem radikalen Schluß veranlaßt hat, den Erkenntnisstand als praktisch Null zu bezeichnen (Altemeyer 1981: 112) oder zu konstatieren, daß man heute nicht weiter sei als zu der Zeit, als die Forschergruppe um Adorno, Frenkel-Brunswik, Levinson und Sanford mit ihren Arbeiten begann (Ray 1976: 312). Mögen diese Einschätzungen auch schon einige Jahre alt sein, so hat sich doch in den 80er und 90er Jahren in der Autoritarismusforschung wenig getan, was diese Urteile revidieren könnte.

Die sehr inkonsistenten Forschungsergebnisse zum Autoritarismus haben viele Ursachen. Eine davon ist die schon erwähnte starke Politisierung des Konzepts. Wenn man versucht, Anhänger des Faschismus aber auch die Führer des Faschismus, Kommunisten und deren Führer, Ausländerfeinde, Antidemokraten und vorurteilsvolle Menschen mit demselben Persönlichkeitskonzept zu beschreiben, dann muß dies wohl zu Schwierigkeiten führen.

Ein weiteres Problem sind Unklarheiten des traditionell psychoanalytischen Ansatzes des Konzepts. Die Definition von Autoritarismus als eine Kombination vieler verschiedener Persönlichkeitszüge, deren Wechselbeziehungen theoretisch nie verbindlich geklärt wurden, hat besonders zu diesem Mangel an Präzision beigetragen. Auch ist die psychoanalytische Autoritarismustheorie, die teilweise mit Konzepten arbeitet, die aus der klinischen Psychologie stammen, der Versuchung erlegen, die autoritäre Persönlichkeit durch die Zuordnung psychopathologischer Eigenschaften als ein psychisch abartiges Individuum erscheinen zu lassen. Dies steht aber im Gegensatz zum Grundansatz des Konzepts, einen gesellschaftlich durchschnittlichen Typus erfassen zu wollen. Schon Levinson hat dies in ihrem Beitrag zu „The Authoritarian Personality" kritisch angemerkt (Hertz Levinson 1950: 891f.).

Ferner konnte ein Grundproblem der empirischen Autoritarismusforschung nicht gelöst werden, daß nämlich autoritäre Persönlichkeiten nicht nur politisch rechts sein dürften, sondern daß es theoretisch auch politisch linke Autoritäre geben müßte. Zweifelsfrei empirisch absichern ließ sich aber nur der Zusammenhang zwischen Autoritarismus und Rechtsextremismus, nicht dagegen der zu Linksextremismus. Dieses Problem hat Altemeyer 1981 zu der Konsequenz veranlaßt, Autoritarismus einfach als „Right-Wing-Authoritarianism" zu definieren. Dies ist jedoch nur eine scheinbare Lösung, denn nimmt man den Anspruch ernst, es bei der autoritären Persönlichkeit mit einem Charaktermerkmal zu tun zu haben, dann kann dieses Charaktermerkmal nicht a priori politisch verortet werden. Altemeyer hat dann auch in späteren Forschungen wieder versucht, so etwas wie einen linken Autoritarismus zu begründen (Altemeyer 1988).

Das Hauptproblem der traditionellen Autoritarismustheorie ist jedoch, daß es ihr nicht gelungen ist, einen eindeutigen Zusammenhang zwischen Autoritarismus und dem von autoritären Persönlichkeiten zu erwartenden Verhalten nachzuweisen. So gibt es empirische Belege dafür, daß voreingenommenes oder ethnozentrisches Verhalten nicht automatisch im Zusammenhang mit Autoritarismus steht. Pettigrew stellte fest, daß weiße Südafrikaner sich sehr viel voreingenommener gegenüber Schwarzen verhalten als Amerikaner; sie sind aber nicht autoritärer als diese (Pettigrew 1958). Ein Vergleich der Vorurteile gegenüber Farbigen zwischen Menschen aus dem Norden und dem Süden der USA erbrachte ganz ähnliche Ergebnisse (Middleton 1976). Südstaatler sind Farbigen gegenüber vorurteilsvoller, sie sind aber nicht autoritärer als Nordstaatler. Diese Ergebnisse zeigen auf, daß Voreingenommenheit eher durch situationsspezifische Faktoren wie verschiedene kulturelle Normen, Geschichte und sozioökonomische Bedingungen als durch autoritäre Persönlichkeitsstrukturen geprägt ist.

Auch die Milgram-Experimente haben das Autoritarismuskonzept in Frage gestellt (Milgram 1974). Ein hoher Prozentsatz von Milgrams Versuchspersonen folgte den Anweisungen ihres Testleiters und verabreichte in einem simulierten Lernexperiment „Studenten" schwere Elektroschocks. Diese Verhaltensform – Gehorsam gegenüber den Anweisungen einer Autoritätsperson, um andere Menschen zu bestrafen – wird normalerweise als besonders charakteristisch für die autoritäre Persönlichkeit eingeschätzt. Aber Milgrams Testgruppe bestand nicht bevorzugt aus autoritären Persönlichkeiten; er hatte vielmehr eine völlig durchschnittliche Untersuchungspopulation. Gerade einmal am 5 Prozent Niveau signifikant ließ sich nachweisen, daß hoch Autoritäre sich stärker den Anweisungen des Testleiters unterordnen als niedrig Autoritäre (Elms und Milgram 1966). Milgrams Experimente haben zu dem Schluß geführt, daß „autoritäres Verhalten" in Situationen von Stress und mangelnder Eindeutigkeit nicht auf autoritäre Persönlichkeiten beschränkt ist. Menschen scheinen sich in verunsichernden Situationen ganz allgemein an Autorität zu orientieren.

Bis heute haben die Forschungsergebnisse zu einem situationsspezifischen aufgrund von Verunsicherung entstehendem autoritären Verhalten keinen Einfluß auf die Theorie des Autoritarismus gehabt. Die Herausforderungen des „situationism" wurden als ein Infragestellen des Konzepts abgelehnt (Sanford 1973; Altemeyer 1981). Ich glaube, daß es an der Zeit ist, diese Ergebnisse zu berücksichtigen, um das Autoritarismuskonzept neu zu formulieren.

Ich habe einen solchen Versuch gemacht, indem ich das Konzept einer grundlegenden autoritären Reaktion eingeführt habe, die situationsspezifisch autoritäres Verhalten erklärt und zugleich im Sozialisationsprozeß die Genese autoritärer Persönlichkeiten verständlich macht (Oesterreich 1996). Im Rahmen dieses neuen Ansatzes habe ich auch von der traditionellen Autoritarismustheorie abweichende Annahmen zur Sozialisation autoritärer Persönlichkeiten formuliert und empirisch überprüft. Sie sind Gegenstand dieses Aufsatzes. Im folgenden werde ich kurz meinen neuen Ansatz zum Konzept der autoritären Persönlichkeit darlegen und daran anschließend meine Untersuchungen zur Sozialisation autoritärer Persönlichkeiten.

2. Ein neuer Ansatz zum Verständnis von Autoritarismus

2.1 Die autoritäre Reaktion

Es gibt viel Unklarheit über den Begriff Autorität, auch wenn man diesen auf ein Verständnis begrenzt, das sich nur auf die empirische Sozialforschung beschränkt. Autorität wird theoretisch wie auch in der empirischen Forschung oft als sozialer Status oder als Eigenschaft eines Individuums definiert. Ein derartiges Verständnis von Autorität vernachlässigt aber die psychologische Beziehung zwischen dem Individuum und seinen Autoritäten. Dies hat schon Freud in seiner berühmten Kritik der Massenpsychologie Le Bons (Le Bon 1897) deutlich gemacht (Freud 1974). Nach Freud muß Autorität als Produkt eines Prozesses psychologischer Attribution verstanden werden. Attribution ist zwar kein Freudscher Begriff, er beschreibt aber den Kern seines Ansatzes.

Grundsätzlich ist Autorität ein Phänomen im und nicht außerhalb des Individuums. In unklaren Situationen, die verunsichernd oder gar gefährlich zu sein scheinen, orientieren sich Menschen an denjenigen, die Sicherheit anbieten. Das sind normalerweise Menschen, die den Anschein erwecken, Macht zu besitzen, Schutz gewähren zu können, die Probleme des Einzelnen lösen zu können und die von sich aus Hilfe anbieten.

Ich bezeichne diese Orientierung an Schutz gewährenden Instanzen als Flucht in die Sicherheit oder als autoritäre Reaktion. Eine Flucht in die Sicherheit ist eine menschliche Grundreaktion und vielleicht aller höherer Formen von Leben überhaupt. Freud (1974) und Milgram (1974), die ähnliche Konzepte speziell zur Erklärung von Unterwerfungsverhalten entwickelt haben, gehen davon aus, daß dieses Verhalten angeboren sei, man kann es sich aber auch als in der frühen Kindheit erworben denken, wenn Kinder anfangen zu lernen, sich mit ihrer Umwelt auseinanderzusetzen. Im allgemeinen sind diejenigen, die Sicherheit anbieten können, die Eltern oder andere Personen, die für die Erziehung des Kindes verantwortlich sind. Für Kinder ist die Flucht in den elterlichen Schutz in Gefahrensituationen oder generell unklaren Situationen eine unvermeidliche und nötige Reaktion.

In der zweiten Hälfte dieses Jahrhunderts hat die Idee eines sich Verlassens auf Autorität eine negative Bedeutung bekommen. Begreift man jedoch die autoritäre Reaktion als einen fundamentalen Mechanismus des Sozialisationsprozesses, der für die kindliche Entwicklung wichtig ist, verliert sie ihre negative Konnotation. Die autoritäre Reaktion schützt Kinder vor den Risiken und Bedrohungen einer Welt, der sie noch nicht gewachsen sind.

Der Prozeß des Heranwachsens ist immer auch eine Auseinandersetzung mit dieser Grundreaktion. Im Laufe ihrer Entwicklung lernen Individuen, die autoritäre Reaktion zu überwinden, indem sie eigene Lebensbewältigungsstrategien erwerben. In schwierigen Situationen, deren Bewältigung die eigenen Fähigkeiten übersteigt, wird jedoch immer eine autoritäre Reaktion erfolgen, auch bei Erwachsenen. Als Beispiele sei auf Bettelheims Berichte aus den Nazi-Konzentrationslagern und die Milgram-Experimente hingewiesen.

Ob Sozialisation zu persönlicher Autonomie führt oder zu einer lebenslangen Abhängigkeit von Autorität, hängt ab von der Schwierigkeit der zu bewältigenden Situationen, mit denen Individuen konfrontiert werden sowie von der Fähigkeit, die sie bis dahin entwickelt haben, um solche Situationen zu bewältigen. Wenn Situationen die sozialen, emotionalen und kognitiven Fähigkeiten übersteigen, suchen Kinder immer wieder nach helfenden Autoritäten. Als langfristige Folge einer solchen Orientierung bildet sich ein von Anderen abhängiges Individuum heraus. Andererseits werden Kinder ihre Selbständigkeit vergrößern, wenn sie bei der Bewältigung unklarer und unsicherer Situationen Erfolg haben.

Kritische Situationen, die bewältigt werden müssen, sind also zentral für den Aufbau individueller Autonomie aber auch für die Konsolidierung einer Persönlichkeit, die sich auf Autorität verläßt. Was als ein sehr einfaches Modell erscheint, wird kompliziert, wenn es darum geht, diesen Entwicklungsprozeß detailliert zu beschreiben, weil Situationen, die Verunsicherung und Angst erzeugen, durch soziale Faktoren wie Gesellschaft, soziale Klasse, Alter und Geschlecht ganz unterschiedlich determiniert sind.

Es sollte noch einmal ausdrücklich betont werden, daß eine Suche nach Hilfe und Unterstützung in schwierigen Situationen nicht automatisch irrationales Verhalten ist, sondern u.U. höchst rational sein kann. Das gilt nicht nur für Kinder, bei denen es wegen ihrer eingeschränkten Fähigkeiten offensichtlich erscheint, sondern auch für Erwachsene. Die Suche nach Hilfe in schwierigen Situationen etabliert nicht automatisch autoritäre Beziehungen. Dies gilt auch für unterwürfiges Verhalten. In extrem bedrohlichen Situationen, wie z.B. in den NS-Konzentrationslagern, war Unterwerfung ein Instrument um zu überleben. Ein solches Verhalten kann von daher durchaus zweckrational sein. Es ist aber sicher nicht nur ein rationaler Mechanismus, um zu überleben, sondern autoritäre Unterwerfung, wenn, wie dies Bettelheim im Zusammenhang seiner Erfahrungen im Konzentrationslager geschildert hat, eine Identifizierung mit der NS-Ideologie, die die Minderwertigkeit der Juden propagiert, stattfindet (Bettelheim 1960). Ebenso ist autoritärer Gehorsam, wie in den Milgram-Experimenten deutlich geworden, nicht zweckrationales Verhalten in einer ausweglosen Situation, sondern eine autoritäre Reaktion. Schließlich konnten Milgrams Versuchspersonen das Experiment jederzeit abbrechen, was einige (allerdings nur eine Minderheit) immerhin auch getan haben.

2.2 Die autoritäre Persönlichkeit

Die autoritäre Persönlichkeit ist primär das Ergebnis der nur unzureichend gelernten Fähigkeit, mit der autoritären Reaktion angemessen umzugehen. Aber die autoritäre Persönlichkeit ist durchaus mehr als nur Unterwerfung unter Autorität, denn das Verhaftetbleiben in autoritären Reaktionen führt lebensgeschichtlich zu weiteren für autoritäre Persönlichkeiten typischen Charaktermerkmalen. Zunächst einmal bedeutet Orientierung an Autorität nicht nur, daß situationsspezifisch Hilfe und Unterstützung gesucht werden, sondern daß sich längerfristige intensive persönliche Bindungen zu den Schutz und Sicherheit gewährenden Instanzen entwickeln. Nimmt man die Idee ernst, daß Autorität ein Attributionsphänomen ist, dann werden Schutz gewährende Instanzen erst durch solche emotionalen Bindungen zu Autoritäten. Über die persönliche Bindung internalisiert das Individuum die Normen und Wertsysteme seiner Autoritäten, die dann selbst schützend wirken. Autoritäre Persönlichkeiten fühlen sich sicher, indem sie sich starr an diesen Normen orientieren. Mit seiner Theorie der „closedmindedness" hat Rokeach (1960) eine einleuchtende Beschreibung der Schutzfunktion, die solche kognitiven Systeme haben können, angeboten.

Die Schutzfunktion kognitiver Systeme vergrößert diejenige von Autoritäten, indem Schutz sogar in Situationen geboten wird, in denen die schützende Autorität nicht unmittelbar präsent ist. Wegen der Bedeutung dieser kognitiven Systeme bei der Reduzierung von Angst bedeutet jede Kritik an den in ihnen enthaltenen Normen und Werten aber auch einen Angriff auf die Autoritäten des Einzelnen – und damit einen Angriff auf sein Sicherheitsgefühl. In einer komplexen Gesellschaft voller komplexer und ambivalenter Situationen ist der Einzelne häufig mit einem Infragestellen seiner Normen konfrontiert. Auch eine starke Bindung an Autoritäten und an ihre Werte und Normen kann nicht vollkommen vor Unsicherheit und Angst schützen. Weil autoritäre Persönlichkeiten nur ungenügend Mechanismen entwickelt haben, kritische Situationen allein und unabhängig zu bewältigen, fühlen sie sich sehr schnell angegriffen. Sie geraten schnell in einen Zustand emotionaler, kognitiver und sozialer Überforderung, der dann feindselige Tendenzen hervorruft.

Feindschaft und Aggression gehören zu den wichtigsten Themen jeder Autoritarismustheorie. Die Phänomenologie des Autoritarismus beschreibt die autoritäre Persönlichkeit als unterwürfig *und* aggressiv zugleich. Aus theoretischer Sicht ist diese Kombination aber nur schwer zu verstehen. Kirscht und Dillehay haben hervorgehoben, daß es schwierig ist vorauszusagen, welches Verhalten von autoritären Persönlichkeiten erwartet werden kann: mehr offene Aggression aufgrund allgemeiner Feindseligkeit oder aber weniger Aggression aufgrund von Unterwürfigkeit und Konventionalität? (Kirscht und Dillehay 1967).

Aus Sicht der neuen, hier beschriebenen Theorie sind autoritäre Persönlichkeiten nicht aggressiver als andere Menschen auch. Die autoritäre Reaktion als eine Flucht in die Sicherheit legt offene Aggression jedenfalls nicht nahe. Aggressives Verhalten schließt immer persönliche Risiken ein. Genau solche Risiken sind es, die die autoritäre Reaktion aber vermeiden will. Dennoch, obwohl die autoritäre Persönlichkeit im allgemeinen nicht besonders aggressiv ist, ist sie in starkem Maße feindselig. Dies ist auch die Einschätzung der älteren Autoritarismustheorie. Aufbauend auf einer von Karen Horney (1945) formulierten Idee beschrieb Fromm die autoritäre Persönlichkeit als „schwach in der Aggression" (Fromm 1941). Die autoritäre Persönlichkeit leide an einem geringen Selbstwertgefühl und habe beschränkte Fähigkeiten, eigene Interessen zu formulieren und zu realisieren. Weil autoritäre Individuen in einer sozialen Welt leben, mit der sie nur unzureichend klar kommen, wird alles, was einen inneren Konflikt provozieren könnte, mit Feindschaft zurückgewiesen. Auch hier gibt Rokeachs Konzept der „closedmindedness" eine gute Beschreibung einer solchen emotionalen Abwehr gegenüber allem Neuen (Rokeach 1960).

2.3 Die Sozialisation autoritärer Persönlichkeiten

Im Rahmen dieses neuen Ansatzes muß auch der Sozialisationsprozeß, der autoritäre Persönlichkeiten hervorbringt, neu überdacht werden. Die psychoanalytische Theorie des Autoritarismus hat die Sozialisationsbedingungen autoritärer Persönlichkeiten als mehr oder weniger pathologisch beschrieben: Danach findet autoritäre Erziehung in einer repressiven, hoch kontrollierenden Umgebung statt, in der die Eltern emotional distanziert sind und zu massiven Strafen bei Normverstößen neigen (Adorno et al. 1950: 385). Derartige Bedingungen kennzeichnen jedoch einen Sozialisationsprozeß, von dem eher zu erwarten ist, daß er neurotische Individuen hervorbringt und nicht – dem Anspruch des Autoritarismuskonzepts entsprechend – einen Durchschnittstypus unserer Gesellschaft. Aus den Forschungen zu Effekten von unterschiedlichen Erziehungsstilen ist zudem bekannt, daß eine distanzierte, eher ablehnende Haltung der Eltern besonders wenig effektiv für Anpassung an die Eltern sowie die Aneignung elterlicher Normen ist, da im Rahmen einer solchen Sozialisation keine positive Identifizierung mit den Eltern erfolgen kann. Kinder, die sich von ihren Eltern emotional abgelehnt fühlen, entwickeln entweder neurotische oder gar psychotische Züge oder sie lösen sich früh aus dem Elternhaus und gehen ihre eigenen Wege. Es ist von daher nicht erstaunlich, daß diese Art von Sozialisation autoritärer Persönlichkeiten nie bestätigt wurde (Kirscht und Dillehay 1967; Altemeyer 1981). Selbst Sanford, einer der Autoren von „The Authoritarian Personality" hat später selbstkritisch eingeräumt, daß die Annahmen über die Sozialisation autoritärer Persönlichkeiten in der Berkeley-Studie fragwürdig seien (Sanford 1973: 166).

Die psychoanalytische Autoritarismustheorie scheint sich in starkem Maße am Horneyschen Konzept einer Identifikation mit dem Aggressor orientiert zu haben (Horney 1945). Dieses geht davon aus, daß in Situationen extremer Bedrohung Menschen Schutz und Hilfe bei denen suchen, die sie unterdrücken und quälen. Es ist jedoch wenig plausibel, eine normale, gesellschaftlich durchschnittliche Sozialisation mit einem psychischen Mechanismus beschreiben zu wollen, der in existentiellen Extremsituationen greift.

Entscheidend für die Sozialisation autoritärer Persönlichkeiten dürfte weniger die allgemeine elterliche Zuwendung sein, sondern mehr die Art und Weise, in der kindliche Selbständigkeit und eigenständige Realitätsbewältigung gefördert werden. Von dieser Selbständigkeit hängt es nämlich ab, ob Kinder für sie schwierige Situationen allein bewältigen können und dadurch ein Stück weit Autonomie gewinnen oder ob sie durch einen Rückgriff auf elterliche Autorität die autoritäre Reaktion bestärken.

Natürlich spielt das emotionale Klima im Elternhaus auch eine Rolle, nicht aber in der Form eines einfachen Zusammenhanges, aufgrund dessen emotionale Distanz Autoritarismus, Wärme dagegen Autonomie erzeugen würde. Vielmehr geht es um emotional unterstützende Rahmenbedingungen, die sicherstellen, daß Kinder in der Lage sind, ihre Welt zunehmend selbständiger in den Griff zu bekommen. Auch zuviel Zuwendung durch die Eltern kann für das Gewinnen von Selbständigkeit hinderlich sein. Insbesondere eine stark behütende Sozialisation, die das Kind ständig vor allen möglichen Gefahren zu schützen sucht, hindert es an einer eigenständigen Realitätsbewältigung.

Zentral für eine Entwicklung in Richtung auf mehr Autonomie oder ein Verhaftetbleiben in der autoritären Reaktion ist die entwicklungsabhängige Angemessenheit der Anforderungen, die dem Kind in seiner alltäglichen Realitätsbewältigung gestellt werden. Sowohl eine Überforderung der kindlichen Fähigkeiten als auch eine Unterforderung können zu einer Beeinträchtigung dieser Entwicklung zu Selbständigkeit und Autonomie führen. Sind die Anforderungen zu hoch und führen zu einem Scheitern eigener Lösungsversuche, dann wird die autoritäre Reaktion die normale Verhaltensform in schwierig zu bewältigenden Situationen bleiben. Aber auch wenn die Anforderungen zu niedrig sind, wenn dem Kind durch die Eltern zuviel Lebensbewältigung abgenommen wird, findet keine Entwicklung zu Autonomie statt. Hinzu kommt, daß Kinder, wenn sie nicht herausgefordert werden, sich auch nicht altersspezifisch entwickeln und aufgrund der ständig ansteigenden Komplexität ihrer Lebenswelt immer häufiger mit Situationen konfrontiert werden, die sie überfordern und zu erneuter Schutzsuche bei den Eltern zwingen.

Wie stark zuwendend die Eltern im Rahmen eines solchen Entwicklungsmodells nun sind, spielt keine entscheidende Rolle. Sicherlich gibt es eine Grenze, unterhalb derer den kindlichen Bedürfnissen nach einer Stabilität seiner sozialen Welt nicht mehr Rechnung getragen werden kann, ober-

halb dieser Grenze ist es jedoch für die Entwicklung zu individueller Autonomie unerheblich – mit Ausnahme eines überbehütenden Verhaltens –, wie
stark die elterliche Zuwendung ist.

Auch bezüglich restriktiver Erziehung und einer Erziehung zu Selbständigkeit gibt es in der traditionellen Autoritarismusforschung unklare und
zweifelhafte Annahmen. In der Regel wird eine einheitliche Restriktivitäts-
Selbständigkeitsdimension unterstellt. Bei der Beschränkung kindlicher Freiheiten muß jedoch unterschieden werden zwischen solchen, die regelhaften
Charakter haben und dem Kind eine Art Stützkorsett geben sollen und solchen, die seine Entfaltungsmöglichkeiten einschränken, also dort Vorschriften und Regeln aufstellen, wo das Kind seine Alltagsrealität auch ohne solche
Regeln bewältigen könnte. Regeln der ersten Art werden – durchschnittlich
gesehen – weder einen positiven noch negativen Einfluß auf die Entwicklung
von Autoritarismus haben, während Regeln der zweiten Art autoritäre Bindungen fördern.

Um dies an einem Beispiel zu verdeutlichen: Wenn Eltern feste Regeln
aufstellen, z.B. wann Schularbeiten zu machen sind, wann nach Hause zu
kommen ist, wann ins Bett gegangen wird, welche Pflichten das Kind im
Haushalt zu übernehmen hat, dann ist dies zwar restriktives Verhalten,
schränkt aber nicht die kindliche Selbständigkeit und Eigeninitiative ein.
Wenn dagegen Eltern ihren Machtanspruch demonstrieren und aufrechterhalten, indem sie dem Kind nicht erlauben, sie zu kritisieren, ihnen zu widersprechen, oder aber Entscheidungen ohne Einbeziehung des Kindes treffen,
dann ist dies eine Restriktivität, die autoritäre Unterordnung fordert.

Zusammenfassend: Autoritarismus ist nicht das Produkt einer emotional
kalten Sozialisation, wie in der Autoritarismusforschung in der Regel unterstellt wird. Wichtig für eine Überwindung der autoritären Reaktion sind ein
emotional stabiles Klima und eine Unterstützung durch die Eltern, die individuelle Entfaltung zuläßt. Auf autoritäre Bindungen kann am leichtesten verzichtet werden, wenn es weder eine Überforderung noch Unterforderung des
Kindes gibt, sich seine Lebenswelt anzueignen.

3. Die empirischen Untersuchungen

Ich habe insgesamt drei Untersuchungen über den Zusammenhang zwischen
Autoritarismus und Sozialisation im Elternhaus durchgeführt. Ausführlich
berichtet werden soll nur über die letzte aus dem Jahre 1999. Die erste Untersuchung aus dem Jahre 1974 ist in Oesterreich: Autoritarismus und Autonomie (1974) dargestellt worden, die zweite aus dem Jahre 1994 diente primär
der Fragebogenkonstruktion. Die Ergebnisse sind in die Konstruktion der in
der Untersuchung von 1999 benutzten Fragebögen eingeflossen.

3.1 Methodologische Probleme

Die Erfassung von Erziehung im Elternhaus wirft methodologische Probleme auf. Erstens ist fraglich, ob Jugendliche überhaupt in der Lage sind, das Erziehungsverhalten ihrer Eltern angemessen einzuschätzen, zweitens muß davon ausgegangen werden, daß aufgrund der starken emotionalen Bindung an die Eltern Erziehung in starkem Maße voreingenommen geschildert wird. Beide Probleme hängen eng miteinander zusammen, wobei das erste mehr die Fähigkeit, bestimmte Formen von Erziehungsverhalten adäquat einzuordnen, thematisiert, das zweite die emotionale Dimension einer Verzerrung durch Wunschvorstellungen und Idealisierungen.

Hopf vertritt im Anschluß an Adorno et al. (1950) die Ansicht, daß autoritäre Persönlichkeiten ihre Eltern idealisieren würden (Hopf 1992). Aufgrund ihrer starken Bindung an Autorität – und primär ist Autorität ja elterliche Autorität – ist dies auch aus hiesiger Sicht eine einleuchtende Hypothese. Das Konzept der Elternidealisierung verdeutlicht aber noch nicht, in welcher Form die Eltern idealisiert werden. Idealisierungen aber auch Kritik erfolgen immer in Übereinstimmung mit bestimmten Wert- und Normsystemen. Es ist jedoch fraglich, ob hoch und niedrig autoritäre Jugendliche gleiche Vorstellungen von Erziehung haben.

Gerade die für die Genese von Autoritarismus wichtigen Dimensionen einer Einschränkung kindlicher Selbständigkeit und Bindung an das elterliche Wert- und Normsystem werden von hoch und niedrig Autoritären völlig verschieden bewertet. Niedrig Autoritäre finden Selbständigkeit und kritische Distanz zu elterlichen Werten und Normen wichtig, hoch Autoritäre eine Bindung an deren Werte und Normen, aber auch restriktives und beschützendes Verhalten. Dies ließ sich auch empirisch bestätigen (Oesterreich 1974).

Im Rahmen einer Tendenz, die eigene Erziehung in positivem Licht erscheinen zu lassen, werden hoch Autoritäre also möglicherweise eher die restriktiven Züge ihrer Sozialisation betonen, während niedrig Autoritären die liberalen Züge hervorheben. Wenn andererseits jedoch niedrig Autoritäre eine stärkere kritische Distanz zu ihren Eltern haben, mag ihnen vieles an ihrer eigenen Erziehung, was objektiv gesehen keineswegs besonders restriktiv ist, als hochgradig restriktiv erscheinen. Dies würde der Tendenz zu einer Überbetonung liberaler Elemente in der eigenen Erziehung wiederum entgegenlaufen.

Noch komplizierter wird die Problematik unterschiedlicher Tendenzen bei der Darstellung der eigenen Erziehung, wenn es um die empirische Erfassung solcher Tendenzen geht. Die „social desirability" – Forschung hat in der Regel verkürzt unterstellt, daß alle Befragten grundsätzlich die gleichen Werte vertreten werden, und daß es von daher möglich sein sollte, individuelle „social desirability"-Tendenzen zu messen, indem man eine unidimensionale Skala anwendet und dann Unterschiede konstatiert. „Social desirability"-Skalen unterstellen ein solches einheitliches Normsystem, dem scheinbar alle Befragten gleichermaßen unterliegen. Individuen unterscheiden sich dann bezüglich dieser Skalen, in welchem Maße sie dem Druck der entsprechenden Fragen, in eine sozial erwünschte Richtung zu antworten, nachgeben oder eben nicht. Diese Annahme kann jedoch bezüglich hoch und niedrig autoritärer Persönlichkeiten nicht aufrechterhalten werden. Meine Untersuchung Anfang der 70er Jahre (Oesterreich 1974), in der ich eine klassische „social desirability"-Skala angewendet habe, zeigt einen leicht positiven Zusammenhang dieser Skala zu autoritären Persönlichkeitsmerkmalen. Dies scheint die These der Elternidealisierung durch autoritäre Persönlichkeiten zu stützen, doch muß hier relativierend bedacht werden, daß die Normen, die die Skala anspricht, typisch mittelschichtspezifische Normen von Wohlanständigkeit und Wohlverhalten sind. Normanpassung, insbesondere die Anpassung an mittelschichtspezifische Normen, ist aber im Rahmen der traditionellen Autoritarismustheorie ein wesentliches Charakteristikum autoritärer Persönlichkeiten. Niedrig Autoritäre mögen sich in viel stärkerem Maße an Werten wie Individualität, Unkonventionalität und sogar begrenzter Regelverletzung orientieren. Sie könnten also, indem sie ihre Zustimmung zu den in der „social desirability"-Skala angesprochenen Werten verweigern (also scheinbar nicht „social desirable" antworten), ebenso „social desirable" antworten, wie die hoch Autoritären bei einer Zustimmung.

Lösen läßt sich diese Problematik wohl kaum. Man kann jedoch versuchen, Fragen so zu konstruieren, daß sie bezüglich unterschiedlicher Werte der einzelnen Gruppen möglichst neutral sind, und man kann dieses Problembewußtsein bei der Interpretation nützen. Dies ist nicht viel. Andererseits diskutiert oder berücksichtigt die empirische Sozialforschung „social desirability"-Probleme kaum noch. Antworten auf Fragen werden häufig als das interpretiert, was die Fragen zu messen scheinen. Dies ist jedoch ein Rückschritt gegenüber dem Problembewußtsein, das es vor 40 Jahren gab.

3.2 Die Untersuchungen von 1974 und 1994

Meine Untersuchung von 1974 bestätigte, obwohl ich damals noch nicht von dem hier dargestellten Konzept ausging, die Thesen über den Zusammenhang zwischen Autoritarismus und Sozialisation im Elternhaus. Es zeigte sich kein Zusammenhang zwischen emotionaler Kälte im Elternhaus und Autoritarismus. Vielmehr korrelierten autoritäre Persönlichkeitsmerkmale mit einer Erziehung zu Unselbständigkeit, zu Normanpassung, mit überbehütendem Verhalten der Eltern (overprotection) sowie stark kontrollierendem, das Kind an der Entfaltung eigener Lebensbewältigungsstrategien hinderndem Erziehungsverhalten (Oesterreich 1974: 203f.).

Die Untersuchung von 1994 wurde mit Fachhochschülern in Ost- und Westdeutschland durchgeführt (n= 440). Hauptziele dieser Untersuchung waren die Überprüfung des Autoritarismusfragebogens mit einer Population junger Erwachsener sowie Analysen des Zusammenhanges zwischen Autoritarismus und Rechtsextremismus. In diesem Zusammenhang habe ich auch

40 Fragen zum Erziehungsverhalten der Eltern gestellt. Auch in dieser Untersuchung zeigte sich wie zuvor in der von 1974, daß Fragen zum emotionalen Klima im Elternhaus, wenn sie nicht gezielt eine Unterstützung des Kindes thematisieren, kaum einen Zusammenhang zu autoritären Persönlichkeitsmerkmalen aufweisen, während Fragen zur Selbständigkeitserziehung durchweg negative Korrelationen aufweisen.

Die folgenden Items, die allesamt das emotionale Klima im Elternhaus ansprechen, ohne dabei die Dimension elterlicher Unterstützung zu thematisieren, korrelieren allesamt um Null herum mit Autoritarismus. Autoritarismus wurde in der 1994er Untersuchung mit einer bis auf ein Item mit der endgültigen in Oesterreich 1996 und 1998 publizierten Version identischen Form meines Fragebogens gemessen:

„Ich hatte niemals Angst vor meinen Eltern" vs. „Ich hatte oft Angst vor meinen Eltern" ($r = 0.06$),
„Ich wollte als Kind manchmal von zu Hause weglaufen" vs. „Ich habe mich zu Hause immer sehr wohl gefühlt" ($r = -0.04$),
„Wenn meine Eltern sich sehr über mich geärgert haben, drohten sie mir manchmal: ‚Ich kann dich gar nicht mehr liebhaben' " vs. „Meine Eltern haben mir niemals gedroht, mich nicht mehr liebhaben zu können" ($r = 0.05$) und
„Ich habe meinen Eltern immer voll vertraut" vs. „Ich habe an meinen Eltern oft gezweifelt" ($r = 0.00$).

Diese Beispiele verdeutlichen, daß die Wärme-Kälte Dimension in allgemeiner Form, d.h. ohne Thematisierung einer spezifischen Unterstützung des Kindes, nicht die für die Genese von Autoritarismus zentrale Erziehungsdimension ist.

3.3 Die Untersuchung von 1999

Die Untersuchung von 1999 wurde im Rahmen eines internationalen Forschungsprojekts der „International Association for the Evaluation of Educational Achievement" (IEA) zur politischen Bildung durchgeführt. Eine Publikation der Ergebnisse wird für den nationalen Teil im Jahre 2000 erfolgen, der internationale Vergleich wird im Jahre 2001 publiziert. Es wurde in diesem Zusammenhang eine für die Bundesrepublik Deutschland repräsentative Stichprobe von 8-Klässlern befragt. Sie umfaßt 3757 Jugendliche. Die Fragen zu autoritären Persönlichkeitsmerkmalen sowie zur Sozialisation im Elternhaus waren Bestandteil des nationalen Teils dieser Untersuchung. Zur Information über das Projekt und Ergebnisse der qualitativen Vorlaufphase des Projekts sei verwiesen auf Händle, Oesterreich und Trommer (1999).

Die Untersuchung wurde mit Ausnahme von Bremen, Niedersachen und Hessen sowie dem Gymnasium in Baden-Württemberg (insgesamt sind dies gut 12 Prozent der ursprünglich gezogenen Stichprobengruppe der 8-Klässler in der Bundesrepublik Deutschland) in der gesamten Bundesrepublik durchgeführt. Die Population setzt sich wie folgt zusammen.

Tabelle 1: Untersuchungspopulation

Hauptschule	Sekundar-, Mittel-, Regelschule	Realschule	Gesamtschule	Gymnasium	alle Befragten
924	656	805	522	850	3757

3.3.1 Die Meßinstrumente

Die Untersuchung über den Zusammenhang zwischen autoritären Persönlichkeitsmerkmalen und Erziehung im Elternhaus wurde mit einer Kurzfassung des in meinen Untersuchungen von 1993, 1994, 1995 und 1997 entwickelten neuen Autoritarismusfragebogens (Oesterreich 1998) und einem auf der Basis der Untersuchung von 1994 neu konstruierten Meßinstrument zur Erfassung von Erziehung im Elternhaus durchgeführt.

3.1.1.1 Autoritarismusfragebogen

Was die Konstruktion des Autoritarismusfragebogens betrifft, so sind einige Vorbemerkungen zu machen (siehe ausführlicher hierzu Oesterreich 1998). Traditionelle Autoritarismusskalen sind mit einem Grundproblem behaftet. Es handelt sich dabei nicht um das hinlänglich bekannte Problem einer Anfälligkeit der Skalen für Ja-Sage-Tendenzen oder den starken Bildungsbias der Skalen (Probleme, die bereits von Christie und Jahoda 1954 diskutiert wurden), sondern um das viel grundsätzlichere Problem einer fehlenden Abgrenzung von Autoritarismusfragebögen zu Maßen von Rassismus, Ethnozentrismus und Rechtsextremismus (mangelnde discriminant validity).

Die Autoritarismustheorie legt eine enge Beziehung zwischen autoritären Persönlichkeitsmerkmalen und Rassismus oder rechtsextremistischen Einstellungen nahe. Autoritarismusskalen, die nicht mit Rechtsextremismus- oder Rassismusmaßen korrelieren, sind nicht valide. Es kann aber kein Zweifel daran bestehen, daß diese Konzepte unabhängig voneinander gemessen werden müssen. Andernfalls läuft die Forschung Gefahr, tautologisch zu werden. Items, die auf konservativer Ideologie basieren, wie z.B. nationale Identifikation, Antikommunismus, Vorurteile gegenüber Minderheiten oder traditionelle Geschlechterrollenkonzepte, sind grundsätzlich aus Autoritarismus-Fragebögen auszuschließen. Solche Items sind aber gerade typisch für diese Fragebögen. Damit wird das Autoritarismuskonzept automatisch zu einem durch rechte Ideologie definierten Konzept.

Wenn man die autoritäre Persönlichkeit als eine psychische Disposition versteht, bleibt als einziger Weg, um der Gefahr tautologischer Forschungsresultate zu entgehen, politische Einstellungsfragen wegzulassen und sie durch Fragen zum Verhalten, zu Gefühlen, Motiven und zum Selbstbild des Einzelnen zu ersetzen. Es ist offensichtlich, daß auch solche Fragen nicht völlig frei von Ideologie sein können, sie sind aber grundsätzlich weiter entfernt von politischen Ideologien als Fragen zu politischen Einstellungen.

Alle Items meines Autoritarismusfragebogen sind als Doppelaussagen formuliert, die eine 5-Punkte-Skala (stimmt ganz genau (1), stimmt weitgehend (2), schwer zu sagen (3), stimmt weitgehend (4), stimmt ganz genau (5)) einschließen. Ein solches Vorgehen hat den Vorteil, den semantischen Gehalt von Items genauer bestimmen zu können. Die Bedeutungsambivalenz, die jeder Einzelaussage anhaftet, wird eingeschränkt. Der Fragebogen ist ausführlich an anderer Stelle dargestellt worden (Oesterreich 1998). In der hier präsentierten Untersuchung wurde eine Kurzfassung des in der Originalversion 26 Items umfassenden Fragebogens verwendet, die bei insgesamt 12 Items über eine alpha-Reliabilität von $\alpha=0.70$ verfügt. Die 12 Fragen sind zentralen Topoi des neuen Autoritarismuskonzepts zugeordnet, wie starres und unflexibles Verhalten, ängstliches Abwehren von Neuem und Fremdem, Identifikation mit Stärke und Macht, Feinseligkeit und unterdrückte Aggression.

Autoritarismusfragebogen (Kurzversion mit 12 Items)
(die Autoritarismus indizierende Aussage ist jeweils fett gedruckt)

Wenn jemandem etwas geschieht, denke ich oft: „Geschieht ihm Recht!"	Ich leide mit, wenn jemandem etwas zustößt
Ich lerne gerne fremde Menschen kennen	**Ich lerne ungerne fremde Menschen kennen**
Neue und ungewöhnliche Situationen sind mir unangenehm	Ich mag neue und ungewöhnliche Situationen
Wer nicht für mich ist, ist gegen mich	Ich kann damit leben, daß jemand gegen mich ist
Ich gehe Menschen, die anders als ich sind, aus dem Weg	Ich habe gerne Kontakt mit Menschen, die anders als ich sind
Ich befasse mich gerne mit fremden Ideen	**Ich befasse mich nur ungerne mit fremden Ideen**
Wenn andere auf mich angewiesen sind, lasse ich sie dies gerne spüren	Wenn andere auf mich angewiesen sind, nutze ich dies nicht aus
Menschen, die Bewährtes in Frage stellen, regen mich auf	Ich bewundere Menschen, die Bewährtes in Frage stellen
Ich habe Mitleid mit Menschen, die sich in Schwierigkeiten befinden	**Ich habe mit Menschen, die sich in Schwierigkeiten befinden, wenig Mitleid**
Ich lerne gerne etwas Neues dazu	Ich bin mit dem, was ich weiß, zufrieden
Ich diskutiere nicht über grundsätzliche Fragen	Ich denke, daß ich auch bei grundsätzlichen Fragen etwas Neues dazulernen kann
Ich wünsche mir für die Zukunft ein möglichst ruhiges Leben	Ich wünsche mir für die Zukunft ein abwechslungsreiches Leben

Die Klassifizierungen der Aussagen überschneiden sich. Viele der Items können unter mehr als nur einer der genannten Kategorien subsummiert werden. Das ist aber durchaus beabsichtigt. Es sollen nicht separate Persönlichkeitsmerkmale sondern ein möglichst homogenes Konzept gemessen werden.

3.3.1.2 Fragebogen zur Erziehung im Elternhaus

Der Fragebogen zur Erziehung im Elternhaus ist ebenfalls in der Form von Doppelaussagen, die eine Fünf-Punkte Skala einschließen (stimmt ganz genau (1), stimmt weitgehend (2), schwer zu sagen (3), stimmt weitgehend (4), stimmt ganz genau (5)), konstruiert. Er umfaßt 12 Items, die auf Items meiner Untersuchung von 1994 basieren. Die 12 Fragen konzentrieren sich auf elterliches Erziehungsverhalten, das aus der Sicht des hier vertretenen Ansatzes zur Genese autoritärer Persönlichkeitsmerkmale beiträgt. Es sind dies Erziehung zur Selbständigkeit, Einschränkung kindlicher Entfaltungsmöglichkeiten und emotional unterstützendes Verhalten (siehe Tabelle 2). Fragen, die sich primär auf die Wärme-Kälte Dimension elterlicher Erziehung beziehen, ohne einen spezifischen Bezug zur Unterstützung des Kindes bezüglich seiner Enfaltungsmöglichkeiten aufzuweisen, wurden aufgrund der Ergebnisse aus den Untersuchungen von 1974 und 1994 nicht aufgenommen.

Die 12 Fragen wurden faktorenanalysiert (Hauptkomponentenanalyse und Varimax-Rotation). Es wurden zwei Faktoren extrahiert, die 43 Prozent der Gesamtvarianz umfassen, Berechnungen können aber auch mit dem 1. unrotierten Faktor durchgeführt werden, der autoritäre Sozialisation widerspiegelt.

Der Faktor 1 „mangelnde emotionale Unterstützung des Kindes" spricht die Dimension der Sicherheit und Geborgenheit an und Faktor 2 „Einschränkung kindlicher Entfaltungsmöglichkeiten" ein Verhalten der Eltern, welches das Kind an seinem Bemühen, sich seine Lebenswelt selbständig anzueignen hindert.

Konstruiert man mit den jeweils auf den zwei Faktoren hoch ladenden Items Skalen, dann ergeben sich zwei hinreichend zuverlässige Skalen (siehe Tabelle 3). Auch auf der Basis des 1. unrotierten Faktors wurde eine Skala gebildet, die „autoritäre Sozialisation" anspricht (alle Items außer Item Nr. 2 und 8).

Tabelle 2: Faktorenanalyse des Fragebogens zur Erziehung im Elternhaus

Item Nummer des Fragebogens	Mangelnde emotionale Unterstützung des Kindes	Einschränkung kindlicher Entfaltungsmöglichkeiten
1a. Ich kann jederzeit mit meinen Sorgen und Problemen zu meinen Eltern kommen	0.73	-0.12
1b. Meine Eltern haben wenig Zeit für meine Sorgen und Probleme		
2a. Meine Eltern legen großen Wert darauf, daß ich viele Dinge alleine tue	0.36	0.22
2b. Meine Eltern umsorgen mich immer sehr und nehmen mir vieles ab		
3a. Ich habe das Gefühl, daß meine Eltern, egal was ich auch anstelle, immer für mich da sind	0.76	-0.16
3b. Ich habe Angst, daß meine Eltern sich von mir abwenden, wenn ich etwas Schlimmes anstelle		
4a. Meine Eltern dulden keinen Widerspruch	---	-0.65
4b. Ich kann meinen Eltern jederzeit widersprechen		
5a. Ich kann meine Freunde selbst auswählen	0.54	-0.13
5b. Meine Eltern versuchen, Einfluß auf meine Freundschaften zu nehmen		
6a. Meine Eltern trauen mir nicht viel zu	0.33	-0.61
6b. Meine Eltern trauen mir viel zu		
7a. Meine Eltern loben mich nur selten	0.36	-0.55
7b. Meine Eltern loben mich oft		
8a. Ich bemühe mich immer, es meinen Eltern Recht zu machen	-0.37	-0.49
8b. Ich versuche oft, meine eigenen Wege zu gehen		
9a. Ich darf vieles nicht, was andere in meinem Alter dürfen	0.11	-0.61
9b. Ich habe mehr Freiheit als andere in meinem Alter		
10a. Meine Eltern unterstützen mich immer voll	0.74	-0.20
10b. Meine Eltern unterstützen mich oft nicht genug		
11a. Meine Eltern treffen häufig Entscheidungen, ohne mich zu fragen	0.30	-0.60
11b. Meine Eltern beziehen mich bei Entscheidungen ein		
12a. Ich kann mich mit meinen Eltern gut über alles einigen	0.69	-0.13
12b. Meine Eltern und ich finden selten einen Kompromiß		

Tabelle 3: Reliabilität der Skalen zu Erziehung im Elternhaus

	Item Nummer	Alpha-Reliabilität
mangelnde emotionale Unterstützung des Kindes	1, 3, 5, 10, 12	0.78
Einschränkung kindlicher Entfaltungsmöglichkeiten	4, 6, 7, 8, 9, 11	0.65
Autoritäre Sozialisation	1, 3, 4, 5, 6, 7, 9, 10, 11, 12	0.79

3.3.2 Ergebnisse

Die Ergebnisse bestätigen einen Zusammenhang zwischen autoritären Persönlichkeitsmerkmalen und dem Referat der Einschränkung kindlicher Entfaltungsmöglichkeiten sowie mangelnder emotionaler Unterstützung durch die Eltern.

Die folgende Tabelle enthält unbereinigte Korrelationen der Erziehungs-items zu Autoritarismus, Niveau des Schultypus und Bildungsniveau des El-ternhauses. Für diese Korrelationen wurden die verschiedenen Schulformen (Hauptschule, Realschule, Gesamtschule, Sekundarschule, Mittelschule, Re-gelschule und Gymnasium) einer 4-stufigen Skala zugeordnet (Hauptschule und Gesamtschule Hauptschulzweig entsprechen Stufe 1; Gesamtschule ohne Oberstufe, Sekundarschule, Mittelschule und Regelschule entsprechen Stufe 2; Realschule, Gesamtschule Realschulzweig und Gesamtschule mit Oberstu-fe entsprechen Stufe 3 und das Gymnasium entspricht der Stufe 4). Für eine Bestimmung des Bildungsniveaus des Elternhauses wurden insgesamt drei Variablen berücksichtigt: der Schulabschluß des Vaters, der der Mutter und eine Angabe der Befragten über die Anzahl der Bücher im Elternhaus.

Tabelle 4: Korrelationen der Items des Fragebogens zu Erziehung im Elternhaus mit Autoritarismus, Niveau des Schultypus und Bildungsniveau des Elternhauses

Item Nummer des Fragebogens	Autorita-rismus	Niveau des Schul-typus	Bildungs-niveau Elternhaus
1a. Ich kann jederzeit mit meinen Sorgen und Problemen zu mei-nen Eltern kommen	0.12	-0.08	-0.03
1b. Meine Eltern haben wenig Zeit für meine Sorgen und Probleme			
2a. Meine Eltern legen großen Wert darauf, daß ich viele Dinge alleine tue	0.15	-0.05	-0.01
2b. Meine Eltern umsorgen mich immer sehr und nehmen mir vieles ab			
3a. Ich habe das Gefühl, daß meine Eltern, egal was ich auch anstelle, immer für mich da sind	0.14	-0.10	-0.03
3b. Ich habe Angst, daß meine Eltern sich von mir abwenden, wenn ich etwas Schlimmes anstelle			
4a. Meine Eltern dulden keinen Widerspruch	-0.15	0.14	0.14
4b. Ich kann meinen Eltern jederzeit widersprechen			
5a. Ich kann meine Freunde selbst auswählen	0.14	-0.12	-0.04
5b. Meine Eltern versuchen, Einfluß auf meine Freundschaften zu nehmen			
6a. Meine Eltern trauen mir nicht viel zu	-0.27	0.14	0.06
6b. Meine Eltern trauen mir viel zu			
7a. Meine Eltern loben mich nur selten	-0.19	0.06	0.06
7b. Meine Eltern loben mich oft			
8a. Ich bemühe mich immer, es meinen Eltern Recht zu machen	-0.17	0.11	0.07
8b. Ich versuche oft, meine eigenen Wege zu gehen			
9a. Ich darf vieles nicht, was andere in meinem Alter dürfen	-0.13	0.05	0.04
9b. Ich habe mehr Freiheit als andere in meinem Alter			
10a. Meine Eltern unterstützen mich immer voll	0.16	-0.08	---
10b. Meine Eltern unterstützen mich oft nicht genug			
11a. Meine Eltern treffen häufig Entscheidungen, ohne mich zu fragen	-0.26	0.11	0.04
11b. Meine Eltern beziehen mich bei Entscheidungen ein			
12a. Ich kann mich mit meinen Eltern gut über alles einigen	0.13	-0.05	-0.02
12b. Meine Eltern und ich finden selten einen Kompromiß			

Die Korrelationen zwischen Erziehung im Elternhaus und Autoritarismus verdeutlichen den erwarteten Zusammenhang (siehe Tabelle 4). Items, die eine Einschränkung kindlicher Entfaltungsmöglichkeiten ansprechen, wie die Items Nr. 11 „Meine Eltern treffen häufig Entscheidungen, ohne mich zu fragen", Nr. 4 „Meine Eltern dulden keinen Widerspruch", oder Nr. 9 „Ich darf vieles nicht, was andere in meinem Alter dürfen" korrelieren hoch signifikant mit autoritären Persönlichkeitsmerkmalen. Ebenso korreliert eine mangelnde emotionale Unterstützung durch die Eltern mit Autoritarismus. Als Beispiele seien die Items Nr. 1 „Ich kann jederzeit mit meinen Sorgen und Problemen zu meinen Eltern kommen", Nr. 3 „Ich habe das Gefühl, das meine Eltern, egal was ich auch anstelle, für mich da sind" und Nr. 10 „Meine Eltern unterstützen mich immer voll" genannt.

Daß eine Sozialisation zu Autoritarismus durchaus mit einer engen Bindung an die Eltern einher gehen kann und nicht wie in der Autoritarismusforschung in der Regel behauptet, auf einer distanzierten, kalten, das Kind ablehnenden Erziehung basiert, verdeutlichen die Items Nr. 8 „Ich bemühe mich immer, es meinen Eltern Recht zu machen" vs. „Ich versuche oft meine eigenen Wege zu gehen" und Nr. 2 „Meine Eltern umsorgen mich immer sehr und nehmen mir vieles ab" vs. „Meine Eltern legen großen Wert darauf, daß ich viel Dinge alleine tue". Insbesondere das Item Nr. 8 verdeutlicht die Ambivalenz einer engen emotionalen Bindung an die Eltern. Wie die Faktorenanalyse (siehe Tabelle 2) verdeutlicht, lädt die Aussage: „Ich bemühe mich immer, es meinen Eltern Recht zu machen" auf dem Faktor einer „Einschränkung kindlicher Entwicklungsmöglichkeiten", indiziert aber auch eine emotionale Unterstützung der Eltern, bzw. die Alternativaussage „Ich versuche oft, meine eigenen Wege zu gehen" indiziert den Mangel einer solchen Unterstützung.

Bei einigen der Items ist deutlich, daß sie mit dem Status der Schulform zusammenhängen. Über mehr Selbständigkeit im Elternhaus und mehr elterliches Zutrauen in die eigene Leistungsfähigkeit berichten Schüler, die höher qualifizierende Schulen besuchen. Dies sind Ergebnisse, die den Erwartungen entsprechen. Der Zusammenhang zum Bildungsniveau des Elternhauses ist dagegen durchschnittlich geringer, wobei jedoch auch hier als Tendenz sichtbar wird, daß Kinder aus Familien mit niedrigerem Bildungsniveau über etwas stärkere Restriktionserfahrungen berichten.

Da auch Autoritarismus mit diesen Variablen korreliert (mit dem Niveau des Schultyps zu r = -0.20 und mit dem Bildungsniveau des Elternhauses zu r = -0.13) werden in der folgenden Tabelle (Tabelle 5), die den Zusammenhang zwischen den drei Erziehungsskalen und den drei Prädiktorvariablen wiedergibt, auch mit Hilfe von Regressionsanalysen korrigierte partielle Korrelationen dargestellt.

Die Regressionsanalysen verdeutlichen, daß sowohl das Niveau des Schultypus als auch das Bildungsniveau des Elternhauses nur eine untergeordnete Rolle zur Erklärung unterschiedlicher Erfahrungen mit Erziehung im

Elternhaus spielen. Dominierend sind die autoritären Persönlichkeitsmerkmale. Die hoch signifikanten Zusammenhänge der drei Erziehungsvariablen
zu autoritären Persönlichkeitsmerkmalen bleiben auch bei Eliminierung der
Varianz des Niveau des Schultypus und des Bildungsniveaus des Elternhauses erhalten.

Tabelle 5: Zusammenhang zwischen den Erziehungsskalen und
Autoritarismus, Niveau des Schultyps, sowie Bildungsniveau des
Elternhauses (Ergebnisse von drei Regressionsanalysen)

Prädiktoren		mangelnde emotionale Unterstützung des Kindes	Einschränkung kindlicher Entfaltungsmöglichkeiten	Autoritäre Sozialisation
Autoritarismus	Partielle Korrelation	0.19	0.31	0.32
	(unbereinigte Korr.)	(0.20)	(0.33)	(0.35)
Niveau des	Partielle Korrelation	-0.07	-0.10	-0.10
Schultyps	(unbereinigte Korr.)	(-0.11)	(-0.17)	(-0.17)
Bildungsniveau	Partielle Korrelation	0.02	-0.04	-0.01
des Elternhauses	(unbereinigte Korr.)	(-0.03)	(-0.11)	(-0.09)

4. Zusammenfassung

In der Tradition der Frankfurter Untersuchungen aus den 30er Jahren und der
des Berkeley-Teams aus den 40ern wurde die Sozialisation autoritärer Persönlichkeiten als kalt, emotional distanziert, restriktiv, rigide und das Kind
bedrohend beschrieben. Diese Annahme konnte empirisch nie bestätigt werden. Wenn man die autoritäre Persönlichkeit als einen durchschnittlichen Typus versteht – in der Tradition der Frankfurter Schule ist sie die Modalpersönlichkeit der kapitalistischen Gesellschaftsordnung – dann überrascht diese
mangelnde empirische Bestätigung nicht. Eine solche Sozialisation führt
nämlich viel eher zu schwer gestörten neurotischen oder gar psychotischen
Persönlichkeiten. Im Rahmen meines eigenen theoretischen Ansatzes (Oesterreich 1996) habe ich betont, daß eine starke Bindung an Autoritäten in erster Linie das Ergebnis einer Sozialisation ist, die Kinder überfordert oder
auch unterfordert. Kinder, die mit einer Realität konfrontiert werden, mit der
sie altersspezifisch noch nicht umgehen können, müssen sich, um Sicherheit
und Schutz zu erhalten, an Autoritäten orientieren. Unterforderte Kinder
müssen sich einerseits nicht altersspezifisch entwickeln, geraten dann aber
wegen ihrer mangelnden Fähigkeiten zu einer eigenständigen Lebensweltbewältigung wiederum in sie überfordernde Situationen, die sie zu einem Rückgriff auf elterliche Autorität zwingen. Lebensgeschichtlich führt ein Verhaftetbleiben in autoritären Bindungen zu autoritären Persönlichkeiten.

In einer repräsentativen Untersuchung mit über 3700 Schülern der 8.
Klasse aus allen Schultypen konnte gezeigt werden, daß autoritäre Persön-

lichkeitsmerkmale signifikant mit einer Einschränkung kindlicher Entfaltungsmöglichkeiten durch die Eltern korrelieren. Kinder, denen nicht ermöglicht wird, eigene Strategien zur Bewältigung ihrer Lebenswelt zu entwickeln und die nicht emotional hinreichend von ihren Eltern bei solchen Versuchen unterstützt werden, können sich zu autoritären Persönlichkeiten entwickeln.

Literatur

Adorno, Theodor W., Else Frenkel-Brunswik, Daniel J. Levinson und Nevitt R. Sanford; in Zusammenarbeit mit Betty Aron, Maria Hertz Levinson und William Morrow. 1950. The Authoritarian Personality. New York: Norton Library.

Altemeyer, Bob. 1981. Right-Wing Authoritarianism. Canada: University of Manitoba Press.

Altemeyer, Bob. 1988. Enemies of Freedom. Understanding Right-Wing Authoritarianism. San Francisco: Jossey-Bass.

Bettelheim, Bruno. 1960. The Informed Heart: Autonomy in a Mass Age. Glencoe, Ill.: The Free Press of Glencoe.

Christie, Richard und Marie Jahoda (Hg). 1954. Studies in the Scope and Method of the „Authoritarian Personality". Glencoe, Ill.: The Free Press of Glencoe.

Elms, Alan C. und Stanley Milgram. 1966. Personality characteristics associated with obedience and defiance toward authoritative command. Journal of Experimental Research in Personality 1: 282-289.

Freud, Sigmund. 1974. Massenpsychologie und Ich-Analyse. S. 61-134 in: Freud, Sigmund: Fragen der Gesellschaft. Ursprünge der Religion. Studienausgabe Bd.9. Frankfurt/M.: Fischer.

Fromm, Erich. 1936. Sozialpsychologischer Teil. S. 77-135 in: Max Horkheimer (Hg.): Studien über Autorität und Familie. Forschungsberichte aus dem Institut für Sozialforschung. Paris: Felix Alcan.

Fromm, Erich. 1941: Escape from Freedom. New York: Holt, Rinehart & Winston.

Händle, Christa, Detlef Oesterreich und Luitgard Trommer. 1999. Aufgaben politischer Bildung in der Sekundarstufe I. Opladen: Leske+Budrich.

Hertz Levinson, Maria 1950. Psychological Ill Health in Relation to Potential Fascism. S. 891-970 in: Theodor W. Adorno et al. The Authoritarian Personality. New York: Norton Library.

Hopf, Christel. 1992. Elternidealisierung und Autoritarismus. Kritische Überlegungen zu einigen sozialpsychologischen Annahmen. Zeitschrift für Sozialisationsforschung und Erziehungssoziologie 12: 52-65.

Horkheimer, Max (Hg.). 1936. Studien über Autorität und Familie. Forschungsberichte aus dem Institut für Sozialforschung. Paris: Felix Alcan.

Horney, Karen. 1945. Our inner conflicts. New York: W.W. Norton Co., Inc..

Kirscht, John P. und Ronald C. Dillehay. 1967. Dimensions of Authoritarianism. Lexington: University of Kentucky Press.

Le Bon, Gustave. 1897. Psychologie des Foules. Paris: Felix Alcan.

Masling, Joseph. M. 1954. How Neurotic is the Authoritarian? Journal of Abnormal and Social Psychology 49: 316-318.

Middleton, Russell. 1976. Regional Differences in Prejudice. American Sociological Review 41: 94-117.

Milgram, Stanley. 1974. Obedience to Authority: An Experimental View. New York: Harper & Row.

Oesterreich, Detlef. 1974. Autoritarismus und Autonomie. Stuttgart: Klett.

Oesterreich, Detlef. 1993. Autoritäre Persönlichkeit und Gesellschaftsordnung. Zum Stellenwert psychischer Faktoren für politische Einstellungen. Eine empirische Untersuchung von Jugendlichen in Ost und West. Weinheim-München: Juventa.

Oesterreich, Detlef. 1996. Flucht in die Sicherheit. Zur Theorie des Autoritarismus und der autoritären Reaktion. Opladen: Leske+Budrich.

Oesterreich, Detlef. 1998. Ein neues Maß zur Messung autoritärer Charaktermerkmale. Zeitschrift für Sozialpsychologie 29: 56-64.

Pettigrew, Thomas F. 1958. Personality and Sociocultural Factors in Intergroup Attitudes. A a Crossnational Comparison. Journal of Conflict Resolution 2: 29-42.

Ray, John J. 1976. Do authoritarians hold authoritarian attitudes? Human Relations 29: 307-325.

Reich, Wilhelm. 1933. Massenpsychologie des Faschismus. Kopenhagen: Verlag für Sexualpolitik.

Rokeach, Milton. 1960. The Open and Closed Mind. New York: Basic Books.

Sanford, Nevitt. 1973. Authoritarian Personality in Contemporary Perspective. S. 139-170 in: Knutson, Jeanne N. (Hg.): Handbook of Political Psychology. San Francisco: Jossey-Bass.

Die Frage nach einem schicht- bzw. klassenspezifischen Autoritarismus

Soziale Schichtung und Autoritarismus.
Oder: Sind Arbeiter besonders autoritär?

Wulf Hopf

Zusammenfassung: In den 90er Jahren mehren sich deskriptive Befunde in der Bundesrepublik Deutschland, daß Arbeiter stärker als andere Schichten rechtsextreme Parteien wählen. Es wird gefragt, ob das Konzept eines „Autoritarismus der Arbeiterklasse" solche Befunde erklären könnte. Die entsprechende, immer noch einflußreiche Theorie S. M. Lipsets wird kritisch diskutiert. Im Zentrum des Beitrages stehen neuere Versuche, mit verschiedenen Varianten von Klassentheorien (vor allem im Anschluß an E. O. Wright und an Goldthorpe) den Zusammenhang von sozialer Schichtung und Autoritarismus zu bestimmen. Dabei zeigt sich, daß Arbeiter nicht die autoritärste Klasse darstellen, daß aber die Stellung im System der Erwerbsarbeit insgesamt nur recht schwach auf autoritäre Einstellungen Einfluß zu nehmen scheint. Dagegen zeigt sich ein relativ deutlicher, inverser Zusammenhang zwischen Bildungsabschlüssen, Autoritarismus und mit ihm verbundener politischer Einstellungen. Inwiefern dieser Befund als Ausdruck gesellschaftlich strukturierter Ungleichheit interpretiert werden kann, wird abschließend erörtert.

Die Verbreitung des Autoritarismus und der mit ihm verbundenen politischen Einstellungen innerhalb der Gesamtbevölkerung wurde in der Geschichte der Bundesrepublik Deutschland immer dann zum Thema, wenn rechtsextreme Parteien relativ hohe Wahlerfolge erzielten; wenn antisemitische, pronazistische oder ausländerfeindliche Aktionen besonders häufig auftraten. Das war in der zweiten Hälfte der sechziger Jahre der Fall, als die rechtsextreme NPD in Landtagswahlen Erfolge erzielte (vgl. z.B. Jaerisch 1975 und Herz 1975). Es gilt auch für die neunziger Jahre, in denen rechtsextreme Parteien und Organisationen sich öffentlich breit darstellen, Wahlerfolge erzielen und in denen ausländerfeindliche Angriffe in vorher nicht bekanntem Maße – zum Teil verschärft durch die Folgen der deutschen Einheit – zum Problem werden.

Eine der zuerst gestellten Fragen, auf die Sozialwissenschaftler in einer solchen historischen Situation eine Antwort geben müssen, ist die nach dem „gesellschaftlichen Ort" von Rechtsextremismus und Ausländerfeindlichkeit. Unbeschadet der Tatsache, daß rechtsextreme oder ausländerfeindliche Einstellungen und Verhaltensweisen immer das Ergebnis von Interaktionen zwischen unterschiedlichen gesellschaftlichen Gruppen oder Institutionen sind (Willems 1992), stellen sich die Fragen: Welche gesellschaftlichen Gruppen unterstützen derartige Einstellungen und Aktionen, und warum tun sie das? Gibt es Unterschiede zwischen den gesellschaftlichen Gruppen in der Anfälligkeit gegenüber rechtsextremen Einstellungen? Leistet das Autoritarismus-Konzept etwas zur Aufklärung der Zusammenhänge von Sozialstruktur und Rechtsextremismus bzw. Ethnozentrismus?

Diese Fragen umspannen ein so weites thematisches Spektrum von Soziologie, Sozialpsychologie und Politikwissenschaft, daß es eher unwahrscheinlich ist, daß sie in einem einzigen, integrierten und zugleich empirischen Ansatz beantwortet werden können. Die Autoren der „Authoritarian Personality" sahen zwar programmatisch einen Zusammenhang zwischen sozioökomischer Lage, Familie, Persönlichkeit und politischem Verhalten (vgl. die Formulierungen Adornos u.a. 1950: 5f.; Scheepers u.a. 1990: 15). Aber in der „Authoritarian Personality" selbst und in der von ihr angeregten sozialpsychologischen Tradition der Autoritarismus-Forschung spielten gesamtgesellschaftliche Ausprägungen und Determinanten des Autoritarismus eine eher untergeordnete Rolle. Adorno u.a. waren der Ansicht, ihre Untersuchung sei einigermaßen repräsentativ für „non-Jewish, white, native-born, middle-class Americans" (1950: 23). Sie meinten, daß eine Untersuchung des Autoritarismus unterer Schichten andere Instrumente erfordern würde als die von ihnen entwickelten (Adorno u.a. 1950: 22f.; vgl. dazu näher Jaerisch 1975: 151ff.). Innerhalb dieses Rahmens waren sie vor allem an den innerfamilialen und sozialpsychologischen Bedingungen der autoritären Persönlichkeit interessiert.

Die sozialpsychologische Autoritarismus-Forschung im Gefolge der „Authoritarian Personality" änderte an der sozialstrukturellen Unterbelichtung des Autoritarismus wenig (vgl. Meloen und Middendorp 1991: 51). Dazu trug eine methodische Beschränkung bei, die vor allem J. Meloen (1993) kritisch hervorgehoben hat: Die Autoritarismus-Forschung zwischen 1950 und 1989 bezog ihre maßgeblichen Ergebnisse aus wenig-autoritären, nämlich studentischen Stichproben. Meloen spricht deshalb von einem „student sample bias", der nicht ausreichend durch Informationen über Hoch-Autoritäre oder Mitglieder extrem rechter Gruppen korrigiert wurde. Wirkliche Kenntnisse über den Autoritarismus seien so noch gar nicht gewonnen worden.

Reicht die sozialpsychologische Autoritarismusforschung nicht sehr weit in den Bereich gesamtgesellschaftlicher Ausprägungen von Autoritarismus und Rechtsextremismus hinein, so liegen in dieser Verbindung zwar die traditionellen Stärken der politikwissenschaftlichen Forschung – etwa der Wahl- und Parteienforschung (Klingemann und Pappi 1972; Stöss 1989; Falter 1991) oder der politischen Einstellungsforschung. Aber die engere Verbindung von Sozialstruktur und politischem Verhalten geht hierbei auf Kosten der sozialpsychologischen Vermittlung von Sozialstruktur und politischem Handeln, wie sie im Autoritarismus-Konzept ursprünglich angestrebt war.

Die Soziologie sozialer Ungleichheit wiederum bietet ein reichhaltiges Instrumentarium zur Beschreibung unterschiedlicher Aspekte der Sozialstruktur und ihres historischen Wandels. Sie legt jedoch – bis auf einige Ausnahmen – keinen sehr speziellen Akzent auf die Konsequenzen für politische Einstellungen und politisches Verhalten. In den vergangenen vierzig Jahren hat es im Klassen- und Schichtungsgefüge moderner Gesellschaften erhebliche Veränderungen gegeben, auf die mit geänderten theoretischen Vorstellungen von sozialer Ungleichheit reagiert wurde (vgl. etwa Hradil 1990). Zu fragen ist, ob sich diese Entwicklung auch auf die gesellschaftliche Analyse von Autoritarismus, Rechtsextremismus und Ethnozentrismus ausgewirkt hat.

Wenn im folgenden der Versuch unternommen wird, in einem Literaturbericht Autoritarismus und Rechtsextremismus auf gesamtgesellschaftliche Strukturen sozialer Ungleichheit zu beziehen, dann kann der vorläufige und selektive Charakter eines solchen Vorgehens nicht genug betont werden. Nur in wenigen Fällen werden wir uns auf Analysen stützen können, die soziale Strukturen, Autoritarismus und politische Orientierungen explizit in einen empirischen Untersuchungsansatz aufnehmen. Darüber hinaus ist nicht in allen empirischen Untersuchungen, die hier dargestellt werden, ein Konzept von Autoritarismus zugrunde gelegt worden, das dem der „Authoritarian Personality" entspricht. Dazu hat vor allem die These des „Autoritarismus der Arbeiterklasse" (Lipset 1962) beigetragen, die die Diskussion über die sozialstrukturelle Verankerung des Autoritarismus maßgeblich bestimmte und die auch hier eine besondere Rolle spielt.

1. Aktuelle deskriptive Befunde über den Zusammenhang von Schichtung und Rechtsextemismus/Ethnozentrismus

In den neunziger Jahren mehren sich auf einer zunächst rein deskriptiven Ebene die Anzeichen, daß rechtsextreme und ausländerfeindliche Einstellungen und Aktivitäten stärker in unteren Schichten verankert sind als in mittleren und höheren. Das gilt – in unterschiedlichem Maße – für die Wahl rechtsextremer Parteien (vgl. als Überblick Winkler 1994), für die Sympathie mit ihnen und für das Potential rechtsextremer Einstellungen. Ich werde zunächst einige der aktuellen Befunde, die ohne expliziten Bezug zum Konzept des Autoritarismus stehen, knapp skizzieren und sie dann in den Kontext der schon vor vierzig Jahren begonnenen Diskussion über den „Autoritarismus der Arbeiterschaft" (Lipset 1962) stellen.

Zwischen September 1997 und Frühjahr 1998 gab es eine Reihe von Landtagswahlen, die nachdrücklich auf rechtsextremistische Tendenzen in den Unterschichten aufmerksam machten. In Hamburg lag der Anteil der Arbeiter, die eine rechtsextreme Partei gewählt hatten (12%) deutlich über dem Landesdurchschnitt (knapp 7%), in einigen Stadtteilen mit hohem Arbeiteranteil bzw. hoher Arbeitslosigkeit an der 20%-Grenze (vgl. Der SPIEGEL 1997, Nr. 40: 42). Die Wahlanalyse auf der Ebene einzelner Stadtteile bzw. Wohnbezirke bestätigte Ergebnisse, die E. Hennig u.a. schon Ende der 80er

Jahre bei Kommunal- und Europawahlen in Frankfurt gefunden hatten (Hennig 1991: 125ff.).

Auch bei der Landtagswahl in Sachsen-Anhalt wählten Arbeiter stärker als der Durchschnitt der Bevölkerung die rechtsextreme DVU: Gegenüber knapp 13% im Landesdurchschnitt waren es 23% der Arbeiter. Unter den Arbeitslosen wählten 19% die DVU (Frankfurter Rundschau vom 28.4.98: 5). Jedoch wählten auch Selbständige leicht überdurchschnittlich die rechtsextreme Partei (Süddeutsche Zeitung vom 28.4.98: 7). Noch stärker als bei der Hamburger Landtagswahl waren es die Jungwähler Sachsen-Anhalts, die die DVU unterstützten: 28% der 18-24jährigen. Unter den Männern dieser Altersgruppe waren es sogar 32% – das entsprach fast dem Anteil, den SPD und CDU zusammen in dieser Altersgruppe erzielten.

Bezieht man die Gewerkschaftsmitgliedschaft in die Analyse der Wahl einer rechtsextremen Partei ein (vgl. Infratest dimap 1998), so ergibt sich ein auffälliger Unterschied zwischen ost- und westdeutschen Ländern. Nur in den westdeutschen Bundesländern ist die Mitgliedschaft in einer Gewerkschaft mit einer stärkeren Bereitschaft zur Wahl einer Rechtspartei verbunden als die Nicht-Mitgliedschaft. Im Vergleich zur Berufsgruppenzugehörigkeit, zum Alter und zum Bildungsabschluß waren die Unterschiede zwischen Gewerkschaftsmitgliedern und Nichtmitgliedern allerdings nicht sehr ausgeprägt (durchschnittlich zwischen 2 und 4%).

Eine für die Bundesrepublik repräsentative Umfrage ergibt im Frühsommer 1998 im Hinblick auf den Zusammenhang von Gewerkschaftsmitgliedschaft und rechtsextremem Wählerpotential für beide Landesteile einen ähnlichen Befund: Gewerkschaftsmitglieder neigen in West- und in Ostdeutschland eher als Nicht-Gewerkschaftsmitglieder zur Wahl einer rechtsextremen Partei. Allerdings ist diese Neigung in Ostdeutschland bei Gewerkschaftsmitgliedern nur wenig stärker (10% versus 9% bei Nicht-Gewerkschaftsmitgliedern), in Westdeutschland dagegen deutlich stärker (11% versus 7%). Als Fazit ergibt sich für Infratest dimap: Die Mitgliedschaft in einer Gewerkschaft ist keine Barriere mehr gegen die Wahl einer rechtsextremen Partei. „Sie ist im Gegenteil derzeit eher förderlich für die Bereitschaft rechtsradikal zu wählen. Insbesondere viele junge und arbeitslose Gewerkschaftsmitglieder sind geneigt, einer rechtsradikalen Partei ihre Stimme zu geben" (Infratest dimap 1998: 5).

Eine Untersuchung des rechtsextremen Einstellungspotentials im Sommer 1998 (Stöss 1999) läßt ebenfalls die gewachsene Aufmerksamkeit für sozialstrukturelle Unterschiede und hier insbesondere für das Votum der Arbeiterschaft erkennen. In der repräsentativen Umfrage wurden die Antworten zu sechs Unterskalen ermittelt: Autoritarismus, Nationalismus, Fremdenfeindlichkeit, Wohlstandschauvinismus, pronazistische Einstellungen und Antisemitismus. Aus den Antworten zu den sechs Unterskalen wurde wiederum eine Skala „Rechtsextremismus" gebildet (vgl. Stöss 1999: 30). Sozialstrukturelle Verteilungen werden von Stöss nur für diese Rechtsextremismus-Skala, nicht für die sechs Unterskalen, mitgeteilt. Als „Berufs- bzw. Erwerbsgruppen" werden unterschieden: Arbeitslose, Arbeiter, Angestellte, Beamte (mit Hinweis auf eine kleine Fallzahl), Selbständige und Nichterwerbspersonen. Der Durchschnitt der Bevölkerung weist ein Rechtsextremismus-Potential von 13% auf. Dabei ist in dem vorliegenden Bericht nicht nachvollziehbar, wie dieses Potential berechnet worden ist.

Innerhalb der Gesamtbevölkerung der Bundesrepublik (ohne Differenzierung nach Ost- und Westdeutschland) weisen die Arbeitslosen mit 14%, die Arbeiter mit 19% und die Nichterwerbspersonen mit 15% ein über dem Bevölkerungsdurchschnitt von 13% liegendes Potential auf. Die Selbständigen liegen mit 12% Rechtsextremismus-Potential leicht darunter, die Angestellten mit 8% deutlich und die Beamten mit nur 2% sehr deutlich darunter. Das Rechtsextremismus-Potential der ostdeutschen Teilbevölkerung ist mit 17% im Durchschnitt deutlich höher als das der westdeutschen Teilbevölkerung (12%). Nach Berufsgruppen aufgeteilt ergeben sich allerdings ähnliche Abweichungen vom Durchschnitt (vgl. Stöss 1999: 35, Tab. 5). Ostdeutsche Arbeitslose sind überdurchschnittlich rechtsextrem eingestellt (22%), westdeutsche Arbeitslose dagegen mit 7% deutlich unterdurchschnittlich im Vergleich zur westdeutschen Teilpopulation. Das rechtsextreme Einstellungspotential der Arbeiter liegt in Ostdeutschland (24%) wie in Westdeutschland (18%) oberhalb des jeweiligen Durchschnitts der Teilbevölkerungen. Dasselbe gilt für die Nichterwerbspersonen. Bei Beamten, Angestellten und Selbständigen dagegen liegen die Rechtsextremismuspotentiale in beiden Landesteilen unterhalb des jeweiligen Bevölkerungsdurchschnittes.

Betrachtet man die geschilderten aktuellen Ergebnisse, so sind drei Sachverhalte beachtenswert: (1) Die Ergebnisse beziehen sich auf die gesamte erwachsene Wahlbevölkerung und beschränken sich nicht auf Jugendliche und junge Erwachsene über die in den letzten Jahren so viele empirische Resultate veröffentlicht wurden. Das starke öffentliche Interesse an dieser Altersgruppe hängt damit zusammen, daß sie in fremdenfeindlichen und rechtsextremen Aktionen als Hauptakteure in Erscheinung traten. Unter der Fragestellung der sozialstrukturellen Verortung von Rechtsextremismus und Ethnozentrismus sind Jugendliche und junge Erwachsene aber eher unergiebig: Sie lösen sich vom sozialen Milieu ihrer Herkunftsfamilie und haben selbst noch keinen stabilen Ort im Beschäftigungssystem gefunden. Ihre eigene, subjektive Identifikation mit einer Schicht oder Klasse ist noch instabil und unentwickelt. Dies mag einer der Gründe sein, weshalb Jugendstudien häufig nicht einmal mehr den Versuch unternehmen, die sozioökonomische Lage von Jugendlichen und ihrer Herkunftsfamilie näher zu bestimmen.

(2) Im Vergleich zu den 60er Jahren erscheint die überdurchschnittliche Neigung von Arbeitern zur Wahl einer rechtsextremen Partei als neuartige Tendenz. Wie Th. Herz (1975) zeigte, hegten beim Aufkommen der NPD Ende der 60er Jahre mittlere und größere Landwirte sowie freie Berufe, große und mittlere Selbständige eine überdurchschnittlich große Sympathie für die NPD; Arbeiter dagegen zeigten im Vergleich zur Gesamtbevölkerung nur eine eher

durchschnittliche Sympathie. Berücksichtigt man allerdings das unabhängig von der NPD-Sympathie gemessene rechtsextremistische ideologische Potential, so zeigt sich eher eine Kontinuität zu den 60er Jahren: Dieses ideologische Potential war vor allem „in den unteren Schichten und in den im Hinblick auf politische Geschehnisse peripheren Gruppen angesiedelt." (Herz 1975: 162).

(3) Es muß offen bleiben, ob die vor allem auf der Ebene von Landtags- und Kommunalwahlen sichtbare Tendenz unterer Schichten, rechtsextreme Parteien zu wählen nur eine kurzfristige Erscheinung oder eine Teilbewegung innerhalb eines längeren, allgemeineren Trends zum politischen Konservatismus, insbesondere auch der Arbeiter, darstellt. Döring (1989), der sich genauer mit dieser Frage beschäftigt hat, bezweifelt, daß Arbeiter in Westeuropa seit den späten 70er und 80er Jahren verstärkt konservativ gewählt haben.

2. Der „Autoritarismus der Arbeiterschaft" – ein Erklärungsrahmen?

Bei der Erklärung von deskriptiven Befunden, wie sie im ersten Abschnitt geschildert wurden, hat das Konzept des Autoritarismus, insbesondere des Autoritarismus der Arbeiterschaft, eine bedeutsame Rolle gespielt. R. Christie und P. Cook wiesen 1958 in einem Literaturbericht darauf hin, daß der Autoritarismus unter Angehörigen unterer Schichten stärker verbreitet sei als in der Mittelschicht. 1959 vertrat Seymour M. Lipset besonders prononciert die These, daß der „working-class authoritarianism" – neben den faschistischen Strömungen in der Mittelschicht – unter bestimmten Umständen ein Gefährdungspotential für die Demokratie darstellen könnte. Kaum eine These hat die Diskussion über den Zusammenhang von Sozialstruktur und Autoritarismus so nachhaltig geprägt wie Lipsets Argumentation. Die Diskussion darüber wurde vor allem in den 60er und frühen 70er Jahren geführt; in den 80er Jahren ging das Interesse zurück, um in den 90er Jahren wiederbelebt zu werden.

2.1 Lipsets Theorie des „working-class authoritarianism"

Aus einer Fülle von historischen und empirisch-sozialwissenschaftlichen Befunden der Wahl- und Parteienforschung, der Umfrageforschung, der Gewerkschaftsforschung, der Erforschung sozialer Bewegungen und der Milieuforschung destillierte Lipset – stark vereinfacht – die These heraus, daß untere Schichten, namentlich die Industrie- und Landarbeiterschaft, besondere Neigungen zu extremen politischen Bewegungen der Linken und der Rechten zeigen. Bei allen inhaltlichen Differenzen ist ihnen gemeinsam, daß sie auf schnelle und in ihren Augen effektive Lösungen komplizierter politischer Probleme dringen. Der umständlichere, weniger wirksam erscheinende demokratische Prozeß der Kompromißbildung dagegen ist diesen Schichten eher fremd. „Die soziale Situation prädisponiert die unteren Schichten, insbesondere in ärmeren Ländern mit niedrigem Bildungsniveau, zu einem Schwarz-Weiß-Bild von der Politik. Unter sonst gleichen Umständen sind sie daher eher als andere Schichten geneigt, extremistische Bewegungen zu begünstigen, die eine leichte und rasche Lösung der sozialen Frage versprechen und eine starre Richtung verfolgen" (1962: 98).

Während die Arbeiterschaft in ökonomischen Fragen „liberal" ist, d.h. im Horizont der USA der 50er Jahre sich für mehr Staatsintervention und Umverteilung einsetzt, votiert sie in Fragen der Politik eher illiberal: Sie befürwortet stärker als andere Schichten zentralistische, ja diktatorische Lösungen; sie räumt Grundrechten der freien Rede, der Versammlung und Organisationsfreiheit weniger Gewicht ein als die Mittelschicht, und sie ist intoleranter gegenüber Minderheiten (z.B. in USA den Schwarzen gegenüber) als diese. Gelten diese Tendenzen für den Durchschnitt der Klassenangehörigen, so betont Lipset den gegensätzlichen historischen Befund, daß die Führungen der Organisationen der Arbeiterbewegung – gegen den Widerstand von Konservativen und Reaktionären – maßgeblich an der Weiterentwicklung der Demokratie beteiligt waren. Die autoritären Dispositionen in den unteren Klassen stellen für Lipset auch nicht notwendigerweise eine Gefahr für die Demokratie dar. Er betont, daß es von vielen Faktoren abhänge, ob eine bestimmte Klasse für Beschränkungen der Freiheit eintritt oder nicht (1962: 129).

Als einzelne, zum Autoritarismus disponierende Faktoren der sozialen Situation unterer Schichten erörtert Lipset – in dieser Reihenfolge – (1) die geringe Bildung, (2) den Grad der Isoliertheit einer Berufsgruppe bzw. Schicht, (3) die wirtschaftliche und psychologische Unsicherheit der unteren Klassen und (4) das besondere Familienleben in den unteren Schichten. Für Lipset zeigen verschiedene empirische Untersuchungen, daß das Maß der Schulbildung auf das Engste mit „undemokratischer Einstellung" oder „Intoleranz" verbunden sei. Er verweist darauf, daß ein niedriger Schulabschluß zwar häufig auch zu einem niedrigen beruflichen Status führt, betont aber mehr den eigenständigen Effekt der Bildung.

Lipset will geringe Schulbildung als Determinante von Intoleranz und Illiberalismus nicht einfach als Wissensvorrat oder Information verstehen. Vielmehr geht es um eine „Grundhaltung", die er für die unteren Schichten als Ausdruck von Isolation beschreibt. Er zitiert Geneviève Knupfer, für die wirtschaftliche Armut zugleich psychologische Armut: Unterwürfigkeit, geringer Zugang zu Informationsquellen, sprachliche Unbeholfenheit und Mangel an Selbstbewußtsein bedeutet. Hierin zeigt sich für Lipset das Ausmaß der Isolation unterer Schichten von politischen Geschehnissen, Kontroversen und Organisationen der Demokratie. Die Isolation, die sich nur in der geringeren Bildung manifestiert, hindert die Angehörigen unterer Schichten daran, zu einer einsichtsvollen und komplexen Auffassung von Politik zu gelangen, für die Normen der Toleranz notwendig sind (1962: 108f.).

Unter dem Stichwort „Isolation" kann Lipset leicht einen Bogen zur zweiten genannten Bedingung für den Autoritarismus der Arbeiter schlagen – der im strengen Sinn räumlichen Isolation bestimmter Gruppen von Arbeitern vom Rest der Gesellschaft. Wie Wahlstatistiken aus verschiedenen Ländern zeigen, tendieren Angehörige solcher Berufsgruppen (Bergleute, Hafenarbeiter, Waldarbeiter, Fischer, Schafscherer) in den 50er Jahren relativ stark zu kommunistischen Parteien, z.T. stärker als es Industriearbeiter tun.

Die wirtschaftliche und psychologische Unsicherheit ist ein weiterer Faktor für die Erklärung des „Autoritarismus der Arbeiterklasse". Für Lipset ist der Zusammenhang zwischen wirtschaftlicher und psychologischer Unsicherheit („hochgradige Spannung") einerseits und Sündenbock-Strategien gegenüber Schwächeren und Minderheiten so selbstverständlich, daß er ihn nicht weiter kommentiert (vgl. 1962: 110f.).

Neben der geringen Ausbildung, der Isolation von der übrigen Gesellschaft sowie der hohen wirtschaftlichen und psychischen Unsicherheit spielen Aspekte des Familienlebens und des Milieus der unteren Schichten eine wichtige Rolle in Lipsets Argumentation. Hierbei greift er auf Ergebnisse der entstehenden Sozialisationsforschung in USA und England zurück. Er zitiert Bronfenbrenner, der ein höheres Maß an körperlicher Gewalt in der Erziehung in Arbeiterfamilien gefunden haben will (1962: 111). Auch Basil Bernstein kommt – Jahre vor seiner Rezeption in der deutschen Sozialisationsforschung – mit langen Zitaten zu Wort, in denen Unterschiede der zeitlichen Perspektive und des Befriedigungsaufschubs von Kindern der Mittelschicht und der Arbeiterklasse aus den Unterschieden der innerfamilialen Ordnung erklärt werden (1962: 115f.). Die Betonung des Konkreten und des direkt Erfahrbaren, die Unfähigkeit zur Einnahme einer langfristigen Zeitperspektive erschweren es den Angehörigen der Unterschicht, komplexe Möglichkeiten und Folgen einer Handlung zu erkennen und begünstigen damit die Unterstützung extremer politischer oder religiöser Bewegungen (1962: 116).

Auch wenn man Lipsets einseitige Wertung (und Abwertung) der Lebensverhältnisse der Arbeiterklasse bzw. der „unteren Schichten" nicht teilt (vgl. dazu kritisch Miller und Riessman 1961), ist anzuerkennen, daß er eine Fülle unterschiedlicher empirischer Befunde im Lichte einer starken These systematisiert. Die Dimensionen der Systematisierung – Bildung, sozialräumliche Lage, ökonomische Situation, Familie und Lebenswelt von Arbeitern – spielen auch in späteren Erklärungsversuchen eine zentrale Rolle, weisen indes aus heutiger Sicht einige Unzulänglichkeiten auf. Vergleicht man Lipsets Versuch, extremistische politische Ideologien und Handlungen mit den Mitteln einer Sozialstrukturanalyse aufzuhellen, mit heutigen Ansätzen, so sind fünf Sachverhalte auffällig:

1. Lipset unternimmt keinen Versuch, „Autoritarismus" genau zu definieren. Obwohl er Rassismus und Antisemitismus in die Diskussion einbezieht und die Sündenbock-Strategie erwähnt, fehlen in seinem Begriff von Auto-

ritarismus weitgehend die Dimensionen von Unterlegenheit bzw. Unterwürfigkeit gegenüber Mächtigeren und von Aggression gegenüber Schwächeren. Sie gehören seit der „Authoritarian Personality" zum Kern der Definition von Autoritarismus (vgl. etwa Altemeyers 1988 „right-wing authoritarianism"). Dagegen läßt Lipset Eysenck mit der Unterscheidung zwischen einer „versöhnlichen" und „unversöhnlichen" Einstellung zu sozialen Tatbeständen ausführlich zu Wort kommen (1962: 102). Aus den verschiedenen Kontexten, in denen Lipset den Begriff des Autoritarismus verwendet, kann man am ehesten ein Verständnis ablesen, das geringe Komplexität und Starrheit des Denkens sowie Ungeduld und Intoleranz meint. Auf diese Weise kann Lipset rechtsextreme, linksextreme und millenarische Bewegungen gleichermaßen unter der Rubrik „extremer Bewegungen" fassen. Wenn man bedenkt, daß die Diskussion über den Zusammenhang von sozialer Schichtung und Autoritarismus seit Lipset vor allem eine Diskussion über den Autoritarismus der Arbeiterschaft bzw. der unteren Schichten gewesen ist, dann hat Lipsets kognitiv verengter Begriff des Autoritarismus die Debatte auf ein falsches Gleis gesetzt. Befunde, die mit einem anders akzentuierten Begriff von Autoritarismus andere Schichten als die Arbeiterschaft als autoritärer eingestellt beschrieben, konnten sich gegen die von Lipsets Thesen beeinflußte Diskussion schwer behaupten.

2. Indem Lipset die Feindseligkeit gegenüber Minderheiten und abweichenden Gruppen in seinem Konzept von Autoritarismus nicht systematisch berücksichtigt, wird auch seine sozialstrukturelle Erklärung des Autoritarismus der Arbeiter einseitig. Im Mittelpunkt seiner Erklärung stehen die prägenden Erfahrungen von Isolation, Beschränkung und Belastung der Arbeiter, nicht aber der Vergleich mit anderen Schichten. Damit ist ein Zugang zum Autoritarismus gerade unterer Schichten verbaut, wie ihn etwa die „Social Identity Theory" eröffnet (vgl. dazu Zick 1997: 200ff.). Diese erklärt z.B. den „poor white racism" in den USA mit Selbstaufwertungswünschen benachteiligter Gruppen der Mehrheitsgesellschaft, die diese durch Abwertung der als Bedrohung wahrgenommenen Minderheit der Schwarzen erreichen. Lipset hat überdies keinen genauen Begriff von „unteren Schichten" oder „Arbeiterschaft" (vgl. dazu Dekker und Ester 1987: 397). Man weiß bei ihm nie genau, ob er sich strikt auf Arbeiter beschränkt, ob er alle Arbeiterkategorien meint oder nur von einigen Untergruppen spricht. Obwohl Lipset in seiner Konzentration auf die Unterschichten bzw. die Arbeiterschaft den Vergleich mit den Mittelschichten und der Oberschicht sucht, ist seine Vorstellung von gesellschaftlicher Schichtung oder Sozialstruktur nicht sehr scharf umrissen.

3. Erstaunlich an der Analyse ist, wie wenig sie die Situation der Arbeiter an ihrem Arbeitsplatz berücksichtigt. Zwar werden die wirtschaftliche Unsicherheit der Lohnarbeiter betont und ihre (außerbetriebliche) Lebensweise beschrieben, aber ihre Stellung in der betrieblichen Hierarchie, ihre besondere Belastung, der besondere Charakter ihrer Arbeit

werden als Bedingungsfaktoren nicht vertieft. Dies ist erst bei Melvin Kohn (1981) der Fall, der etwa zeitgleich mit Lipset seine Untersuchungen begann. Auch die Einkommenssituation der Arbeiter wird eher im Zusammenhang mit dem Thema „Unsicherheit" als mit dem Thema der Armut und ihrer Folgen behandelt.

4. Die ganze Anlage seiner „Klassenanalyse des Autoritarismus" ist statisch, d.h. Lipset geht in einem bestimmten Zeitabschnitt (50er Jahre) von einer bestimmten Sozialstruktur aus und fragt nach den Folgen, die diese für den Autoritarismus als Bedingung politisch extremer Bewegungen oder Parteien hat. Mit der Ausnahme einer einzigen Anmerkung (1962: 110, Anm. 2) hat seine Analyse keinen Bezug zu Veränderungen der Gesellschaft, wie sie etwa heute im Zusammenhang mit Modernisierungsdebatten gang und gäbe sind. Der Autoritarismus der Arbeiterklasse ist bei Lipset auf keinen Fall das Ergebnis einer „Erosion von Milieus" oder von „Desintegrationsprozessen" in der Gesellschaft, die „Modernisierungsverlierer" zu Anomie und zu einer Reaktivierung nationalistisch-askriptiver Identität führen (vgl. etwa – im Anschluß an U. Beck – Heitmeyer 1988: 67). Der Autoritarismus ist vielmehr Ausdruck einer bestimmten relativ stabilen Herrschaftsstruktur, die die Arbeiterschaft tendenziell ausgrenzt, sie unter psychischen Druck setzt, ihr Beteiligungsmöglichkeiten versagt und sie damit kulturell und kognitiv isoliert.

5. Zur Begründung seiner These stützt sich Lipset auf Untersuchungsergebnisse, die unterschiedlich komplexe Aspekte der Situation von Arbeitern mit den verschiedensten Methoden abbilden. Einer methodisch relativ simplen Erfassung der Bildungsunterschiede zwischen Angehörigen unterschiedlicher Schichten steht die hoch komplexe Beschreibung des subkulturellen Milieus der Arbeiterschaft gegenüber, wie sie etwa die englischen Subkulturstudien lieferten. Lipset packt diese unterschiedlichen Teilergebnisse additiv zusammen und stellt sich nicht die Frage, wie die verschiedenen Erklärungsfaktoren vereinfacht werden könnten und ob sie sich überlappen. Ein multivariates Denken im heutigen Sinn liegt diesem historischen und deskriptiven Zugang zum Autoritarismus der Arbeiterschaft völlig fern.

2.2 Illiberalismus, Autoritarismus und soziale Ungleichheit – Befunde seit Lipset

In der Diskussion über den Autoritarismus der Arbeiterschaft bzw. der unteren Schichten sind seit Lipsets Thesen unterschiedliche Verzweigungen zu erkennen, die im folgenden unterschiedlich intensiv erörtert werden. Man kann diese Verzweigungen danach ordnen, inwieweit sie das komplexe Erklärungsmodell Lipsets im Rahmen einer theoretischen Vorstellung von Sozialstruktur abzubilden versuchen, oder ob sie einzelne Erklärungsfaktoren des Autoritarismus in den Mittelpunkt stellen und die Sozialstruktur eher schematisch (z.b. als dichotomes Schichtungsmodell von Mittel- und Unterschicht) oder reduziert behandeln. Diese zweite Vorgehensweise soll hier nicht näher erörtert, sondern nur beispielhaft illustriert werden. Ein typisches Beispiel für diese Strategie stellt die schichtspezifische Sozialisationsforschung der 70er Jahre dar. Indem die familieninterne Autoritätsstruktur als eine zentrale Vermittlungsinstanz zwischen den Sozialisationserfahrungen von Kindern und der umfassenderen sozioökonomischen Lage der Eltern bzw. der Gesamtfamilie in den Blick geriet (vgl. immer noch einschlägig Caesar 1972), bekam auch der „Autoritarismus der Arbeiterschaft" im Sinne Lipsets seinen Stellenwert für die Erklärung der Bildungsdefizite von Arbeiterkindern. Die empirische Sozialisationsforschung stellte dagegen kaum Bezüge zum Autoritarismus-Konzept von Adorno u.a. her. In keiner Studie zur schichtspezifischen Sozialisation wurde die F-Skala oder eine ähnliche Skala verwandt. Die Kritik, die seit den 70er Jahren an der dichotomen und sozioökonomisch überakzentuierten Vorstellung von Sozialstruktur geäußert wurde, die methodischen Fortschritte der multivariaten Analyse und die realen gesellschaftlichen Veränderungen – all dies führte zu zahlreichen Versuchen, die „schichtspezifische Sozialisationsforschung" als Paradigma zu ersetzen und umzuwandeln (vgl. dazu Bertram 1982).

Für die empirischen Untersuchungen zum Thema gesamtgesellschaftlicher Ungleichheit und Autoritarismus, die im Sinne der erstgenannten Strategie erfolgten, sind drei Merkmale charakteristisch: (1) Es handelt sich weitgehend um Untersuchungen, die mit Methoden der Survey-Forschung arbeiten und so ein repräsentatives Bild von Sozialstruktur gewinnen wollen. Daraus folgt, daß die Zahl der erklärenden Variablen gegenüber Lipsets komplexen Erklärungsmodell strikt begrenzt werden muß. (2) Die Untersuchungen spiegeln die allgemeinsoziologische Diskussion darüber, wie die Veränderungen in der Struktur sozialer Ungleichheit moderner Gesellschaften gefaßt werden können. Einfache, dichotome Schichtungsmodelle (z.B. Jaerisch 1975) werden zunächst durch zunehmend elaborierte Klassenmodelle abgelöst, die unterschiedlichen Klassiker-Traditionen der Soziologie verpflichtet sind. Dabei hinterläßt die marxistische Renaissance der Klassenanalyse in den 70er und 80er Jahren deutliche Spuren auch in der Autoritarismusforschung. Sie versucht, die Klassenmodelle E. O. Wrights für die empirische Analyse fruchtbar zu machen. In geringerem Maße wird an Webers Analyse sozialer Klassen und Schichten und ihre Weiterentwicklung durch J. Goldthorpe Anschluß gesucht. Schließlich hinterläßt auch die Debatte über die „Modernisierung moderner Gesellschaften" mit ihrer These der Erosion traditioneller Strukturen sozialer Ungleichheiten (Beck 1983) in der Diskussion über gesellschaftliche Bedingungen des Autoritarismus ihre Spuren. Die empirisch-deskriptive Frage, welche sozialen Gruppen besonders autoritär sind und ob sich die Thesen Lipsets bewahrheiten, hängt damit entscheidend davon ab, wie die Sozialstruktur einer Gesellschaft konzipiert und gemessen wird (Grabb 1980: 369). (3) Ein zentrales, immer wieder bestätigtes inhaltliches Ergebnis dieser Untersuchungen lautet: Während es einen klaren inversen Zusammenhang zwischen Autoritarismus und Bildungsgrad gibt, ist der Einfluß der Schicht- oder Klassenzugehörigkeit auf den Autoritarismus nicht so klar strukturiert. Er ist zum einen schwächer als der des Bildungsgrades, und die Richtung ist uneinheitlicher. Es spricht viel dafür, daß Arbeiter zwar etwas autoritärer als der Durchschnitt der Bevölkerung sind, aber nicht die soziale Gruppe mit den höchsten Autoritarismus-Werten darstellen. Dieser Befund wirft einige Interpretationsprobleme auf, die am Schluß erörtert werden.

Nach eigener Auskunft ist Edward Grabb der erste Sozialforscher in den USA gewesen, der 20 Jahre nach der Veröffentlichung der These des „working class authoritarianism" die Annahmen Lipsets in einer multivariaten Analyse überprüfte (1979: 46). Er reanalysiert zu diesem Zweck eine Bevölkerungsstichprobe von 1976 (18jährige und ältere), die er in einer weiteren Veröffentlichung mit zusätzlichen Stichproben kombiniert (Grabb 1980). Ein eigenes Maß von Autoritarismus verwendet Grabb nicht – seine abhängige Variable ist die Toleranz gegenüber abweichenden Gruppen (outgroups). Dieses Maß geht auf Stouffer (1955) zurück. Es erfragt die Bereitschaft, das Recht auf freie Rede, auf Freiheit der Lehre und auf öffentliche Verbreitung der eigenen Ideen für bestimmte, abweichende Gruppen einzuschränken. Diese Gruppen sind: anti-religiöse Gruppen, Rassisten, erklärte Kommunisten, Befürworter einer Militärdiktatur und erklärte Homosexuelle. Obwohl die fünf abweichenden Gruppen eine inhaltlich sehr weit gestreute Mixtur bilden, sind die Interkorrelationen zwischen den Einstellungen zu den verschiedenen Gruppen recht hoch (zwischen .56 und .72), so daß Grabb davon ausgeht, daß jede Einzelskala dieselbe allgemeine Intoleranz gegenüber den Grundrechten von Andersdenkenden ausdrückt. Dieses Maß entspricht jedoch – daran ist zu erinnern – nicht dem Konzept des Autoritarismus, wie es die klassische Autoritarismusforschung zugrunde legt.

Demographische Variablen zur Charakterisierung der sozialen Lage der Befragten sind die höchste erreichte Ausbildung, die als unabhängige Variable fungiert, sowie der eigene Beruf und das Einkommen. Die Berufsangaben werden nach „white collar" und „blue collar" differenziert; innerhalb der „white collar"-Gruppe unterscheidet Grabb zwischen „professional, technical", „managers, administrators", „sales" und „clerical". Innerhalb der blue collar-Gruppe wird nach „craftsmen", „operatives", „transport, laborers", „farm" und „service" differenziert. Das Schema ist analytisch nicht sehr präzise; es vermengt Berufs- mit Berufssektorbezeichnungen. Innerhalb der „white collar"-Gruppe deutet sich eine Hierarchie der Beschäftigten an, die aber nicht klar expliziert wird. Zwischen den demographischen Variablen und der Toleranz gegenüber abweichenden Gruppen vermittelt die Variable des Zynismus, die das Ergebnis einer Faktorenanalyse einer Auswahl von Items aus Srole's Anomie-Skala darstellt. Für Grabb repräsentiert diese Zynismus-Variable am ehesten das, was Lipset die „lower-class perspective" nennt: Eine vielschichtige Gruppe von

Einstellungen und Orientierungen wie Anti-Intellektualismus, Schwarz-Weiß-Malerei, die scharfe Unterscheidung zwischen „uns" und „denen", der Verdacht vor „bösen, unheimlichen Kräften" und das Mißtrauen gegenüber anderen sowie Zynismus oder Pessimismus gegenüber Menschen und dem Leben im allgemeinen.

Die zu prüfenden Hypothesen bildet Grabb recht genau nach den oben geschilderten vier Erklärungsfaktoren, die Lipset für den „working class authoritarianism" heranzieht. Allerdings erlaubt ihm das Survey-Material nicht, die Kindererziehung und Familienverhältnisse zu berücksichtigen. In der bivariaten Betrachtung zwischen Berufsgruppenzugehörigkeit und Toleranz gegenüber „outgroups" zeigt sich zunächst, daß die Unterschiede in der Richtung liegen, die Lipset vorhersagt, aber schwach sind: Die beiden „upper manual groups" sind die tolerantesten. Die „farm-Berufe" sind die am wenigsten toleranten, und auch die übrigen „blue-collar"-Berufe sind noch etwas weniger tolerant als die unteren nicht-manuellen Berufe („clerical" und „sales").

In der multivariaten Analyse, bei der die Berufszugehörigkeit nach „white collar" und „blue collar" dichotomisiert wird, verschwindet der Einfluß dieser demographischen Variable auf die Toleranz gegenüber „outgroups" jedoch. Den höchsten Pfadkoeffizienten weist die Ausbildung auf, in deutlichem Abstand gefolgt von der Zynismus-Variable, die invers mit der Toleranz gegenüber abweichenden Gruppen zusammenhängt. Auch das Einkommen besitzt – anders als der Schicht-Status – einen direkten, positiven Effekt auf die Toleranz (Grabb 1979: 43ff.). Grabb zieht daraus eine wichtige Schlußfolgerung: Wenn es Schichtunterschiede zwischen der „Unterschicht" und der „Mittelschicht" gibt, dann sind diese zum großen Teil zurückzuführen auf Faktoren wie Ausbildung und Einkommen, die zwar mit der Schichtzugehörigkeit (occupational class) verbunden sind, aber vom Schichtstatus per se zu trennen sind.

Zum selben Ergebnis gelangt Grabb bei einer erweiterten Analyse von Survey-Daten, in der er statt Berufsgruppen Klassen im Sinne E. O. Wrights zu unterscheiden versucht (Grabb 1980). Hierbei zeigt sich, daß herkömmliche Schichtindikatoren (wie Bildung und Einkommen) die Toleranz gegenüber Fremdgruppen besser vorhersagen als die Verfügung über Produktionsmittel oder die Herrschaft über andere im Arbeitsprozeß. Die politische Konsequenz, die Grabb aus diesen Ergebnissen zieht, lautet, daß größere Intoleranz gegenüber Andersdenkenden nicht die notwendige und unverrückbare Folge einer Kultur der Arbeiterklasse sein müsse. Vielmehr: In dem Maße, in dem untere Schichten bessere Zugänge zu mehr Bildung erlangen und die Einkommensdifferenzen angeglichen werden, reduziert sich auch die ohnehin nur moderate Verkoppelung von Schicht und Intoleranz (Grabb 1979: 45).

Die zum Teil kontroversen Analysen einer Gruppe niederländischer Sozialwissenschaftler zum Thema „Sozialstruktur und Autoritarismus" setzen – wie Grabbs Untersuchungen von 1979 und 1980 – ebenfalls bei Lipsets Thesen zum Autoritarismus der Arbeiterklasse an. Sie sind jedoch auf einem theoretisch und methodisch reiferen Niveau angesiedelt. Sie alle beruhen auf

unterschiedlichen Teilanalysen einer Längsschnitt-Untersuchung in den Niederlanden (Cultural Changes in the Netherlands 1975-1985), die seit 1975 in
zweijährigem Abstand repräsentative Erhebungen unternimmt, ergänzt durch
Daten früherer Erhebungen. Anders als Grabb verwenden sie ein eigenes
Maß für Autoritarismus, das direkt an die F-Skala anschließt (eine Kurz-
Skala aus 7 Items), und unterscheiden davon verschiedene politische Orientierungen, z.b. Einstellungen zu demokratischen Institutionen, zu Minderheiten, zu sozialem Protest, zu Frauen, zur Demokratisierung der Gesellschaft. Anders als bei Lipset und Grabb werden damit politische Orientierungen und Autoritarismus nicht über dieselben Einstellungen erhoben. Eine
weitere Innovation dieser Analysen liegt in der spezifischeren Bestimmung
der Schicht- oder Klassenzugehörigkeit, die im Anschluß an Sozialstrukturmodelle der Soziologie definiert wird. Genau an diesem Punkt unterscheiden
sich die verschiedenen Analysen in den Ergebnissen und Interpretationen der
Autoren.

Paul Dekker und Peter Ester (1987) prüften als erste mit den niederländischen Surveydaten die folgenden drei Hypothesen: daß die Arbeiterschaft
autoritärer als Angehörige anderer Klassen sei; daß Angehörige der Arbeiterschaft nationalistischer eingestellt sind und Bürgerrechte weniger unterstützen, feindseliger gegenüber Sozialprotest und Frauenemanzipation eingestellt
sind und daß sie die Demokratisierung der Gesellschaft weniger unterstützen
als Angehörige anderer Schichten. Als drittes schließlich prüfen sie die –
schon bei Lipset angesprochene – Hypothese, daß Angehörige der Arbeiterschaft, die in typischen Arbeiterorganisationen aktiv partizipieren, weniger
autoritär sind als der Durchschnitt der Arbeiter.

Dekker und Ester operationalisieren die sozioökonomische Lage der Befragten auf doppelte Weise: Auf der einen Seite nehmen sie auf der Grundlage der Berufsangabe der Befragten eine Zuordnung zu den Klassenkategorien
von Erik O. Wright vor, auf der andern Seite prüfen sie die Hypothesen, indem sie herkömmliche Näherungsvariablen für die Schichtzugehörigkeit einbeziehen: die Ausbildung der Befragten, ihr Einkommen und ihre subjektive
Selbsteinschätzung, welcher Schicht sie zugehören. Von den beiden, von
Wright entwickelten Klassenmodellen wählen Dekker und Ester das ältere
Modell. Es unterscheidet drei Grundklassen moderner kapitalistischer Gesellschaften – die Kapitalisten, das Kleinbürgertum und die Arbeiterschaft – sowie drei „widersprüchliche Lagen" zwischen den Hauptklassen: die Manager
und das Beaufsichtigungspersonal, die selbst arbeitenden kleinen Selbständigen und die halb-autonomen Lohnabhängigen. Wrights neueres Klassenmodell, das in Anschluß an Roemers Ausbeutungstheorie zwölf Klassen unterscheidet, bringt für Dekkers und Esters Erkenntnisinteresse keinen Gewinn,
da es nur die lohnabhängigen höheren Schichten stärker differenziert, jedoch
das „reale" Proletariat ähnlich abgrenzt wie Wrights erstes Sechs-Klassen-
Modell. Gerade am Proletariat aber sind Dekker und Ester im Zusammenhang mit Lipsets Thesen vor allem interessiert (1987: 399).

Gegenüber der F-Skala und auf ihr basierender Autoritarismus-Skalen ist immer wieder der methodische Einwand erhoben worden, sie bezögen sich vor allem auf die Mittelschicht und stellten kein valides Erhebungsinstrument für Angehörige der Unterschichten dar. Dekker und Ester prüfen diesen Einwand auf doppelte Weise: Sie vergleichen zwischen den Angehörigen unterschiedlicher Schichten auf der Ebene der Einzelitems, ob die Antworten stark streuen und ob die interne Konsistenz (Cronbach's alpha) der F-Skala bei den Angehörigen unterer Schichten systematisch niedriger ist. Beides ist nicht der Fall. Außerdem prüfen sie, ob die Korrelationen der politischen Einstellunsvariablen mit dem Autoritarismus-Maß systematisch nach Klassenzugehörigkeit variiert. Da das nicht der Fall ist, weisen Dekker und Ester die Behauptung zurück, daß die F-Skala für Angehörige unterschiedlicher Klassen etwas verschiedenes bedeute (1987: 402f.).[1]

Vergleicht man zunächst deskriptiv die Antwortverteilungen der verschiedenen Klassen gemäß den Einzelitems der verwendeten F-Skala, so zeigt sich, daß die Angehörigen der Arbeiterklasse zwar bei allen Items autoritärer antworten als der Durchschnitt der Bevölkerung, daß sie aber nicht zu den autoritärsten Klassen gehören. Die bivariate Regression des F-Skalen-Maßes auf unterschiedliche empirische Fassungen der Sozialstruktur ergibt ein uneindeutiges Bild: Während die Regressionskoeffizienten für die proxy-Variablen Schulbildung, Einkommen und subjektive Selbsteinschätzung der Schichtzugehörigkeit die Hypothese des Autoritarismus der Arbeiter bestätigen, ist dies für die exakter gefaßten Kategorien des Wright'schen Klassenmodells nicht mehr der Fall. Die erklärte Varianz des Autoritarismus-Maßes ist minimal und die Unterschiede zwischen der Arbeiterklasse und den andern Klassen sind im allgemeinen statistisch nicht signifikant. Ein nicht vorhergesehenes, überraschendes Ergebnis der Analyse lautet, daß die Klasse der semi-autonomen Arbeiter von allen Klassen die am wenigsten autoritäre ist. Sie steht in Wrights Klassenmodell zwischen den Arbeitern und den Kleinbürgern; sie verkauft wie die Lohnarbeiter ihre Arbeitskraft, besitzt aber substantielle Autonomie über ihre Arbeit. In der niederländischen Stichprobe macht sie fast ein Drittel der Befragten aus (vgl. Tab. 2: 405).

---

1 Analog zu dem Argument, daß klassenspezifische Unterschiede im Autoritarismus das Ergebnis eines bias des Untersuchungsinstrumentes seien, gibt es eine ausführliche Diskussion darüber, ob bildungsbestimmte Unterschiede im Ethnozentrismus ebenfalls nur ein methodisches Artefakt darstellen. Dieser Ansicht widersprechen Wagner und Zick (1995). Sie vergleichen für vier europäische Länder (BR Deutschland, Niederlande, Großbritannien, Frankreich) Einstellungen gegenüber insgesamt sechs Minderheiten und verwenden dabei ein Maß für offene (blatant) und für subtile (subtle) Vorurteilshaftigkeit. Dabei zeigt sich, daß die Differenzen zwischen hoch und niedrig Ausgebildeten zwar beim Maß für subtile Vorurteilshaftigkeit geringer ausfallen als beim Maß für offene Vorurteilshaftigkeit, daß sie aber in allen vier Ländern signifikant invers mit dem Bildungsgrad variieren.

Berücksichtigt man statt des Autoritarismus-Maßes verschiedene Einstellungsskalen zu antidemokratischen Vorstellungen, dann zeigt sich ein ähnliches Bild: Auch hier weichen die Arbeiter bei den meisten Skalen vom Durchschnitt der Bevölkerung nicht sehr stark ab. Die Zuordnung nach den Klassenkategorien des Wright'schen Modells erklärt wenig Varianz. Im Gegensatz zu der Ausgangsthese steht dagegen das Ergebnis, das Arbeiter signifikant positiver zur Demokratisierung der Gesellschaft eingestellt sind als die übrigen Klassen. Dies entspricht Millers und Riessmans Thesen (1960), die gegen Lipset gerichtet waren.

Werden in einer multiplen Regression der F-Skalen-Maße zusätzlich zu den Klassenkategorien im Sinne Wrights die Geschlechtszugehörigkeit der Befragten, die Ausbildung, das Alter und der Urbanisierungsgrad des Wohnortes einbezogen, dann zeigt sich, daß bei Konstanthalten der Ausbildung die drei lohnunabhängigen Klassen (Kapitalisten, kleine Selbständige und Kleinbürgertum) autoritärer sind als die Arbeiterklasse. Auch hier zeigt sich, daß die semiautonomen Arbeiter die am wenigsten autoritären Befragten sind. Im übrigen bestätigt sich der schon von Grabb gefundene starke Einfluß der Ausbildung auf den Autoritarismus. „Die negative Beziehung zwischen Autoritarismus und Ausbildung ist eines der am besten dokumentierten Ergebnisse in der Geschichte der Autoritarismus-Forschung" (Dekker und Ester 1987: 410 – übersetzt von mir, W.H.). Die Autoren spekulieren darüber, was sich hinter diesem Befund verbirgt und weisen zurecht darauf hin, daß die Dauer des Schulbesuchs kein adäquates Maß ist, um Ausbildung im Sinne des Erwerbs kognitiver und sozialer Fähigkeiten zu messen (vgl. zur Rolle der Bildung auch W. Hopf 1999).

Daß die Mitgliedschaft in Gewerkschaften oder die aktive Teilnahme an der Gewerkschaftsarbeit ein „protektiver Faktor" gegen Autoritarismus darstellt, wird von Dekker und Ester verneint: Beide sind nicht mit einem signifikant geringeren Ausmaß an Autoritarismus verbunden. Dagegen scheint die Mitgliedschaft in einer linken Partei oder einer der Arbeiterschaft verbundenen Partei zur Abschwächung des Autoritarismus zu führen. Dieses Ergebnis wird jedoch dadurch eingeschränkt, daß dies für jedwede Parteimitgliedschaft und politische Partizipation gilt (Dekker und Ester 1987: 408). Dabei stellt sich allerdings die Frage, ob dies auch für die Mitgliedschaft und Partizipation in rechtsextremen Parteien gilt.

Im Endergebnis gelangen Dekker und Ester zu dem Schluß, daß Lipset zwar recht mit der Annahme hatte, daß „Personen aus den unteren Schichten" mehr als andere zu autoritären Meinungen und Einstellungen neigen, daß aber sein Begriff der Arbeiterklasse höchst irreführend war. Das belegt nicht nur der fehlgeschlagene Versuch, mit den Mitteln des Wright'schen Klassenmodells Unterschiede im Autoritarismus der Befragten aufzuklären. Auch der überraschende Befund, daß die semi-autonomen Arbeiter die deutlich am wenigsten autoritäre Gruppe darstellen, paßt nicht ins Bild. Dekker und Ester stellen die Frage, ob nicht „intrinsische Aspekt der Klassenlage" plausibel machen könnten, warum diese Klasse die am wenigsten autoritäre ist. Dabei denken sie an das unterschiedliche Maß an Kontrolle über die eigene Arbeit, die Melvin Kohn in den Mittelpunkt seiner Untersuchungen gestellt hat (Kohn 1981). Dieser Überlegung widerspricht jedoch, daß die Kapitalisten und die kleinen Selbständigen, die über ein hohes Maß an Kontrolle über ihre Arbeit verfügen, zu den überdurchschnittlich autoritären Gruppen gehören. Dies könnte auf die jeweilige Subkultur verweisen, innerhalb derer ökonomische Aktivitäten stattfinden. In ihrem abschließenden Votum für „detaillierte soziologische Porträts" der sozialen Klassen hinsichtlich bedeutsamer Aspekte der Arbeitssituation, der Lebensstile und der Subkulturen (Dekker und Ester 1987: 412) sind Dekker und Ester schließlich an einer Stelle angelangt, an der Lipset begann, die aber in den rigorosen Quantifizierungsversuchen der Survey-Forschung seitdem durch die Maschen fiel.

Middendorp und Meloen (1990) antworten auf Dekkers und Esters Analyse ambivalent. Auf der einen Seite verbleiben sie innerhalb der Logik, mit Hilfe von Klassenkategorien Autoritarismus und politische Einstellungen in der Gesamtbevölkerung zu lokalisieren. Hier lautet ihr zentrales Argument, daß Dekker und Ester möglicherweise nur deshalb keinen höheren Autoritarismus der Arbeiterschaft im Vergleich zu anderen Klassen feststellten, weil sie mit den Kategorien der älteren Klassenanalyse Wrights arbeiteten. Diese unterschätzte die Bedeutung der Ausbildung für die Klassenlage und enthielt zu wenig Differenzierungsmöglichkeiten nach dem Ausbildungsgrad der verschiedenen Klassen. Aus diesem Grunde nehmen Middendorp und Meloen eine Neuberechnung des Einflusses der Klassenzugehörigkeit auf Autoritarismus und verwandte politische Einstellungen vor. Sie basiert auf dem neueren, differenzierten Klassenschema Wrights. Es teilt mit dem älteren Schema die Kategorien der „Kapitalisten", der „kleinen Selbständigen" und des „Kleinbürgertums", nimmt aber unter den „Managern", den „halb-autonomen Beschäftigten" und dem „Proletariat" des alten Schemas eine inhaltlich anders gewichtete und stärkere Differenzierung nach insgesamt neun (statt drei) Klassen vor. Die inhaltlich andere Gewichtung ergibt sich daraus, daß Wright seine Klassenkategorien auf drei Dimensionen von Ausbeutungsmöglichkeiten gründet (Kapital, Organisationsmacht und Bildungszertifikate) und dadurch den Ungleichheiten der Ausbildung ein größeres Gewicht einräumen kann. Dies zeigt sich in den niederländischen Daten u.a. darin, daß die Eigentümer der Produktionsmittel im Durchschnitt einen niedrigeren Ausbildungsgrad haben als die Nicht-Eigentümer an Produktionsmitteln, mit Ausnahme der Arbeiter (vgl. Middendorp und Meloen 1990: 261).

Während zwischen der Höhe der Klassenlage nach dem alten Schema und dem Autoritarismus (Kurzversion der F-Skala) nur ein schwacher negativer Zusammenhang herrschte, erhöht sich dieser bei der Berechnung nach dem neuen Klassenschema Wrights leicht (vgl. Middendorp und Meloen 1990: 262, Tab. 3). Dies ist für Middendorp und Meloen ein Indiz dafür, daß der Autoritarismus der Arbeiter bei Dekker und Ester unterschätzt wurde. Bestätigt wird diese Vermutung beim Mittelwertvergleich des Autoritarismus

zwischen den verschiedenen Klassen. Hier zeigt sich, daß das Proletariat ein
höheres Maß an Autoritarismus aufweist als alle übrigen Klassen – mit Ausnahme der „non-qualified managers", die das höchste Maß an Autoritarismus
zeigen. Das Bild ändert sich jedoch, wenn nicht der Autoritarismus, sondern
mit ihm verwandte politische und soziale Einstellungen berücksichtigt werden:
Die „expert managers" innerhalb des neuen Klassenschemas Wrights sind nationalistischer als das Proletariat, die „semi-expert managers" und die „unquali-
fied managers" haben niedrigere Werte als das Proletariat hinsichtlich „Freiheit
des Ausdrucks politischer Meinung". Auch hinsichtlich eines konventionellen
Bildes der Geschlechterrollen und „autoritärer Eltern-Kind-Beziehungen" weisen Angehörige des Proletariats nicht die höchsten Werte auf.

Äußern Middendorp und Meloen auf der Grundlage dieser Ergebnisse
Zweifel an Dekkers und Esters These, die Arbeiterschaft sei nicht autoritärer
als die übrigen Klassen, so relativieren sie dieses Ergebnis, indem sie generell
die „theoretische Validität" des gesamten Wright'schen Klassenschemas in
Frage stellen. Dafür sprechen zum einen die geringen Unterschiede zwischen
der Arbeiterschaft und den übrigen Klassen (auch wenn sie statistisch signifikant sind), auf der andern Seite die weitaus höheren Korrelationen zwischen
Autoritarismus und konventionellen, nicht klassentheoretisch fundierten Maßen
der sozialen Ungleichheit, wie Einkommen, Ausbildungsgrad, Vermögen und
subjektive Klassenidentifikation (vgl. Middendorp und Meloen 1990: 262, Tab.
3). Hier korrelieren in der erwarteten, negativen Richtung der Ausbildungsgrad
und die subjektive Klassenidentifikation recht deutlich mit dem Autoritarismus.
Da die Korrelation dieser herkömmlichen Schichtungsindikatoren mit den verschiedenen Varianten des Wright'schen Klassenschemas nicht sehr stark aus-
fällt, stellen Middendorp und Meloen die Konstruktvalidität der Klassensche-
mata Wrights insgesamt in Frage. Es sei nicht sinnvoll, einen Begriff von sozialer Klasse zu verwenden, der kaum mit Variablen zusammenhängt, die in
modernen Gesellschaften „Lebenschancen" bedeuten, wie Bildungsgrad und
Einkommen. Hinsichtlich des Autoritarismus sei es „theoretisch und gesellschaftlich relevanter", die relativ starke Beziehung zwischen Ausbildungsgrad
und Autoritarismus und verwandter Einstellungen zu vertiefen (1990: 265).

Wie aus der Darstellung deutlich geworden sein dürfte, äußern sich Middendorp und Meloen zur These des „Autoritarismus der Arbeiter" ausgespro-
chen vorsichtig und differenziert. Das ist angesichts der Schwierigkeit der Operationalisierung von „Klassenlage" und der relativ geringen Unterschiede im
Autoritarismus verschiedener Klassen begrüßenswert. Eine solche Position
wirft aber zwei Probleme auf. Das erste Problem bezieht sich auf den Maßstab
und die Beurteilung der festgestellten Unterschiede. Obwohl Middendorp und
Meloen zu dem Ergebnis gelangen, daß Dekker und Ester den Autoritarismus
der Arbeiter innerhalb ihres Klassenmodells leicht unterschätzten, schließen sie
sich auch nicht Lipsets Thesen an. In einer andern, sich auf dieselbe empirische
Untersuchung beziehenden Veröffentlichung resümieren Middendorp und
Meloen, die Arbeiterschaft habe in der heutigen Gesellschaft „kein Monopol

auf Autoritarismus" (1991: 217). Nehme man die F-Skala als Maßstab, dann lägen Arbeiter um den Mittelpunkt der F-Skala oder leicht darüber, während Mitglieder von rechtsextremen Gruppen oder Organisationen eindeutig höhere F-Skalen-Werte erreichten als Arbeiter. Im absoluten Maßstab der F-Skala könnte die Arbeiterschaft daher als „neutral" eingestuft werden. Diese Argumentation stellt eine wichtige Ergänzung dar, aber sie verschiebt das ursprüngliche Problem, wenn sie die absoluten Werte auf der F-Skala betont. Unter sozialstrukturellen Gesichtspunkten macht es wenig Sinn, bekannte Mitglieder rechtsextremer Gruppen mit Angehörigen der Arbeiterschaft zu vergleichen. Die Ausgangsfrage lautete, ob zwischen Angehörigen unterschiedlicher sozialer Schichten oder Klassen Unterschiede im Autoritarismus vorliegen und wie sie zu erklären sind. Dies gilt auch dann, wenn die Unterschiede nicht sehr groß sind.

Damit hängt das zweite Problem zusammen. Middendorp und Meloen machen die Sinnfälligkeit der Konzeption von Sozialstruktur davon abhängig, inwiefern sie in einem Einzelfall zur Erklärung von Einstellungen beiträgt oder nicht. Die Alternative, die sie bieten – z.B. die theoretische und gesellschaftliche Bedeutung ungleicher Ausbildung zu vertiefen – mag zur Klärung des Autoritarismus in der Gesellschaft beitragen, leistet aber wenig zu einer anderen Konzipierung von Sozialstruktur, welche den Autoritarismus und die mit ihm verwandten Einstellungen besser erklären könnte. Für eine andere Konzeption von Sozialstruktur müssen bessere – nämlich gesellschaftstheoretische und – historische – Gründe angeführt werden als die geringe Erklärungskraft sozialstruktureller Kategorien. Solange dies nicht geschieht, muß man mit dem empirisch unbefriedigenden Ergebnis leben: Das, was durch die Wright'schen Klassenkategorien an gesellschaftlich bestimmter Ungleichheit abgebildet werden soll – nämlich ein Herrschafts- oder Ausbeutungsverhältnis von sozialen Gruppen zueinander – vermag den unterschiedlichen Autoritarismus dieser Gruppen nur unzulänglich zu erklären.[2]

In einer erneuten Reanalyse der niederländischen Längsschnittdaten schließen sich Meloen und Middendorp (1991) keinem der bisher geschilderten Modelle von Klassenstruktur an, sondern ordnen die Befragten nach „Typen von Berufen". Sie unterscheiden dabei Berufe in Landwirtschaft und Fischerei, Einzelhandel (retail trade), Industrieberufe (industry), Handel und Banken (trade, banking), (private) Dienstleistungen (services), Beamte und Lehrer, Kulturberufe, ohne Beruf/Hausfrau. Die „Typen von Berufen" sind also an Wirtschaftszweigen orientiert und berücksichtigen weder das in ihnen erforderliche Qualifikationsniveau noch die hierarchische Stellung im Beruf.

---

2 Einen Ausgangspunkt für eine solche andere Konzeption von Sozialstruktur stellt Middendorps und Meloens Kritik an den theoretischen Grundlagen Wrights dar (1990: 264f.). Hier verweisen sie darauf, daß das tatsächliche Eigentum an Produktionsmittel hinter der faktischen Herrschaft über den Produktionsprozeß zurücktritt und die „einfache Warenproduktion" in modernen Gesellschaften viel zu heterogene Teilgruppen umfaßt, als daß sie sinnvoll unterschieden werden könnte.

Für die Auswertung der Befragung von 1970 zeigt sich (1991: 59, Tab. 10), daß Beschäftigte in Berufen der Landwirtschaft und der Fischerei sowie des Einzelhandels die höchsten Werte auf der verkürzten F-Skala zeigen, gefolgt von Beschäftigten in Industrieberufen, die leicht überdurchschnittlich autoritär eingestellt sind. Beamte, Lehrer und Kulturschaffende sind unterdurchschnittlich autoritär eingestellt. Diese Ergebnisse widersprechen den Thesen Lipsets. Da aber nur Skalenmittelwerte der F-Skala mitgeteilt werden, bleibt in dieser Veröffentlichung noch offen, welche Erklärungskraft die Klassifikation nach wirtschaftszweig-typischen Berufen unabhängig von Merkmalen wie Ausbildungsgrad oder hierarchische Stellung im Beschäftigungssystem hat.

Auch Scheepers, Felling und Peters (1990) analysieren sozialstrukturelle Bedingungen des Autoritarismus in der niederländischen Gesellschaft, legen aber ein anderes Schichtungsmodell als die bisherigen Autoren zugrunde. Sie schließen sich Goldthorpes Modell an, das sie indes erheblich vereinfachen: Sie unterscheiden nur eine „Dienstklasse" (white collar workers), Selbständige (self-employed people), Landwirte (farmers), Facharbeiter (skilled workers) und an- und ungelernte Arbeiter (unskilled workers). Eine Besonderheit ihres Ansatzes liegt darin, daß sie stark vereinfachte sozialpsychologischen Annahmen der „frühen Frankfurter Schule" (Erich Fromm) über die subjektive Verarbeitung der Klassensituation in ihr Erklärungsmodell des Autoritarismus integrieren. Dieser wird durch eine an Adornos u.a. (1969) F-Skala angelehnte Kurz-Skala gemessen. Im Unterschied zu den übrigen niederländischen Autorengruppen sind sie überdies am Zusammenhang von Autoritarismus und Ethnozentrismus interessiert, während politische Einstellungen wie Interesse an Mitbestimmung, an politischer Meinungsfreiheit u.a.m. keine Rolle spielen.

Auch Scheepers u.a. gelangen zu einem Ergebnis, das den Thesen eines besonders ausgeprägten Autoritarismus von Arbeitern widerspricht. Die un- und angelernten Arbeiter sind zwar klar autoritärer als die Facharbeiter, aber sie werden von den Landwirten und noch stärker von den Selbständigen übertroffen, die die höchsten Autoritarismus-Werte zeigen (nicht-standardisierte Regressionskoeffizienten, 1990: 22, Tab. 1). Auch beim Ethnozentrismus weisen die Selbständigen die höchsten Werte auf, d.h. sie haben die positivsten Einschätzungen der Eigengruppe und die negativsten Einstellungen zu Fremdgruppen. Im Vergleich der standardisierten Regressionkoeffizienten gibt es einen signifikanten, positiven Zusammenhang zwischen Klassenzugehörigkeit und Autoritarismus, der aber deutlich vom (negativen) Zusammenhang zwischen Ausbildung und Autoritarismus übertroffen wird. Der standardisierte Regressionskoeffizient für Ausbildung (-0.29) ist der höchste aller erklärenden Variablen (Alter, Erwerbsstatus, Kirchenengagement, Statusangs- und -frustration). Arbeitslosigkeit hat weder Einfluß auf Autoritarismus noch auf Ethnozentrismus (i.S. positive Einstellung zur Eigengruppe und negative Einstellung zu Fremdgruppen). Zwischen Autoritarismus und Ethnozentrismus gibt es überdies einen klaren Zusammenhang.

Scheepers u.a. erörtern unterschiedliche Erklärungen dafür, daß Landwirte und Selbständige die höchsten Autoritarismus-Werte zeigen. Melvin Kohns auf die Autonomie am Arbeitsplatz bezogene Erklärung sehen sie widerlegt: Die Selbständigen und auch die Landwirte verfügen über mehr Autonomie in der täglichen Arbeit als die beiden Gruppen von Arbeitern (1990: 24). Eine an Fromm angelehnte Erklärung erscheint ihnen dagegen vielversprechender: Danach sind durch die objektive Klassenlage gegebene Ängste und subjektive Status-Ängste wichtige sozialpsychologische Determinanten des Autoritarismus. Wegen der Unsicherheit der ökonomischen Situation im europäischen gemeinsamen Markt sei diese Status-Unsicherheit bei den Selbständigen und den Landwirten und ebenfalls – aus andern Gründen – bei den un- und angelernten Arbeitern überdurchschnittlich hoch. Leider teilen Scheepers u.a. entsprechende empirische Informationen zur Statusangst nicht mit. Zwar gibt es einen schwachen positiven Zusammenhang zwischen Autoritarismus und „sozioökonomischer Frustration" – aber man erfährt nichts über die Verteilung dieser Frustration nach sozialer Klassenzugehörigkeit.

Vergleicht man die relativ neuen niederländischen Analysen, dann ergibt sich eine bemerkenswerte Korrektur des Bildes, das die Theorie des „Autoritarismus der Arbeiterklasse" entwarf. Durch die explizite Berücksichtigung einer eigenen, an der klassischen Autoritarismusforschung ausgerichteten Einstellung „Autoritarismus" wird es möglich, diese von politischen Einstellungsdimensionen wie Toleranz gegenüber Minderheiten, Illibereralismus, Befürwortung von Mitbestimmung etc. zu unterscheiden. Damit können schon auf dieser Ebene differenzierterer politisch-sozialer Einstellungen Tendenzen zutage treten, die der ursprünglichen These des „Autoritarismus der Arbeiterschaft" widersprechen. Das gilt etwa für den Befund, daß die Arbeiter von allen sozialen Klassen das höchste Interesse an Mitbestimmung zeigten.

Abgesehen davon, daß alle Klassenmodelle Mühe haben, einen deutlichen eigenständigen Effekt der Klassenzugehörigkeit nachzuweisen, weisen die Einzelergebnisse aller Autoren in die Richtung, daß die Arbeiter nicht als die autoritärste Klasse anzusehen sind. In den verschieden konzipierten Sozialstrukturmodellen gibt es immer Klassen, die autoritärer als Arbeiter antworten und in einem umgangssprachlichen Sinn „höher" einzustufen sind – seien dies „Selbständige" und „Landwirte" im Modell Scheepers u.a. oder „nicht-qualifizierte Manager" bei Middendorp und Meloen. Dieser Befund entspricht traditionellen Deutungen des Autoritarismus als einer Orientierung, die eher für Selbständige und untere Mittelschichten typisch ist als für Arbeiter. Dieses Ergebnis ist deshalb besonders bemerkenswert, weil die erhobene Variable „Autoritarismus" sowohl autoritäre Unterwürfigkeit als auch autoritäre Aggression gegen Schwächere meint und nicht mit einer Einstellung „Direktivität" gleichzusetzen ist, wie sie bei Selbständigen oder Landwirten aufgrund ihrer Leitungsfunktion erwartet werden könnte (vgl. zu Direktivität und Autoritarismus Middendorp und Meloen 1991). Gerade die autoritäre Unterwürfigkeit wirft bei den Selbständigen und den Landwirten – anders als bei den „nicht-qualifizierten Managern" – besondere Probleme der inhaltlichen Interpretation auf. Was disponiert gerade diese sozialen Gruppen zu überdurchschnittlichem Autoritarismus? Der Hinweis Scheepers u.a. auf die unsichere, politisierte Situation der Landwirte innerhalb der Europäischen Gemeinschaft mag plausibel erscheinen, kann aber nur als ad-hoc-Erklärung gelten.

Die niederländischen Untersuchungen zur klassenspezifischen Verteilung des Autoritarismus wurden hier deshalb so ausführlich dargestellt, weil sie die einflußreichen Thesen Lipsets in Frage stellen und Anschluß an theoretisch begründete Modelle der Sozialstruktur suchen. Bevor aus den niederländischen Ergebnissen jedoch weitergehende Interpretationen abgeleitet werden, müßte der auf eine nationale Gesellschaft begrenzte Befund empirisch breiter abgesichert werden.

Die niederländischen Untersuchungen sind darüber hinaus ein lehrreiches Beispiel dafür, wie eine angemessenere Spezifikation der Autoritarismus-Variable grundlegende Vorbehalte gegenüber der quantitativen Einstellungsforschung, die gerade von Vertreterinnen und Vertretern der Kritischen Theorie geäußert wurden, relativiert. Die frühe Studie U. Jaerischs („Sind Arbeiter autoritär?" 1975) litt unter dem Widerspruch, daß die quantitative Einstellungsforschung den höheren Autoritarismus der Arbeiter vermeintlich sicher nachwies, daß aber eine grundlegende Methodenkritik dieses Ergebnis als „oberflächlichen" und „falschen Ausdruck" objektiver Widersprüche in der Arbeiterexistenz besser erklären sollte. Das empirisch gefundene Ergebnis wurde mit einer empirisch nicht untermauerten politisch-ökonomischen Meta-Theorie plausibilisiert und zugleich entwertet. In der Stoßrichtung ähnlich, aber weniger grundsätzlich, lag das Argument, daß der höhere Autoritarismus oder Illiberalismus von Arbeitern nur das Ergebnis eines methodischen Artefakts der quantitativen Einstellungsforschung sei (vgl. z.B. Blinkert 1974). Diese Kritiken entsprachen den grundlegenden Vorbehalten der Kritischen Theorie gegenüber einer positivistischen Empirie, aber sie stellten sich zu wenig die Frage, ob „Autoritarismus" überhaupt valide gemessen worden war. Jaerischs gesamte Meta-Theorie der Erklärung des besonderen Autoritarismus von Arbeitern hätte neu konzipiert werden müssen, wenn sich schon früher herausgestellt hätte, daß auf der Ebene standardisierter Einstellungsforschung Arbeiter nicht die autoritärste Klasse darstellen.

2.3 Ausbildungsungleichheit als Merkmal gesellschaftlicher Ungleichheit

Die relativ geringe Erklärungskraft der verschiedenen Sozialstrukturmodelle und der Befund, daß Arbeiter nicht zu den autoritärsten Gruppen zählen, stehen im Kontrast zu einem Resultat, das alle geschilderten multivariaten Analysen des Autoritarismus ergeben: Die erreichte Schulbildung ist der stärkste Einzelprädiktor des Autoritarismus; je höher die erreichte Ausbildung, desto niedriger der Autoritarismus.[3] Grabb sowie Meloen und Middendorp ziehen daraus den Schluß, daß Klassenmodelle nicht mehr die wirklichen Bestimmungsgründe des Zusammenhangs von sozialer Ungleichheit und Autoritarismus abbilden. Diese lägen vielmehr in den zunehmend stärker hervortretenden Ungleichheiten der Bildung und – in geringerem Maße – des Einkommens. Wie weiter oben ausgeführt, reicht indes für eine solche Argumentation nicht der Hinweis auf die statistische Erklärungskraft einzelner Determinanten des Autoritarismus aus, sondern es müssen inhaltliche Gründe benannt werden, ob und weshalb die erreichte Ausbildung zu einer zentralen Dimension gesellschaftlicher Ungleichheit geworden ist. Da es in den vorliegenden empirischen Analysen an einer solchen Argumentation fehlt, sollen abschließend einige spekulative Überlegungen formuliert werden.

Den Ausgangspunkt könnte die These eines langfristigen Trends der zunehmenden Individualisierung bilden. In dem Maße, in dem askriptive Bindungen und Prägungen von Klasse oder Schicht, Geschlecht und Milieu schwächer werden (vgl. Clark und Lipset 1991), gewinnen individuelle und in „intermediären Organisationen" (Jagodizinski und Quandt 1997: 763) vermittelte Differenzen an Gewicht. Bei der Erforschung des Wandels von Wahlpräferenzen, die sich auf lange Zeitreihen von ca. 40 Jahren stützen kann, ist diese Argumentation – allerdings unter Widerspruch – vorgeführt worden (vgl. die Kontroverse zwischen Schnell und Kohler 1995; Müller 1997; Jagodzinski und Quandt 1997; Schnell und Kohler 1997).

Die Übertragung der Individualisierungsthese auf den Zusammenhang zwischen dem geringen, vielleicht historisch sogar schwindenden Einfluß der Schicht- und Klassenzugehörigkeit auf den Autoritarismus einerseits und dem relativ starken, im Zeitverlauf vielleicht zunehmenden Einfluß der erreichten Ausbildung auf den Autoritarismus andererseits ist allerdings aus mehreren Gründen problematisch. Zunächst einmal liegen in diesem Bereich keine Zeitreihen vor, wie sie in der Wahlforschung gegeben sind. Deshalb sind historische Tendenzaussagen ungesichert. Zum andern stellen sich inhaltliche Probleme.

---

3 Einen solchen Kontrast zwischen dem klaren Einfluß der ungleichen Bildung und dem schwächeren, in der Richtung uneinheitlichen Einfluß der subjektiven Schichteinschätzung auf die Vorurteilsbereitschaft stellt auch Zick in seiner Vier-Länder-Studie fest (z.B. 1997: 323). Zick bezeichnet das empirische Phänomen, daß die Vorurteilsbereitschaft mit sinkendem Bildungsniveau und Schichtstatus ansteigt, als „Poor White Racism Phänomen" (1997: 187ff.) und versucht, es aus der „Social Identity Theory" zu erklären (vgl. vor allem 1997: 200ff.). Dabei geht er vom *gleichgerichteten* Verlauf des Einflusses von Bildung und Schicht auf die Vorurteilsbereitschaft aus. Die empirischen Ergebnisse Zicks passen jedoch nicht zu dieser Erwartung, so daß an einer Erklärung mit Hilfe der „Social Identity Theory" Zweifel bestehen. Ob der inverse Zusammenhang zwischen Bildungsgrad und Vorurteilsbereitschaft mit Hilfe der „Social Identity Theory" sinnvoll erklärt werden kann, ist fraglich. „Bildungsgruppen" sind in modernen Gesellschaften – ganz anders als die weiter gefaßten sozialen Schichten – bisher keine Objekte für Selbstkategorisierungen.

Auch wenn sie empirisch zusammenhängen, so liegen sozioökonomischer Status und Bildungsstatus doch auf unterschiedlichen Ebenen. Wie immer im einzelnen gebildet, drückt der sozioökonomische Status die Stellung im System der Erwerbsarbeit aus, und an diese Stellung (inklusive der Abwesenheit von Erwerbsarbeit) knüpfen sich Erwartungen im Hinblick auf unterschiedliche Ausprägungen des Autoritarismus. Wenn Ausbildungsmerkmale in die Definition des sozioökonomischen Status eingehen (wie es häufig geschieht), dann wird immer noch die Stellung im System der Erwerbsarbeit beschrieben, nicht der davon losgelöste Ausbildungsstatus. Dessen Auswirkungen auf den Autoritarismus müssen unabhängig von der Stellung im System der Erwerbsarbeit beschrieben werden.

In einer individualisierungstheoretischen Deutung der empirischen Zusammenhänge von Sozialstruktur, Bildung und Autoritarismus trägt die erreichte Ausbildung eine doppelte Interpretationslast. Die Expansion des „intermediären" Bildungssystems muß auf der einen Seite plausibel machen, wieso der Einfluß askriptiver Merkmale der sozialen Herkunft zurückgeht und nicht-askriptive Merkmale wie die individuelle Bildungsleistung ein größeres Gewicht bekommen. Für Beck (1983) ist dies eine Folge der „Enttraditionalisierung", die mit einer immer mehr Menschen zugänglichen verwissenschaftlichten Ausbildung verbunden ist. Die verwissenschaftlichte Ausbildung löst herkömmliche Zuschreibungen quasi „von innen" auf, indem sie sie einer permanenten Rechtfertigung und Revision unterwirft. Diese Deutung erscheint plausibel, ist aber bisher kaum belegt. Sie müßte zudem dem Tatbestand Rechnung tragen, daß die erreichte Ausbildung ihrerseits immer noch erheblich von askriptiven Merkmalen der sozialen Herkunft bestimmt ist.

Auf der andern Seite muß inhaltlich plausibel sein, wie der empirisch gefundene Zusammenhang zwischen höherer Ausbildung und niedrigerem Autoritarismus (und vice versa) zustandekommt. Wie sich am Beispiel des Zusammenhangs von Ethnozentrismus und Ausbildung zeigen läßt, können Schulen als „intermediäre Organisationen" auf sehr unterschiedliche Weise dazu beitragen, daß höhere Bildung mit niedrigerem Ethnozentrismus verbunden ist (vgl. W. Hopf 1999). Der „innere Mechanismus", durch den eine längere und anspruchsvollere Ausbildung einen geringeren Ethnozentrismus bewirkt, ist keineswegs klar. Dasselbe könnte für den Zusammenhang zwischen Bildungsunterschieden und Autoritarismus gelten. Solange diese methodischen und inhaltlichen Probleme einer individualisierungstheoretischen Deutung des Zusammenhangs von Sozialstruktur, Ausbildung und Autoritarismus nicht gelöst sind, erscheint es vorschnell, wegen der relativ geringen Erklärungskraft von Klassen- und Schichtkategorien gänzlich auf diese zu verzichten.

Literatur

Adorno, Theodor W., Else Frenkel-Brunswik; Daniel J. Levinson und Nevitt R. Sanford; in Zusammenarbeit mit Betty Aron, Maria Hertz Levinson und William Morrow. 1969. The authoritarian personality. New York: Norton Library (zuerst 1950).

Altemeyer, Bob. 1988. Enemies of freedom. Understanding right-wing authoritarianism. San Francisco u.a.: Jossey-Bass.

Beck, Ulrich. 1983. Jenseits von Stand und Klasse? Soziale Ungleichheiten, gesellschaftliche Individualisierungsprozesse und die Entstehung neuer Formationen und Identitäten. S. 35-74 in: Reinhard Kreckel (Hg.): Soziale Ungleichheiten (Soziale Welt. Sonderband 2). Göttingen: O. Schwartz.

Bertram, Hans. 1982. Von der schichtspezifischen zur sozialökologischen Sozialisationsforschung. S. 25-54 in: Laszlo A. Vaskovics (Hg.): Umweltbedingungen familialer Sozialisation. Beiträge zur sozialökologischen Sozialisationsforschung. Stuttgart.

Blinkert, Baldo. 1974. Autoritarismus, Desorientierung und soziale Schichtung. Soziale Welt 25: 166-191.

Caesar, Beatrice. 1972. Autorität in der Familie. Ein Beitrag zum Problem schichtenspezifischer Sozialisation. Reinbek b. Hamburg: Rowohlt.

Christie, Richard und P. Cook. 1958. A Guide to Published Literature Relating to „The Authoritarian Personality" through 1956. Journal of Psychology 45: 171-199.

Clark, Terry Nichols und Seymour M. Lipset. 1991. Are Social Classes Dying? International Sociology 6: 397-410.

Dekker, Paul und Peter Ester. 1987. Working-class authoritarianism: A re-examination of the Lipset thesis. European Journal of Political Research 15: 395-415.

Döring, Herbert. 1989. Wählen Industriearbeiter zunehmend konservativ? Die Bundesrepublik im westeuropäischen Vergleich. Archiv für Sozialgeschichte 29: 225-271.

Falter, Jürgen W. 1991. Hitlers Wähler. München: Beck.

Goldthorpe, John H. 1980. Social Mobility and Class Structure in Modern Britain. Oxford: Clarendon Press.

Grabb, Edward G. 1979. Working-Class Authoritarianism and Tolerance of Outgroups: A Reassessment. Public Opinion Quarterly 43: 36-47.

Grabb, Edward G. 1980. Marxist Categories and Theories of Class. The Case of Working-Class Authoritarianism. Pacific Sociological Review 23: 359-376.

Heitmeyer, Wilhelm. 1988. Rechtsextremistische Orientierungen bei Jugendlichen. Empirische Ergebnisse und Erklärungsmuster einer Untersuchung zur politischen Sozialisation. 2. Aufl. Weinheim und München: Juventa.

Hennig, Eike (in Zusammenarb. mit M. Kieserling und R. Kirchner) 1991. Die Republikaner im Schatten Deutschlands. Frankfurt a.M.: Suhrkamp.

Herz, Thomas A. 1975. Soziale Bedingungen für Rechtsextremismus in der Bundesrepublik Deutschland und in den Vereinigten Staaten. Meisenheim am Glan: A. Hain.

Hopf, Wulf. 1999. Ungleichheit der Bildung und Ethnozentrismus. Zeitschrift für Pädagogik 45: 847-865.

Hradil, Stefan. 1990. Indiviudalisierung, Pluralisierung, Polarisierung: Was ist von den Schichten und Klassen geblieben? S. 111-138 in: Robert Hettlage (Hg.): Die Bundesrepublik. München.

Infratest dimap (im Auftrag von WDR 2). 1998. Das rechtsextreme Wählerpotential bei Gewerkschaftsmitgliedern. Manuskript. Köln.

Jaerisch, Ursula. 1975. Sind Arbeiter autoritär? Zur Methodenkritik politischer Psychologie. Frankfurt a. M.: Europäische Verlagsanstalt.

Jagodzinski, Wolfgang und Markus Quandt. 1997. Wahlverhalten und Religion im Lichte der Individualisierungsthese. Kölner Zeitschrift für Soziologie und Sozialpsychologie 49: 761-782.

Klingemann, Hans D. und Franz U. Pappi. 1972. Politischer Radikalismus. Theoretische und methodische Probleme der Radikalismusforschung. München.

Kohn, Melvin L. 1981. Persönlichkeit, Beruf und soziale Schichtung. Hg. von Kurt Lüscher. Stuttgart: Klett-Cotta.

Lipset, Seymour M. 1962. Soziologie der Demokratie. Neuwied: Luchterhand (zuerst 1959).

Meloen, Jos D. 1993. The F-Scale as a Predictor of Fascism: An Overview of 40 Years of Authoritarianism Research. S. 47-69 in: William F. Stone, Gerda Lederer und Richard Christie (Hg.): Strength and Weakness. The Authoritarian Personality Today. New York: Springer.

Meloen, Jos D. und Cees P. Middendorp. 1991. Authoritarianism in the Netherlands. The Empirical Distribution in the Population and its Relation to Theories on Authoritarianism 1970-1985. Politics and the Individual 1: 49-72.

Middendorp, Cees P. und Jos D. Meloen. 1990: The authoritarianism of the working-class revisited. European Journal of Political Research 18: 257-267.

Middendorp, Cees P. und Jos D. Meloen. 1991. Social class, authoritarianism and directiveness. A reply to Ray. European Journal of Political Research 20: 213-220.

Miller, S. M und Frank Riessman. 1961. „Working-Class Authoritarianism": A Critique of Lipset. British Journal of Sociology 12: 263-276.

Müller, Walter. 1997. Sozialstruktur und Wahlverhalten. Eine Widerrede gegen die Individualisierungsthese. Kölner Zeitschrift für Soziologie und Sozialpsychologie 49: 747-767.

Roemer, John 1982: An General Theory of Exploitation and Class. Cambridge MA: Harvard Univ. Press.

Scheepers, Peer; Albert Felling und Jan Peters.1990. Social conditions, authoritarianism and ethnocentrism: a theoretical model of the early Frankfurt School updated and tested. European Sociological Review 6: 15-29.

Schnell, Rainer und Ulrich Kohler. 1995. Empirische Untersuchung einer Individualisierungshypothese am Beispiel der Parteipräferenz von 1953-1992. Kölner Zeitschrift für Soziologie und Sozialpsychologie 47: 634-657.

Schnell, Rainer und Ulrich Kohler. 1997. Zur Erklärung sozio-demographischer Variablen im Zeitverlauf. Kölner Zeitschrift für Soziologie und Sozialpsychologie 49: 783-795.

Srole, Leo S. 1956: Social Integration and Certain Corollaries: An Exploratory Study. American Sociological Review 6: 709-716.

Stöss, Richard. 1989. Die extreme Rechte in der Bundesrepublik. Entwicklung, Ursachen, Gegenmaßnahmen. Opladen.

Stöss, Richard. 1999. Rechtsextremismus im vereinten Deutschland. Bonn: Friedrich-Ebert-Stiftung.

Stouffer, Samuel 1955. Communism, Conformity, and Civil Liberties. New York: Doubleday.

Wagner, Ulrich und Andreas Zick.1995. The relation of formal education to ethnic prejudice: its reliability, validity and explanation. European Journal of Social Psychology 25: 41-56.

Willems, Helmut. 1992. Fremdenfeindliche Gewalt: Entwicklung, Strukturen, Eskalationsprozesse. Gruppendynamik 23: 433-448.

Winkler, Jürgen R. 1994. Die Wählerschaft der rechtsextremen Parteien in der Bundesrepublik Deutschland 1949 bis 1993. S. 69-88 in: Wolfgang Kowalsky und Wolfgang Schroeder (Hg.): Rechtsextremismus. Opladen: Westdeutscher Verlag.

Wright, Erik O. 1978. Race, Class, and Income Inequality. American Journal of Sociology 2: 1368-1397.

Wright, Erik O. 1985. Classes. London: Verso.

Zick, Andreas. 1997. Vorurteile und Rassismus. Eine sozialpsychologische Analyse. Münster u.a.: Waxmann.

Autoritäre Einstellung und Ethnozentrismus – Welchen Einfluß hat die Schulbildung?[1]

Aribert Heyder und Peter Schmidt

Zusammenfassung: Gegenstand dieser Arbeit ist der Einfluß des Niveaus der Schulbildung auf Autoritarismus und Ethnozentrismus. Ausgangspunkt bildet ein theoretisch begründetes Modell des Zusammenhangs zwischen Autoritarismus und Ethnozentrismus. Hierbei wurden Ausländerdiskriminierung, Antisemitismus und Idealisierung der Eigengruppe als Subdimensionen von Ethnozentrismus verwendet. Die analysierten repräsentativen Daten stammen aus dem Allbus 1996 (Allgemeine Bevölkerungsumfrage der Sozialwissenschaften). Bei den Mittelwertvergleichen der Items zeigt sich bis auf eine Ausnahme, daß mit steigender Schulbildung Autoritarismus, Ausländerfeindlichkeit, Antisemitismus als auch Eigengruppenidealisierung abnehmen. Ein multivariates Modell mit Bildung, Alter und Ost-/Westzugehörigkeit als Determinanten belegt den starken Effekt von Bildung auf Autoritarismus und Ethnozentrismus. Durch die statistische Kontrolle dieser Merkmale verringert sich der Einfluß des Autoritarismus auf Ethnozentrismus um ca. die Hälfte. In der abschließenden Analyse wird unter Anwendung eines multiplen Gruppenvergleichs nachgewiesen, daß Bildung nicht nur als Moderator für die Wirkung des Autoritarismus auf den Ethnozentrismus fungiert, sondern auch die Konsistenz der Messung selbst davon beeinträchtigt ist.

1. Einleitung und Übersicht

Nach einer Phase intensiver Rezeption in den fünfziger und sechziger Jahren hat das Konzept des Autoritarismus (Adorno et al. 1950) zur Erklärung von Diskriminierungstendenzen und Antisemitismus zunächst stark an Bedeutung verloren und wurde als methodologisch fragwürdig und empirisch nicht bestätigt angesehen (z.B. Oesterreich 1993, vgl. auch Stone et al. 1993). In den letzten Jahren hat die Autoritarismusforschung jedoch eine Wiederbelebung erfahren, was sich in den zahlreichen Publikationen zum Konzept der autoritären Persönlichkeit zeigt (z.B. Altemeyer 1988, 1996; Scheepers et al. 1990; Meloen 1993; Lederer und Schmidt 1995; Six 1997).

---

1   Teile dieses Aufsatzes basieren auf der Diplomarbeit von A. Heyder.

Innerhalb der zahlreichen Veröffentlichungen, welche sich mittlerweile nach Meloen (1993: 47) auf insgesamt 2341 Publikationen von 1950 bis 1989 in den Psychological Abstracts beläuft, bestehen über die Definition des Autoritarismus unterschiedliche Ansichten, auch was die Bezeichnung des Begriffs Autoritarismus als Persönlichkeitsdimension oder -syndrom angeht. Ohne hier nun auf diese weitreichende und umfassende theoretische Diskussion eingehen zu können, werden wir im folgenden den allgemeinen Begriff der Einstellung (Attitüde) im Sinne einer relativ stabilen Disposition verwenden. Diese schließt Überzeugungen oder Vorstellungen, Affekthaltungen oder Emotionen wie auch eine Handlungskomponente als bestimmte Verhaltensbereitschaft mit ein.

Die Untersuchung über Unterschiede zwischen Ost- und Westdeutschen in Bezug auf Autoritarismus und Ethnozentrismus von Schmidt und Heyder (2000) legt es nahe, eine ähnliche Analyse auch für gesellschaftliche Gruppen unterschiedlicher Bildungsniveaus durchzuführen. Auch hier sollten sich systematische Einflüsse wie beim Ost-/Westvergleich zeigen. Die wichtigsten Ergebnisse des genannten Beitrags lassen sich wie folgt kurz zusammenfassen: „Das Niveau autoritärer Einstellungen als auch das Ausmaß der Idealisierung der eigenen Nation unterscheidet sich in Ost- und Westdeutschland kaum voneinander. Hingegen ist Antisemitismus in Westdeutschland stärker verbreitet als in Ostdeutschland, andererseits ist Ausländerdiskriminierung in Ostdeutschland häufiger anzutreffen." (Schmidt und Heyder 2000, im Druck).

Wir werden uns hier auf die empirische Analyse des Einflusses unterschiedlicher Niveaus schulischer Bildung konzentrieren. Bei den z.T. komplexen statistischen Analysen können wir aufgrund des begrenzten Umfangs dieses Beitrages leider nicht auf alle Details eingehen. Zu Hintergrundinformationen und Details der statistischen Tests verweisen wir an den entsprechenden Stellen auf den Artikel von Schmidt und Heyder (2000), in welchem ähnliche Verfahren eingesetzt wurden.

Unter Verwendung der theoretischen Konstrukte Diskriminierung von Ausländern, Antisemitismus und Nationalstolz wird hier ein Modell des Ethnozentrismus entwickelt und in Beziehung zu dem theoretischen Konstrukt Autoritarismus gesetzt. Zunächst werden die theoretischen Hintergründe der behandelten Konstrukte kurz beleuchtet und anschließend die Zusammenhänge erläutert. Nach einer deskriptiven Beschreibung der Verteilungen der verwendeten Items folgt eine statistische Analyse des kausalen Zusammenhangs zwischen Autoritarismus und Ethnozentrismus mithilfe von Strukturgleichungsmodellen zunächst für Gesamtdeutschland. Darauf aufbauend werden anschließend die drei Gruppen unterschiedlicher Schulbildung auf signifikante Unterschiede getestet, wobei diese Art der Vorgehensweise eine systematische Testung der Heterogenität der gesamtdeutschen Stichprobe erlaubt. Im nächsten Abschnitt wird der Einfluß weiterer kausaler Faktoren auf die behandelten theoretischen Konstrukte überprüft. Schließlich werden die drei Bildungsgruppen in einem multiplen Gruppenvergleich analysiert und interpretiert. Zum Abschluß stellen wir noch ein Modell vor, in dem die Mittelwerte für die latenten Konstrukte in den drei Gruppen unterschiedlicher Bildung berechnet werden. Allen Analysen liegen die Daten des Allbus '96 (Allgemeine Bevölkerungsumfrage der Sozialwissenschaften) zugrunde (zur Konzeption der Umfrage siehe Wasmer et al. 1996).

Zum einen wird sich in dieser Arbeit zeigen, inwieweit die hier verwendeten Kurzskalen zur Analyse komplexer Zusammenhänge theoretischer Konstrukte in der Umfrageforschung geeignet sind. Zum anderen wird hier versucht, gegebene theoretische Zusammenhänge und Annahmen direkt in ein statistisches Modell zu überführen und damit den empirischen Gehalt zu überprüfen.

2. Theoretischer Stand und abgeleitete Hypothesen

Zunächst soll hier – knapp zusammengefaßt – der theoretische Hintergrund der zu untersuchenden Einstellungsdimensionen des Autoritarismus und Ethnozentrismus behandelt werden. Im Anschluß daran wird auf die theoretische Bedeutung des Niveaus der Schulbildung eingegangen.

In der Theorie der autoritären Persönlichkeit (Adorno et al. 1950) – im folgenden als AP abgekürzt – wird als kennzeichnendes Merkmal des autoritären Persönlichkeitstyps eine stark ausgeprägte Vorurteilsbereitschaft postuliert. Diese begünstigt nach D. J. Levinson Ethnozentrismus (Levinson in Adorno et al. 1950: 150). In neueren Veröffentlichungen wurde diese Hypothese mit verschiedenen sozialpsychologischen Ansätzen verknüpft (z.B. Herrmann und Schmidt 1995; Scheepers et al. 1992). Nach Adorno et al. (1950: 384ff.) hat die stark ausgeprägte Vorurteilsbereitschaft des autoritären Persönlichkeitstyps hauptsächlich seine Ursachen in der Orientierung innerhalb der Familie. Diese ist sehr stark auf Konformität zu konventionellen Moralvorstellungen und „gutem Benehmen" ausgerichtet. Der dabei praktizierte elterliche Erziehungsstil – insbesondere der des Vaters – ist durch übermäßig harte Bestrafungsmittel zur Disziplinierung der Kinder gekennzeichnet (vgl. zur Kritik und zur Rolle der Mutter, Hopf und Hopf 1997: 38ff.). Dieser Erziehungsstil erzeugt Aggressionen der Kinder gegenüber ihren Eltern, welche aufgrund der Angst vor ihnen nicht offen gezeigt und stattdessen auf Substitute übertragen wird. Die aufgestauten Aggressionen richten sich dann gegen Ersatzobjekte, im sozialen Umfeld „verfügbare" Sündenböcke, die offenkundig schwächer sind oder als untergeordnet bzw. minderwertig betrachtet werden. Die Zielgruppen solcher offen gezeigter oder auch nur in den Einstellungen manifestierter Aggressionen können je nach sozialem Umfeld und Kontext unterschiedlicher Art sein. Diese werden als von der gesellschaftlichen Norm abweichende Minderheiten betrachtet, wie z.B. Homosexuelle, Behinderte oder auch ethnische und religiöse Minderheiten.

Nach Sumner (1906: 13ff.) ist Ethnozentrismus durch zwei miteinander verbundene Dimensionen charakterisiert. Die eigene Gruppe wird stets positiv beurteilt bzw. idealisiert und als überlegen angesehen. Gleichzeitig werden Fremdgruppen abgewertet, als minderwertig und unterlegen betrachtet. Diese Zusammenhänge lassen sich auch in die Terminologie der Sozialen Identitätstheorie von Tajfel (1982) bzw. Tajfel und Turner (1979) einordnen. Es werden sowohl Unterschiede zwischen den Gruppen als auch Gemeinsamkeiten innerhalb der Gruppe betont (vgl. hierzu auch Rieker 1997: 14), wobei die Gruppenzugehörigkeiten nicht einmal real existent sein müssen, sondern einfach konstruiert sein können. D. J. Levinson definiert Ethnozentrismus im Sinne Sumners: „Ethnocentrism is based on a pervasive and rigid ingroup-outgroup distinction; it involves stereotyped negative imagery and hostile attitudes regarding outgroups, stereotyped positive imagery and submissive attitudes regarding ingroups, and a hierarchical, authoritarian view of group interaction in which ingroups are rightly dominant, outgroups subordinate" (in Adorno et al. 1950: 150).

Zumindest implizit vertreten die Autoren der AP die Vorstellung, daß Autoritarismus zwar eine wichtige aber nicht die einzige Determinante des Ethnozentrismus bildet (vgl. Herrmann und Schmidt 1995: 289ff.). Dies läßt sich auch in Annahmen über die Ausbildung solcher Einstellungsdimensionen im Sozialisationsprozeß einordnen. Zunächst sollte sich in dessen Verlauf – u.a. in Abhängigkeit vom elterlichen Erziehungsstil – Autoritarismus herausbilden, bis dann von Kindern bzw. Jugendlichen bestimmte soziale Gruppen wie z.B. Ausländer als mögliche Objekte der Abwertung wahrgenommen und kategorisiert werden können. Andererseits könnte man auch nur eine korrelative Beziehung annehmen, die durch gemeinsame während der Sozialisation relevanten Drittvariablen wie z.B. den Einfluß der Schule, den Freundeskreis oder eben den Erziehungsstil verursacht wird. Diese Ansicht wird auch durch Ergebnisse aus der Vorurteils- und Stereotypenforschung (z.B. Clark und Clark 1947; Davey 1983) gestützt (ausführlicher hierzu siehe Schmidt und Heyder 2000), die zeigen, daß schon sehr früh im Kindesalter soziale Kategorien wahrgenommen und deren Mitglieder unterschiedlich behandelt werden.

Letztendlich ist es unserer Ansicht nach nicht eindeutig geklärt, welche Einstellung sich im Sozialisationsprozeß zuerst entwickelt. Eine Überprüfung der hier diskutierten theoretischen Zusammenhänge bzw. ein strenger Test der hier vorgelegten Modellspezifikation und der Richtung der postulierten Kausalität kann allerdings mit der vorliegenden Querschnittsstudie nicht wirklich geleistet werden. Dazu bedürfte es äußerst aufwendiger, längsschnittlich angelegter Studien mit Eltern und ihren Kindern. Solche Untersuchungen liegen bislang nicht vor, wahrscheinlich auch aufgrund des damit verbundenen hohen Aufwandes. Dies sollte bei der Interpretation der Ergebnisse berücksichtigt werden (vgl. hierzu allgemein z.B. Sobel 1995). Der Schwerpunkt dieses Artikels liegt auf der Analyse des Einflusses des Niveaus der Schulbildung auf autoritäre und ethnozentrische Einstellungsmuster, allerdings im hier postulierten Zusammenhang.

Hier wird die Ansicht vertreten, daß Autoritarismus keineswegs eine notwendige Voraussetzung für die Entwicklung ethnozentrischer Einstellungen ist. Man könnte sagen, daß Ethnozentrismus so etwas wie eine grundsätzliche Disposition darstellt, die sich auf einem Kontinuum bewegt. Wie stark nun ethnozentrische Einstellungen ausgeprägt sind oder etwa in extremistische Verhaltensweisen umschlagen (wie z.B. beim Rechtsextremismus), hängt von vielen Faktoren ab. Zum einen von aktuellen gesellschaftlichen Bedingungen und zum anderen von individuellen Persönlichkeitsmerkmalen. Schließlich spielen auch kontextbedingte und situationsspezifische Faktoren, wie z.B. gruppendynamische Prozesse, eine wichtige Rolle.

Die bisher gemachten theoretischen Annahmen über die latenten Konstrukte – die Kerntheorie – läßt sich explizit in Form folgender Strukturhypothesen (im Gegensatz zu Meßhypothesen, welche sich auf die Beziehung der latenten Konstrukte und den beobachteten Variablen beziehen, siehe Abschnitt 4.1) darstellen:

SH1: Je stärker der Autoritarismus einer Person, desto ausgeprägter ist ihr Ethnozentrismus.

SH2a: Je stärker der Ethnozentrismus einer Person, desto ausgeprägtere Diskriminierungstendenzen gegenüber Ausländern wird sie zeigen.

SH2b: Je stärker der Ethnozentrismus einer Person, desto ausgeprägtere Antisemitismustendenzen wird sie zeigen.

SH3: Je stärker der Ethnozentrismus einer Person, desto ausgeprägtere Eigengruppenidealisierungen wird sie zeigen.

Die verbal formulierten Hypothesen lassen sich auch im Überblick in einem Kausalmodell wie in Abbildung 1 veranschaulichen.

Im Kausalmodell ist zu erkennen, daß Ethnozentrismus als Faktor dritter Ordnung spezifiziert wurde. Dieser bezieht sich auf die beiden Dimensionen der Fremdgruppenabwertung und der Eigengruppenidealisierung (Faktoren zweiter Ordnung). Die Fremdgruppenabwertung wird in diesem Modell über die latenten Konstrukte (Faktoren erster Ordnung) Antisemitismus und Ausländerdiskriminierung erfaßt, während die Eigengruppenidealisierung durch die Erfassung des Nationalstolzes abgebildet wird. Erst diese Faktoren erster Ordnung sind empirisch durch Variablen erhoben worden. Die hier vorgenommene Umsetzung theoretischer Annahmen in ein empirisch zu testendes Modell ist natürlich nur eine Möglichkeit der Transformation. Es sind durchaus auch andere Varianten denkbar, um die theoretischen Annahmen in ein empirisches Modell zu überführen.

Abbildung 1: Kausalmodell: Autoritarismus und Ethnozentrismus

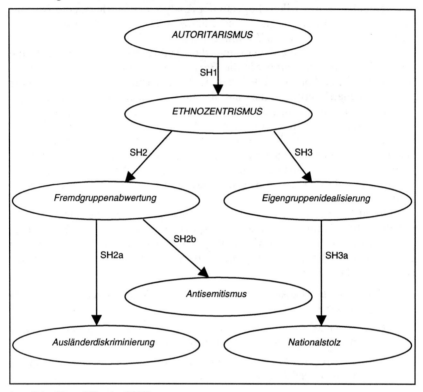

(aus Schmidt und Heyder 2000)

Das Bildungsniveau betreffend, wird in vielen Untersuchungen von einem Zusammenhang mit ethnozentrischen Einstellungen berichtet (z.B. Hill 1993: 53f.; Bergmann 1993: 126 oder auch Watts 1997). Demnach treten fremden-feindliche Einstellungen bei Personen mit geringer Bildung häufiger auf als bei Personen mit höherer Bildung. In Studien über rechtsextremistisch orien-tierte Jugendliche (Kalinowsky 1990; Willems et al. 1993) konnte ebenfalls festgestellt werden, daß diese Gruppen in erster Linie aus den unteren Bil-dungsgruppen stammen. Bergmann und Erb konnten in ihren Studien ebenso einen negativen linearen Zusammenhang zwischen der Höhe der Bildung und dem Ausmaß an Antisemitismus feststellen (Bergmann und Erb 1991: 75). Man könnte also auf den ersten Blick annehmen, daß eine gute Bildung vor Vorurteilen und Fremdenhaß „schützt". Dies ist allerdings nur bedingt rich-tig, auch das Alter bzw. die Generationen spielen hier eine nicht unerhebliche Rolle. Die prägende Phase der Sozialisation ist hierbei ein wichtiger kausaler Faktor, welcher sich – je nach den vorherrschenden gesellschaftlichen Bedingungen – positiv oder negativ auf die späteren Einstellungen auswirkt. Untersuchungsergebnisse der frühen 50er Jahre (Pollock 1955) haben nämlich ebenso gezeigt, daß es gerade Akademiker waren, die sich sehr stark mit dem Antisemitismus identifiziert hatten. Man kann also nicht uneingeschränkt behaupten, daß Bildung per se vor ethnozentrischen Einstellungen, in diesem Fall vor Antisemitismus schützt. Vielmehr sind die sozialisatorischen Bedingungen hierfür ausschlaggebend. Bergmann und Erb z.b. kommen (ähnlich wie bereits Weil 1985) in ihren Analysen über Bildungsgruppen zu dem Resumée: „Bessere Schulbildung reduziert Vorurteil und Fremdenhaß nur dann, wenn sie in einer liberalen und demokratischen Gesellschaft erfolgt und deren Werte vermittelt und wenn Politik und Öffentlichkeit bereit sind, die Normen im Zusammenleben der Gruppen immer wieder zu bekräftigen" (1991: 79).

Die Höhe der Bildung beeinflußt zumindest drei Merkmale (vgl. Jackman und Muha 1984):

– Unmittelbar sind es die *kognitiven Fähigkeiten*. Man sollte annehmen, daß diese dazu beitragen, Hintergründe besser zu durchschauen und damit diesen auch kritischer gegenüber zu stehen und somit weniger zu Pauschalisierungen und Vorurteilen zu neigen.

– Die zweite mittelbare Eigenschaft, die *Übernahme von Werten* scheint, wie die obigen Ausführungen gezeigt haben, eine größere Rolle zu spielen, gerade was den Antisemitismus betrifft.

– Die dritte mittelbare Eigenschaft, die durch die Bildung beeinflußt wird, ist die Höhe des *sozialen Status*, der ja dazu beitragen könnte, sich durch Minderheiten weniger bedroht zu fühlen. Dies könnte nach den Annahmen der Sozialen Identitätstheorie (Tajfel 1982; Tajfel und Turner 1979) dazu führen, daß höher Gebildete aufgrund ihres höheren sozialen Status eine grundsätzlich positivere Identität haben als niedriger Gebildete, was sich auch auf eine niedrigere Eigengruppenidealisierung auswirken sollte. Somit sollten höher Gebildete, auch speziell vor dem Hintergrund der Tatsache, daß die Konkurrenz mit Ausländern auf dem Arbeitsmarkt bei sehr qualifizierten Berufen niedriger ist, weniger zur Fremdgruppenabwertung neigen als niedriger Gebildete.

Unabhängig davon wird in der Literatur (vgl. Converse 1964; Zaller 1996) der Einfluß der Schulbildung auf die Messung von Einstellungsvariablen diskutiert. Insbesondere Converse postulierte eine höhere Konsistenz bei der Beantwortung von Einstellungsfragen innerhalb höherer Bildungsgruppen, was mit den besser entwickelten kognitiven Fähigkeiten zusammenhängt. In Bezug auf die statistische Analyse sollte sich dies beim Testen der Strukturgleichungsmodelle beobachten lassen. Als Konsequenz sollten die Validitätskoeffizienten der Befragten mit niedriger Bildung weniger hoch sein als bei den Befragten mit hoher Bildung, während die Meßfehler mit steigendem Bildungsniveau abnehmen sollten.

Die geschilderten Zusammenhänge über die Schulbildung lassen sich als folgende Hypothesen (hier als SGH bezeichnet, da es sich um Hypothesen über die drei Subgruppen der Bildung handelt) formulieren:

SGH1: Je höher das Niveau der Schulbildung, desto niedriger ist das Ausmaß autoritärer Einstellung.

SGH2: Je höher das Niveau der Schulbildung, desto niedriger ist das Ausmaß ethnozentrischer Einstellung.

SGH3: Je höher das Niveau der Schulbildung, desto höher ist die Konsistenz bei der Beantwortung der Einstellungsfragen.

3. Deskriptive Ergebnisse

In diesem Abschnitt werden zunächst im Überblick die Mittelwerte und Streuungen aller verwendeten Items getrennt für die Gruppen unterschiedlicher Bildungsniveaus dargestellt (zusammenfassend zur Herkunft und Hintergründen der Meßinstrumente siehe z.B. Schmidt und Heyder 2000). Alle Berechnungen der deskriptiven Statistiken erfolgten mit „SPSS for Windows 7.5", wobei die Signifikanzen der Mittelwerte über „Independent Samples T-Tests" (T-Tests mit unabhängigen Stichproben) ermittelt wurden. Die verwendeteten Daten stammen alle aus der Allgemeinen Bevölkerungsumfrage der Sozialwissenschaften (Allbus) des Jahres 1996, welche vom Zentrum für Umfragen, Methoden und Analysen (ZUMA) regelmäßig durchgeführt wird.

Die Variable Bildung liegt in Form von drei Ausprägungen vor: Die Kategorie „niedrige Bildung" entspricht ‚Volks/Hauptschulabschluß' und ‚kein Schulabschluß', „mittlere Bildung" entspricht ‚Mittlere Reife/Realschulabschluß/Fachhochschulreife' und „hohe Schulbildung" dem Schulabschluß ‚Abitur/Hochschulreife'. In Tabelle 1 werden die Mittelwertsunterschiede zwischen den drei Bildungsgruppen dargestellt.

Die klare Konsistenz der abnehmenden Mittelwerte über die Bildungsgruppen ist eindeutig erkennbar. Die Unterschiede der hier berechneten Mittelwerte sind beträchtlich, wobei die Werte über alle Items für die Bildungsgruppen von niedriger über mittlere bis zur hohen Bildung sinken. Im Durchschnitt sind die geringsten Mittelwertdifferenzen bei den Items des Autoritarismus auszumachen und die höchsten bei denen der Ausländerdiskriminierung. Eine Ausnahme bildet das zweite Antisemitismus-Item „Scham über deutsche Untaten", welches keine signifikanten Mittelwertunterschiede aufweist und auch die Höhe der Mittelwerte hier am niedrigsten ist. Interessant ist hierbei, daß sich dieses Ergebnis auch schon bei der Analyse zwischen Ost- und Westdeutschland gezeigt hat (siehe Schmidt und Heyder 2000). Daß sich dieses Item von den anderen abhebt, könnte folgende Ursachen haben. Zum einen unterscheidet es sich dadurch, daß es innerhalb der Konstruktion

Tabelle 1: Itemformulierungen und deskriptive Maße
(m = Mittelwert, s = Standardabweichung)

BILDUNGSGRUPPE	niedrig	mittel	hoch
Autoritäre Unterwürfigkeit (AUTO) *n = 1518* *1102* *540*			
Wir sollten dankbar sein für führende Köpfe, die uns genau sagen	*	*	*
können, was wir tun sollen und wie.	m = 3,1	m = 2,5	m = 2,3
1 stimme gar nicht zu – 7 stimme völlig zu **(auto1)**	s = 1,9	s = 1,7	s = 1,7
Im allgemeinen ist es einem Kind im späteren Leben nützlich, wenn	*	*	*
es gezwungen wird, sich den Vorstellungen seiner Eltern anzupassen.	m = 2,8	m = 2,2	m = 2,0
1 stimme gar nicht zu – 7 stimme völlig zu **(auto2)**	s = 1,8	s = 1,5	s = 1,4
Ausländerdiskriminierung (AUSL)			
Die in Deutschland lebenden Ausländer sollten ihren Lebensstil ein	*	*	*
bisschen besser an den der Deutschen anpassen.	m = 5,4	m = 4,7	m = 4,0
1 stimme gar nicht zu – 7 stimme völlig zu **(ausl1)**	s = 1,7	s = 1,9	s = 2,0
Wenn Arbeitsplätze knapp werden, sollte man die in Deutschland le-	*	*	*
benden Ausländer wieder in ihre Heimat zurückschicken.	m = 4,1	m = 3,2	m = 2,4
1 stimme gar nicht zu – 7 stimme völlig zu **(ausl2)**	s = 2,1	s = 2,0	s = 1,7
Man sollte den in Deutschland lebenden Ausländern jede politische	*	*	*
Betätigung in Deutschland untersagen.	m = 4,4	m = 3,6	m = 2,6
1 stimme gar nicht zu – 7 stimme völlig zu **(ausl3)**	s = 2,2	s = 2,2	s = 1,9
Die in Deutschland lebenden Ausländer sollten sich ihre Ehepartner	*	*	*
unter ihren eigenen Landsleuten auswählen.	m = 3,5	m = 2,4	m = 1,7
1 stimme gar nicht zu – 7 stimme völlig zu **(ausl4)**	s = 2,2	s = 2,0	s = 1,6
Antisemitismus (ANTI)			
	*	*	*
Juden haben auf der Welt zu viel Einfluß.	m = 3,7	m = 2,9	m = 2,3
1 stimme gar nicht zu – 7 stimme völlig zu **(anti1)**	s = 1,9	s = 1,9	s = 1,8
Mich beschämt, daß Deutsche so viele Verbrechen an den			
Juden begangen haben. (recodiert)[1]	m = 2,4	m = 2,3	m = 2,0
1 stimme völlig zu – 7 stimme gar nicht zu **(anti2)**	s = 1,8	s = 1,8	s = 1,7
Viele Juden versuchen, aus der Vergangenheit des Dritten Reiches	*	*	*
heute ihren Vorteil zu ziehen und die Deutschen dafür zahlen zu lassen.	m = 4,8	m = 4,1	m = 3,4
1 stimme gar nicht zu – 7 stimme völlig zu **(anti3)**	s = 1,9	s = 2,0	s = 2,0
Durch ihr Verhalten sind die Juden an ihren Verfolgungen nicht ganz	*	*	*
unschuldig.	m = 3,1	m = 2,4	m = 1,9
1 stimme gar nicht zu – 7 stimme völlig zu **(anti4)**	s = 1,9	s = 1,8	s = 1,5
Eigengruppenidealisierung (EIGEN)			
Würden Sie sagen, daß Sie **(stolz)**	*	*	*
1 überhaupt nicht stolz – 2 nicht sehr stolz – 3 ziemlich stolz oder *– 4*	m = 2,9	m = 2,6	m = 2,2
sehr stolz darauf sind, eine(e) Deutsche(r) zu sein. (recodiert)[2]	s = 0,9	s = 0,9	s = 0,9

* = Signifikanzniveau .05 (2-tailed) über alle drei Gruppen, bei „anti2" nur zwischen niedrig vs. hoch und mittel vs. hoch. Bei der Berechnung der T-Tests wurde mit einer Ge-
wichtungsvariable gearbeitet, die diese bei gesamtdeutschen Analysen eingesetzt werden
muß (zur Gewichtung der Daten siehe Wasmer et al. 1996).

1 Dieses Item wurde nach der Erhebung recodiert, da es als einziges Item im semantischen Sinne einer antisemitischen Einstellung negativ formuliert war.
2 Dieses Item wurde ebenfalls recodiert, da es im semantischen Sinne einer ethnozentrischen Einstellung negativ formuliert war.

der Antisemitismus-Indizes nach Bergmann und Erb (1991) nicht wie die anderen drei Items zum Index (AS-Stereotyp) der „antijüdischen Stereotypen"
zählt (zu den AS-Indizes siehe Bergmann und Erb 1991: 50ff.). Sicherlich
sind mit dem Thema Antisemitismus immer auch Emotionen verbunden.
Dieses Item versucht jedoch direkt eine Emotion, nämlich Scham zu erfassen,
während sich die anderen drei Items eher auf „kognitiv-sachliche" Komponenten beziehen. Dies könnte man dahingehend interpretieren, daß die Qualität von Emotionen weniger oder gar nicht durch die Höhe des Bildungsniveaus beeinflußt wird. Es mißt somit eine andere Dimension und betont mehr
die Eigenverantwortung der Deutschen für die Verbrechen des Dritten
Reichs, während sich die anderen auf das Verhalten der Juden beziehen. Es
muß also nicht unbedingt auf eine Antworttendenz (response bias) der se-
mantisch umgekehrten Itemformulierung zurückzuführen sein.

Zusammenfassend kann festgehalten werden, daß die Höhe der Mittelwerte der Items zur Erfassung der Einstellungen Autoritarismus, Ausländerdiskriminierung und Antisemitismus mit ansteigendem Bildungsniveau sinkt.
Dies gilt auch für den Mittelwert des Items zur Erfassung der Eigengruppenidealisierung. Somit können die in Abschnitt 2 abgeleiteten Hypothesen
„SGH1" und „SGH2" über den Einfluß der Bildung als bestätigt betrachtet
werden, zumindest was diese deskriptiven Maße angeht. Eine Ausnahme bildet das angesprochene Item zur Erfassung der Scham über die Verbrechen an
den Juden. Es wird sich noch zeigen, ob sich diese Tendenz auch bei den
Mittelwerten der latenten Konstrukte in Abschnitt 5.4 nachweisen läßt.

4. Analysen unter Anwendung von Strukturgleichungsmodellen

In diesem Abschnitt stellen wir ein bereits modifiziertes Strukturmodell für
Gesamtdeutschland vor, welches auf einer konfirmatorischen Faktorenanalyse beruht (zur Anwendung von Strukturgleichungsmodellen siehe z.B.
Schumacker und Lomax 1998; Backhaus et al. 1995). Ausgehend von einem
ersten Ausgangsmodell, welches hier aufgrund des Umfangs nicht dokumentiert wird, präsentieren wir ein modifiziertes Modell (zum Verfahren der Modelltestung siehe Anderson und Gerbing 1988), welches an die Daten besser
angepaßt ist (zu Details und den verschiedenen Schritten der Faktorenanalyse
siehe Schmidt und Heyder 2000). Dieses Modell dient als Grundlage zur
Analyse anderer möglicher kausaler Faktoren und wird dann auf mögliche
Bildungsunterschiede mit der Methode des multiplen Gruppenvergleichs untersucht. Der Vergleich im Anschluß bezieht auch die Mittelwerte der latenten Konstrukte mit ein.

4.1 Operationalisierung der vier Konstrukte

Die neun Konstrukte der F(aschismus)-Skala (Adorno et al. 1950: 222ff.) wurden von Altemeyer (1981), der sich seit den 70er Jahren eingehend und sehr kritisch mit dem Forschungsprogramm der AP und den Autoritarismus-Skalen beschäftigt hat, auf nur drei Konstrukte reduziert: Die autoritäre Unterwürfigkeit, die autoritäre Aggression und den Konventionalismus. Im Allbus 96 wurden – wegen seines Charakters als Mehrthemenumfrage – für die Operationalisierung des Autoritarismus nur zwei Indikatoren aus der „Neuen Allgemeinen Autoritarismus Skala" (NAAS) von Lederer (siehe Glöckner-Rist und Schmidt 1999) aufgenommen. Diese beiden Items beziehen sich auf eine der wichtigsten Autoritarismusdimensionen, die Unterwürfigkeit. Diese beiden Indikatoren sind Bestandteil einer bereits von Schmidt et al. (1995) getesteten Kurzskala, welche ursprünglich drei Indikatoren umfaßte und sehr befriedigende Werte für Reliabilität und formale Gültigkeit aufwies und sich auch im Pretest zum Allbus 96 als erklärungskräftig erwiesen haben. Abgesehen von dem eben beschriebenen, erscheint es zugegebenermaßen etwas fraglich, ob man denn mit gerade nur zwei Items ein solch komplexes theoretisches Konstrukt erfassen kann. In der Validierungsstudie von Schmidt et al. (1995) konnte jedoch nachgewiesen werden, daß diese zwei Items stark mit den anderen Autoritarismusdimensionen korrelieren als auch mit postulierten externen Kriterien wie der Diskriminierung von Ausländern und dem Antisemitismus. Andererseits hat auch Altemeyer (1996: 53) seine Skala als eindimensional bezeichnet und somit sind die drei Dimensionen nur analytische Unterscheidungen.

Ein großer Vorteil des vorliegenden Datensatzes ist seine Aktualität und die Stichprobengröße, die es ja erst erlaubt, Subgruppenanalysen wie im vorliegenden Fall noch sinnvoll interpretieren zu können. Außerdem werden die statistischen Analysen zeigen, ob denn die aufgestellten Strukturhypothesen vorläufig bestätigt werden können und natürlich auch, wie gut sich die Meßqualität erweist.

Ausgehend von den zehn Items (siehe Tabelle 1) könnte man die entsprechenden Korrespondenzhypothesen zur Verknüpfung der Items bzw. beobachteten Indikatoren mit den drei zugrunde liegenden latenten Konstrukten Autoritarismus, Diskriminierung von Ausländern, Antisemitismus und Eigengruppenidealisierung formulieren. Diese Hypothesen sind Bestandteil der Meßtheorie (im Gegensatz zur Kerntheorie in Abschnitt 2). Exemplarisch stellen wir für jedes Konstrukt eine vor.

KH1: Je größer der Autoritarismus einer Person ist, desto eher stimmt sie der Aussage zu: „Wir sollten dankbar sein für führende Köpfe, die uns genau sagen können, was wir tun sollen und wie."

KH2: Je größer die Diskriminierungstendenz einer Person gegenüber Ausländern ist, desto eher stimmt sie der Aussage zu: „Die in Deutschland lebenden Ausländer sollten ihren Lebensstil ein bisschen besser an den der Deutschen anpassen".

KH3: Je größer der Antisemitismus einer Person ist, desto eher stimmt sie der Aussage zu: „Juden haben auf der Welt zu viel Einfluß".

KH4: Je größer die Idealisierung der Eigengruppe einer Person ist, desto eher stimmt sie der Aussage zu, daß sie „stolz darauf ist, ein(e) Deutsche(r) zu sein".

Nachdem in einer konfirmatorischen Faktorenanalyse für die gesamtdeutsche Stichprobe die Meßqualität, also die getrennte Messung der latenten Konstrukte, nachgewiesen wurde (mit Ausnahme der Indikatoren ‚ausl4' und ‚anti2'), stellen wir hier gleich das endgültige, modifizierte Strukturgleichungsmodell vor (zu den Details der Faktorenanalyse und Generierung der Modelle, siehe Schmidt und Heyder 2000).

4.2 Kausaler Zusammenhang zwischen Autoritarismus und Ethnozentrismus

Das vorliegende Modell wurde wie alle folgenden Modelle mit dem Programm AMOS, Version 3.6 geschätzt (Arbuckle 1997). Als Schätzmethode wurde die Maximum-Likelihood Methode verwandt.

Abbildung 2: Endmodell für die gesamtdeutsche Stichprobe

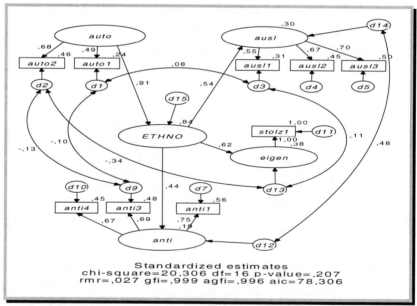

df = degrees of freedom, p-value = probability value, rmr = root mean square residual, gfi= goodness of fit index, agfi = adjusted goodness of fit index, aic = Akaike information criterion. Zu den Variablenbezeichnungen siehe Tabelle 1 (aus Schmidt und Heyder 2000).

Die Abbildung 2 entspricht der empirischen Umsetzung der theoretischen Annahmen des Kausalmodells in Abbildung 1. In allen Abbildungen sind nur Koeffizienten auf dem 1%-Signifikanzniveau ausgewiesen. Es gelten in allen Abbildungen folgende Konventionen für Strukturgleichungsmodelle (hier AMOS): Große Kreise/Ellipsen: latente Variablen; Rechtecke: beobachtete Variablen; kleine Kreise/Ellipsen: Zufallsmeßfehler der beobachteten Variablen; Pfeile: Ursachen-Wirkungsbeziehungen; Doppelpfeile: korrelative Beziehungen.

Die ausgewiesenen Anpassungsmaße als auch die Höhe der Validitätskoeffizienten in diesem verbesserten Endmodell sind äußerst zufriedenstellend (zu den Anpassungsmaßen siehe z.b. Arbuckle 1997: 551ff.). Die Messung der latenten Konstrukte mit den hier verwendeten Items ist also gelungen. Das heißt auch, daß die Strukturhypothesen „SH1" bis „SH3a" aus Abschnitt 2 (siehe auch Abb. 1) als bestätigt betrachtet werden können. Da auch die Validitätskoeffizienten alle signifikant sind und in der postulierten Richtung liegen, können auch die oben aufgeführten Korrespondenzhypothesen in Abschnitt 4.1 als bestätigt angesehen werden. Dieses Modell dient nun als Ausgangsmodell für die anschließenden Gruppenvergleiche.

5. Autoritarismus, Ethnozentrismus und der Einfluß des Bildungsniveaus

Nachdem bereits in einer kurzen Zusammenfassung das modifizierte Strukturgleichungsmodell vorgestellt wurde, welches als Grundlage der weiteren Analysen dient, soll hier jetzt auf den Einfluß des Niveaus der Schulbildung eingegangen werden. Zunächst wird überprüft, inwieweit zusätzliche andere kausale Faktoren einen Einfluß auf die starke Beziehung zwischen Autoritarismus und Ethnozentrismus haben (siehe Abbildung 2). Anschließend werden die Gruppen unterschiedlicher Bildungsniveaus auf signifikante Unterschiede überprüft. Und schließlich werden die Strukturgleichungsmodelle der jeweiligen Bildungsgruppen näher betrachtet und interpretiert.

5.1 Der Einfluß der Bildung und andere kausale Einflußfaktoren: MIMIC-Modell

Aufgrund der beobachteten starken Beziehung zwischen Autoritarismus und Ethnozentrismus (siehe Abbildung 2) könnte man sich auch fragen, ob die beiden Konstrukte nicht das gleiche messen. In der konfirmatorischen Faktorenanalyse konnten wir jedoch bereits nachweisen, daß die beiden Konstrukte unabhängig durch die jeweils verwendeten Indikatoren gemessen wurden. Als weiterer Test wollen wir in diesem Abschnitt überprüfen, ob die starke

kausale Beziehung zwischen Autoritarismus auch dann bestehen bleibt, wenn
als Kontrollvariablen die drei sozialstrukturellen Merkmale Alter, Bildung
und Ost-Westzugehörigkeit eingeführt werden. Diese Einflußfaktoren wurden in einer Reihe empirischer Untersuchungen als signifikante Determinanten von Autoritarismus als auch Ethnozentrismus in Form der Diskriminierungstendenz gegenüber Ausländern und dem Antisemitismus bereits identifiziert (vgl. z.B Watts 1997).

   Das um diese drei Einflußfaktoren erweiterte Modell in Abbildung 3 wird
als MIMIC-Modell (Multiple Indicators Multiple Causes) bezeichnet, da es sowohl Ursachenindikatoren (Alter, Bildung und Ost-West) als auch Wirkungs-
indikatoren (Items zur Messung der Konstrukte Autoritarismus, Diskriminierung von Ausländern, Antisemitismus und Eigengruppenidealisierung) enthält.

   In Abbildung 3 ist das MIMIC-Modell in vereinfachter Weise dargestellt,
da komplexere Modelle wie dieses den Rahmen einer grafischen Darstellbar-
keit übersteigen. Es enthält nur die latenten Variablen mit den jeweiligen
standardisierten Pfadkoeffizienten der Modelltestung für Gesamtdeutschland.
Die Basis dieses Modells ist das Strukturmodell aus Abbildung 2, wenn auch
aufgrund der veränderten Struktur weitere Modifikationen eingeführt wurden,
welche hier aufgrund des Umfangs nicht mehr dokumentiert werden können.
Die Gesamtanpassung des Modells ist durchaus befriedigend. Der chi^2-Wert
beträgt 54.34 mit 35 Freiheitsgraden, allerdings nur mit einem p-Wert von
.02, was bei der vorliegenden Stichprobengröße jedoch nicht verwundert (zu
dieser Problematik siehe z.B. Backhaus et al. 1994: 415ff.). Die deskriptiven
Anpassungsmaße RMR, GFI und AGFI sind hingegen mit Werten von .028,
.997 bzw. .994 sehr befriedigend.

Abbildung 3: MIMIC-Modell: Determinanten des Autoritarismus und
              Ethnozentrismus

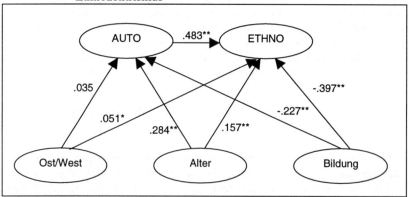

* entspricht 5%-Signifikanzniveau; ** entspricht 1%-Signifikanzniveau
(CHi-square = 54.340, df = 35, Probability level = .020, RMR = .028, GFI = .997, AGFI =
.994)

Aus der Grafik ist ersichtlich, daß insbesondere die Schulbildung einen beträchtlichen Einfluß auf Autoritarismus und Ethnozentrismus unter statistischer Kontrolle der Variablen Alter, Ost-Westzugehörigkeit und im Falle der Erklärung von Ethnozentrismus, zusätzlich von Autoritarismus hat. Dies kann als Bestätigung der Hypothesen „SGH1" und SGH2" aus Abschnitt 2 betrachtet werden. Der standardisierte partialisierte Regressionskoeffizient bei der Erklärung des Autoritarismus beträgt -.23 und ist etwas geringer als der des Alters (.28). Hingegen hat das Merkmal Ost/West keinen signifikanten Effekt auf Autoritarismus. D.h. also, daß je höher das Bildungsniveau einer Person ist, desto schwächer ist das Ausmaß autoritärer als auch ethnozentrischer Einstellungen und je höher das Alter einer Person, desto stärker ist das Ausmaß autoritärer als auch ethnozentrischer Einstellungen.

Der standardisierte Regressionskoeffizient von Autoritarismus auf Ethnozentrismus im Vergleich zu dem modifizierten Endmodell (Abbildung 2) hat sich von .91 auf .48 nahezu halbiert, was zwar eine erhebliche Reduzierung darstellt, aber gleichzeitig auch für die stabile Beziehung zwischen Autoritarismus und Ethnozentrismus spricht. Schulbildung ist beachtlicherweise mit einem Wert von -.40 ähnlich stark in seiner Wirkung auf den Ethnozentrismus wie der Autoritarismus mit einem Koeffizienten von .48. Der positive Effekt des Alters auf Ethnozentrismus ist mit .16 nur etwa halb so stark wie der Einfluß der Bildung. Die Ost-/Westzugehörigkeit hat nur einen quantitativ schwachen Effekt von .05 (auf dem 5%-Signifikanzniveau). Demnach hat die ostdeutsche Bevölkerung ein geringfügig höheres Niveau ethnozentrischer Einstellungen als die westdeutsche.

Auch wenn die Variable Schulbildung eine Reihe von unterschiedlichen Komponenten enthält, so ist deren quantitative statistische Relevanz für Autoritarismus und Ethnozentrismus sehr bemerkenswert. Dies weist auf die potentiell große Bedeutung der Lehrerausbildung als auch der Gestaltung des Schulunterrichts für die Entwicklung des Ethnozentrismus hin (vgl. Adorno 1970; Becker et al. 1967). Bildung per se schützt natürlich nicht vor Vorurteilen oder Diskriminierung von Minderheiten. Der qualitative Aspekt der Schulbildung, was die Lehrinhalte angeht ist hierbei von Bedeutung. Es kommt auf die Vermittlung demokratischer und humanistischer Werte an und dies natürlich nicht nur in der Schule, sondern in allen Bereichen der Gesellschaft, die auf die Sozialisation der Heranwachsenden einen Einfluß haben. Ähnlich stellt sich dies beim Einfluß des Alters dar. Auch in diesem Fall hängt der Einfluß wahrscheinlich nicht direkt vom Alter ab, sondern ist von der Sozialisationsphase abhängig, in der sich solche Einstellungsmuster herausbilden. Hier liegt also eher ein Generationen- als ein Alterseffekt vor.

5.2 Multipler Gruppenvergleich: Test auf signifikante Unterschiede zwischen den Bildungsgruppen

Die Ergebnisse des MIMIC-Modells lassen keine Aussagen über mögliche Wechselwirkungen der Schulbildung mit autoritärer und ethnozentrischer Einstellung oder über Unterschiede in der Konsistenz der Messung innerhalb der Bildungsgruppen zu. Die Anwendung multipler Gruppenvergleiche bietet die Möglichkeit, für zwei oder mehrere Gruppen verschiedene Annahmen über die Struktur der kausalen Beziehungen, aber auch über die zu schätzenden Parameter der Meßmodelle zu machen.

Eine weitere Auswirkung unterschiedlicher Bildungsniveaus sollte sich in Anlehnung an die von Converse (1964) und Zaller (1996) postulierten unterschiedlichen Bezugssystemen bei der Gültigkeit und Zuverläßigkeit der Meßinstrumente zeigen. Insbesondere Converse postulierte eine höhere Konsistenz bei der Beantwortung von Einstellungsfragen innerhalb höherer Bildungsgruppen, was mit den besser entwickelten kognitiven Fähigkeiten zusammenhängt (siehe Abschnitt 2). Dies sollte sich insbesondere beim Testen der Meßmodelle auswirken. Somit müßten die Faktorenladungen in der Gruppe der Befragten mit niedriger Bildung weniger hoch sein als bei den Befragten mit hoher Bildung. Während die Meßfehler bei niedriger Gebildeten höher sein sollten als in der Gruppe der besser Gebildeten (vgl. auch Judd und Milburn 1980; Converse 1964; Zaller 1996).

Die Differenzierung nach drei Bildungsgruppen erlaubt den Effekt unterschiedlicher schulischer Sozialisation auf die Gültigkeit und Zuverläßigkeit der verwendeten Instrumente zu überprüfen. Im Falle großer repräsentativer Bevölkerungsstichproben kann nicht ausgeschlossen werden, daß das Verständnis der Fragen über unterschiedliche Bildungsgruppen variiert und dann die Frage nach der Zulässigkeit einer Analyse der Gesamtstichprobe aufkommt (vgl. hierzu für Ost-/Westunterschiede Schmidt und Heyder 2000).

Im folgenden wenden wir ein Testverfahren an, welches es erlaubt, detaillierte Angaben über die Gleicheit bzw. Ungleichheit verschiedener Parameterklassen in den drei Bildungsgruppen zu machen (zu dieser Vorgehensweise siehe Jöreskog und Sörbom 1989: 227ff.). Es wird hier also geprüft, ob sich die drei Gruppen mit unterschiedlicher Bildung in Bezug auf die postulierten theoretischen Zusammenhänge, welche in ein empirisch testbares Strukturgleichungsmodell überführt wurden, unterscheiden oder nicht. Dies wird u.a. mithilfe eines Chi^2-Differenzentests ermittelt, bei dem die zu schätzenden Parameterklassen (wie z.B. Faktorenladungen, Meßfehler und Strukturkoeffizienten) auf statistisch signifikante Unterschiede überprüft werden. Am Ende dieses Tests wird schließlich ein Modell angenommen bzw. beibehalten, welches die signifikanten Unterschiede zwischen den Gruppen einschließt und bei den weiteren folgenden Analysen mit berücksichtigt (ausführlicher zu dieser Teststrategie siehe Schmidt und Heyder 2000). Ausgangsmodell für diesen Test ist wiederum das in Abbildung 2 dargestellte Strukturmodell (mit den entsprechenden Modifizierungen).

Tabelle 2: Chi^2-Differenzentest, AIC-Differenz und Chi^2 im Verhältnis zu Freiheitsgraden (cmin/df) für die Gruppen unterschiedlicher Schulbildung

	Chi²-Diff.	df-Diff.	p-value	AIC-Diff.	cmin/df
Modell 1 (alle Parameter gleich)					4.26
versus	+304.65	+26	.000	+252.65	
Modell 2 (Meßfehler frei)					1.83
Modell 2 (Meßfehler frei)					1.83
versus	+22.17	+6	.001	+10.17	
Modell 3 (+ Strukturkoeffizienten frei)					1.68
Modell 3 (+ Strukturkoeffizienten frei) *versus*					1.68
Modell 4 (+ Fehler und Fehlerkorrelationen der	+25.69	+14	.028	-2.31	
latenten Variablen frei)					1.64
Modell 3 (+ Strukturkoeffizienten frei)					1.68
versus	+27.06	+10	.003	+7.06	
Modell 5 (+ Faktorenladungen frei)					1.52
Modell 5 (+ Faktorenladungen frei)					1.52
versus	+32.70	+16	.008	+.70	
Modell 6 (alle Parameter frei geschätzt)					1.34

Bei einer stringenten Anwendung der oben beschriebenen Strategie hätte eigentlich das Modell 6 die Annahmen aus Modell 4 beinhalten müssen, d.h. daß die Fehler als auch die Fehlerkorrelationen der latenten Variablen in allen drei Gruppen gleichgesetzt sind. Die freie Schätzung dieser Parameterklasse hat ja in Schritt drei des Tests (dritte Zeile in der Tabelle) keine signifikante Verbesserung ergeben. Bisherige Analysen (z.B. Schmidt und Heyder 2000) haben jedoch immer gezeigt, daß die Freisetzung dieser Parameter eine signifikante Verbesserung nach sich zieht. Daher haben wir im Schritt fünf diese Tatsache mitberücksichtigt und entgegen der Vorgehensweise trotzdem alle Parameter frei geschätzt und prompt eine signifikante Verbesserung des Modells erreicht, was bei der Einhaltung der bisherigen Strategie nicht der Fall gewesen wäre. Da es sich nun aber um ein ausschließlich methodisch-statistisches Problem handelt, werden wir dies hier nicht weiter verfolgen. Dies muß an andere Stelle geschehen.

Zunächst wurde das Modell 2 mit variierenden Zufallsmeßfehlern in den drei Bildungsgruppen gegen Modell 1 getestet, welches keine systematischen Unterschiede in den Gruppen zuließ. Modell 2 entspricht den Annahmen von Converse (1964) und Zaller (1996), da sie postulieren, daß sich die kognitive Kompetenz und somit die Konsistenz des Antwortverhaltens mit steigender Bildung erhöht. Modell 3 impliziert, daß die Stärke der Wirkung von Autoritarismus und Ethnozentrismus systematisch in den drei Bildungsgruppen variiert. Dies wird durch die Daten empirisch bestätigt. Modell 4 ergibt, wie in Tabelle 2 zu sehen, keine statistisch signifikante Verbesserung. Modell 5 entspricht ebenfalls formal den Annahmen von Converse und Zaller, da systematische Unterschiede in den Faktorenladungen auch für die Konsistenz der Beantwortung der Items spricht. Wie oben schon angesprochen, erweist sich Modell 6 als das an die Daten am besten angepaßte.

5.3 Multipler Gruppenvergleich der unterschiedlichen Bildungsniveaus

Im folgenden wird nun auf den Gruppenvergleich mit den drei Gruppen „niedrige Schulbildung", „mittlere Schulbildung" und „hohe Schulbildung" näher eingegangen. Durch den Vergleich der Bildungsgruppen wollen wir prüfen, ob die formale Gültigkeit (Faktorenladung) der Items, die Zufallsmeßfehler und die Beziehungen zwischen den Konstrukten unterschiedlich sind.

Nachdem nun die Modelltests ergeben haben, daß Modell 6 für die Analyse der Bildungsgruppen das an die Daten am besten angepaßte ist, soll dieses jetzt näher betrachtet werden. In diesem Modell werden für die drei Bildungsgruppen alle Parameter frei geschätzt, also unter der Annahme, daß die Parameter in den Gruppen signifikant voneinander verschieden sind. Im folgenden werden die Ergebnisse des simultanen Tests der drei Gruppen niedrige, mittlere und hohe Bildung unter den Annahmen von Modell 6 interpretiert. Hierzu zunächst die entsprechenden drei Abbildungen, in denen wiederum nur die signifikanten Pfade auf dem 1%-Niveau ausgewiesen sind.

Abbildung 4: Strukturgleichungsmodell für die Bildungsgruppe: niedrig

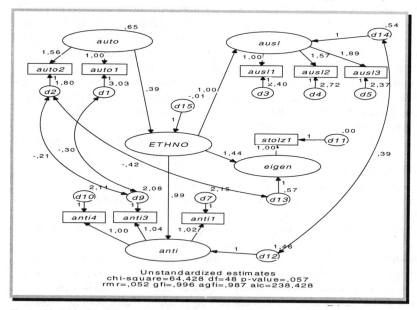

Zu den Variablenbezeichnungen sowie den vollständigen Itemformulierungen siehe Tab. 1.

Abbildung 5: Strukturgleichungsmodell für die Bildungsgruppe: mittel

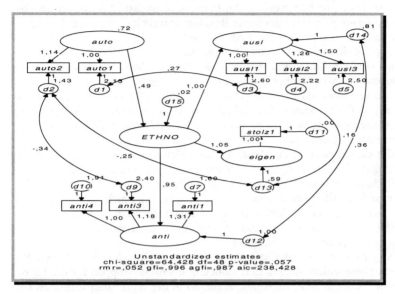

Zu den Variablenbezeichnungen sowie den vollständigen Itemformulierungen siehe Tab. 1.

Abbildung 6: Strukturgleichungsmodell für die Bildungsgruppe: hoch

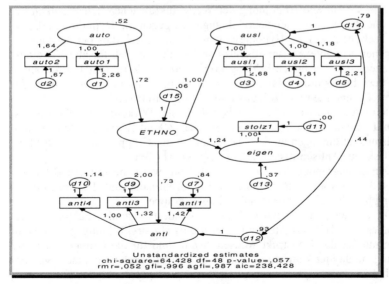

Zu den Variablenbezeichnungen sowie den vollständigen Itemformulierungen siehe Tab. 1.

Was die Residuenkorrelationen angeht, sollen hier nur einige markante Ergebnisse angesprochen werden. Auffällig ist zunächst, daß wiederum über alle drei Gruppen eine signifikante Residuenkorrelation zwischen dem latenten Konstrukt Antisemitismus und Ausländerdiskriminierung (d12-d14) besteht. Diese Korrelation konnte bislang in mehreren Modellen festgestellt werden (siehe Schmidt und Heyder 2000; Heyder 1998) und bewegt sich im vorliegenden Fall zwischen .36 und .44, was ungefähr im Rahmen des Modells für Gesamtdeutschland liegt (siehe Abbildung 2). Das bestätigt die Hypothese, daß die beiden Einstellungskonstrukte Ausländerdiskriminierung und Antisemitismus noch einen gemeinsamen erklärenden Faktor haben, die allgemeine Fremdgruppenabwertung (vgl. Abb. 1).

Die unstandardisierten Meßfehler der Indikatoren lassen zumindest eine Tendenz dahingehend erkennen, daß die unerklärten Varianzen mit der Höhe des Bildungsniveaus abnehmen. Äußerst auffällig ist, daß in der Gruppe mit hoher Bildung alle Korrelationen der Zufallsmeßfehler nicht mehr signifikant sind. Dies weist darauf hin, daß diese Gruppe die Items wesentlich trennschärfer wahrnimmt, was als eine Bestätigung für die Hypothese „SGH3" aus Abschnitt 2 betrachtet werden kann.

Nun zu den unstandardisierten Validitätskoeffizienten der latenten Variablen. Diese unterscheiden sich eindeutig über die Gruppen für die latente exogene Variable Autoritarismus. Während in der hohen und niedrigen Bildungsgruppe die Ladung des zweiten Items „auto2" sehr viel höher als diejenige des zweiten Items ist, gilt dies nicht für die Gruppe mittlerer Bildung. Bei der latenten endogenen Variable Ausländerdiskriminierung ist eine eindeutigere strukturelle Anordnung der Werte auszumachen. Diese sinken mit der Höhe des Niveaus der Schulbildung, was gegen die Hypothese „SGH3" aus Abschnitt 2 spricht. Hypothesenkonform stellt sich dies bei der latenten endogenen Variable Antisemitismus dar. Es fällt auf, daß für alle Validitätskoeffizienten in der hohen Bildungsgruppe höhere Werte (anti1: 1.42; anti3: 1.32) berechnet wurden als in den beiden Gruppen mit mittlerer (anti1: 1.31; anti3: 1.18) und niedriger Bildung (anti1: 1,02; anti3: 1.04).

Beim Autoritarismus zeigt sich, daß dessen Wirkung auf Ethnozentrismus mit zunehmender Bildung von .39 über .49 auf .72 steigt. Beim Ethnozentrismus ist hingegen zu erkennen, daß bei der Gruppe mit hoher Bildung der Effekt auf Antisemitismus am niedrigsten ist (.73).

Die Eigengruppenidealisierung betreffend, weist die mittlere Bildungsgruppe die schwächste Beziehung mit Ethnozentrismus auf. Die stärkste Beziehung besteht bei der niedrigsten Bildungsgruppe.

Die dargelegten Ergebnisse lassen zumindest folgenden Schluß zu. Die Hypothese „SGH3" aus Abschnitt 2 trifft über alle drei Bildungsgruppen eindeutig nur für das Konstrukt Antisemitismus und für die Gruppe mit hoher Bildung zu, da hier keine signifikanten Meßfehlerkorrelationen mehr vorhanden sind.

5.4 Mittelwerte der latenten Konstrukte

Im folgenden prüfen wir statistisch, ob sich die Mittelwerte der latenten Konstrukte Autoritarismus, Diskriminierungstendenz gegenüber Ausländern und Antisemitismus zwischen Gruppen unterschiedlicher Bildung unterscheiden. Der Vorteil hierbei ist die Möglichkeit, inferenzstatistisch die Mittelwerte der gemessenen theoretischen Konstrukte unter Anwendung von multiplen Gruppenvergleichen zu berechnen und zueinander in Beziehung setzen zu können. D.h., man kann zwar nicht die Mittelwerte der latenten Variablen direkt schätzen, aber es ist möglich, die Mittelwertunterschiede in der Relation zu einem bestimmten Mittelwert zu berechnen. Im Ergebnis werden dann die positiven oder negativen Mittelwertdifferenzen in Relation zu der Referenzgruppe aufgeführt und zwar mit der Angabe der jeweiligen Signifikanzniveaus. Der Vorteil dieses Verfahrens im Vergleich zu den bereits durchgeführten deskriptiven Mittelwerttests ist der Umstand, daß dort nur die einzelnen Mittelwertunterschiede der Items voneinander isoliert auf Signifikanz getestet wurden. Dabei kam es auch teilweise vor, daß die Unterschiede der Mittelwerte der Items eines Konstruktes auf unterschiedlichen Signifikanzniveaus berechnet wurden und zweitens sich einer der Mittelwertunterschiede als nicht-signifikant erwies. Hier liegt sozusagen ein aggregierter Mittelwerttest auf Signifikanz der jeweiligen Variablen, die ein Konstrukt abbilden, vor und dies unter den postulierten kausalen Zusammenhängen, welche in den Modellen umgesetzt sind. Somit können für die hier operationalisierten theoretischen Konstrukte Aussagen gemacht werden, ob sie sich als Ganzes und im Zusammenspiel untereinander tatsächlich signifikant in verschiedenen Gruppen unterscheiden. Dadurch erhält man ein differenzierteres Bild über mögliche Unterschiede zwischen den Bildungsgruppen als dies durch einen einfachen Mittelwertvergleich (siehe Tabelle 1) möglich wäre.

Tabelle 3: Mittelwerte der latenten Konstrukte

Latente Variablen	niedrig	mittel	hoch
Autoritarismus	0	- .53**	- .73**
Antisemitismus	0	- .41**	- .81**
Ausländerdiskriminierung	0	- .35**	- .86**
Eigengruppenidealisierung	0	- .09	- .20*

* entspricht 5%-Signifikanzniveau; ** entspricht 1%-Signifikanzniveau

Zunächst kann hier festgehalten werden, daß die Hypothesen „SGH1" und „SGH2" aus Abschnitt 2 als bestätigt betrachtet werden können.

Die Mittelwerte der latenten Konstrukte unterscheiden sich in den Bildungsgruppen zwar nicht beträchtlich, dennoch sind mit einer Ausnahme alle Unterschiede signifikant und in der erwarteten Richtung. Dabei zeigt sich konsistent, daß mit zunehmender Bildung der Antisemitismus, der Autoritarismus und die Diskriminierungstendenz gegenüber Ausländern sinkt. Bei der Eigengruppenidealisierung gilt dies nur für die Gruppe mit hoher Bildung.

Die Unterschiede zwischen den Bildungsgruppen sind für die ersten drei Konstrukte ziemlich hoch und liegen auch annähernd im selben Bereich. Die Befragten mit mittlerer Bildung sind im Durchschnitt um .53 Werte (auf der 7-stufigen Antwortskala) weniger autoritär eingestellt als die Befragten mit niedriger Bildung, während diejenigen mit hoher Bildung schon um .73 Werte weniger autoritär sind. Beim Antisemitismus liegen die Befragten mit mittlerer Bildung um .41 unter dem Mittelwert der niedrig Gebildeten und die höher Gebildeten um .81. Ausländerdiskriminierende Einstellungen sind im Durchschnitt bei den Befragten mit mittlerer Bildung um .35 Werte niedriger als bei den Befragten mit niedriger Bildung und bei denen mit hoher Bildung um .86.

Die Mittelwertdifferenzen in den Bildungsgruppen für die Eigengruppenidealisierung sind hingegen nicht so hoch, auch vor dem Hintergrund, daß es sich hierbei um eine vier-stufige Antwortskala handelt (siehe Tabelle 1). Die Befragten mit mittlerer Bildung tendieren hier um .09 Werte (nicht signifikant) weniger zur Eigengruppenidealisierung als die mit niedriger Bildung, während die höher Gebildeten um .20 Werte der Eigengruppenidealisierung weniger zustimmen.

Am stärksten wirkt sich die Höhe der Bildung auf das geringere Ausmaß der Ausländerdiskriminierung aus, betrachtet man zusätzlich die Differenzen zwischen den Gruppen, danach folgt der Antisemitismus, der Autoritarimsus und schließlich die Eigengruppenidealisierung.

6. Zusammenfassung und Ausblick

In diesem Beitrag wurde untersucht, inwieweit ein generelles Modell zum Zusammenhang von Autoritarismus und Ethnozentrismus von der Höhe der Schulbildung abhängt. Im Unterschied zur meist üblichen Betrachtung, wurde der Einfluß der Bildung in Bezug auf drei verschiedene Aspekte untersucht.

–   Vergleich der beobachteten und latenten Mittelwerte von Autoritarismus und Ethnozentrismus bzw. dessen Subdimensionen.

–   Untersuchung, ob der Einfluß von Autoritarismus auf Ethnozentrismus durch das Niveau der Schulbildung verändert bzw. moderiert wird (Interaktionseffekt).

–   Analyse der Wirkung der Schulbildung auf die Konsistenz der Messung der Indikatoren unter Berücksichtigung der Arbeiten von Converse (1964) und Zaller (1996).

Erst die integrierte Betrachtung aller drei Aspekte erlaubt eine umfassende Einschätzung der Auswirkung von Schulbildung.

Mit einer Ausnahme zeigte sich als Ergebnis, daß mit steigender Schulbildung das Ausmaß des Autoritarismus, der Ausländerdiskriminierung, des Antisemitismus und auch der Eigengruppenidealisierung sinkt. Bildung selbst hatte in einem multivariaten Modell einen bedeutsamen Einfluß, sowohl auf Autoritarismus als auch auf Ethnozentrismus. Bei statistischer Kontrolle der Merkmale Bildung, Alter und Ost-/Westzugehörigkeit nahm die Stärke der Wirkung des Autoritarismus auf Ethnozentrismus um ca. die Hälfte ab. Mit der Methode des multiplen Gruppenvergleichs wurde nachgewiesen, daß Bildung sowohl den Einfluß des Autoritarismus als auch des Ethnozentrismus moderiert. Zugleich veränderte sich aber auch die Konsistenz bei der Beantwortung der Fragebogen-Items. Bei den Zufallsmeßfehlern zeigte sich wie erwartet, daß diese bei steigendem Bildungsniveau sinken, da höher Gebildete über ein konsistenteres Überzeugungssystem verfügen. Dies konnte auch bei den standardisierten Faktorenladungen festgestellt werden. Hingegen war bei den unstandardisierten Werten das Bild weniger einheitlich und eine systematische Struktur kaum erkennbar.

Insgesamt konnte jedoch demonstriert werden, daß eine angemessene Untersuchung der Wirkung der Höhe der Schulbildung nur durch Analysen der relevanten oben aufgeführten drei Aspekte möglich ist. Für eine statistisch adäquate Erklärung von sozialen Prozessen und Phänomenen wie Autoritarismus oder Ethnozentrismus scheint die hier angewandte Vorgehensweise generell empfehlenswert zu sein, um nicht fälschlicherweise additive Beziehungen und Homogenität der Stichprobe zu unterstellen. Mit anderen Worten, es kann nicht davon ausgegangen werden, daß Autoritarismus unabhängig von anderen kausalen Faktoren auf Ethnozentrismus wirkt. Und schließlich ist auch die Messung der latenten Konstrukte selbst von der Höhe des Bildungsniveaus nicht unabhängig.

Literatur

Adorno, Theodor W., Else Frenkel-Brunswik, Daniel J. Levinson und R. Nevitt Sanford. 1950. The Authoritarian Personality. New York: Harper.

Adorno, Theodor W. 1970. Erziehung zur Mündigkeit. Frankfurt: Suhrkamp.

Altemeyer, Robert A. 1981. Right-wing authoritarianism. Canada: University of Manitoba Press.

Altemeyer, Robert A. 1988. Enemies of freedom. Understanding right-wing authoritarianism. San Francisco, CAL: Jossey-Bass.

Altemeyer, Robert A. 1996. The authoritarian specter. Cambridge, MA: Harvard University Press.

Anderson, John C. und David W. Gerbing. 1988. Structural equation modeling in practice: A review and recommended two-step arppproach. Psychological Bulletin 103: 411-423.

Arbuckle, James L. 1997. AMOS user's guide. Version 3.6. Chicago: Smallwaters.

Backhaus, Klaus, Bernd Erichson, Wulf Plinke und Rolf Weiber. 1994. Multivariate Analysemethoden. Eine anwendungsorientierte Einführung. Berlin: Springer-Verlag.

Becker, Egon, Sebastian Herkommer und Joachim Bergmann. 1967. Erziehung zur Anpassung? Eine soziologische Untersuchung der politischen Bildung in den Schulen. Schwalbach/Frankfurt am Main: Wochenschauverlag.

Bergmann, Werner und Rainer Erb. 1991. Antisemitismus in der Bundesrepublik Deutschland. Ergebnisse der empirischen Forschung von 1946-1989. Opladen: Leske + Budrich.

Bergmann, Werner. 1993. Antisemitismus und Ausländerfeindlichkeit – Eine empirische Überprüfung ihres Zusammenhangs. S. 115-131 in: Manfred Heßler (Hg.): Zwischen Nationalstaat und multikultureller Gesellschaft. Einwanderung und Fremdenfeindlichkeit in der Bundesrepublik Deutschland. Berlin: Hitit.

Converse, Philip E. 1964. The nature of belief systems in mass publics. S. 206-261 in: David Apter (Hg.): Ideology and discontent. London: The Free Press.

Clark, Kenneth B. und Michael P. Clark. 1947. Racial identification and preference in Negro children, S. 133-167 in: Harold Proshansky und Bernard Seidenberg (Hg.): Basic Studies in Social Psychology. New York: Holt Reinhart & Winston.

Davey, Anthony. 1983. Learning to be prejudiced. London: Edward Arnold.

Glöckner-Rist, Angelika und Peter Schmidt. 1999. ZUMA Informationssystem. Version 3.0. Mannheim: ZUMA (Zentrum für Umfragen, Methoden und Analysen).

Herrmann, Andrea und Peter Schmidt. 1995. Autoritarismus, Anomie und Ethnozentrismus. S. 287-319 in: Gerda Lederer und Peter Schmidt (Hg.): Autoritarismus und Gesellschaft. Opladen: Leske + Budrich.

Heyder, Aribert. 1998. "Wir sind die besseren Menschen, ihr die schlechteren" – Repräsentative Studie über Determinanten des Ethnozentrismus in Deutschland. [unveröffentlichte Diplomarbeit. Universität Mannheim, Fakultät für Sozialwissenschaften].

Hill, Paul B. 1993. Die Entwicklung der Einstellungen zu unterschiedlichen Ausländergruppen zwischen 1980 und 1992. S. 25-68 in: Helmut Willems (unter Mitarbeit von Roland Eckert, Stefanie Würtz und Linda Steinmetz): Fremdenfeindliche Gewalt. Einstellungen, Täter, Konflikteskalation. Opladen: Leske + Budrich.

Hopf, Christel und Wulf Hopf. 1997. Familie, Persönlichkeit, Politik. Eine Einführung in die politische Sozialisation. Weinheim: Juventa.

Jackman, Robert und Michael Muha. 1984. Education and intergroup attitudes: Moral enlightenment, superficial democratic commitment or ideological refinement? American Sociological Review 49: 751-769.

Jöreskog, Karl G. and Dag Sörbom. 1989. LISREL 7. A guide to the program and applications. (2nd ed.) Chicago: SPSS. Inc.

Judd, Charles und Michael Milburn. 1980. The structure of attitude systems in the general public: Comparison of a structural equation model. American Sociological Review 45: 627-643.

Kalinowsky, Harry H. 1990. Rechtsextremismus und Strafrechtspflege. Eine Analyse von Strafverfahren wegen mutmaßlicher rechtsextremistischer Aktivitäten und Erscheinungen. Bonn: Bundesministerium für Justiz (Hg.).

Lederer, Gerda und Peter Schmidt (Hg.). 1995. Autoritarismus und Gesellschaft. Trendanalysen und vergleichende Jugenduntersuchungen 1945-1993. Opladen: Leske + Budrich.

Meloen, Jos D. 1993. The f-scale as a predictor of fascism: An overview of 40 years of authoritarianism research. S. 47-69 in: William F. Stone, Gerda Lederer und Richard Christie (Hg.): Strength and weakness. The authoritarian personality today. New York: Springer.

Oesterreich, Detlef. 1993. Autoritäre Persönlichkeit und Gesellschaftsordnung. Der Stellenwert psychischer Faktoren für politische Einstellungen – eine empirische Untersuchung von Jugendlichen in Ost und West. Weinheim/München: Juventa.

Pollock, Friedrich. 1955. Das Gruppenexperiment. Frankfurter Beiträge zur Soziologie, Bd. 2. Frankfurt/Main: Europäische Verlagsanstalt.

Rieker, Peter. 1997. Ethnozentrismus bei jungen Männern. Fremdenfeindlichkeit und Nationalismus und die Bedingungen ihrer Sozialisation. Weinheim, München: Juventa.

Scheepers, Peer, Albert Felling und Johann Peters. 1992. Anomie, authoritarianism and ethnocentrism: Update of a classic theme and an empirical test. Politics and the Individual 2: 43-59.

Schmidt, Peter und Aribert Heyder. 2000. Wer neigt eher zu autoritärer Einstellung und Ethnozentrismus, die Ost- oder die Westdeutschen? – Eine Analyse mit Strukturgleichungsmodellen. In: Richard Alba, Peter Schmidt und Martina Wasmer (Hg.): Deutsche und Ausländer: Freunde, Fremde oder Feinde? Theoretische Erklärungen und empirische Befunde. Blickpunkt Gesellschaft. Band 5. Wiesbaden: Westdeutscher Verlag. [erscheint 2000]

Schmidt, Peter, Karsten Stephan und Andrea Hermann. 1995. Entwicklung einer Kurzskala zur Messung von Autoritarismus. S. 221-227 in: Gerda Lederer und Peter Schmidt (Hg.): Autoritarismus und Gesellschaft. Opladen: Leske + Budrich.

Schumacker, Randall E. und Richard G. Lomax. 1996. A Beginner's Guide to Structural Equation Modeling. Hillsdale, N.J.: Erlbaum.

Six, Bernd. 1997. Autoritarismusforschung: Zwischen Tradition und Emanzipation. Gruppendynamik 3: 223-238.

Sobel, Michael E. 1995. Causal inference in the social and behavioral sciences. S. 1-38 in: Clifford C. Clogg und Michael E. Sobel (Hg.): Handbook of statistical modeling for the social and behavioral sciences. New York: Plenum Press.

Stone, William F., Gerda Lederer and Richard Christie (Hg.) 1993. Strength and weakness. The authoritarian personality today. New York: Springer.

Sumner, William G. 1906. Folkways. A study of the sociological importance of usages, manners, customs, mores and morals. New York 1959 (zuerst 1906): Dover Publications.

Tajfel, Henri. 1982. Social identity and intergroup relations. Cambridge: University Press.

Tajfel, Henri und John C. Turner. 1979. An integrative theory of intergroup conflict. S. 7-24 in: William G. Austin und Steven Worchel (Hg.): The social psychology of intergroup relations. Monterey, Calif.: Books/Cole.

Wasmer, Martina, Achim Koch, Janet Harkness und Siegfried Gabler. 1996. Konzeption und Durchführung der „Allgemeinen Bevölkerungsumfrage der Sozialwissenschaften" (Allbus). ZUMA-Arbeitsbericht 96/08.

Watts, Meredith. 1997. Xenophobia in United Germany: Generations, modernization, and ideology. New York: St. Martin's Press.

Weil, Frederick. 1985. The variable effect of education on liberal attitude. A comparative historical analysis of antisemitism using public opinion survey data. American Sociological Review 50: 458-474.

Willems, Helmut (unter Mitarbeit von Roland Eckert, Stefanie Würtz und Linda Steinmetz). 1993. Fremdenfeindliche Gewalt. Einstellungen, Täter, Konflikteskalation. Opladen: Leske + Budrich.

Zaller, John R. 1996. The nature and origins of mass opinion. Cambridge: Cambridge University Press.

Autoritarismus in unterschiedlichen kulturellen Kontexten

Autorität und politische Autorität in Japan: Kulturelle und soziale Orientierungen in einer nicht-westlichen Gesellschaft

Ofer Feldman und Meredith Watts

Zusammenfassung: Im allgemeinen wird davon ausgegangen, daß sich die japanische Kultur durch eine ganz spezifische Haltung gegenüber der Autorität auszeichnet, diese normative Sicht scheint empirische und vergleichende Analysen schwierig, wenn nicht ganz unmöglich zu machen. In diesem Beitrag werden die zentralen Konzepte dieser Perspektive näher untersucht: vertikale Integration, *amae*/Abhängigkeit und die Unterscheidung zwischen Autorität und Macht in der japanischen Gesellschaft. Wir kommen zu dem Schluß, daß die Besonderheiten der japanischen Kultur hinsichtlich ihres Konzeptes von Autorität eine direkte Anwendung westlicher Konzepte (und empirischer Meßinstrumente) zur Erfassung von Autorität und Autoritarismus in Japan kompliziert erscheinen lassen. Dennoch hat die zunehmende Vielfalt der japanischen Gesellschaft, insbesondere die, die mit einem Generationswandel in der politischen Kultur verbunden ist, eine Reihe von Problemen erzeugt, die aus vielen modernen parlamentarischen Demokratien bekannt sind. Damit entstehen Möglichkeiten für vergleichende Analysen, die deutlich mehr umfassen, als das was man gewöhnlich in Japan für durchführbar hielt.

1. Einleitung

Ziel dieses Kapitels ist die ausführliche Darstellung des Konzeptes der Autorität in Japan und die Diskussion wichtiger Aspekte hinsichtlich der Funktion und Rolle von Autorität, insbesondere der politischen Autorität. Wir gehen davon aus, daß Autorität nicht in einem kulturellen Vakuum existiert, und nicht unabhängig von ihrem sozialen Kontext betrachtet werden kann: ihre unterschiedlichen Formen haben sich innerhalb spezifischer historischer und kultureller Randbedingungen zu ihrer heutigen Ausprägung entwickelt. Drei zentrale Elemente werden im folgenden diskutiert: die Unterscheidung zwischen *Autorität und Macht* in der japanischen Kultur und Praxis, die Beziehung zwischen *Autorität und Abhängigkeit* und die Implikationen dieser kulturspezifischen Besonderheiten für *vergleichende Studien im Bereich der Autoritarismusforschung.*

Ein erster zentraler Punkt ist die Feststellung, daß die Begriffe *Autorität und Macht* in Japan weniger stark miteinander verbunden sind, als dies in westlichen Gesellschaften der Fall ist. In Japan ist es eher die Zurückhaltung in der Verwendung von Macht und die Betonung von Partizipation und Ausgleich, die Autorität auszeichnet und legitimiert.

Begriffe von Autorität – *ken'i und kenryoko* – werden zur alltäglichen Beschreibung von Gruppenprozessen kaum verwendet. Im Kontext sozialer (und politischer) Aktivitäten kommt den Konzepten Verständnis *(rikai)*, Akzeptanz *(nattoku)* und Partizipation *(sanka)* eine größere Bedeutung zu. Beobachter der japanischen Kultur behaupten, daß diese Dimensionen eine größere Bedeutung für tatsächliches Verhalten haben als informelle Regeln und formale Rollendefinitionen. Die Tugenden derer, die Autorität haben, die Sorge um andere und der Gemeinschaftssinn innerhalb der Organisation sind von zentraler Bedeutung für das Erreichen individueller Anerkennung und für die Beteiligung an den Aktivitäten der Organisation.

In der japanischen Geschichte fehlt es sicher nicht an Beispielen starker Autoritäten, die ihre absolute Macht ausnutzten und die deutliche Spuren in der nationalen Geschichte hinterlassen haben. Unter heutigen japanischen Staatsmännern findet sich aber viel häufiger der unsichtbare Typ, der schwach und nicht faßbar erscheint. Oftmals behaupten Beobachter der japanischen Gesellschaft, daß die Toleranz gegenüber autoritärem Verhalten in Japan im allgemeinen höher sei als in westlichen oder gar der chinesischen Gesellschaft. Sie behaupten aber auch, daß kein Staatsmann in Japan „can expect well-motivated action on any decision that has not been deliberately accepted by members who have the right by interest or competence to be heard" (Pelzel 1970: 246). Der Mangel an starken politischen Führern im heutigen Japan fördert ein System von Unverantwortlichkeit und Unbeweglichkeit, in dem Insider den status quo erhalten können, ohne für Mißwirtschaft verantwortlich gemacht zu werden (van Wolferen 1990: 295-313).

Ein zweiter, eng mit dem ersten verbundener Aspekt ist die Verbindung zwischen Autorität und Abhängigkeit in Japan. Nicht Distanz ist der zentrale Mechanismus, der die Beziehung zwischen „leaders and followers" auszeichnet, sondern emotionale Zuneigung und gegenseitige Abhängigkeit. Starke Gefühle von Abhängigkeit sind ein Teil der japanischen Erziehung und der kulturellen Praxis – der affektiven Funktion von Autorität kommt im japanischen Kontext eine besondere Bedeutung zu. Ein guter Chef muß paternalistisch sein, d.h. einbezogen sein in das emotionale und persönliche Leben seiner Untergebenen, er muß sich verantwortlich fühlen für die Gesundheit und das Wohlergehen seiner Mitarbeiter. Das Wissen um das starke Verantwortungsgefühl des Vorgesetzten fördert Gefühle von Abhängigkeit und Loyalität auf Seiten der Mitarbeiter (Ike 1978: 52). Daraus folgt, daß Autoritäten, wie z.B. höheren Verwaltungsbeamten, Geschäftsführern, Polizisten, Lehrern oder älteren Familienmitgliedern von den meisten Japanern eine Form von Respekt entgegengebracht wird, die in westlichen Gesellschaften zunehmend seltener zu finden ist. DeVos (1992: 16) geht soweit zu behaupten, daß die japanische Haltung gegenüber zivilen Autoritäten und beruflicher

Mentorenschaft der Struktur religiösen Glaubens in westlichen Gesellschaften ähnelt.

Drittens wollen wir uns dann mit der Frage beschäftigen, inwieweit Autoritarismusforschung wie sie in der westlichen Tradition verstanden wird, in Japan möglich und sinnvoll ist. Zwei Gründe könnten dafür verantwortlich sein, daß sich in Japan keine Tradition einer Autoritarismusforschung im westlichen Sinne entwickelt hat. Ein Grund hierfür könnte in der klaren Trennung von Macht und Autorität in den sozialen und politischen Institutionen Japans liegen, ein anderer in dem gegenseitigen Abhängigkeitsverhältnis, das zwischen Vorgesetzten und untergeordneten Personen besteht, beide unterwerfen sich den Interessen der Organisation. Wenn Autorität wie in Japan so grundlegend für alle sozialen Beziehungen ist, dann gleicht die Befragung eines Japaners nach seiner Einstellung zur Autorität, der Befragung eines Fisches nach dem Wasser in dem er schwimmt – alle Fische schwimmen gleichermaßen darin und es gibt keine Vorstellung über ein mehr oder weniger davon. Zudem ist die Bedeutung von Begriffen in Bezug auf Autorität anders als in deren üblichen westlichen Verwendung, so daß die Verwendung einheitlicher Skalen keine vergleichbare Information erbringen würde – zumindest ist dies die vorherrschende Meinung unter japanischen Wissenschaftlern. Diese Perspektive gibt wenig Raum für die Durchführung empirischer Untersuchungen zum Thema Autoritarismus in westlicher Tradition. Die Skalen von Adorno et al. (1950) oder aktuellere Skalen, wie die von Altemeyer (1996) haben kaum Resonanz in den japanischen Sozialwissenschaften gefunden. Allerdings gibt es einige neuere Studien (Feldman 1996; Watts und Feldman 1997), die Konzepte und Meßinstrumente verwenden, die aus einem westlichen Kontext stammen, dennoch sind veröffentlichte Studien, die die klassischen Skalen zur Erfassung von Autoritarismus verwenden, praktisch nicht vorhanden. Im abschließenden Abschnitt werden wir auf die Frage nach einer empirischen Erfassung von Autoritarismus in Japan zurückkommen und einige Gedanken über mögliche Forschungsperspektiven vorstellen.

2. Autorität und Abhängigkeit

Das Thema Autorität und Abhängigkeit steht in der logischen Abfolge vor dem Thema Autorität und Macht, weil es die fundamentale, vor-politische Natur sozialer Beziehungen in Japan thematisiert. Ein wichtiges Merkmal zur Unterscheidung zwischen Kulturen, ist das Ausmaß indem sie zwei Anforderungen des alltäglichen Lebens betonen: Unabhängigkeit (z.B. Anforderungen bezogen auf Autonomie) und Abhängigkeit (z.B. Anforderungen bezogen auf Gemeinschaft und Verpflichtungen; Bakan 1966; Kashima et al. 1995). In Japan herrscht der normative Glaube an die Abhängigkeit des Selbst von den anderen. Das Selbst wird nicht als abgetrennt und autonom gesehen, sondern erhält seine Bedeutung innerhalb des Kontextes sozialer Beziehungen, Rollen und Verpflichtungen (Kondo 1987). Diese Interdependenz prägt auch das Wesen und die Rolle von Autorität in Japan, ebenso wie es die Beziehung zwischen Autoritäten und Untergebenen bestimmt.

Eine gruppen-orientierte Gesellschaft: Der „normative" Charakter japanischer Autorität

In intellektuellen Kreisen dominiert eine Sichtweise, die die japanische Kultur als einmalig ansieht. Diese Kreise halten die Erfassung der japanischen Kultur mit empirischen Werkzeugen westlicher Forschungstraditionen für unmöglich. Viele Japanforscher glauben, daß selbst wenn solche Meßinstrumente angewendet würden, japanische Befragte stets die kulturell erwünschte Antwort geben (statt „ehrliche" und somit bedeutsame individuelle Antworten zu geben).

Japan wird als vertikal strukturierte Gesellschaft gesehen, in der alle sozialen Beziehungen hierarchischer Natur sind. Die Gesellschaft weist also keine horizontale Schichtung nach Klassen und Kasten auf, sondern eine „vertical stratification by institution or group of institutions" (Nakane 1970: 87). Die Japaner werden als gruppen-orientiertes Volk (*shudanshugi*) beschrieben, das es bevorzugt, im Rahmen von Gruppenzusammenhängen zu handeln. Jede Gruppe innerhalb der Gesellschaft ist hierarchisch organisiert. Beziehungen zwischen paternalistischen Vorgesetzten und ihren Untergebenen und die Beziehungen zwischen den Gruppenmitgliedern sind abhängig von der Reihenfolge in der die Mitglieder in die Gruppe gekommen sind (in vielen japanischen Unternehmen richten sich z.B. Aufstieg und Bezahlung traditionellerweise eher nach den Senioritätsprinzip als nach der Leistung z.B. Christopher 1983; Miyamoto 1994).

Diese hierarchischen Beziehungen werden oft mit den Begriffen *oyabun* und *kobun* beschrieben (Begriffe für Chef und Untergebene, die eine Eltern-Kind-Beziehung nahelegen) oder *sempai* und *kohai* (Senior und Junior, wörtlich einer der früher und einer der später kommt). Von den *sempais* wird erwartet, daß sie die *kohais* beschützen und unterstützen. Umgekehrt sollen *kohais* Rücksicht auf die *sempais* nehmen, ihnen ihre Dienste anbieten, wann immer die *sempais* diese brauchen und Loyalität und Verbindlichkeit zeigen. Diese Vorgesetze-Untergebene-Struktur wird als primäre Basis der sozialen Ordnung in Japan gesehen. Sie bestimmt nicht nur die Einstellungen und das Verhalten, sondern überdeckt auch andere strukturelle und individuelle Unterschiede, wie die Persönlichkeit oder individuellen Fähigkeiten (Nakane 1970).

Gruppenorientierung bezieht sich in Japan auf die individuelle Identifikation mit und das Eintauchen in die Gruppe. Identität wird unveränderlich als „Gruppenorientierung" wahrgenommen, der Begriff impliziert die Unterordnung des Individuums in der Gesellschaft. Diese Sicht leugnet die Existenz eines Individuums mit einer einzigartigen persönlichen Identität. Eine derartige Gruppenorientierung fördert die Stärke von Unternehmen und Organisationen, unterscheidet die eigene Gruppe von anderen Gruppen und stellt somit die organisatorische Grundeinheit der japanischen Gesellschaft dar.

Gruppensolidarität wird am besten aufrecht erhalten, wenn jedes Mitglied glaubt, am Gruppenerfolg beteiligt zu sein. Erfolg wird daher in vielen Aspekten des Leben in Japan als etwas gesehen, das man zusammen erreicht, mit oder für die eigene Gruppe. Erfolg der einem einzigen Individuum zugeschrieben werden kann, betont die Einzigartigkeit des Individuums und könnte als Störquelle für den Erfolg der Gruppe gesehen werden (De Vos 1985). Für individuellen Erfolg zahlt man den sehr hohen Preis einer Verminderung der Gruppensolidarität. Außergewöhnliche individuelle Erfolge haben somit eher negative Konsequenzen. Die Aufrechterhaltung der gegenseitigen Abhängigkeit verlangt vom Einzelnen, seine eigenen inneren Bedürfnisse und Wünsche zurückzuhalten und zu zähmen, falls dies nicht geschieht, könnten sie die über allem stehende interpersonelle Harmonie bedrohen (Feldman 1997).

Als breit geteilte kulturelle Norm basiert das idealisierte Sozialsystem auf intensiven Beziehungen gegenseitiger Verpflichtungen. Die primäre Dynamik innerhalb von Gruppen bezieht sich auf vertikale Interaktionen zwischen Vorgesetzten und Untergebenen. Fast jedes Gruppenmitglied hat eine Führungsposition in Bezug auf einige Gruppenmitglieder und eine Untergebenenposition in Relation zu anderen Mitgliedern inne. Die Partizipation des einzelnen innerhalb der Gruppe wird durch seine Beziehungen zu anderen Gruppenmitgliedern reguliert. Die individuelle Identifikation mit der Gruppe wird durch die spezifische persönliche Beziehung zu einer Führungsperson geformt, die als Bezugspunkt der Gruppenloyalität gilt.

Das idealisierte Konzept des politischen Systems teilt diesen Ethos ebenso. Individuen stellen ihren Bezug zum politischen System durch Kanäle persönlicher Beziehungen her, die wechselseitig voneinander abhängige Führungspersonen und Untergebene miteinander verbinden. Personen niedrigeren Ranges sind abhängig von der Hilfe und dem Schutz des Vorgesetzten, ebenso wie der Vorgesetzte von der Unterstützung durch seine Untergebenen abhängig ist. Unterstützung, Schutz und Großzügigkeit auf der Seite des Vorgesetzten erzeugen Unterstützung und Loyalität auf der Seite der Untergebenen. Dadurch wird ein hohes Maß an Personen-Orientierung in der japanischen Politik produziert, in der der Charakter des Kandidaten oftmals wichtiger ist als Sachfragen oder Parteizugehörigkeiten. Diese Orientierung setzt sich auch nach den Wahlen fort. So beurteilen Wähler ihre Abgeordneten oftmals an deren Fähigkeit die staatliche Verwaltung dazu zu bewegen, ihrer jeweiligen Region Ressourcen für Straßen, Hospitäler, Bahnlinien oder Schulen zukommen zu lassen (eher als deren Fähigkeit gesetzliche Verände-

rungen anzustoßen oder eine Rolle in nationalen oder internationalen Ange-
legenheiten zu spielen; MacDougall 1982).

Das Konzept der Amae

Ein zentrales Thema in der „klassischen" Analyse von Autorität in der japanischen Kultur ist *amae*, ein Konzept, das die Bedeutung der Gruppe vor dem
Individuum betont, ebenso wie die vertikale Konstruktion der Gesellschaft.
Amae (ergebene Liebe) bezieht sich auf eine Mischung von Abhängigkeit
und Zuneigung, die ein Kind für seine sorgende Mutter empfindet (Doi
1973). Johnson (1993) glaubt, daß die Abhängigkeit vom Wohlwollen eines
anderen während der Kindheit soweit anerzogen wird, daß ein erwachsener
Japaner weiterhin nach solchen emotional abhängigen Beziehungen auch außerhalb der Familie sucht.

   In der Praxis heißt das, daß das psychologische Bedürfnis nach *amae* in
den Wunsch übertragen wird, enge, abhängige Beziehungen auch zu seinem
Vorgesetzten oder anderen Gönnern zu etablieren, um so das Gefühl vollständigen Vertrauens in eine andere Person zu erzeugen, auf die man auch
seine Sorgen abladen und von der man Beachtung und Ratschläge erhalten
kann. Doi (1973) behauptet, daß dies der Mörtel sei, der die japanische Gesellschaft zusammenhält und die Solidarität innerhalb der Gruppen bestärkt.
Japaner sind also bestrebt, ihre Abhängigkeit gegenüber bedeutsamen anderen auszubauen, es widerstrebt ihnen, Gefühle der Unabhängigkeit zu stärken. Japaner drücken dies dadurch aus, daß sie es vermeiden, zu große Selbständigkeit zu zeigen (De Vos und Wagatsuma 1973).

   Diese Art der Abhängigkeit sieht man im allgemeinen in Unternehmen
und in politischen Vereinigungen, wenn eine Person, die eine untergebene
Stellung einnimmt, sich quasi wie ein Kind gegenüber dem Vorgesetzten
verhält, der symbolisch die Rolle der Eltern übernimmt. Das Ergebnis kann
ein Mitläufertum sein, das sich durch Passivität und einen Mangel an Initiati-
ve auszeichnet (Mitchell 1976). Burton (im Druck) geht sogar soweit, das
Konzept der *amae* zu verwenden, um die diplomatische Abhängigkeit Japans
in seinen Beziehungen zu den USA zu erklären.

   Mitchell (1976: Kapitel 3) verallgemeinert das Konzept noch weiter und
behauptet, daß Reziprozität und gegenseitige Abhängigkeit in dem Konzept
der *amae,* das Wesen der sozialen (und politischen) Kontrolle ausmache. Er
nimmt an, daß Autorität in Japan völlig zweitrangig im Vergleich zur Bedeutung des Konzeptes der Abhängigkeit ist. Er behauptet, daß *amae* in der
Familie und in der Gesellschaft gegenseitige Abhängigkeit produziert. In der
Reziprozität, die die Eltern-Kind-Beziehungen beinhaltet, spiegelt sich die
besondere Einstellung Japans zur Autorität wieder. Die Unterwürfigkeit des
Japaners unter Autoritäten wird im Gegenzug dadurch ausgeglichen, daß die
Vorgesetzten Nachsicht üben. Somit erhält eine unterwürfige Person ihr

Grundvertrauen in die Autorität aufrecht. Mehr noch, weil sie bereit ist, wichtige Dinge der Sorge der Führungspersonen zu überlassen, fällt es ihr auch leichter und erscheint es ihr natürlicher, den Anweisungen anderer zu folgen. Diese Haltung muß im Gegenzug von den Vorgesetzten durch Großzügigkeit und Schutz beantwortet werden.

Daß *amae* als integrierender Faktor des alltäglichen Lebens in Japan gesehen wird, unterstreicht die Wichtigkeit der Kategorie gegenseitiger Abhängigkeit oder Interpedendenz in dieser Kultur. Nakane (1970) zum Beispiel betont dieses Konzept in ihrer Auseinandersetzung über japanische Führungspersonen. Nakane (1970: 63-80) behauptet, daß Führungspersonen sich nicht durch objektive Qualitäten wie Intelligenz, Effizienz oder persönliche Verdienste auszeichnen. Sehr häufig erlangen sie ihre Führungspositionen automatisch auf dem Weg des Senioritätsprinzips. Um in dieser Position zu bleiben und effektiv zu funktionieren, benötigen sie zumeist enge persönliche Beziehungen zu ihren Untergebenen, durch die sie ein Gefühl von Abhängigkeit von ihren Untergebenen aufrechterhalten: „It is not essential for the superior, including the man right at the top, to be intelligent. In fact, it is better if he is not outstandingly brilliant. If his mind is too sharp and he is excessively capable in his work the men below him lose a part of their essential function and may become alienated from him. To counterbalance the dependence on the leader on the part of his followers, it is always hoped that the leader, in his turn, will be dependent on his men" (Nakane 1970: 65). Dieses Phänomen ist nicht begrenzt auf die Geschäftswelt, sondern erstreckt sich auf alle Aspekte des japanischen Lebens, auch auf das politische (Richardson und Flanagan 1984: 125). Dies impliziert kein System fester Regeln und Pflichten (wie im klassischen Weberschen rational-legalen System), sondern ein weitaus flexibleres System, das seine Formen der Kommunikation in Abhängigkeit von den Umständen reibungslos verändern kann (Rohlen 1975).

Obwohl diese japanische Art des Personenbezugs die Prinzipien Hierarchie, Status und Rang unterstreicht, impliziert es nicht autoritäre Rigidität oder diktatorische Führung. Im Gegenteil es existiert ein eher kollektiver Typ der Führung, bei dem sich Vorgesetzte an den Meinungen ihrer Untergebenen orientieren und umgekehrt. Tatsächlich wird oft behauptet, daß die Personen mit dem höchsten Status in Japan auch diejenigen sind, die am meisten von anderen abhängig sind. Doi (1973) glaubt, daß gerade solche Personen, die das Abhängigkeitsprinzip der *amae* am stärksten verinnerlicht haben, auch am besten für Führungspositionen qualifiziert sind. Sogar der Kaiser behauptet, er sei hilflos ohne die Unterstützung des Kaiserhauses. Dies zeigt beispielhaft, die praktische Bedeutung von *amae* und zugleich ihren normative Charakter.

3. Die Rolle der Autorität

Klassischerweise sind Gruppen in Japan immer durch die Merkmale Konformität und Loyalität gegenüber den Gruppenzielen charakterisiert worden, die nach dem Konsensprinzip mit wenig Konflikten und harmonischen Beziehungen zwischen den einzelnen Mitgliedern operieren. Während sich Gruppen in westlichen Ländern durch Konflikte und Konfrontationen auszeichnen, wird die japanische Gesellschaft als konfliktvermeidend und konsensorientiert beschrieben. Harmonie (*wa*) ist eines der wichtigsten Ziele nach dem Japaner in sozialen Interaktionen streben (Feldman 1997). Um diese Norm einzuhalten, muß der einzelne fähig sein, seine eigenen inneren Antriebe, die möglicherweise den inneren Zusammenhalt der Gruppe gefährden könnten, zu zähmen und zurückzuhalten (Hamaguchi 1985). Diese Zurückhaltung auf der Seite des Individuums dient somit dazu, die interpersonelle Harmonie zu vertiefen und das interdependente Selbst zu kultivieren (Bachnik 1992; DeVos 1985).

Zur Vermeidung offener Meinungsverschiedenheiten setzen die Japaner oftmals subtile Methoden ein, um Konflikte zu beruhigen und das gegenseitige Verständnis unter den Mitgliedern der Gruppe zu stärken. Wenn zum Beispiel zur Lösung eines Konfliktes eine Entscheidung getroffen werden muß, setzten Politiker und Funktionäre regelmäßig den typisch japanischen Prozeß des *nemawashi* ein. Hierbei wird die „Vorab"-Zustimmung durch informelle Verhandlungen und Überzeugungsarbeit erreicht, bevor ein Vorschlag formal präsentiert wird. (Die wörtliche Bedeutung des Begriffs lautet: die Wurzeln eines Baumes beschneiden als Vorbereitung für seine Verpflanzung). Durch sorgfältige persönliche Interaktionen, gelingt es den Vorgesetzten, Empathie und Zusammenarbeit unter den Mitgliedern der Gruppe herzustellen und die einmütige Unterstützung einer Idee zu erreichen (Hashiguchi et al. 1977).

Eine andere Methode, die von politischen Funktionären in Staat und Wirtschaft institutionalisiert wurde, ist *ringi* – dies beschreibt die Praxis, ein Memorandum von der Basis zur Spitze der Organisation zirkulieren zu lassen, um breite Zustimmung für eine vorgeschlagene Idee zu erhalten. Jeder der den Vorschlag erhält, wird dazu aufgefordert, diesen durch seine persönliche Unterschrift zu billigen. Der Vorschlag wird möglicherweise mit Modifikationen zu seinem Initiator zurückgesandt. Sobald jedoch der Vorschlag den Schreibtisch des Geschäftsführers erreicht, versehen mit den Unterschriften aller Mitglieder der verschiedenen Zwischenebenen, ist der Vorgesetzte praktisch gezwungen, den Vorschlag anzunehmen. Da jeder, der davon betroffen ist, an den Prozessen des *nemawashi* und *ringi* beteiligt war, wird erwartet, daß alle Betroffenen bei der Implementierung dieser Vorschläge mithelfen, da die Entscheidung durch Konsens erreicht wurde (Feldman 1997). Diese Prozesse unterstreichen, daß Harmonie ein zentraler Faktor bei der Ausübung von Autorität ist. Sie betonen zudem die Gruppendynamik des

Konsensprinzips und behindern die Durchsetzung von „charismatischen", populistischen Führungspersönlichkeiten. Diese Normen erstrecken sich bis zum Premierminister und zu anderen Führungspersonen, von denen eher Fähigkeiten zur Konsensbildung und zum effektiven Management von Entscheidungsprozessen in Gruppen erwartet werden, als öffentlich als Führungspersönlichkeiten in Erscheinung zu treten (Feldman und Kawakami 1989).

Japanische Premierminister haben nicht nur weniger Macht als ihre westlichen Pendants (vgl. Kapitel V der japanischen Verfassung), das soziokulturelle Umfeld hemmt die Ausbildung starker personenbezogener Führungsqualitäten und begünstigt einen eher passiven, konsensorientierten Stil, der an der Lösung aktueller Probleme orientiert ist (Hayao 1993). Sogar in Zeiten, wenn etwa im Kabinett Zusammenarbeit oder Parteidisziplin erforderlich ist, um entscheidende Gesetze auf den Weg zu bringen, orientiert man sich tendenziell an den Präferenzen der eigenen Anhänger und fällt Entscheidungen nach den „bottom-up" Prinzip (Tokuyama 1991:125-6). Calder (1982:2) sieht im Idealtyp der japanischen Führungspersönlichkeit eher den Typ des „legitimators" und „political brokers" als den des „originators". Beobachter des politischen Geschehens schlußfolgerten daraus, daß die staatliche Bürokratie die Lücke zwischen dem Aufstellen der Tagesordnung und der Ausgestaltung politischer Praxis schließt. Es herrscht die Meinung, daß im japanischen System eine zentrale Autorität fehlt, die kohärente Entscheidungen herbeiführt. Herrschende Eliten (dazu gehören Ministerialbeamte, politische Cliquen und Gruppen von führenden Verwaltungsangestellten und Geschäftsleuten) gibt es zwar, aber sie sind nur „semi-autonomous components, each endowed with discretionary powers that undermine the authority of the state" (van Wolferen 1990: 5).

4. Autorität und Macht

Japan, als vertikal strukturierte Gesellschaft, basiert auf dem Konzept der *amae* mit einer weitreichenden Analogie zu familiären Beziehungstypen. Dies enthält auch eine normative Bedeutung sowohl für Beobachter der japanischen Gesellschaft als auch für die Bürger Japans selbst. Diese durchdringende „traditionelle" Konzeption politischer Kultur hat eine ganze Anzahl bedeutsamer Veränderungen in der tatsächlichen Strukturierung von Macht während des letzten Jahrhundert überdauert. Seit dem Ende des Zweiten Weltkrieges wurde Macht immer mehr ‚modernen' Merkmalen eines zivilen/parlamentarischen Systems unterworfen. Die historischen „Brüche" waren dramatisch.

Die Meiji Verfassung von 1889 beendete offiziell die Trennung zwischen Autorität (dem Kaiser) und Macht (dem Shogun), indem der Kaiser nicht nur als Japans Souverän nach Außen, sondern als eine heilige und unverletzliche Gottheit definiert wurde. Die Meiji Führer „restaurierten" somit die lang vergessene Tradition eines Kaisers als dem Souverän und Herrscher der Nation, der den Staat der Familie ähnlich macht, mit dem Kaiser als Vaterfigur (Gusfield 1973: 92). Für den größten Teil von nahezu 80 Jahren von der Geburt des modernen Japans 1867, der Meiji Restauration bis zum Ende des Zweiten Weltkrieges 1945, wurde die Nation von einer Abfolge von Koalitionen wechselnder Eliten regiert. Obwohl der Kaiser nominell das integrierende Symbol dieser Gesellschaft war, bezeichnet Maruyama (1963) den „Vorkriegs"- Kaiser als ein im wesentlichen machtloses *mikoshi* (ein bewegliches Heiligtum), das von seinen Untergebenen herumgetragen wurde – mit der Folge, daß ihm rein legitimatorische Funktion zukam.

Obwohl der Kaiser im Meiji-System formal Autorität erlangt hatte, wurde er durch die verfassungsmäßigen Strukturen von der politischen Macht ferngehalten (Koschmann 1978: 10). Auch wenn Handlungen und Entscheidungen der Regierung im Namen des „heiligen und unverletzlichen" Kaisers ausgeführt wurden, konnte der Kaiser nicht für deren Mißlingen verantwortlich gemacht werden. Das wahre Zentrum der politischen Macht und Verantwortlichkeit blieb während der Vorkriegszeit undurchsichtig. Das Verlassen auf Vermittlungen, informelle Treffen und Gruppengespräche, um Entscheidungen zu fällen, machte das Lokalisieren der Zentren der Macht und Verantwortung noch undurchsichtiger. Die symbolische Bedeutung des Kaisers wurde in der Nachkriegsverfassung erhalten. Titus (1974) glaubt, daß die Institution des Kaisertums in dieser Zeit dazu diente, einen Zusammenhalt und ein Gleichgewicht zwischen verschiedenen machtvollen Elementen und politischen Aktivisten herzustellen. Der Kaiser wurde somit das Zentrum von Legitimität und Gleichgewicht, war aber keine Person, die Macht und Autorität auf sich vereinte.

Die herrschende Elite des Meiji-Japan bestand aus den Führern in Politik, Verwaltung und Militär, die einen höheren Rang hatten, als die politische Elite, die sich hauptsächlich aus kaiserlichen Abgeordneten zusammensetzte. Nur die höchsten Ebenen der politischen Eliten, z.B. der Premierminister oder andere Mitglieder des Kabinetts, hatten einen höheren Rang inne, als die zivile Verwaltungselite. Diese Struktur wurde durch die von der Besatzungsmacht geforderten Reformen radikal verändert, die die Souveränität des Volkes vor die des Kaisers stellten.

Die neue Verfassung schaffte solche Institutionen wie den Geheimen Staatsrat ab, ebenso wie eine Armee, die im semi-feudalen autoritären System des Vorkriegs-Japans über der Verfassung stand (Stockwin 1982: 21:23). Somit wurden die traditionellen Gegner einer zivilen Ordnung entfernt und eine zivilen Ordnung wurde zum grundlegenden Prinzip der neuen Verfassung. Der Kaiser wurde offiziell entthront, dennoch behielt die Figur des Kaisers einen großen Teil seiner Legitimation als „Familienoberhaupt" bei. Diese traditionale Form der Legitimation koexistierte von diesem Zeitpunkt an mit der modernen Legitimität einer parlamentarischen Regierung auf der Grundlage der Souveränität des Volkes. Obwohl man diese hybride Kombination traditionaler und moderner Elemente auch in anderen Ländern kennt (z.b. in Großbritannien, in den Niederlanden oder in Skandinavien), wurde die traditionale Symbolik von Autorität in Japan weitaus stärker in ihrem vormodernen Charakter beibehalten als dies in anderen Ländern der Fall ist. Und dies vollzog sich, obwohl in Japans Nachkriegsverfassung die nationale Verwaltung aufhörte dem Kaiser zu dienen und formal zum Diener der Bürger wurde. Trotz dieser Veränderungen der formalen Konstitution der Regierungsgewalt, gehen viele immer noch davon aus, daß die tatsächliche politische Macht in den Händen der Bürokratie liegt. In diesem Sinne könnte man argumentieren, daß die Unterscheidung zwischen Autorität und Macht im Meiji und Vor-Meiji Japan sein modernes Äquivalent in der wahrgenommenen Trennung zwischen gewählter Regierung und der staatlichen Bürokratie findet.

Die weitgehende Vormachtstellung der Liberal Demokratischen Partei (LDP) für nahezu vier Jahrzehnte unterstützte zudem die allgemeine Ansicht, Politik sei paternalistisch und basiere eher auf den Prinzipien der Seniorität und des Gleichgewichts der politischen Kräfte, denn auf Fähigkeit und Kompetenz (Nonaka 1995: 292). Durch dieses System haben sich die LDP-Politiker auf die Bürokratie bei politischen Initiativen oder Entscheidungen völlig verlassen und das Defizit an politischen Führungspersonen auf der Ebene von Regierung und Parlament weiter aufrechterhalten. Es ist daher auch nicht verwunderlich, wenn Nonaka (1995) anmerkt, daß Debatten nur eine geringe Bedeutung in Ausschüssen oder dem LPD Policy Research Council haben.

Unter der Führung der LPD funktionierte die Politik so effizient und so sehr in der Art eines Unternehmens, daß der Begriff „Japan, Inc." in journalistischen und akademischen Kontexten oft verwendet wurde. Dieser Begriff impliziert einen korporativen Staat, der von einem Triumvirat aus Bürokratie, LPD und bedeutenden Geschäftsleuten beherrscht wird. Es entstand das Bild eines Systems, daß von „super-effizienten" Bürokraten verwaltet wird, bei gleichzeitigem Fehlen einer dynamischen politischen Führung. Die Bürokratie spielte die dominierende Rolle bei der Planung und Ausführung politischer Projekte, insbesondere beim wirtschaftlichen Wiederaufbau in der frühen Nachkriegszeit. Während der Regierungszeit der LPD erarbeitete die staatliche Bürokratie die meisten Gesetzesvorlagen, die von der Abgeordnetenversammlung debattiert und verabschiedet wurden (Haley 1995: 92).

Einige Autoren sprechen sogar davon, daß das „Zentrum" der Macht in Japan leer sei. Das System ist polyzentrisch, die Macht „is diffused over a number of semi-self-contained, semi-mutually-dependent bodies which are neither responsible to an electorate, nor ultimately subservient to one another" (van Wolferen 1982: 140). Diese Interpretation unterstreicht eine Sichtweise in der es keine einheitliche und dauerhafte Struktur im Zentrum der japanischen Politik gibt. Weder das Gesetz, noch die Bürokratie, noch die von der LPD dominierte Abgeordnetenversammlung kann als permanentes Zentrum der Politik bezeichnet werden. Tatsächlich zeigt diese "Leere des politischen Zentrums in Japan", daß Autorität und Macht in Japan keine Synonyme sind und das Macht nicht immer ein konstanter Faktor ist.

Die Aufrechterhaltung der Ordnung

Richardson und Flanagan (1984: 123) bemerken, daß Autoritätsbeziehungen in Japan traditionellerweise weitaus stärker situativ definiert werden und weniger durch universelle Regeln bestimmt sind, als das im Westen der Fall ist. Sie haben einen sehr partikularistischen Charakter und können eigentlich in jeden Bereich des Lebens ausgedehnt werden. Sie sind nicht durch vertraglich festgelegte Aufgaben und Verpflichtungen begrenzt. Dies geht so weit, daß man sich manchmal fragt, wo denn eigentlich die Grenzen von Autorität und Macht liegen, zwischen dem was akzeptabel und dem was nicht mehr akzeptabel ist. Dies entspricht der Frage nach Regeln und Gesetzen im Westen, in Japan ist die Bedeutung kodifizierter Regeln und Gesetze weit weniger zentral und weniger entscheidend für die Aufrechterhaltung der Ordnung. Unternehmen z.B. vermeiden es, schriftliche Verhaltensregeln zu verfassen (Rohlen 1974).

Statt Gesetze als direktes Instrument sozialer Kontrolle zu verwenden, bevorzugt die japanische Regierung administrative Mittel, insbesondere solche die „informell" sind und ihre Grundlage weitgehend in der Integration des Verwaltungsapparats mit dem Rest der Gesellschaft finden. Während die Regierung sich selbst als zentrale Autorität begreift, versucht sie informell, das Zentrum von Autorität frei zu halten, damit außenstehende Akteure agieren können. Die öffentliche Gesetzgebung versucht, Optionen der direkten gesetzlichen Kontrolle zu vermeiden, um administrativen Spielraum für Fall-zu-Fall-Entscheidungen zu ermöglichen (Upham 1987). So gibt es zum Beispiel nicht nur weniger Gesetze in Japan als in den USA und den meisten anderen industrialisierten Demokratien. Zudem sind die wenigen vorhandenen japanischen Gesetze weitaus allgemeiner formuliert als dies im Westen der Fall ist. Japanischen Verwaltungsbeamten bleibt somit ein großer Spielraum, die Gesetze in unterschiedlicher Weise zu interpretieren. Die japanische Polizei, zum Beispiel, zeichnet sich durch einen hohen Grad an Autonomie aus, hinsichtlich der Möglichkeiten fallbezogene Entscheidungen zu treffen, beispielsweise bei der Festnahme und weiteren Behandlung von Delinquenten (Bayley 1975). Der einfache Akt der Entschuldigung wird zum Beispiel als effektive Möglichkeit genutzt, die Ordnung wiederherzustellen, ohne ein formelles Verfahren einzuleiten. Vermittlung und Versöhnung waren lange Zeit die bevorzugten Mittel zur Regelung von Konflikten, die den Einsatz formaler Verfahren signifikant reduzierten.

Eine ähnliche Situation herrscht teilweise in der japanischen Politik. Die inklusiven und informellen Aspekte von Entscheidungsprozessen – dazu gehören *nemawashi* und *ringi* – sind bedeutsamer als festgelegte Strukturen und formale Verfahren. Dieses Vorgehen verhinderte ernsthafte Veränderungen im Gleichgewicht der Macht zwischen den verschiedenen Parteien. Die LPD, die vier Jahre nachdem sie 1993 ihre Vormachtstellung verloren hatte, wieder zur dominanten Partei wurde, besitzt theoretisch eine große, durch Wahlen legitimierte Autorität. Dennoch ist die LPD hinsichtlich des Einsatzes dieser Macht in vielen Fällen ängstlich und zurückhaltend. Politische Entscheidungsprozesse verlaufen selten willkürlich, ausgedehnte Vorab-Konsultationen sind die Norm. Führer politischer Gruppierungen und deren Helfer vollziehen *misshitsu seiji* („das Treffen von Entscheidungen hinter verschlossenen Türen") oder *machiai seiji* („Politik hinter den Kulissen"). Dies umfaßt geheime politische Konsultationen der verschiedenen Teilnehmer des politischen „Spiels". Die Vertreter der politischen Parteien, der Regierungs- und der Oppositionsparteien halten sich in der Äußerung der Unterstützung oder der Ablehnung zu spezifischen Sachfragen zurück. Man versucht, Meinungsverschiedenheiten zu lösen, indem man alle relevanten Parteien in den Entscheidungsprozeß einbezieht (Feldman, im Druck). Die Opposition wird somit zum Partner innerhalb dieses informellen Prozesses. Natürlich gibt es auch Fälle, in denen die LDP Gesetze gegen den Widerstand der Opposition durchgesetzt hat, aber weitaus häufiger hat man es vermieden die Mehrheitsmacht auszuspielen. Auch dies zeigt die spezifische Bedeutung von Macht in der japanischen Demokratie, es handelt sich dabei mehr um Beziehungsarbeit als um Rechte und formale Autorität.

Um dieses Argument weiter zu illustrieren: Nach 1993 kam es zu einer Koalitionsregierung aus mehreren Parteien, die den Stil und die Struktur der politischen Führung beeinflußte. Das Bedürfnis einen Konsens zwischen den Parteien herzustellen, führte zu mehr politischen Verhandlungen über Gesetzesvorlagen und politische Sachfragen, die hinter verschlossenen Türen stattfanden und zu einer Ausweitung der politischen Elite die an Entscheidungsprozessen beteiligt war. Führer der Oppositionsparteien und der Großteil der Anhänger, insbesondere die großen Gewerkschaften ergänzten jetzt „the old iron-triangle" Bürokratie, LPD und Großunternehmen.

5. Sichtweisen von Autorität

In Japan scheint es ein ungeschriebenes Gesetz zu sein, daß Autoritäten ihre Macht weniger einsetzen, als ihre formalen Positionen und die damit verbundenen Vorrechte es ihnen erlauben würden. Die Beratung mit anderen (auch mit den Oppositionsparteien) und die Bereitschaft zum Kompromiß erlaubt es ihnen, ihre Ziele teilweise durchzusetzen, das existierende Kräftegleich-

gewicht zu erhalten und somit gleichzeitig ihre Führungsposition zu legiti-
mieren. Dieses funktioniert letzten Endes nur, wenn die Opposition zu Kom-
promissen und zur Integration bereit ist. Falls es überhaupt ein Zentrum in
der japanischen Politik gibt, ist es durch diesen Prozeß zu beschreiben und
den damit verbundenen Wert der Gegenseitigkeit zur Erhaltung des Gleichgewichts.

Autorität ist daher in Japan verbunden mit dem Prinzip der gegenseitigen
Abhängigkeit von Vorgesetzten und Untergebenen innerhalb eines Systems,
daß Störungen der sozialen Harmonie vermeidet und Partizipation ohne den
Einsatz von Macht begünstigt. Obwohl die Verpflichtungen der Untergebenen im Prinzip unbegrenzt sind, ist die Autorität und das Ermessen der Führungspersonen keineswegs absolut. In vielen Fällen ist in der japanischen Gesellschaft eine höhere Position mit einer stärkeren Begrenzung von Freiheit
und Autorität durch soziale Verpflichtungen verbunden (Richardson und
Flanagan 1984: 124).

Ein wichtiger Aspekt von Autorität in Japan ist das traditionell hohe
Ausmaß an Respekt, den Autoritätspersonen in der Öffentlichkeit genießen.
In der Tat ist eine ehrerbietende Haltung gegenüber Autoritätsfiguren innerhalb der Familie oder am Arbeitsplatz in Japan weitaus verbreiteter als in
westlichen Gesellschaften. Dies ist deshalb bedeutsam, weil die Sozialisationserfahrungen, die die Bedeutung des Respektes vor den Eltern betonen,
auch die Haltung gegenüber übergeordneten Personen in anderen sozialen
oder ökonomischen Bereichen prägen, ebenso wie die Haltung gegenüber
politischen Autoritäten (Richardson und Flanagan 1984: 177).

Negative Gefühle gegenüber der Autorität werden kaum geäußert, öffentliche Autoritäten werden gewöhnlich respektiert und werden nur selten
als nicht vertrauenswürdig wahrgenommen. Die japanische Haltung gegenüber öffentlichen oder beruflichen Autoritäten ähnelt der Art von Glauben,
der sich in westlichen Gesellschaften nur bezogen auf religiöse Inhalte findet
(De Vos 1992). Die im Westen deutliche Trennung zwischen idealisierten
spirituellen Autoritäten der Kirche und dem rebellischen, selbstgerechten
Haß gegenüber einer korrupten Staatsgewalt, gibt es in Japan nicht. Im Westen vertraut man geistlichen Persönlichkeiten, während Personen des säkula-
risierten Bereichs als weniger vertrauenswürdig betrachtet werden. Falls es
irgendein Gegenstück zu den geistlichen Autoritäten westlicher Gesellschaften in Japan gibt, dann findet es sich erstaunlicherweise am ehesten in den
Reihen der öffentlichen Verwaltungsbeamten (De Vos 1992; Koschmann
1978).

6. Implikationen für vergleichende Studien der Autoritarismusforschung

In zeitgenössischen Interpretationen der japanischen Kultur nehmen solche Konzepte wie die vertikale Strukturierung von Autorität (eher als eine horizontale Strukturierung nach Klassen), die geprägt ist durch eine starke Gruppenorientierung und die Erhaltung interdependenter sozialer Beziehungen und Abhängigkeiten (bezogen auf das Konzept der *amae*) eine zentrale Rolle ein. Familiäre, berufliche und politische Beziehungen werden durch diese Prinzipien durchdrungen. In diesem Aufsatz haben wir versucht, uns auf diese Konzepte zu beziehen und sie auf die Praxis politischen Verhaltens auszudehnen. Die Ergebnisse weisen in zwei gegensätzliche Richtungen: die eine läßt die empirische Erforschung individueller Unterschiede aufgrund der „Einzigartigkeit" der japanischen Kultur unmöglich erscheinen. Die andere Richtung bezieht sich auf Widersprüche zwischen der klassischen Sicht der Autorität und dem zeitgenössischen Zynismus gegenüber Politikern (insbesondere unter Jugendlichen). In diesem Abschnitt wollen wir das Argument der Einzigartigkeit aufgreifen und einschränken. Durch den Generationswandel und eine zunehmende kulturelle Binnendifferenzierung eröffnen sich aus unserer Sicht in Japan durchaus einige Möglichkeiten vergleichender empirischer Studien zum Themenkomplex des Autoritarismus.

Die Frage der Einzigartigkeit der japanischen Kultur

Im allgemeinen wird die japanische Kultur als einzigartig gesehen und damit als unzugänglich für Analysen, die auf Konzepten beruhen, die den westlichen Sozialwissenschaften entnommen sind. Diese Tradition entspringt nicht notwendigerweise aus einer ablehnenden Haltung gegenüber empirischer Forschung als solcher, sie drückt eher eine Skepsis hinsichtlich der Vergleichbarkeit von Ergebnissen von Einstellungs- und Werthaltungsmessungen aus, die mit westlichen Populationen durchgeführt wurden. Auf einer fundamentaleren Ebene könnte man natürlich behaupten, jede Kultur sei einzigartig, aber vielleicht unterscheidet sich die japanische ganz besonders von anderen. Wenn dem so ist, dann würden Konzepte und Meßinstrumente, die aus anderen Kulturkreisen kommen, entweder auf der empirischen Ebene nicht funktionieren (keine Skalen bilden) oder falls sie doch funktionieren würden, wäre es fraglich, ob es sich um valide Messungen im kulturellen Kontext Japans handelt.

Solche Vorbehalte sind sehr einflußreich, sie implizieren, daß die Durchführung solcher Forschungsprojekte unmöglich ist. Würden sie dennoch unternommen, erzielten sie keine gültigen Ergebnisse. Beides sind angemessene Einwände und sie werden in fast allen kulturvergleichenden Studien aufgeworfen. Die Themen Autorität und Autoritarismus sind im besonderen für diese Art von begründetem Skeptizismus anfällig. Das fundamentalste Hindernis liegt in der normativen Sicht von Autorität in Japan. In empirischen Studien würde diese Grundhaltung dazu führen, daß alle Befragten die kulturell erwünschte „Standardantwort" geben. In diesem Falle gäbe es also keine Variation zwischen den Befragten oder sie würden die Fragen nicht verstehen (so wie ein Fisch der beschreiben soll, was denn Wasser sei). Es müßte empirisch zu belegen sein, daß es tatsächlich keine bedeutsame Variation bei Einstellungsitems oder -skalen gibt, daß die kulturelle Norm tatsächlich so durchdringend ist, daß eine empirische Analyse nur deren Präsenz bestätigen würde. Der praktische Beweis wäre dann gegeben, wenn es keine Variation zwischen Individuen gäbe, weil die kulturelle Norm übermächtig ist.

Diese Sicht entspricht dem klassischen Argument, daß Autoritarismus als Persönlichkeitsmerkmal in den Kulturen, in denen Autoritarismus auf kultureller Ebene der Normalfall ist, weniger wichtig ist. Entsprechend Duckitts Argument (1992) ist zu erwarten, daß in Fällen, in denen die soziale Norm sehr einflußreich und durchdringend ist, individuelle Differenzen entweder minimiert werden, (a) weil alle die gleichen Normen internalisiert haben oder (b) weil die Befragten ein Abweichen von der Norm nicht zugeben wollen. Im ersten Fall gibt es keine Unterschiede, im zweiten Fall bleiben sie verdeckt.

Ergebnisse japanischer Surveyuntersuchungen unterstützen diese Sichtweise. In einer nationalen Umfrage wurden Japaner befragt, welche vier Werte ihnen am wichtigsten seien: von 1963 bis 1988 stiegt die Anzahl derer, die „filial piety, to be dutiful to one's parents" wählten von 61 auf 71 Prozent (Nipponjin no kokuminsei [5] 1992: 527). Während die normative Bedeutung der Ehrfurcht vor den Eltern offensichtlich gestiegen ist, hat sich die Wertschätzung für andere Werte, die ebenfalls zentral für das Konzept der vertikalen Abhängigkeit und der *amae* sind, offenbar kaum verändert. Von 1953 bis 1988 bevorzugte ein unverminderter Prozentsatz von 85-90 Prozent einen Abteilungsleiter „who sometimes demands extra work in spite of rules against it, but on the other hand, looks after you personally in matters not connected with the work" (Nipponjin no kokuminsei [5] 1992: 528). Diese Daten belegen eine kontinuierliche Dominanz der normativen Konzeption von Autorität in Japan.

Wenn dies in Japan die Haltung gegenüber der Autorität ist, dann üben die sozialen Normen einen stark kontrollierenden Einfluß aus. Dieses Argument ist sehr überzeugend, in jeder Analyse sollte daher diese Beziehung zwischen kulturellen Normen und individuellen Differenzen sehr ernst genommen werden. Dennoch betont Duckitt (1992), daß sich kulturelle und individuelle Unterschiede auf unterschiedliche Ebenen beziehen, sie interagieren und diese Interaktion kann durchaus untersucht werden. Praktisch heißt das, daß untersucht werden muß, wie durchdringend die kulturelle Norm denn tatsächlich ist (wer erkennt die Norm an, wer hält an ihr fest?), welche

Unterschiede zwischen Individuen und Gruppen gibt es in der Gesellschaft (wie einflußreich ist die Norm für unterschiedliche *Gruppen* der Gesellschaft?) und wie sind Unterschiede (zwischen Gruppen oder Individuen) verbunden mit anderen sozialen Einstellungen (z.b. ist eine „nicht traditionelle" Sicht japanischer Autoritäten mit größerem Individualismus verbunden, geringerem oder größeren Ethnozentrismus, einer größeren oder geringeren Anerkennung demokratischer Werte?). Aus dieser Sicht ist die starke normative Orientierung einer Kultur zwar problematisch, aber unvollständig, da Variationen zwischen Gruppen und Individuen vorhanden sind und umso interessanter und bedeutsamer werden, je weniger sie möglich erscheinen. Kurz gesagt, die Untersuchung von Unterschieden zwischen Gruppen und Individuen sind dann besonders wichtig, wenn die Wahrscheinlichkeit groß ist, daß diese durch die dominanten kulturellen Normen sanktioniert werden. Daher ist es durchaus sinnvoll, solche Unterschiede innerhalb eines Kontextes dominanter kultureller Normen zu untersuchen. Durch solche Analysen kann eventuell eine genauere Sicht auf den tatsächlichen Einfluß kultureller Normen gewonnen werden. Nach der Diskussion der Besonderheiten der japanischen Kultur bringt uns dies zu unserem zweiten Punkt, zu der Frage nach der Möglichkeit vergleichender Untersuchungen.

Die Autoritarismusforschung hat durch die Übertragung dieses Konzeptes und der Meßinstrumente auf eine Vielzahl von Kulturen interessante Weiterentwicklungen erfahren. Dabei hat niemand beansprucht, daß das Konzept „Autorität" in all diesen Kulturen identisch ist. Dennoch hat die Analyse von Korrelaten und Verteilungen des Autoritarismuskonzeptes bedeutsame Studien hervorgebracht – allerdings nicht in Japan. In Altermeyers aktuellem Überblick über Arbeiten, die die RWA-Skala (right-wing authoritarianism) verwenden, wird keine einzige Studie mit japanischen Befragten erwähnt. Unsere Durchsicht von Studien, die entweder die alte F-Skala oder eng verwandte Skalen verwenden, ergab auch nur ein paar wenige, nicht publizierte, eher informelle Studien mit japanischen Probanden (Lederer, persönliche Auskunft; Meloen, persönliche Auskunft). Eine empirische Tradition der Autoritarismusforschung gibt es so gut wie nicht in Japan. Der Grund dafür liegt sicherlich in der Tatsache – wie wir in diesem Aufsatz dargelegt haben – daß in Japan „die Autorität alles ist". Gibt es dennoch Hinweise, daß größere Anstrengungen in diese Forschungsrichtung sinnvoll wären? Wir glauben schon, können hier allerdings nur ein paar vorläufige theoretische Spekulationen vorlegen.

Es gibt verschiedene Begründungsstränge, die einen genaueren Blick auf die Möglichkeiten einer empirischen Autoritarismusforschung sinnvoll erscheinen lassen. Der erste bezieht sich auf die zunehmende Vielfalt und den Wandel in der japanischen Kultur, vieles davon würden westliche Sozialwissenschaftler als „Modernisierung" bezeichnen. Ein zweiter Ansatz liegt in der logischen Analyse vorliegender Konzepte und Meßinstrumente der Autoritarismusforschung, um herauszufinden, ob sie auf eine normative Kultur, wie sie oben beschrieben wurde, übertragen werden können. Der dritte Strang analysiert Untersuchungen, die mit ähnlichen oder verwandten Konzepten gearbeitet haben, um zu sehen, ob die Kernelemente des Autoritarismus (wenn auch nicht die westlichen Meßinstrumente) vergleichender Forschung zugänglich sind. Aus Platzgründen und weil wir dies bereits an anderer Stelle getan haben (vgl. Watts und Feldman 1997), werden wir die genannten Punkte nur kurz kommentieren.

Der einfache Import von Autoritarismus-Skalen, sei es die klassische F-Skala bzw. aktuellere Varianten dieser Skala oder Altermeyers RWA-Skala, könnte sich im Kontext der japanischen Kultur als problematisch erweisen. Ehrerbietung gegenüber den Eltern, Gehorsam, Respekt und Mitläufertum und vielleicht vor allem die Abhängigkeit, all diese Konzepte finden ihr Gegenstück in der autoritären Persönlichkeit, nämlich in der autoritären Unterwürfigkeit und dem autoritären Gehorsam. Diese Aspekte haben in westlichen Meßinstrumenten unglücklicherweise immer negative Konnotationen, sie gelten als vormodern, anti-individualistisch und inkompatibel mit der westlichen Tradition der Aufklärung. In Japan sind dies aber positiv besetzte Werte, zumindest auf einer verbalen Ebene von Äußerungen japanischer Befragter. Das heißt, daß auf empirischer Ebene die Dimensionen Gehorsam und Unterwürfigkeit, die zu Altemeyers Autoritarismuskonzept gehören, nicht vergleichbar zu messen sind.

Hinsichtlich der Altemeyer-Skala sind die Aussichten für eine vergleichende Analyse, zumindest bezogen auf die dritte Dimension des Autoritarismus vielversprechender: Die Dimension des „Konventionalismus" bezieht sich auf eine rigide und intolerante Haltung zur Sexualität, zu den Geschlechterrollen und zu religiösen Anforderungen. In westlichen Gesellschaften scheint diese Dimension, eng mit den ersten beiden verbunden zu sein.

In Japan scheint es fraglich, ob die Dimensionen Unterwürfigkeit und Konventionalismus in gleicher Weise, wie bei Nordamerikanern oder Europäern zusammenhängen. Unsere Darstellung japanischer Autoritätsnormen spricht sicherlich dagegen, auch wenn keine harten empirischen Daten vorliegen, die diese Vermutung absichern. Diesen Gedankengang weiterzuverfolgen, würde eine sorgfältige Untersuchung der psychometrischen Qualitäten der entsprechenden Meßinstrumente mit japanischen Probanden erfordern. Wir sind allerdings skeptisch hinsichtlich einer Anwendung dieser Skalen in Japan, solange nicht Anstrengungen unternommen wurden, deren Reliabilität und (vor allem) deren Validität zu sichern.

Die Aussichten sind weniger problematisch, wenn man Konzepte betrachtet, die in Beziehung zu Autoritarismus stehen, die aber nicht Bestandteil des Konzeptes selbst sind. Die Forschungen zur „Authoritarian Personality" (Adorno et al. 1950) beinhalteten z.B. Ethnozentrismus und die Intoleranz gegenüber abweichenden Sichtweisen als wichtige Korrelate. Hier sind die Aussichten für kulturvergleichende Studien vielversprechender als dies für allgemeine Autoritarismusskalen der Fall ist. Feldman (1996) konnte die

„open- and closed-mindedness" Skala von Rokeach erfolgreich bei japanischen Abgeordneten und in einer Bevölkerungsstichprobe einsetzten. Watts und Feldman (1997) haben ein Set von Skalen zur Messung von Patriotismus, demokratischen Werten, Konformität und Fremdenfeindlichkeit (Angst vor Fremden) adaptiert bzw. weiterentwickelt. Obwohl es in dieser Studie nicht beabsichtigt war, die Gehorsam/Unterwürfigkeitsdimension des Autoritarismus zu messen, zeigte sich ein Cluster von Personen, die Konformität betonten, Angst vor Fremden äußerten und eine Tendenz zeigten, Fremde auszuschließen. Zudem hatte diese Personengruppe eine defensive Haltung gegenüber der Demokratie und hielt es für notwendig, diese vor ethnischen und ideologischen Außenseitern zu schützen. Obwohl wir also hinsichtlich der Anwendung einer wichtigen Dimension des Autoritarismuskonstruktes unsicher sind (Unterwürfigkeit), zeigen unsere Erfahrungen, daß die Messung von Ethnozentrismus und darauf bezogene Konzepte durchaus möglich ist. Abgesehen von den psychologischen Grundlagen westlicher Theorien, scheint für diese begrenzteren Konzepte eher eine Vergleichbarkeit gewährleistet zu sein.

Dieser begrenzte Forschungserfolg zeigt zumindest, daß verbale Selbstberichte zu sensiblen Themen in japanischen Populationen durchaus möglich sind. Es mag klare kulturelle Grenzen hinsichtlich unserer Möglichkeiten Autorität kulturübergreifend zu erfassen geben, aber diese Grenzen sind nicht so umfassend wie man in Japan immer dachte.

Vielfalt und Veränderung

Aktuelle Veränderungen in der japanischen Gesellschaft lassen empirische Studien zu Fragen der politischen Autorität sinnvoll erscheinen. Maruyama (1965), einer jener Wissenschaftler, die schon länger auf die zunehmende Vielfalt in der japanischen Kultur aufmerksam gemacht haben, spricht von vielen verschiedenen Typen von Bürgern. Darunter auch vom (westlich klingenden) „privatized individual", das sich mehr an individuellen, denn an Gruppenzielen orientiert und für das politische Fragen irrelevant oder nicht attraktiv sind (siehe auch Ike 1978: 111-112). Insbesondere Jugendliche, die bereits in der modernen parlamentarischen Demokratie Japans sozialisiert wurden, unterscheiden sich deutlich von älteren Bürgern (Ike 1978; Massey 1976). Es zeigt sich ein klassischer Generationswechsel, der durch Unterschiede im Alter, der Sozialisation und der Ausbildung verstärkt wird. Diese Quellen von Vielfalt werden auch von anderen japanischen Autoren explizit thematisiert, auch wenn diese sonst die Einmaligkeit der japanischen Kultur betonen. De Vos, der überzeugend den konfuzianischen Hintergrund der japanischen Gesellschaft beschreibt, betont deren „normativen" Charakter. Damit scheint er zu meinen, daß verbindliche Normen allgemein bekannt sind, daß aber nicht jeder Japaner sich in der Praxis daran hält:

„As a country of over one hundred million inhabitants, it is the utmost presumption to suggest that this normative orientation represents the inner experience of most Japanese. Many are aware of this pattern and manipulate it cynically. Others submit to expectations, resigned to the insurmountable difference between ideal and the real behavior of others. Yet others are aware that they are caught by a necessity to orient their behavior in conformity with this pattern, whatever their personal experience to the contrary, including their primary family experiences which may be far from the ideal of nurturance and legitimately functioning authority" (De Vos 1985: 179).

An anderer Stelle weist De Vos auf andere Formen der Vielfalt bei sozialen und ethnischen Minderheiten hin (z.B. die Burakumin[1] und die Koreaner). Zeichen für den Wandel kann man auch in steigenden Kriminalitätsraten sehen, in einer steigenden Scheidungsrate und in einer zunehmenden Beteiligung an neuen religiösen Bewegungen. Obwohl De Vos zusammenfassend feststellt, es gäbe immer noch „greater continuing influence of informal social control and cohesion within the Japanese group than is found within their western counterparts" (De Vos 1985: 146), gibt es auch Zeichen einer zunehmenden Vielfalt und Veränderung. Daraus resultiert eine größere Variation hinsichtlich dem normativen Festhalten an traditionalen japanischen Konzepten von Autorität. Auch wenn Bevölkerungsumfragen den anhaltenden Einfluß traditioneller Normen auf der verbalen Ebene zeigen, scheint es doch sehr wahrscheinlich zu sein, daß es wichtige Unterschiede zwischen Individuen sowie innerhalb verschiedener Segmente der japanischen Gesellschaft gibt. Von den vielen Quellen der Diversität ist die Jugend die wichtigste. Junge Menschen reagieren sehr schnell auf sich verändernde kulturelle Bedingungen und Normen. Feldman (1998) weist darauf hin, daß zunehmender Materialismus und Individualismus Autoritätsstrukturen innerhalb der Familie und in den Schulen herausfordert, zwei traditionelle Bastionen der normativen Kultur. Diese Veränderungen beinhalten eine Zunahme von Gewalt und anderer Arten abweichenden Verhaltens unter Jugendlichen, die – wenn auch bescheiden im Vergleich zu anderen Industriegesellschaften – ein Zeichen dafür sind, daß die einzigartigen Merkmale der traditionellen politischen Kultur in Japan Wandlungsprozessen unterzogen sind, die aus anderen westlichen und industriellen Gesellschaften bereits bekannt sind.

Sozialisation und politischer Zynismus

Der generationelle Wandel und die Einstellungen der Jugendlichen sind ein wichtiger Bereich von Veränderungen in Japan. Wir fragen: Wo ist in diesem klassischen Portrait Japans mit seiner stark integrierten Autoritätsstruktur, Platz

---

1   Eine traditionelle Kultur- bzw. Berufsgruppe in Japan, die sich mit niedrigen Arbeiten (die mit totem Fleisch zu tun haben) befaßt und ähnlich wie die Henker im mittelalterlichen Europa abseits der Gesellschaft stehen.

für den Zynismus und die politische Apathie, die heute in weiten Bereichen beobachtet wird? Ein Element ist hier in der Ambivalenz Japans hinsichtlich der Legitimation der Nachkriegs-Demokratie zu sehen (vgl. Watts und Feldman 1997). Mit der Zeit und im Zuge nachwachsender Generationen wird allerdings eine andere Form der Ambivalenz wichtiger – die „Modernität" von Zynismus und Apathie, die heutzutage junge Generationen in vielen modernen parlamentarischen Demokratien charakterisiert. In den USA haben diese Aspekte in der letzten Generation zugenommen, ebenso in Deutschland, wo dieses Phänomen mit dem Begriff „Politikverdrossenheit" benannt wird. In jedem Land gibt es eigene geschichtliche und kulturelle Faktoren, die diesen Trend bedingen, trotzdem ist es ein gemeinsames Merkmal moderner Demokratien.

In Japan wird dieser Zynismus seit einiger Zeit auch bei Kindern beobachtet (Massey 1976). Höheres Alter ist dabei mit zunehmendem Zynismus verbunden. In einem bestimmten Alter (8. Klasse) sind Kinder sogar weitaus zynischer als ihre Eltern hinsichtlich ihrer Einschätzung politischer Institutionen (wie etwa dem Premierminister, der Regierung, der Abgeordnetenversammlung, den politischen Parteien), die sich aus ihrer Sicht zu wenig um die Sorgen und Wünsche des Normalbürgers kümmern.

Empirische Forschung zur politischen Sozialisation ist in Japan traditionell weitaus weniger verbreitet als in den USA oder in Westeuropa, dennoch gibt es einige Studien, die einen ähnlichen Trend wie in anderen Demokratien ausmachen. Okamura (1968, 1974) berichtet, daß Kinder den Premierminister als „unbeliebte Person" sehen. Der Premierminister ist also keine sehr bedeutsame Figur für japanische Kinder, der man Vertrauen und Zuneigung entgegenbringen würde. Kinder nehmen diesen nationalen politischen Führer als einen Mann wahr, den sie nicht mögen, einen Mann der Lügen erzählt, der reich ist und seinen Job nicht gut macht (Okamura 1968: 574). Japanische Kinder haben ein eindeutig negatives Bild von Politikern im allgemeinen. Mitglieder der Abgeordnetenversammlung werden als Menschen gesehen, die dunkle Geschäfte betreiben, die schlechte Dinge tun und sich nicht für das Wohl des Volkes einsetzten. Ähnliche Schlußfolgerungen lassen sich aus Okamuras Interviews von 1972 und 1973 (Okamura 1974), aus den Arbeiten von Massey (1976) und jüngeren Arbeiten von Okamura (Okamura und Matsumoto 1996) ziehen: junge Japaner nehmen den Premierminister als distanzierten, unsympathischen und unpersönlichen Führer wahr.

Die Berichterstattung über finanzielle und persönliche Indiskretionen politischer Führer ist ein oft genannter Grund für die Legitimationskrise. In Japan ist Korruption ein dauerndes Thema der Politik sowie die immer wiederholten Versprechungen von Reformen. Die Diskussion über Korruption wurde eine feststehende Größe im öffentlichen politischen Leben, wie die Liste von Skandalen der letzten Jahre belegt:

– Der Lockheed-Skandal von 1976, in dem der heutige Premierminister Tanaka Kakuei festgenommen wurde, weil er Bestechungsgelder in Höhe

von 500 Millionen Yen von der Lockheed Aircraft Corporation angenommen hatte.

- Der Recruit-Skandal, als Aktien einer Recruit Tochtergesellschaft an Re-
gierungsbeamte, führende Geschäftsleute und führende Mitglieder der
Abgeordnetenversammlung vor der öffentlichen Ausschreibung verkauft
wurden.

- Der Tokyo Sagawa Kyubin Zwischenfall 1992, als führende LDP-
Politiker 500 Millionen Yen an Spenden für politische Gefälligkeiten angenommen hatten.

- Der Zenekon-Korruptionsfall 1993-1994 als vier lokale Regierungschefs
und ein großes Bauunternehmen angeklagt waren, bei öffentlichen Bau-
projekten verschiedenen Firmen durch die Manipulation von Angeboten
geholfen zu haben.

- Die ausgedehnte Korruption in der öffentlichen Verwaltung 1996 bei der
der Vize-Verwaltungschef des Ministeriums für Gesundheit und Wohl-
fahrt angeklagt wurde, 60 Millionen Yen von einer Firma genommen zu
haben, die hoffte, dadurch Vorteile beim Bau von Pflegeheimen zu erhalten.

- Die Festnahme von Verwaltungsfunktionären des Finanzministeriums in
den Jahren 1997 und 1998, denen vorgeworfen wurde, für Banken und
Sicherheitsunternehmen im Unterhaltungsbereich geworben und dafür
Gegenleistungen erhalten zu haben.

So schädlich Korruption für die demokratische Legitimation auch sein mag,
so gibt es noch andere Faktoren in der Sozialstruktur und der Kultur, die die
Autorität und Legitimität begrenzen. Von vielen wird der Premierminister als
„Außenseiter" innerhalb eines Staatsapparates gesehen (der weder im traditionellen Sinne ganz legitimiert ist, noch direkt vom Volk gewählt wurde),
der zu stark und zu unnachgiebig ist. Kürzlich gab es zunehmende Kritik in
den Medien, die sich gegen den Widerstand des Verwaltungsapparates gegen
Deregulierung und strukturelle Veränderungen richtete. Diese Kritik richtete
sich auch gegen Absprachepraktiken zwischen hohen Verwaltungsbeamten,
die für das geringe Tempo bei der Deregulierung verantwortlich gemacht
wurden. Diese Langsamkeit wurde wiederum für die anhaltende ökonomische Rezession und den Fortbestand der politischen Unbeweglichkeit verantwortlich gemacht. Ein solcher Schwall an Kritik vertieft das Mißtrauen in
die Politik und führt zu einer Verbreitung öffentlicher Verachtung für die
existierenden politischen Parteien.

Auch wenn es vielleicht nicht elegant ist, unsere Betrachtungen von Autorität in Japan mit einer Diskussion aktueller Skandale und Zynismen zu be-
enden, glauben wir, daß gerade dieser Kontrast für das Verständnis von
„normativer" und „tatsächlicher" politischer Kultur in Japan wichtig ist. Die
normative Sicht, die in diesem Kapitel dargelegt wurde, führt zu dem Schluß,
daß eine direkte Vergleichbarkeit klassischer westlicher Skalen zur Erfassung

von Autorität und Autoritarismus begrenzt ist. Dennoch führt die „moderne" politische Kultur Japans zu Problemen von Legitimation, Zynismus, Ethnozentrismus, Patriotismus und demokratischem Engagement, die auch aus anderen politischen Kulturen bekannt sind. Diese Aspekte stellen aus unserer Sicht einen Weg für die vergleichende Analyse von Autorität dar, der einfacher zu implementieren ist, als die traditionelle Autoritarismusforschung und der erfolgversprechender sein könnte, als oftmals angenommen wurde.

Literatur

Adorno, Theodor W., Else Frenkel-Brunswik, Daniel J. Levinson und R. Nevitt Sanford; in Zusammenarbeit mit Betty Aron, Maria Hertz Levinson und William Morrow. 1950. The Authoritarian Personality. New York: Harper and Row.

Altemeyer, Bob. 1996. The Authoritarian Specter. Cambridge, MA: Harvard.

Bachnik, Jane M. 1992. The Two „Faces" of Self and Society in Japan. Ethos 20: 3-32.

Bakan, David. 1966. The Duality of Human Existence. Chicago: Rand McNally.

Bayley, David H. 1975. Forces of Order. Berkeley: University of California.

Berton, Peter. (im Druck). The Psychology of Japan's Foreign Relations. In: Ofer Feldman (Hg.): Political Psychology in Japan: Behind the Nails Which Sometimes Stick Out (And Get Hammered Down). New York: Nova Science.

Calder, Kent. 1982. Kanryo vs. Shomin: Contrasting Dynamics of Conservative Leadership in Postwar Japan. S. 1-28 in: Terry E. MacDougall (Hg.): Political Leadership in Contemporary Japan. Ann Arbor: Center for Japanese Studies.

Christopher Robert C. 1983. The Japanese Mind. New York: Fawcett Columbine.

De Vos, George A. 1985. Dimensions of the Self in Japanese Culture. S. 141-184 in: Anthony J. Marsella, George A. De Vos und Francis L. K. Hsu (Hg.): Culture and Self: Asian and Western Perspectives. New York: Tavistock.

De Vos, George A. 1992. Social Cohesion and Alienation: Minorities in the United States and Japan. Boulder: Westview.

De Vos, George A. und Hiroshi Wagatsuma. 1973. Status and Role Behavior in Changing Japan: Psychocultural Continuities. S. 10-60 in: George A. De Vos (Hg.): Socialization for Achievement: Essays on the Cultural Psychology of the Japanese. Berkeley: University of California.

Doi, Takeo. 1973. The Anatomy of Dependence (translation by John Bester). Tokyo: Kodansha.

Duckitt, John. 1992. The Social Psychology of Prejudice. New York: Praeger.

Feldman, Ofer. 1996. The Political Personality of Japan: An Inquiry Into the Belief Systems of Diet Members. Political Psychology 17: 657-682.

Feldman, Ofer. 1998. Materialism and Individualism: Attitudes of Youth in Japan. S. 9-25 in: Meredith W. Watts (Hg.): Cross-Cultural Perspectives on Youth and Violence. Stamford, CONN: JAI Press.

Feldman, Ofer. 1997. Culture, Society and the Individual: Cross-Cultural Political Psychology in Japan. Political Psychology (Special Issue: Culture and Cross-Cultural Dimensions of Political Psychology) 18: 327-354.

Feldman, Ofer. (im Druck) Introduction: Political Psychology in Japan. In: Ofer Feldman (Hg.): Political Psychology in Japan: Behind the Nails Which Sometimes Stick Out (And Get Hammered Down). New York: Nova Science.

Feldman, Ofer und Kazuhiza Kawakami. 1989. Leaders and Leadership in Japanese Poli-
    tics: Images During a Campaign Period. Comparative Political Studies 22: 265-90.
Gusfield, Joseph. 1973. The Social Construction of Tradition. S. 83-104 in: Albert R.
    Davis (Hg.): Traditional Attitudes and Modern Styles in Political Leadership. Brisba-
    ne, Australia: Angus and Robertson.
Haley, John O. 1995. Japan's Postwar Civil Service. S. 77-101 in: Hyung-ki Kim, Michio
    Muramatsu, T. J. Pempel and Kozo Yamamura (Hg.): The Japanese Civil Service and
    Economic Development. Oxford: Oxford University Press.
Hamaguchi, Esyun. 1985. A Contextual Model of the Japanese: Toward a Methodological
    Innovation in Japan Studies. Journal of Japanese Studies 11: 289-321.
Hashiguchi, Osamu, Toranosuke Takeshita, Kazuhiko Sugiura und Takamitsu Maruyama.
    1977. Taikenteki nemawashiron [Empirical Study of ,nemawashi']. Jichi-Kenshu 203:
    2-17.
Hayao, Kenji. 1993. The Japanese Prime Minister and Public Policy. Pittsburgh: University
    of Pittsburgh Press.
Ike, Nobutaka. 1978. A Theory of Japanese Democracy. Boulder: Westview.
Johnson, Frank, A. 1993. Dependency and Japanese Socialization: Psychoanalytic and
    Anthropological Investigations into Amae. New York: New York University Press.
Kashima, Yoshihisa, Susumu Yamaguchi, Uichol Kim, Sang-chin C. Choi, Michele J. Gel-
    fand und Masaki Yuki. 1995. Culture, Genderund Self: A Perspective from Individua-
    lism-Collectivism Research. Journal of Personality and Social Psychology 69: 925-937.
Kondo, Dorinne K. 1987. Creating an Ideal Self: Theories of Selfhood and Pedagogy at a
    Japanese Ethics Retreat. Ethos 15: 241-272.
Koschmann, J. Victor. 1978. Introduction: Soft rule and Expressive Protest. S. 1-30 in: J.
    Victor Koschmann (Hg.): Authority and the Individual in Japan: Citizen Protest in Hi-
    storical Perspective. Tokyo: University of Tokyo Press.
MacDougall, Terry E. 1982. Introduction. S. vii-xiii in: Terry E. MacDougall (Hg.): Politi-
    cal Leadership in Contemporary Japan. Ann Arbor: Center for Japanese Studies.
Massey, Joseph. A. 1976. Youth and Politics in Japan. Lexington: Lexington, MA/London:
    D. C. Heath.
Mitchell, Douglas D. 1976. Amaeru: The Expression of Reciprocal Dependency Needs in
    Japanese Politics and Law. Boulder: Westview.
Miyamoto, Masao. 1994. Straitjacket Society. Tokyo: Kodansha.
Maruyama, Masao. 1963. Thought and Behavior in Modern Japanese Politics. London:
    Oxford University Press.
Maruyama, Masao. 1965. Patterns of Individuation and the Case of Japan: A Conceptual
    Scheme. S. 489-531 in: Marcus B. Jansen (Hg.): Changing Japanese Attitudes towards
    Modernization. Princeton, NJ: Princeton University Press.
Nakane, Chie. 1970. Japanese Society. Berkeley: University of California Press.
Nipponjin no kokuminsei. 1992. A Study of the Japanese National Character, Vol 5. To-
    kyo: Idemitsu Shoten.
Nonaka, Naoto. 1995. Jiminto seikenka no seiji eriito [The Political Elite Under LDP Ru-
    le]. Tokyo: Tokyo Daigaku Shuppankai.
Okamura, Tadao. 1968. The Child's Changing Image of the Prime Minister. The Develo-
    ping Economies 6: 566-86.
Okamura, Tadao. 1974. Seiji ishiki no kitei to shite no soridaijinzo: Gendai nihon ni okeru
    kodomo to seiji [The Prime Minister's Image as the Foundation of Political Con-
    sciousness: Children and Politics in Contemporary Japan]. S. 385-424 in: Yuzuru Ta-
    niuchi, Bakuji Ari, Yoshinori Ide and Masaru Nishio (Hg.), Gendai gyosei to kan-
    ryosei II [Contemporary Administration and Bureaucracy II]. Tokyo: Tokyo Daigaku
    Shuppankai.

Okamura, Tadao und Masao Matsumoto. 1996. Continuity and Discontinuity in Political Socialization (2). Hogaku Shirin 93: 89-133.

Pelzel, John C. C. 1970. Japanese Kinship: A Comparison. S. 227-248 in: Maurice Freedman (Hg.): Family and Kinship in Chinese Society. Stanford: Stanford University Press.

Richardson, Bradley M. und Scott C. Flanagan. 1984. Politics in Japan. Boston: Little Brown.

Rohlen, Thomas P. 1974. For Harmony and Strength: Japanese White-Collar Organization in Anthropological Perspective. Berkeley: University of California Press.

Rohlen, Thomas P. 1975. The Company Work Group. S. 185-209 in Ezra F. Vogel (Hg.): Modern Japanese Organization and Decision-Making . Tokyo: Charles E. Tuttle.

Stockwin, J. A. A. 1982. Japan: Divided Politics in a Growth Economy. 2nd ed. London: Weidenfeld & Nicolson.

Titus, David A. 1974. Palace and Politics in Prewar Japan. Berkeley: University of California Press.

Tokuyama, Jiro. 1991. Rida naki kuni wa horobu [The Leaderless State Must Die]. Chuo Koron (December): 124-40.

Upham, Frank K. 1987. Law and Social Change in Postwar Japan. Cambridge: Harvard University Press.

van Wolferen, Karel. 1982. Reflections on the Japanese System. Survey 26: 114-149.

van Wolferen, Karel. 1990. The Enigma of Japanese Power. New York: Vantage Books.

Watts, Meredith W. und Ofer Feldman. 1997. Democratic Values, Patriotism and Outsider Threat. Paper prepared for presentation at the Annual Meetings of the American Political Science Association, Washington, D.C., August 28-31, 1997

Autoritarismus und die Entwicklung eines demokratischen Bewußtseins in Rußland

Sam McFarland

Zusammenfassung: Entwickelt sich in Rußland ein demokratisches, nicht autoritäres Bewußtsein, das die Basis demokratischer Institutionen sein könnte? Studien, die seit 1989 in Rußland zum Thema Autoritarismus und demokratisches Bewußtsein durchgeführt wurden, zeigen ein uneinheitliches Bild. In Umfragen, die in den frühen 90er Jahren durchgeführt wurden, fand man eine starke Unterstützung der Demokratie, diese verschwand allerdings mit der Zeit und war mit einem hohen Niveau an politischer Intoleranz verbunden. In frühen Studien zum Autoritarismus in Rußland erwies sich die „autoritäre Persönlichkeit" als guter Prädiktor für Ethnozentrismus, antidemokratische Einstellungen und die konventionelle Unterstützung marxistisch-leninistischer Überzeugungen. Diese Verbindung zwischen Autoritarismus und marxistisch-leninistischen Überzeugungen wurde in Verlaufe der frühen 90er Jahre schnell schwächer. Obwohl in frühen Studien der Autoritarismus in Rußland unerwartet niedrig ausfiel, scheint das Ausmaß an Autoritarismus parallel zur abnehmenden Unterstützung für die Demokratie zuzunehmen. Heute erscheint das demokratische Bewußtsein in Rußland zerbrechlich und besonders anfällig für ökonomische Probleme.

1. Einleitung

Mit dem Ende der Sowjetunion zu Beginn der 90er Jahre legten die russischen Sozialpsychologen Leonid Gozman und Alexander Etkind (1992) eine überzeugende Analyse des russischen Totalitarismus und der psychologischen Transformationen vor, die sich in Rußland seit dem Stalinismus vollzogen hatten. Aus der Sicht Gozmans und Etkinds hat das russische Bewußtsein innerhalb vier unterscheidbarer Zeitabschnitte eine wesentliche Evolution durchgemacht. Der sowjetische Totalitarismus, der am stärksten in der Stalin-Zeit ausgeprägt war, wurde durch eine autoritäre Periode ersetzt, die mit Chruschtschow begann, gefolgt von einer liberalen Periode unter Gorbatschows Glasnost und der Öffnung zur Demokratie mit den Wahlen 1991. Gozman und Etkind bemerken: „democratic society requires a well-formed democratic consciousness in order to function" (1992: 57). Ihre zentrale Frage, die auch in vielen westlichen Analysen gestellt wurde, ist daher, ob sich in Rußland ein demokratisches Bewußtsein entwickelt, das die Basis demo-kratischer Institutionen darstellen könnte. Wird sich die Demokratie in Ruß-land – in Dunlops Worten – als „a major twentieth-century turning point" oder als „a brief democratic blip against the dark background of an authorita-rian continuum ?" (Dunlop 1993: 186) erweisen?

Politikwissenschaftler haben lange über die kulturellen Voraussetzungen debattiert, die vorliegen müssen, damit sich eine Demokratie entwickeln kann. Nach Gozman und Etkind (1992) müssen sich die Individuen selbst als Bürger und nicht als Subjekte (wie sie sich selbst unter totalitären oder auto-ritären Regimen gesehen hatten) oder lediglich als Mitglieder isolierter Inter-essengruppen (wie in der liberalen Ära) wahrnehmen. Es muß ein Bewußt-sein für beides, Rechte und Pflichten gegenüber dem Ganzen entstehen. Ro-bert Dahl (1989) sieht die wichtigsten Voraussetzungen in den folgenden Be-dingungen: (1) in der Überzeugung der Bevölkerung, daß öffentlicher Wett-bewerb von Ideen und Kandidaten zu angemessenen nationalen Lösungen führen kann, (2) in der Überzeugung, daß die Regierenden dem Volk ver-pflichtet sind, (3) in einem Ausmaß an politischem und interpersonellem Vertrauen, daß politische Unstimmigkeiten überwinden kann und (4) in ei-nem Vertrauen darin, daß eine demokratische Regierung nationale Probleme effektiv angehen kann. Gibson, Duch und Tedin (1992) gehen davon aus, daß eine Demokratie folgende Überzeugungen bei den Bürgern voraussetzt: einen Glauben an individuelle Freiheiten und Rechte, das Recht der freien (gegebe-nenfalls abweichenden) Meinung, eine große Toleranz für Minderheitsposi-tionen, die Überzeugung, daß die staatliche Gewalt durch Gesetze einge-schränkt werden muß und die Bereitschaft, Rechte gegenüber der Staatsge-walt zu verteidigen, wenn dies nötig sein sollte.

Als sich die Sowjetunion und dann Rußland in den späten 80er und frü-hen 90er Jahren zügig auf ein demokratisches Systems hinbewegte, zweifel-ten viele Experten daran, daß diese Voraussetzungen in Rußland in einem Maße vorhanden waren, das ausreichen würde, um ein demokratisches Sy-stem aufrechtzuerhalten. Die meisten schienen mit Tatyana Zaslavskayas Analyse übereinzustimmen, daß:

> „ ... neither Russian prerevolutionary nor Soviet politics developed strong traditi-ons of genuinely democratic relations. People have paid the price for centuries of serfdom and autocratic tyranny and decades of lawlessness under Stalin and Brezhnev. They either did not have the chance to acquire or have lost the culture of political and national tolerance, social dialogues conducted with mutual re-spect, collective attempts to find a compromise, and sensible agreements reached by striking a balance between conflicting interests. The low level of political cul-ture has led to measures to extend democracy being perceived by certain groups as the right to fight for their interests by any methods including undemocratic ones" (Zaslavskaya 1990: 198).

2. Vom Totalitarismus zu einem demokratischen Bewußtsein

In der Analyse von Gozman und Etkind hat jede Periode ihre eigenen psychologischen Charakteristika. In ihrer totalitären Phase schuf die Sowjetunion in erfolgreicher Weise: „a new man, endowed with a unique set of psychological characteristics which allow him to believe in the unbelievable, to love what can only be hated, to consider his way of life the best of all possible ones" (Gozman und Etkind 1992: 7).

Im Stalinismus, wie in allen totalitären Systemen, wurden alle Werte und Bedeutungen entstellt. Der sowjetische Totalitarismus drang in die Privatsphäre ein und versuchte, jeglichen individuellen Geist zu zerstören. Er zeigte eine feindselige Haltung gegenüber der Wissenschaft und gegenüber der Natur. Alles was außerhalb seiner Kontrolle lag, wurde als Bedrohung gesehen. Der sowjetische Totalitarismus erzeugte bei den Bürgern ein Bewußtsein ähnlich dem eines Kindes, mit einer unkritischen Abhängigkeit von den Verkündungen und Diktaten der Autorität. Aber während ein Kind langsam Autonomie und Unabhängigkeit in seiner Urteilskraft und seinem Charakter entwickelt, bleibt das Bewußtsein eines Erwachsenen rigide und gefangen von totalitären Anweisungen. „Monophilia" – man strebt danach, daß jeder passiv die Weltsicht des Führers und des Staates übernimmt. Die, die diese Sicht nicht übernehmen, gelten als gefährlich, werden geächtet und eliminiert. Paradoxerweise bewundert das totalitäre Bewußtsein die Macht und schafft eine falsche Bescheidenheit, die es nicht wagt, die Mächtigen in Frage zu stellen. Bedingungslose Liebe gegenüber dem totalitären Führer wird gefordert.

Das totalitäre Bewußtsein sieht die Welt notwendigerweise als einfach und gerecht an und die soziale Ordnung als unveränderlich. Diese Illusion von Einfachheit, der Glaube, daß jedes Problem einfach gelöst werden kann, schafft parallel die Illusion von der Allmacht des totalitären Führers und vernichtet dabei das Bedürfnis nach breiterer Einbindung in Entscheidungsprozesse etwa durch demokratische Verfahren. Es herrscht ein Glaube an die Gerechtigkeit der Welt. Man akzeptiert, daß die von Stalin oder anderen totalitären Führern ausersehenen Opfer, ihr Schicksal auch verdienen. Deshalb gibt es in einer solchen Gesellschaft kein Bedürfnis nach Gesetzen oder Schutz für die Angeklagten.

Totalitarismus überlebt solange, so argumentieren Gozman und Etkind, solange er zu den psychologischen Bedürfnissen der Bevölkerung paßt. Aber keine Form von totalitärem Bewußtsein bleibt für immer bestehen, schrittweise entziehen sich immer mehr Bereiche der Gedanken und des täglichen Lebens seiner Kontrolle.

Nach Gozman und Etkind (1992) beschreibt dieses totalitäre Bewußtsein sehr genau die Stalinzeit. Seitdem hat es sich aber immer mehr in Richtung eines demokratischen Bewußtseins gewandelt. Aber trotz der demokratischen

Formen, die in den frühen 90er Jahren entstanden sind, ist dieser Übergang keineswegs abgeschlossen oder stabil.

Der Tod Stalins hat diese Entwicklung ausgelöst. Der Tod totalitärer Führer eröffnet oftmals die Möglichkeit, sich deren Versagens und deren wahrer Natur bewußt zu werden. So zeigte sich etwa in der Zeit unter Chruschtschow, daß diejenigen die Macht nach dem Tod eines totalitären Führers übernehmen, die dessen Versagen anprangern und gleichzeitig versuchen, die autoritäre Kontrolle zurückzugewinnen. Während das totalitäre Bewußtsein versucht, sogar das geistige Leben der Menschen zu kontrollieren, folgt seine autoritäre Ersetzung eher pragmatischen Regeln: „Everything is permitted except politics" (Gozman und Etkind 1992: 50).

Autoritäre Gesellschaften können die ökonomische Entwicklung voran bringen und fachlich qualifizierte Schichten begünstigen, wie in den 70er Jahren auch die Beispiele Chile und Süd-Korea belegen. Aber die herrschenden Eliten versuchen immer, die politische Macht zu sichern. Sie können daher keine politischen Freiheiten und Menschenrechte gewähren, die ihr Regime bedrohen würden. Ebenso können sie das Bedürfnis des Volkes nach politischer Partizipation, das in autoritären Perioden anwächst, nicht befriedigen.

Wie das Beispiel Rußlands zeigt, schaffen autoritäre Regime, die bestimmten Berufsgruppen eine größere Unabhängigkeit erlauben und mehr Freiräume im Denken geben, unausweichlich ein Bewußtsein, das eine blinde Unterordnung unter das Regime untergräbt. Unter Gorbatschow folgte eine liberale Periode: der Volkskongreß der Abgeordneten der 1989 institutionalisiert wurde, sollte einen unabhängigen Dialog herstellen und allen Interessengruppen eine Stimme verleihen. Allerdings war seine Rolle eher als Diskussionsforum, denn als Gesetzgebungsinstanz in einem demokratischen Sinne konzipiert. Ein liberaler Führer kann keine uneingeschränkte Unterstützung erwarten, wie sie einem autoritären Führer entgegengebracht wird.

Die Demokratie begann in Rußland 1991 mit dem Ende der Kontrolle durch die kommunistische Partei und den ersten demokratischen Wahlen. Obwohl Gozman und Etkind (1992) die Transformation in Rußland von einem totalitären zu einem demokratischen Bewußtsein als reale Veränderung sehen, bemerken sie auch, daß das entstehende demokratische Bewußtsein der frühen 90er Jahre unreif und schwach ist. Unter den gegebenen Umständen waren militärische oder andere autoritäre Umsturzversuche jederzeit möglich. Gozman und Etkind glauben, daß Rußland neben der ökonomischen Hilfe des Westens auch Unterstützung in der „psychologischen Perestroika" braucht, um ein demokratisches Bewußtsein zu entwickeln.

3. Untersuchungen zur „Autoritären Persönlichkeit" in Rußland

Die Frage nach der Bereitschaft Rußlands für die Demokratie, brachte Ageyev, Abalakina und McFarland (1990) dazu, 1989 eine Untersuchung zur autoritären Persönlichkeit in Rußland zu initiieren. Die Autoren der „Authoritarian Personality" (Adorno, Frenkel-Brunswik, Levinson und Sanford 1950) glaubten, daß die Ablehnung der Demokratie ein Kernmerkmal der autoritären Persönlichkeit sei, tatsächlich trug das Kapitel, das über die Entwicklung der ersten Autoritarismus-Skala (der F-Skala) berichtet, den Titel: „The Measurement of Implicit Anti-Demokratic Trends".

Fast ebenso schnell wie die „Authoritarian Personality" zur Beschreibung westlicher Phänomene verwand wurde, begannen Wissenschaftler, Parallelen zum autoritären Kommunismus in Rußland zu sehen. Zuerst beschrieb Shils (1954) die starken Parallelen, die er zwischen den neun Dimensionen des Autoritarismus, wie sie von Adorno et al. (1950: 228) beschrieben wurden und den Merkmalen kommunistischer Führer und Ideologien sah. Einige Studien, die versuchten, Kommunisten in westlichen Ländern zu untersuchen, legten es nahe, daß diese ebenso „tough-minded" (Eysenck 1954) und dogmatisch wie Autoritäre des rechten politischen Spektrums seien. Später wurden diese Ergebnisse allerdings in Zweifel gezogen (z.B. Altemeyer 1981; Stone 1980). Weiterhin bemerkte Altemeyer (1988), man könne nicht einfach westliche und sowjetische Kommunisten gleichsetzten. Westliche Kommunisten zeigen wahrscheinlich ein sehr viel geringeres Maß an politischer Konformität als Autoritäre dies tun. Sowjetische Kommunisten müßten aber deutlich höhere Konformitätswerte aufweisen als westliche.

Unglücklicherweise waren Autoritarismus-Studien in Rußland für nahezu vier Jahrzehnte nicht möglich. Die marxistisch-leninistische Ideologie ging davon aus, daß die Persönlichkeit des neuen „Sowjetmenschen" unvereinbar ist mit Persönlichkeitszügen wie sie sich in kapitalistischen Systemen entwickeln. Das Autoritarismuskonzept und das damit verbundene Konzept des Ethnozentrismus seien deshalb auf die Sowjetunion nicht anwendbar. Daher wurden in den totalitären und autoritären Perioden Rußlands wissenschaftliche Studien zu diesem Thema aus ideologischen Gründen abgelehnt. In den späten 80er Jahren in der liberalen Periode unter Gorbatschow wurde es dann möglich, vorher verbotene Themen, einschließlich der autoritären Persönlichkeit zu untersuchen.

Ageyev, Abalakana und McFarland (1990, vgl. auch McFarland, Ageyev und Abalakina 1993) reagierten auf diese neuen Möglichkeiten. Da die Erforschung von Autoritarismus in Rußland neu war, replizierten Ageyev et al. (1990) Schritt für Schritt die Grundannahmen, die den Studien zur autoritären Persönlichkeit zugrundeliegen. Man bezog sich dabei auf drei Fragen:

1. Sind Vorurteile gegenüber unterschiedlichen Fremdgruppen bei Russen ebenso stark korreliert wie in westlichen Populationen? Die Erkenntnis, daß Vorurteile gegenüber verschiedenen Fremdgruppen hoch korreliert sind und eine generelle Disposition darstellen, die als *Ethnozentrismus* bezeichnet wurde, war vielleicht eine der wichtigsten Entdeckungen der Studien zur autoritären Persönlichkeit.

2. Ist es möglich, ein Meßinstrument für Rußland zu entwickeln, und würden russische Autoritäre Vorurteile und Ethnozentrismus genauso unterstützen wie Autoritäre im Westen dies tun? Das Konzept der autoritären Persönlichkeit entstand als ein Versuch, die psychologischen Wurzeln von Ethnozentrismus zu erklären, als Versuch „the kinds of psychological dispositions – fears, anxieties, values, impulses" (Sanford, 1956: 267) zu verstehen, die dem Ethnozentrismus unterliegen.

3. Würden demographische Variablen sowie Merkmale der Kindererziehung den sowjetischen Autoritarismus ebenso vorhersagen wie im Westen? Im Westen ist die formale Bildung der konsistenteste Prädiktor von Autoritarismus (Christie 1954). In Panelstudien zeigte sich, daß mit zunehmender Bildung das Ausmaß an Autoritarismus abnimmt (Altemeyer 1981). Autoritarismus korreliert ebenso mit dem Alter, mit dem Aufwachsen in ländlichen Regionen, mit einem Mangel an Kontakt mit fremden Kulturen und Sprachen und (bei verheirateten Personen) mit der Zahl der Kinder (Altemeyer 1981). Allerdings zeigen sich beim Autoritarismus keine Geschlechtsunterschiede (Altemeyer 1981). Die Autoren der „autoritären Persönlichkeit" gingen davon aus, daß ein strafender Erziehungsstil das primäre Merkmal einer Erziehung ist, die autoritäre Einstellungen erzeugt. Einige neuere Studien scheinen diese Schlußfolgerung zu belegen (z.B. Milburn et al. 1995). Altemeyer (1988) findet allerdings nur schwache Beziehungen.

Zur Beantwortung der ersten Frage entwickelten Ageyev et al. (1990) balancierte Likert-Skalen zur Messung von Vorurteilen gegenüber acht verschiedenen Fremdgruppen, dazu gehörten Juden, nicht russische Nationalitäten, Kapitalisten, Dissidenten, Frauen, Vertreter der Demokratie und der freien Presse. Diese Gruppen wurden ausgewählt, weil die Erfahrung gezeigt hatte, daß sie insbesondere von Personen, die für das marxistisch-leninistische System eintraten, oftmals diffamiert wurden.

Diese Skalen wurden im Mai 1989 unter ungefähr 400 russischen Erwachsenen in Moskau und Tallin (Estland) verteilt. Der mittlere Zusammenhang zwischen den acht Vorurteilen war r = .52. Eine Hauptkomponentenanalyse der acht Skalen ergab einen robusten Ethnozentrismusfaktor, der 60 Prozent der Skalenvarianz aufklärte. Ethnozentrismus ist – so scheint es – ein valides Konstrukt bei russischen wie bei westlichen Befragten.

Altemeyers (1988: 22-23) „right-wing authoritarianism scale" (RWA) wurde aufgrund ihrer guten psychometrischen Eigenschaften für eine Übersetzung ins Russische ausgewählt. Fünfundzwanzig der Items schienen perfekt geeignet zu sein, auch in Rußland Autoritarismus zu messen, die übrigen fünf waren zu sehr mit der nordamerikanischen Kultur verbunden und daher für eine Verwendung in Rußland nicht geeignet. Vier dieser Items lobten religiöse Autoritäten und verdammten Abtrünnige; Items, die sowjetische Autoritäten priesen und Abtrünnige verdammten, schienen einen passenden Ersatz darzustellen. Eines dieser Items lautete: „Communists and those who are out to destroy religion ....." und wurde durch folgende russische Version ersetzt: „Capitalists and those who are out to destroy socialism....".

Die ausgetauschten Items erwiesen sich als brauchbar. In der russischen Ausgangsstichprobe korrelierten die fünf Items, die für den russischen Kontext umformuliert wurden, mit r = .69 mit der Restskala der 25 Items. In einer Vergleichsstichprobe mit amerikanischen Erwachsenen ergab sich eine Korrelation von r = .71 der 25 Items mit den fünf USA-spezifischen Items. Obwohl also die kulturellen Autoritäten und deren Feinde in beiden Kulturen verschieden waren, war eine bedingungslose Unterstützung dieser Autoritäten und das Verdammen ihrer Feinde in beiden Kulturen ein guter Indikator für Autoritarismus. Der Alpha-Koeffizient für die neue russische Autoritarismus-Skala liegt bei .92, mit einem durchschnittlichen Trennschärfekoeffizienten der Items von .27. Somit war eine russische Autoritarismus-Skala verfügbar, die eng an die valide englischsprachige Skala angelehnt ist.

Die russische RWA korrelierte signifikant (p < .001) mit jeder der acht russischen Vorurteilsmessungen. Die Koeffizienten reichten von r = .39 für Vorurteile gegenüber Frauen bis r = .74 für Vorurteile gegenüber Personen, die die Demokratie unterstüzen. Mit Ethnozentrismus, der als Faktorwert dieser acht Skalen gemessen wurde, korrelierte die RWA mit r = .83. Es konnte also gezeigt werden, daß Autoritarismus in Rußland existiert, daß es individuelle Unterschiede unter Russen gibt und daß Autoritarismus wie im Westen eine der Hauptquellen von Vorurteilen und Ethnozentrismus ist.

1989 erwiesen sich die Beziehungen demographischer Variablen mit der russischen RWA-Skala als sehr ähnlich zu den Relationen, die man auch im Westen gefunden hatte. Obwohl es das autoritäre Ziel war, den Marxismus-Leninismus zu erhalten, korrelierte die RWA-Skala negativ mit r = -.23 mit Bildung. Dies zeigt, daß sogar die autokratische sowjetische Form von Bildung zu einem geringeren Autoritarismus führt. Die RWA-Skala korrelierte mit r = .30 mit Alter, mit r = -.28 mit der Größe der Stadt in der man aufgewachsen war, mit r = .22 mit der Anzahl der Kinder und mit r = -.21 mit der Kenntnis fremder Sprachen; alle Korrelationen waren signifikant (p<.001) (McFarland et al. 1993). Ebenso wie im Westen ergaben sich keine Geschlechtsunterschiede. Alle der oben genannten Beziehungen konnten in einer Quotenstichprobe, die 1993 bei 440 Moskauer Erwachsenen erhoben wurde, repliziert werden (McFarland et al. 1996).

Eines der überraschendsten Ergebnisse dieser und früherer Studien war die Feststellung, daß trotz der langen historischen Phase des politischen Autoritarismus, Russen in den frühen 90er Jahren weniger autoritär waren als Nordamerikaner (Altemeyer 1990; Brief und Collins 1993; McFarland et al. 1992; McFarland 1993). Die Höhe der Unterschiede betrug einen Punktwert pro Item auf einer 6-stufigen Antwortskala. Die Differenzen konnten nicht einer „härteren" russischen Autoritarismus-Skala zugeschrieben werden, da es sich um eine übersetzte und rückübersetzte Skala handelte. Noch konnte der Unterschied nicht repräsentativen Stichproben zugeschrieben werden, da auch Vergleiche in Subgruppen (unter 30-Jährige, über 60-Jährige, Studenten, Personen mit Universitätsabschluß) das gleiche Ergebnis zeigten: Russen erwiesen sich als weniger autoritär als vergleichbare Amerikaner. Diese niedrigeren Autoritarismuswerte beschränkten sich auch nicht nur auf Moskau und Tallin, Einwohner von Irkutsk, die im Herbst 1989 befragt wurden, waren sogar weniger autoritär als Moskauer. Abweichend von diesem Trend fanden Kindervater und Lederer (1995), daß russische Oberschüler signifikant autoritärer waren als ihre ost- und westdeutschen Altersgenossen. Allerdings wurde die Größe der Stichprobe und die Art der Stichprobenziehung nicht näher beschrieben. Der allgemeine Befund eines niedrigeren russischen Autoritarismus wird durch ein Ergebnis gestützt, nachdem nur 21 Prozent der 1990 befragten Moskauer angaben, daß sie einem militärischen Befehl folgen würden, der sie auffordern würde, auf unbewaffnete Zivilisten zu schießen. Ein Prozentwert der deutlich unter den 51 bzw. 31 Prozent lag, der in zwei früher erhobenen amerikanischen Stichproben gefunden wurde (Hamilton et al. 1995). Die breite öffentliche Opposition gegen den Staatsstreich vom August 1991 gibt diesem Ergebnis zusätzliche Plausibilität.

Ursachen für dieses geringe Niveau an Autoritarismus sind schwer zu benennen, obwohl einige Ansatzpunkte denkbar sind. McFarland et al. (1993) fanden heraus, daß russische Schüler in einem weitaus geringerem Maße körperliche Strafen erfahren hatten als ihre amerikanischen Altersgenossen. Sie berichteten häufiger von egalitären Familienstrukturen. Elterliches Strafverhalten, daß die Autoren der „Authoritarian Personality" (Adorno et al. 1950) als wichtigste Ursache für Autoritarismus identifiziert hatten, war in russischen Familien kaum vorhanden. Russische Eltern schienen häufiger einem laissez-faire Ansatz in der Kindererziehung zu folgen, als amerikanische Eltern dies taten. Ein wichtiges Merkmal für die Genese autoritärer Einstellungen war somit in Rußland weniger vorhanden als in amerikanischen Familien.

Im Rahmen des Versuchs, sozialen Druck für oder gegen Autoritarismus zu erfassen, wurden 1992 zweihundert Moskauer und 247 amerikanische Studierende befragt (McFarland et al. 1993). Sie verwendeten dabei eine 12-Item Version der RWA-Skala. Nach dem die Studierenden den Fragebogen ausgefüllt hatten, sollten sie in einem zweiten und einem dritten Durchgang die Fragen so ausfüllen, wie sie glaubten, daß ihre Eltern und ihre engsten Freunde sie einschätzen würden.

Beide, russische wie amerikanische Studierende glaubten, daß ihre Eltern sie um etwa einen Punktwert pro Item (auf eine 6-stelligen Antwortskala) autoritärer einschätzen würden als sie es tatsächlich waren. In der Wahrnehmung der russischen Studierenden erwarteten deren Eltern ein etwas geringeres Niveau an Autoritarismus als die amerikanischen Studierenden dies von ihren Eltern erwarteten. Die Russen und die Amerikaner unterschieden sich nicht im Ausmaß an Konformität mit den elterlichen Erwartungen. Keine der Gruppen unterschied sich signifikant hinsichtlich der Erwartungen der Freunde. Für jeden Studierenden wurde ein Konformitätswert jeweils hinsichtlich der Eltern und der Freunde berechnet.[1] Konformität mit den Eltern korrelierte signifikant mit Autoritarismus bei den Russen (r = .22) wie bei den Amerikanern (r = .49). Autoritäre Studierende passen sich in beiden Kulturen stärker an ihre Eltern an als nicht autoritäre. Die Korrelation war bei den Amerikanern signifikant höher (p<.01) als bei den russischen Befragten. Ein Grund hierfür könnte in dem höheren Maß an Autoritarismus der Amerikaner liegen (Mittelwerte von 41,6 bzw. 37,7) und der größeren Varianz im Vergleich zu den Russen (Standardabweichungen von 10,2 bzw. 6,8). Der Wert hinsichtlich der Konformität mit Freunden zeigt in beiden Ländern, daß Studierende die entweder sehr hohe oder sehr niedrige Autoritarismuswerte aufweisen, dazu neigen, sich Freunde mit einem ähnlichen Niveau an Autoritarismus zu suchen.

Vielleicht kann der niedrigere Autoritarismus bei Russen aber doch nicht als völlig „echt" angesehen werden. McFarland et al. (1993) vermuten, daß dieses niedrige Niveau an Autoritarismus eher ein Ausdruck der lange anhaltenden russischen Konformität sein könnte und weniger auf tatsächlich internalisierten Überzeugungen beruht. In diesem Zeitabschnitt (1989-1991):

> „ democratization was the new social ideal in the Soviet Union, championed by Gorbachev and even more vigorously by populist leaders such as Boris Yeltsin. [These] lower scores may simply have expressed conformity to this new, vigorously pursued political norm. For example, one RWA item reads, ‚It is best to treat dissenters with leniency and an open mind, since new ideas are the lifeblood of progressive change.' Prior to glasnost, the political authorities did not support this idea; [after] 1989, they virtually championed it. Previously, authoritarian conformity would lead one to disagree with this item; [after] 1989, a political conformist may have agreed with it" (McFarland, Ageyev und Abalakina, 1993: 220).

Wie hoch auch immer das wahre Ausmaß russischen Autoritarismus sein mag, McFarland et al. (1993) konnten zeigen, daß die Erfahrungen, die 1990 Autoritarismus in Rußland produzierten, sehr verschieden von denen Faktoren waren, die mit der Entstehung von Autoritarismus in Nordamerika zu-

---

1   Die Werte stellen die jeweilige Summe der Differenzen zwischen dem Wert des Studierenden auf jedem Item und dem Wert für die Erwartung der Eltern bzw. der Peers für das selbe Item dar. Die Konformität mit den Eltern-Werten zeigten eine interne Konsistenz (Alphas) von .74 für die Amerikaner und .75 für die Russen. Die Alpha-Werte für die Konformität mit den Peers lagen bei .64 für die Amerikaner und .80 für die Russen.

sammenhingen. Altemeyers 24-Item-„Experience Survey" (Altemeyer 1988: 343-349) war entwickelt worden, um selbstberichtete Erfahrungen zu erfassen, die Autoritarismus beeinflussen könnten. Bei der Verwendung dieses Instruments in amerikanischen und russischen Stichproben korrelierte der Summenwert dieser Erfahrungen mit r = .78 mit Autoritarismus bei Amerikanern und erklärte 61 Prozent der Varianz des Autoritarismus. Für Russen ergab sich nur eine Korrelation von r = .43 und eine erklärte Varianz von 18 Prozent. Von den 24 Erfahrungen erwies sich bei den Russen nur die Rebellion gegen Autoritäten und gegen die Eltern als stärkerer Prädiktor für Autoritarismus als bei den Amerikanern (diese Erfahrungen zu haben, war mit einem niedrigeren Niveau an Autoritarismus verbunden). Die spezifischen Erfahrungen, die für Russen zu individuellen Differenzen im Autoritarismus führen bleiben somit weitgehend unbekannt.

4. Weitere Folgen des russischen Autoritarismus

Im Westen wurden in Studien, die mit der „Authoritarian Personality" arbeiten, immer Zusammenhänge zwischen Autoritarismus und der Unterstützung rechter Parteien und Organisationen gefunden (z.B. Meloen 1993). Ähnliches findet sich in Rußland, die Sympathisanten von *Pamyat,* der am deutlichsten rechten Organisation 1989, zeigten auch die höchsten Autoritarismuswerte, gefolgt von den Mitgliedern der kommunistischen Partei, die in der russischen Politik 1989 auch als konservative Partei eingestuft wurde. Personen, die die Aktivitäten der Nationalen Front oder anderer liberaler reformistischer Organisationen unterstützen, zeigten ein signifikant niedrigeres Niveau an Autoritarismus (McFarland et al. 1993).

Konventionalismus wurde immer als eine zentrale Facette der autoritären Persönlichkeit gesehen (Adorno et al. 1950; Altemeyer 1981). Am Anfang stellten die gegensätzlichen Normen über Verteilungsgerechtigkeit (wie Güter und Dienste gerecht zu verteilen sind) in der Sowjetunion und in Amerika eine einmalige Gelegenheit dar, zu prüfen, ob Konventionalismus als solcher eine Komponente von Autoritarismus ist oder nur ein spezifischer konventioneller Wert in westlichen Gesellschaften. Sowjetische Normen, (beeinflußt durch den Marxismus-Leninismus) unterstützen eine Idee von Verteilungsgerechtigkeit, die das Prinzip der Gleichheit favorisiert (in der medizinischen Versorgung, im Wohnen, bei Löhnen etc.). Dem gegenüber steht der laissez-faire-Individualismus Amerikas (der Standard des Wohnens hängt von der Fähigkeit ab, diesen bezahlen zu können); die amerikanische Norm der Verteilungsgerechtigkeit folgt also einem genau umgekehrten Prinzip.

Die Beziehung zwischen Autoritarismus und Konventionalismus würde sich dann belegen lassen, wenn Autoritarismus in Rußland mit einer Zustimmung zum sowjetischen Ideal der Verteilungsgerechtigkeit zusammenhängt und in Amerika mit einer Zustimmung zum amerikanischen Ideal. McFarland et al. (1992) konnten bei 163 Moskauer Erwachsenen zeigen, daß Autoritarismus mit r = .36 mit dem Glauben an das Prinzip der Gleichheit in der Verteilung korreliert und mit r = -.34 mit einem laissez-faire-Individualismus. Im Gegensatz dazu korrelierte Autoritarismus bei Amerikanern mit r = -.36 mit dem Glauben an das Gleichheitsprinzip und mit r = .22 mit einem laissez-faire-Individualismus. Autoritarismus ist also tatsächlich mit Konventionalismus verbunden und nicht nur mit den spezifischen konventionellen Normen, die sich im Westen finden.

Die starke negative Korrelation zwischen Autoritarismus und der Unterstützung für die Demokratie belegt, daß der russische Autoritarismus wie der westliche Autoritarismus tatsächlich das Gegenteil demokratischer Überzeugungen darstellt. Eine Studie von 1991 belegt diesen starken inversen Zusammenhang. Unter Verwendung einer Quotenstichprobe von 163 Moskauer Erwachsenen erhoben McFarland, Ageyev und Abalakina (1992) die Einstellung zu acht prominenten politischen Führern und zu acht aktuellen politischen Ereignissen. Autoritarismus korrelierte negativ mit positiven Einstellungen zu eher demokratischen Führern (z.B. Außenminister Schewardnadze, der Moskauer Bürgermeister Popov, der litauische Präsident Landsbergis) und Ereignissen (z.B. Demonstrationen für die Demokratie im März 1991). Ebenso korrelierte Autoritarismus negativ mit dem Recht der Baltischen Staaten die Sowjetunion zu verlassen. Autoritarismus korrelierte positiv mit der Unterstützung kommunistischer Führer (Parteisekretär Polozkov), der Unterstützung repressiver Aktionen der Sowjetarmee im Baltikum im Januar 1991, und dem Anspruch die Sowjetunion, mit Gewalt zusammenzuhalten. Der Summenwerte eines Maßes, das sich aus der Addition aller 16 Einstellungen ergab und liberal-demokratische (vs. konservativ-antidemokratische) politische Einstellungen messen sollte, korrelierte mit r = .63 mit Autoritarismus. Ein Wesenszug des russischen wie des westlichen Autoritarismus ist seine antidemokratische Haltung.

5. Studien zu Unterstützung der Demokratie in Rußland

Die gerade berichteten Ergebnisse legen es nahe, den russischen Autoritarismus und die Unterstützung der Demokratie als die gegenüberliegenden Pole eines Kontinuums zu sehen. Während Ageyev und seine Kollegen russischen Autoritarismus untersuchten, begannen James Gibson und andere 1990 eine parallele Serie von Studien, in denen sie die Einstellung der Russen zur Demokratie untersuchten. Ihr wesentliches Ergebnis bestand in dem Befund, daß Russen in der post-kommunistischen Phase spontan große Unterstützung für die Demokratie äußern, daß diese Unterstützung aber oftmals sehr oberflächlich ist.

Für ihre erste Studie zu Beginn des Jahres 1990 entwarfen Gibson, Duch und Tedin (1992) einen Fragebogen in russischer Sprache, um sieben Aspekte der Unterstützung für die Demokratie zu erfassen, dazu gehörten: (1) die politische Toleranz, (2) die Anerkennung der Freiheit, (3) die Unterstützung demokratischer Normen, (4) ein Rechtsbewußtsein, (5) die Toleranz abweichender Meinungen, (6) die Unterstützung unabhängiger Medien und (7) die Unterstützung freier Wahlen. Zur Erfassung politischer Toleranz wurde die „least-liked" Meßstrategie von Sullivan, Pierson und Marcus (1982) verwand. Die Befragten wurden aufgefordert, zuerst die von ihnen am wenigsten gemochte Gruppe zu nennen und sollten dann angeben, ob es dieser erlaubt sein sollte, öffentliche Kundgebungen abzuhalten oder ob sie verboten und aus dem öffentlichen Raum verbannt werden sollte. Die sechs anderen Aspekte wurden mit kurzen Likert-Skalen von 3 bis 6 Items gemessen. Beispielsweise wurde Rechtsbewußtsein mit dem folgenden Item gemessen: „Es ist notwendig, das jeder unabhängig von seinen Ansichten, seine Meinung frei äußern kann". Die Skala „Unterstützung unabhängiger Medien" enthielt das Item: „Die Presse sollte gesetzlich vor Übergriffen der Regierung geschützt werden". Die Skala „Unterstützung freier Wahlen" beinhaltete das Item: „Wahlen zu den lokalen Sowjets sollten so durchgeführt werden, daß für jede Position verschiedene Personen kandidieren".

Dieser Fragebogen wurde Anfang 1990 zum ersten Mal bei der Erhebung einer repräsentativen Stichprobe von 500 Moskauer Bürgern verwendet und seitdem in verschiedenen weiteren Studien. Gibson, Duch und Tedin (1992) fanden eine starke Unterstützung für die Demokratie, solange demokratische Werte auf einer abstrakten Ebene angesprochen wurden. Ungefähr 90 Prozent der Befragten stimmten den oben genannten Items zu. Die Zustimmung war etwas niedriger bei der Frage, ob private Radio- und Fernsehsender und private Zeitungen erlaubt werden sollten (55 Prozent). In Abhängigkeit von der spezifischen Frageformulierung bevorzugten 22 bis 32 Prozent das kommunistische Einparteiensystem vor einer Erlaubnis verschiedener, konkurrierender Parteien. Trotz der pessimistischen Analyse von Zaslavskaya (1990) und anderen ergab sich in Moskau eine überraschend breite Unterstützung für demokratische Werte. Gibson et al. (1992) fanden zudem, daß alle sieben Skalen auf einem Faktor laden. Dieser Befund legt es nahe, daß Moskauer Bürger ein kohärentes kognitives System demokratischer Rechte, Institutionen, Prozesse und Freiheiten aufweisen. Jüngere Bürger, mit höherem Bildungsniveau und Männer zeigten in höherem Maße dieses kohärente Muster demokratischer Werte.

Trotzdem geriet diese starke allgemeine Unterstützung der Demokratie schnell ins Wanken, wenn die Personen mit Sachverhalten konfrontiert wurden, die Toleranz gegenüber den am wenigsten gemochten Fremdgruppen verlangten. Nur 27 Prozent wollten dieser am wenigsten gemochten Fremdgruppe die freie Rede erlauben und fast 85 Prozent würden diese Gruppe von der Möglichkeit, Kandidaten für öffentliche Ämter aufzustellen, ausschließen. Kurz gesagt, während die Verbundenheit mit demokratischen Idealen, die sich zu Beginn der 90er Jahre entwickelte, Optimismus hinsichtlich der Zukunft der russischen Demokratie nährte, schien die Diskrepanz zwischen dem Glauben an diese Ideale und der Bereitschaft diese Rechte auch unbeliebten Gruppierungen zu gewähren, enorm (vgl. auch Bahry, Boaz und Gordon 1997; Gibson und Duch 1993). Die Unterstützung für eine demokratische Entwicklung in Rußland schien zwar stark zu sein, aber ebenso oberflächlich.

In dieser Studie und in zwei weiteren Studien, die 1992 (Gibson 1996) und 1995/96 (Gibson 1998a) durchgeführt wurden, zeigte sich, daß die politische Toleranz nur sehr schwach mit den anderen drei Komponenten verbunden war. In direkten Vergleichen erwiesen sich die Russen als ebenso intolerant wie andere Osteuropäer und als intoleranter als Westeuropäer und Amerikaner. Diese Unterschiede waren am ausgeprägtesten, wenn Faschisten die Zielgruppe waren. Die größere Intoleranz wurde aber nicht völlig durch die wahrgenommene Bedrohung durch Faschisten und andere Gruppen erklärt. Selbst dann, wenn die Wahrnehmung einer solchen Bedrohung nicht vorlag, erwiesen sich Russen und andere Osteuropäer als intoleranter.

Aus der Sicht dieser Studien erscheint das hohe Ausmaß an Intoleranz die größte Hürde für die Konsolidierung eines demokratischen Bewußtseins in Rußland zu sein. Es steht außer Zweifel, daß die kaum vorhandenen russischen kulturellen Normen und Modelle für Toleranz diese Kluft zwischen demokratischen Idealen und praktischer politischer Toleranz erzeugen.

Ebenso wie bei dem von McFarland et al. gefundenen niedrigen Niveau von Autoritarismus bei russischen Befragten, könnte es sich auch bei der starken Unterstützung der Demokratie um ein Artefakt handeln. Es könnte sich um die Konformität mit den neuen demokratischen Normen handeln, die aber tatsächlich eine starke autoritäre Konformität mit der sowjetischen Gesellschaft ausdrücken könnte. Die Kenntnis der russischen und der sowjetischen Geschichte und Kultur stützt die Plausibilität einer solchen Interpretation.

Der öffentliche Widerstand gegen den Staatsstreich von 1991 schien eine starke und echte Unterstützung der Demokratie auszudrücken. Schätzungsweise 200 000 Menschen demonstrierten in Moskau, nochmals 200 000 in Leningrad und kleinere aber durchaus beträchtliche Zahlen in anderen Städten. In einer Repräsentativuntersuchung von 4300 Bürgern der früheren Sowjetunion im Frühjahr 1992 gaben ungefähr zwei Drittel der Befragten an, gegen den Staatsstreich gewesen zu sein. Nur ein kleiner Anteil äußerte Unterstützung (Gibson 1992). Die Zahl der Aktivitäten gegen den Staatsstreich war hoch, 27 Prozent derer, die angaben gegen den Staatsstreich zu sein, hatten entweder an „mittleren Aktivitäten" (z.B. Diskussionen) oder „stark an Aktivitäten" (Teilnahme an Demonstrationen, Unterschriften unter Petitionen) teilgenommen; in Moskau waren es sogar 45 Prozent.

Waren diese Aktivitäten durch die Aussicht auf persönlichen Nutzen (wie persönlicher materieller Gewinn) oder durch den Glauben an die Demokratie motiviert?

Gibson (1997) versuchte mit multivariaten Analysen die Aktivitäten gegen den Staatsstreich vorherzusagen (die abhängige Variable reichte von (0) gering bis (3) hoch). Die Prädiktoren beinhalteten die wahrgenommenen Kosten eines solchen Verhaltens, den persönlichen und sozialen Nutzen, der einem durch das Protestverhalten zufließen könnte, den Glauben an die Wirksamkeit individuellen Verhaltens, die wahrgenommene Wahrscheinlichkeit, daß der Staatsstreich erfolgreich endet, sowie den Faktorenwert der sieben Facetten der Unterstützung demokratischer Institutionen. Die Analysen ergaben, daß persönlicher Nutzen von der Demokratie, der Glaube an die individuelle Wirksamkeit und die Einschätzung darüber, inwieweit der Staatsstreich erfolgreich sein könnte, zur Erklärung von Protestaktivitäten beitragen, daß sie aber keine vollständige Erklärung bieten. Der Einfluß der Variable Unterstützung der Demokratie war signifikant geringer als die der zuvor genannten Variablen. Demokratischer Idealismus machte scheinbar einen wichtigen Teil der Motivation für das Protestverhalten aus. Diese Ergebnisse konnten für Moskau, Leningrad und andere Regionen Rußlands repliziert werden. Für den Herbst 1991 konnte man vielleicht den Schluß ziehen, daß demokratische Ideale stabiler und einflußreicher wurden.

6. Veränderungen im russischen Autoritarismus und der Unterstützung für die Demokratie in den 90er Jahren

Was auch immer die Ursachen für die geringen Autoritarismuswerte und die starke Unterstützung für die Demokratie in der Zeit von 1989 bis 1991 waren, seit 1992 beginnt der russische Autoritarismus anzusteigen, wobei sich aber seine Verbindungen zur kommunistischen Ideologie abschwächten. Gleichzeitig scheint die Unterstützung für die Demokratie zu schwinden. Zweihundert Studierende die 1992 befragt wurden (McFarland et al. 1996), waren im Durchschnitt um einen halben Punktwert pro Items autoritärer als in vergleichbaren Stichproben, die früher erhoben wurden. Meloen und Farnen (1998), die Gymnasiasten befragt hatten, berichten, daß Russen sehr hohe Autoritarismuswerte zeigten.

Die schwächer werdende Verbindung zwischen Autoritarismus und kommunistischen Überzeugungen läßt sich anhand verschiedener Veränderungen im Verlauf der 90er Jahre nachvollziehen. Die Korrelation zwischen Autoritarismus und dem Glauben an den Kommunismus betrug $r = .69$ im Jahr 1989 und fiel auf Werte von $r = .45$ 1991 und $r = .38$ 1993. Der Zusammenhang ist zweifellos weiter zurückgegangen, es liegen allerdings keine weiteren Messungen zu diesem Zusammenhang vor. Bei Moskauer Erwachsenen korrelierte 1993 Autoritarismus mit nur $r = .21$ mit der Unterstützung egalitärer Orientierungen und mit $r = -.25$ mit einem laissez-faire-Individualismus. Obwohl die Korrelationen immer noch die Richtung aufwiesen, die sich angesichts der traditionellen Sowjetideologie erwarten ließ, waren beide Korrelationen signifikant niedriger als 1991. Zwischen 1989 und 1993 verliert sich der Zusammenhang zwischen Autoritarismus und der konventionellen (kommunistischen) Ideologie deutlich (McFarland 1996).[2] Auch ohne seine Anteile kommunistischer Ideologie blieb die autoritäre Persönlichkeit eine starke Determinante russischer Einstellungen. 1993 schien es so, als würden sich einige russische Autoritäre der orthodoxen Religion als Ersatz für den Kommunismus zuwenden. Bei den Russen, die die kommunistische Ideologie klar ablehnten, korrelierte Autoritarismus mit r = .25 (p<.001) mit religiösem Glauben, bei denen, die die kommunistische Ideologie nicht klar ablehnten, zeigten Autoritarismus und Religion keine Beziehung. Autoritarismus korrelierte immer noch mit r = -.32 mit der Unterstützung für ökonomische, politische und intellektuelle Freiheit. Peterson, Doty und Winter (1993) zeigten, daß bei amerikanischen wie bei russischen Befragten Autoritarismus ein Prädiktor für eine negative Haltung zu ökologischen Einstellungen und für eine diskriminierende Einstellung gegenüber HIV-Infizierten ist (McFarland et al. 1996).

Gibson (1995) fand 1992 bei einer Wiederbefragung der 480 Personen, die bereits 1990 untersucht wurden, ein leichtes Absinken der Unterstützung für die Demokratie und einen geringen Anstieg intoleranter politischer Orientierungen. Während diese Veränderungen relativ gering ausfielen und sich auch nicht dieselbe anti-demokratische Richtung auf allen Items zeigte, ergab sich eine dramatische Veränderung hinsichtlich des Rechtsbewußtseins. Während 1990 noch 92 Prozent das Recht auf Gewissensfreiheit als sehr wichtig einstuften, taten das im Frühjahr 1992 nur noch 61 Prozent der wiederbefragten Personen. Parallel dazu, wenn auch weniger dramatisch, wurde die Wichtigkeit des Rechts auf freie Rede, auf Gleichheit vor dem Gesetz, die Vereinigungsfreiheit, das Recht auf eine Privatsphäre, auf Privateigentum, auf Erziehung und Auswanderung geringer eingeschätzt als 1990.

Hahn (1995) fand ebenso ein Absinken in der Unterstützung der Demokratie in Befragungen die 1990 und 1993 in Yaroslavl, einer Industriestadt zweihundert Meilen von Moskau entfernt, durchgeführt wurden. Hahn schlußfolgerte, daß das russische Versagen hinsichtlich der Entwicklung einer starken Wirtschaft und einer stabilen politischen Kultur das Vertrauen in demokratische Werte im Verlauf dieser drei Jahre erschüttert hatte. Das Niveau an wahrgenommener politischer Wirksamkeit, an Vertrauen in politische Institutionen und Partizipation hatte in diesen drei Jahren deutlich abgenommen und war durch eine eher zynische Haltung ersetzt worden. Die Anzahl derer, die der Aussage „es ist egal, ob ich Wählen gehe oder nicht" zu-

---

2   Aus diesem Grunde konnten 1993 fünf Items, die die Bewunderung des Marxismus-Leninismus und die Ablehnung von Kapitalismus und Religion beinhalteten, nicht länger beibehalten werden. Deshalb revidierten McFarland, Ageyev und Djintcharadze (1996) ihre Autoritarismus-Skala von 1993.

stimmten, stiegt von 27 auf 39 Prozent. Der Anteil derer, die glaubten „wenn die Regierung Entscheidungen fällt, dann zum Wohl des Volkes" fiel von 36 Prozent auf 14 Prozent. Beunruhigender sind die Ergebnisse einer Umfrage von 1993, die (bei Fragen, die 1990 nicht gestellt wurden) eine deutliche Unterstützung für einen politischen Autoritarismus und einen deutlichen Widerstand gegenüber den ökonomischen Reformen zeigten. Hahn fand heraus, daß 76 Prozent der Aussage zustimmten: „Ein paar starke Führer können mehr für ihr Land tun, als alle Gesetze und Diskussionen", derselbe Anteil stimmte der Aussage zu: „Ein hohes Niveau öffentlicher Partizipation an Entscheidungsprozessen führt oftmals zu unerwünschten Konflikten". Achtundfünfzig Prozent stimmten der Aussage zu: „Die Komplexität der heutigen Probleme erlaubt es nur, die einfachsten Fragen dem prüfenden Blick der Öffentlichkeit zu unterziehen". Positiv ist anzumerken, daß von 1990 bis 1993 die Unterstützung für ein Mehrparteiensystem um drei Prozentpunkte angestiegen ist (51% auf 54%). Die Ablehnung eines solchen Systems fiel um fünf Prozentpunkte (von 29% auf 24%). Männliche Personen mit höherer Bildung und einem höheren Berufsstatus, unterstützen in beiden Jahren demokratische Reformen stärker als andere. Jüngere Befragte waren weniger politisch eingebunden und zeigten weniger politisches Vertrauen als ältere Befragte.

Hahn (1995) fand ebenso heraus, daß 1993 die Unterstützung für eine freie Marktwirtschaft begrenzt war. Obwohl 68 Prozent glaubten, daß private Unternehmen effektiv seien, glaubten 51 Prozent, daß eine Höchstgrenze des Einkommens festgelegt werden sollte, damit keiner mehr akkumulieren könne als andere. Sechzig Prozent glaubten, daß „Menschen Wohlstand nur auf Kosten anderer ansammeln", 63 Prozent stimmten der Aussage zu: „Wenn jemand in Armut lebt, müsse die Regierung reagieren, so daß jeder am Wohlstand teilhaben könne". Obwohl diese Einstellungen gegenüber den ökonomischen Reformen nicht notwendigerweise anti-demokratisch oder autoritär sind, zeigen sie doch eine starke Unterstützung für traditionelle sozialistische Werthaltungen.

7. Der Einfluß ökonomischer Bedrohung auf Autoritarismus und anti-demokratische Einstellungen

Die russische Ökonomie steckt weiterhin in der Krise. Im Herbst 1998 verlor der russische Rubel, der für einige Jahr relativ stabil gewesen war, in kurzer Zeit fast 75 Prozent seines Wertes im Vergleich zum amerikanischen Dollar und in ähnlichen Prozentwerten auch gegenüber anderen westlichen Währungen. Wie wahrscheinlich ist es, daß diese ökonomische Krisensituation den russischen Autoritarismus verstärkt und die Demokratie weiter schwächt?

Verschiedene Wissenschaftler vertreten die Auffassung, daß die ökonomische Krise in den früheren kommunistischen Ländern die Unterstützung für die Demokratie stärker schwächt und den Autoritarismus stärker befördert, als dies in entwickelten Demokratien der Fall ist. Whitefield und Evans berichten von einer nationalen Bevölkerungsbefragung in Rußland von 1992 mit mehr als 2 000 Befragten. Sie folgern aus den Ergebnissen, daß die Schwierigkeiten in der ökonomischen Entwicklung „are likely to produce anti-Western, nationalist, and populist political programs that may well target minorities as scapecoats" (Whitefield und Evans 1994: 40). In den frühen 90er Jahren fanden MacIntosh, MacIver, Dobson und Grant (1993), daß ökonomischer Erfolg in weitaus stärkerem Maß als in westlichen Ländern als Bestandteil der Definition von Demokratie verstanden wird. Sie schlossen daraus: „Economic hardship, if it persists and worsens, will sorely tax the democratically elected leaders in these countries and could well undermine public confidence in democratic institutions" (MacIntosh et al. 1993: 16).

Dennoch fand Hahn 1993 nur eine schwache Beziehung zwischen ökonomischem Wohlergehen und der Unterstützung der Demokratie (Hahn 1995). Ganze 65 Prozent der Befragten gaben 1993 an, daß ihre persönliche ökonomische Situation sich seit 1990 verschlechtert habe. Und obwohl sich in Korrelations- wie in Regressionsanalysen ein Zusammenhang dieser Erfahrung mit einem sinkenden politischen Vertrauen und einer geringeren politischen Wirksamkeitserwartung (Alter, Bildung und Beruf wurden kontrolliert) zeigte, war der Zusammenhang zwischen persönlicher ökonomischer Frustration und einem Rückgang in der Unterstützung der Demokratie gering. Auch wenn sich das eigene ökonomische Wohlergehen und die Sorgen um die Volkswirtschaft als relativ unabhängig erweisen, ist es dennoch möglich, das letzteres eine abnehmende Unterstützung für demokratische Institutionen auslöst. Gibson (1996) behielt dies Unterscheidung in private und nationale Besorgnisse bei und fand in einer Studie, die 1992 durchgeführt wurde, daß beides, erwartete Verbesserungen des persönlichen Lebensstandards sowie eine erwartete wirtschaftliche Erholung bei Russen und Ukrainern, die Unterstützung der Demokratie stärkte. Beide Erwartungen zusammen erklärten fünf Prozent der Varianz. Auch wenn dieser Prozentsatz gering erscheinen mag, übertragen auf die ganze Bevölkerung könnte er den Unterschied zwischen der Unterstützung und der Ablehnung von demokratischen Institutionen ausmachen.

Im Westen wurde der Einfluß ökonomisch bedrohlicher Situationen auf Autoritarismus und der Unterstützung der Demokratie oft diskutiert aber kaum empirisch untersucht. In frühen Formulierungen (z.B. Fromm 1941) wurde die „autoritäre Persönlichkeit" sowohl als ein stabiles „Persönlichkeitssyndrom" als auch als allgemeine Reaktion auf ökonomischen Druck oder soziale Unruhe gesehen. Nach 1950 verschob sich durch das Erscheinen der „Authoritarian Personality" (Adorno et al. 1950) der Fokus in Richtung auf ein Persönlichkeitssyndrom. In der „Authoritarian Personality" (Adorno et al. 1950) werden ökonomische Bedrohungen als Bedingungen von Autoritarismus kaum erwähnt. Wenn solche Effekte erwähnt werden, dann als indirekte Einflußfaktoren: Ökonomischer Druck könnte einen strafenden Erziehungsstil von Eltern fördern, was Autoritarismus bei deren Kindern erzeugen könnte.

Bis in die 70er Jahre beschäftigten sich kaum Studien mit dem Einfluß ökonomischen und sozialen Drucks auf die Entwicklung von Autoritarismus und anti-demokratische Einstellungen, obwohl Lipset bereits 1959 argumentiert hatte, daß die anti-demokratischen Einstellungen in der amerikanischen Arbeiterklasse als psychologische Reaktion auf ihre schwierige ökonomische Situation zu verstehen sei. Seit den 70er Jahren stellte sich in einer Reihe von Studien heraus, daß ökonomische und soziale Beunruhigungen, Autoritarismus steigern können. Sales (1972) fand heraus, daß während der Großen Depression und während Zeitspannen mit hoher Arbeitslosigkeit in den 60er Jahren, die Rate derjenigen Amerikaner anstieg, die zu autoritären Kirchen konvertierten (solche die strikten Gehorsam verlangen, die Abtrünnige verdammen und beanspruchen, das einzig wahre Schicksal zu sein). In der gleichen Zeit nahm die Anzahl derer, die zu nicht autoritären Kirchen konvertierten ab. Dieses Muster drehte sich in den Jahren mit hohen Beschäftigungsraten um. Ähnliche Ergebnisse fanden auch McCann und Stewin (1990), sie zeigten, daß ein Ranking des Ausmaßes sozialer und ökonomischer Bedrohungsituationen, das Geschichtsprofessoren für die Jahre von 1920 bis 1986 erstellt hatten, mit Koeffizienten von $r = .45$ bis $r = .72$ mit den Konversionsraten zu verschiedenen autoritären Kirchen korrelierte und mit $r = -.59$ bis $r = -.72$ mit den Konversionsraten zu nicht autoritären Kirchen.

Unter Verwendung von 13 Indikatoren, die sieben der neun Facetten des Autoritarismus (Adorno et al. 1950: 228) abbilden sollten, fand Sales (1973), daß die Große Depression sowie der Vietnam Krieg in den 60er Jahren zu einem deutlichen Anstieg von Autoritarismus bei Amerikanern führten, insbesondere im Vergleich zu den weniger unruhigen vorangegangenen Perioden.[3] Doty, Peterson und Winter (1991) verwendeten 20 Indikatoren zur Messung von Autoritarismus auf der Gesellschaftsebene. Dabei nahm der Autoritarismus auf 13 der Indizes in den USA von einer Periode ökonomischen Drucks (1978-1982) bis zu einer Phase ökonomischer Beruhigung (1983-1987) ab. Die sieben Indizes auf denen sich keine Veränderungen zeigten, waren allesamt von Sales (1973) und wahrscheinlich nicht mehr aktuell. Stenner (1994) konnte zeigen, daß ein Komplex von Verhaltensweisen, in denen sich Autoritarismus widerspiegelt (wie Rassismus, Intoleranz und eine harte Haltung

---

3 Beispiele der Inhalte der von Sales (1973) verwendeten Indizes: Autoritäre Aggression, so wurde angenommen, zeigt sich in der öffentlichen Unterstützung für die Todesstrafe, der Größe der Polizeibudgets. Die Popularität von Hundekämpfen, von Schwergewichtsmeisterschaften, von machtvollen Comic-Helden, all das diente als Indikator der Komponente Beschäftigung mit Macht und Stärke. Die Popularität von Astrologiebüchern und -artikeln galten als Index für Aberglaube, während Anti-Intrazeption durch das Abnehmen der Anzahl von Büchern und Artikeln zum Thema Psychotherapie erfaßt wurde.

zum Strafen) in der Zeit von 1960 bis 1982 kovariierte. Diese Aspekte wurden stark von den sozialen und ökonomischen Bedrohungen der sozialen Ordnung beeinflußt. In Studien, die in Europa durchgeführt wurden, konnte ebenso ein Zusammenhang zwischen autoritären Einstellungen und ökonomischem Druck festgestellt werden. Klein-Allermann, Kracke, Noack und Hofer (1995) fanden, daß zum Beispiel fremdenfeindliche Einstellungen unter ost- wie westdeutschen Jugendlichen durch soziale Notsituationen vorherzusagen sind, ebenso zeigten sich Zusammenhänge zu Variablen über den schulischen und familiären Hintergrund.

Dennoch zeigt auch eine jüngere amerikanische Studie, daß ökonomischer Druck bei einigen Personen das Niveau im Autoritarismus senkt. Bei der Auswertung von Daten des „General Social Survey" von 1972 bis 1994 finden Feldman und Stenner (1997), daß autoritäre Verhaltensweisen nur dann durch soziale Bedrohungen verstärkt werden, wenn diese Personen bereits vorher etwas autoritär waren (z.b. in ihren Werthaltungen zur Kindererziehung). Bei Personen, die bereits niedrige Autoritarismuswerte hatten, sanken diese in sozial bedrohlichen Situationen weiter ab. Altemeyer geht davon aus, daß Autoritarismus in Perioden sozialen Friedens zerfällt und sich in Zeiten ökonomischen und sozialen Drucks wieder verstärkt (Altemeyer 1988). Autoritarismus ist demnach bei vielen Personen in stabilen Zeiten „latent" vorhanden und gelangt in sozialen Streßsituationen wieder an die Oberfläche der Persönlichkeit. Zur Unterstützung dieser Sicht, zieht Altemeyer Ergebnisse heran, die zeigen, daß der mittlere Trennschärfekoeffizient der RWA von .25 im Jahr 1973 auf .15 in den Jahren 1984 bis 1987 fällt (Altemeyer 1988). Diese Abnahme zeigt – so Altemeyer – das Zerfallen des Autoritarismus in den USA nach dem Ende des Vietnam-Krieges, einer Zeit zunehmender sozialer Ruhe (Altemeyer 1981). Auch in Rußland zeigte sich 1989 in einer Zeit starken ökonomischen Drucks, daß die Items der RWA-Skala stärker zusammenhängen (mittlerer Trennschärfekoeffizient von .27) als bei Amerikanern zur selben Zeit (mittlerer Trennschärfekoeffizient von .22; McFarland et al. 1993). Wenn die Hypothese von Altemeyer zutrifft, müßte die Korrelation zwischen den Autoritarismusitems und den sozialen Indikatoren bei Personen die unter ökonomischem Druck stehen, stärker sein als bei denen, die sich ökonomisch sicher fühlen.

McFarland, Ageyev und Hinton (1995) prüften diesen Sachverhalt mit Hilfe vergleichbarer Stichproben von russischen und amerikanischen Erwachsenen. Es wurde ein Fragebogen entwickelt, in dem 19 soziale Indizes die neun Komponenten des autoritären Syndroms nach Adorno et al. (1950) wiedergeben sollten. Die meisten Indizes wurden direkt von Sales (1973) und Doty et al. (1991) übernommen. Maßzahlen die vorher durch Archiv- oder Aggregatwerte erfaßt wurden, wurden in Survey-Items umformliert: z.B. „Es gibt zu wenig finanzielle Unterstützung für die Polizei" als Ersatz für die Erhebung der Polizeibudgets; die Vorliebe für große kräftige Hunde wurde durch folgendes Item erhoben: „Auf einer Skala von 1 (kleiner Hund) bis 9 (großer, kräftiger Hund) – welche Art von einem Hund würden Sie sich halten, wenn Sie es sich aussuchen könnten". Ökonomischer Druck wurde objektiv durch die Variablen Arbeitslosigkeit und geringes Einkommen erfaßt. Auf subjektiver Ebene wurden Items erhoben, die ökonomische Besorgnisse widerspiegeln sollten, z.b.: „Ich mache mir viel Sorgen um Geld", ebenso wie Ängste, den Arbeitsplatz zu verlieren. Besorgnisse um die nationale ökonomische Entwicklung wurden mit ähnlichen Items gemessen. Fragebogen, die diese Items, die RWA-Skala, ebenso wie demographische Fragen zum Alter der Befragten, zu Bildung, Geschlecht, ethnischer Zugehörigkeit, jährlichem Familieneinkommen und beruflichem Status enthielten, wurden im Sommer 1994 von 210 amerikanischen Erwachsenen und im Herbst desselben Jahres von 341 Moskauer Erwachsenen beantwortet.

McFarland et al. (1995) erwarteten, daß (1) die sozialen Indizes interkorreliert sind und entweder einen einzigen Faktor oder ein Bündel von Faktoren bilden würden, die signifikant mit der RWA korrelieren würden. (2) Beide Messungen, die sozialen Indizes und die RWA-Skala sollten signifikant mit Arbeitslosigkeit, geringem Einkommen und subjektiv wahrgenommenem ökonomischem Streß sowie den Besorgnissen um die nationale Ökonomie korrelieren. (3) In Anlehnung an Altemeyers Analyse gingen wir zudem davon aus, daß die Interkorrelationen zwischen den Items der sozialen Indizes und zwischen den Items der RWA unter den Bedingungen ökonomischen Druck höher sein sollten als unter Bedingungen geringer ökonomischer Sorgen.

Sowohl in der russischen wie auch in der amerikanischen Stichprobe korrelierten die sozialen Indizes nur leicht. Eine Hauptkomponentenanalyse ergab für die Amerikaner sieben Faktoren, die im Durchschnitt mit r = .18 korrelierten. Für die Russen ergaben sich fünf Faktoren, die im Durchschnitt mit r = .24 korrelierten. Für die Amerikaner ergab sich eine mittlere Korrelation der Items mit der RWA von r = .37, für die Russen von r = .24. Die Summe der standardisierten sozialen Indizes korrelierten bei den Amerikanern mit r = .70 mit der RWA, bei den Russen mit r = .72. Zusammengefaßt belegen diese Ergebnisse, daß die sozialen Indizes Autoritarismus abbilden.

Die Unterschiede, die sich zwischen Russen und Amerikanern ergaben, sind sehr interessant. Ökonomische Besorgnisse hatten in Rußland größere Effekte als in den USA. In Rußland korrelierte die RWA mit r = -.17 mit dem Einkommen und mit r = .27 mit Besorgnissen über die persönliche finanzielle Situation. Die persönlichen Besorgnisse korrelierten mit drei der fünf Faktoren der sozialen Indizes. Sie korrelierten mit r = .25 (r = .17) mit den Items, die Anti-Intrazeption abbilden, mit r = .23 (r = .16) mit pro-kommunistischen/anti-amerikanischen Einstellungen und mit r = .33 (r = .23) mit einer positiven Haltung gegenüber harten Strafen. Sorgen um die nationale Ökonomie hatte Einfluß auf vier der fünf Faktoren: sie korrelierten mit r = .15 (r = .15) mit Anti-Intrazeption, mit r = .23 (r = .22) mit pro-kommunistischen/anti-amerikanischen Einstellungen, mit r = .22 (r = .21) mit einer positiven Haltung gegenüber harten Strafen und mit r = .21 (r = .22) mit Aberglaube. Alle Korrelationen sind signifikant (p<.001). Die Koeffizienten in den Klammern sind die Beziehungen kontrolliert um die persönlichen RWA-Werte (p<.01). Kurz gesagt, ökonomische Besorgnisse korrelieren in Rußland mit vielen der sozialen Indizes für Autoritarismus, ebenso mit der RWA-Skala. Diese Besorgnisse scheinen die Werte auf den sozialen Indikatoren zu verstärken, auch wenn der persönliche Autoritarismus kontrolliert wird.

Für Amerikaner war keine der Korrelationen signifikant. Im Unterschied zu Rußland hatte ökonomischer Streß in Amerika fast keinen Effekt auf das Niveau von Autoritarismus. Als einziger signifikanter Effekt ergab sich eine Korrelation von r = .20 (p<.001) zwischen Sorgen über die nationale Ökonomie und der RWA-Skala. In Einklang mit Altemeyers Hypothesen hatten ökonomische Besorgnisse in Amerika einen deutlichen Einfluß auf die interne Konsistenz des Autoritarismus bezogen auf die RWA-Skala, sowie die Messung mit den sozialen Indikatoren. So lag der mittlere Trennschärfekoeffizient bei der RWA-Skala für Personen mit starken Besorgnissen hinsichtlich ihrer persönlichen finanziellen Situation bei .27, bei Personen mit geringen Besorgnissen lag der mittlere Koeffizient mit .19 signifikant niedriger. Der Unterschied ist signifikant (p<.001). Ähnliche Effekte fanden sich bei Arbeitslosigkeit, niedrigem Einkommen und Besorgnissen über die nationale Ökonomie. Unabhängig davon, wie ökonomischer Streß und Autoritarismus gemessen wurden, ergab sich bei Amerikanern mit einen hohen Niveau an Streß eine größere interne Konsistenz im Autoritarismus als bei solchen mit geringerem Streß. Für Russen ergaben sich keine vergleichbaren Effekte.

Eine größere interne Konsistenz bei einigen Personengruppen wurde auch von Feldman und Stenner (1997) gefunden. Ökonomischer Stress führte bei einigen Amerikanern zu einem stärkeren Autoritarismus, hatte aber bei anderen Personen einen gegensätzlichen Effekt. Für jede Messung von persönlichem ökonomischen Druck ergab sich für die RWA eine größere Standardabweichung bei denen, die subjektiv einen starken Druck verspürten und eine geringere bei Personen mit geringerem Druck. Für erwerbstätige Personen ergab sich zum Beispiel eine Standardabweichung von 14.08, für Arbeitslose von 15.82.

Kurz gesagt, während ökonomische Sorgen in Rußland die Menschen zu größerem Autoritarismus treiben (hinsichtlich der RWA-Skala und der Messung über soziale Indikatoren, auch wenn die persönlichen Autoritarismuswerte kontrolliert werden), führen ähnliche Besorgnisse in den USA bei einigen zu größerem bei anderen aber zu geringerem Autoritarismus.

Über die Ursachen dafür kann man nur spekulieren. Aus meiner Sicht könnte die größere Erfahrung der Amerikaner bei der Lösung ökonomischer Probleme durch demokratische, nicht-autoritäre Mittel (z.B. der New Deal während der Großen Depression) eine Ursache sein. Vergleichbare Beispiele finden sich in der russischen Geschichte nicht. Vielleicht ist daher für Russen die autoritäre Reaktion die einzige wahrgenommene Möglichkeit des Umgangs, während Amerikaner sich beides, autoritäre und nicht autoritäre Lösungen vorstellen können. In jedem Fall zeigen die Ergebnisse, wie Whitefield und Evans (1994) und Evans et al. (1993) argumentieren, daß ökonomische Probleme die Stabilität der Demokratie in Rußland weitaus stärker gefährden als dies in entwickelteren Demokratien der Fall ist.

8. Schlußfolgerung: Die Anfälligkeit der russischen Demokratie

Kürzlich untersuchte Gibson (1998b) die Toleranz von Russen gegenüber unbeliebten Gruppen im Rahmen eines experimentellen Surveydesigns. 1996 wurden innerhalb einer repräsentativen Stichprobe mehr als 2000 russische Bürger gefragt, ob sie es unterstützen würden, wenn die von ihnen am meisten gehaßte Gruppe von den Wahlen zur Duma ausgeschlossen würde. Ähnlich wie in früheren Studien gaben 67 Prozent der Russen an, daß sie solche Gruppen ausschließen würden, 23 Prozent waren gegen einen solchen Ausschluß. Jedem Befragten der beiden Gruppen, den „Intoleranten" und den „Toleranten" wurden dann drei Argumente vorgelegt, die jeweils die gegensätzliche Sichtweise stützten. Den Intoleranten wurde erzählt, daß die Regierung nicht das Recht haben sollte, zu entscheiden, wer das Wahlrecht genießt und daß es ungerecht ist, einigen das Wählen zu erlauben und anderen nicht. Es wurde zudem argumentiert, daß andere die Falschheit von Ansichten erkennen könnten, wenn gehaßte Gruppe die Möglichkeit hätten, ihre Ansichten öffentlich zu zeigen. Den Toleranten wurde gesagt, daß die gehaßten Gruppen die Demokratie zerstören würden, wenn sie an die Macht kämen; daß einige Leute von den Ideen angesteckt werden könnten und daß diese Gruppen den Wahlgesetzen nicht folgen würden.

Unglücklicherweise zeigte sich, daß die tolerante Minderheit sich leichter überzeugen lies als die Intoleranten. Vierundsiebzig Prozent der Intoleranten konnten durch die Argumente nicht überzeugt werden, aber 50 Prozent der Toleranten wurden nach der Vorlage der Argumente intolerant. Gibsons Analyse belegt daß: „ if . . . all commentary on this dispute raised issues opposing tolerance, then Russians would be very intolerant indeed. Under this circumstance, intolerance would balloon to 77.1% and tolerance would plummet to 12.8%" (Gibson 1998b: 829).

Dennoch konnten durch verschiedene Faktoren Veränderungen in beide Richtungen vorhergesagt werden. Bei „stark" intoleranten oder toleranten Personen erwies es sich als unwahrscheinlicher als bei Personen mit weniger starken Einstellungen, daß sie ihre Position verändern. Wenn eine Gruppe als bedrohlicher wahrgenommen wurde, veränderten intolerante Personen kaum ihre Meinung, während tolerante Personen eher zu intoleranten Meinungen wechselten. Personen mit „inkonsistenten" Ansichten über die Demokratie (erfaßt durch die Kohärenz der Facetten, die weiter oben beschrieben wurden) ließen sich leichter überzeugen, als Personen die „konsistente" Ansichten über die Demokratie hatten. Dennoch wechselten 41 Prozent der Toleranten mit einer konsistenten Sicht der Demokratie ihre Meinung hin zu intoleranten Ansichten. Für Intolerante mit einer Tendenz zum Dogmatismus (gemessen mit Rokeach's Dogmatismus-Skala) war die Wahrscheinlichkeit geringer, daß sie tolerante Ansichten annehmen als umgekehrt für dogmatische Tolerante. Besser gebildete tolerante Personen ließen sich weniger leicht überzeugen als weniger gebildete tolerante Personen.

Es scheint offensichtlich, daß die demokratische Kultur in Rußland noch immer sehr anfällig ist. Die anfänglichen Hoffnungen, die Demokratie bringe auch eine glänzende wirtschaftliche Zukunft, hat sich noch nicht verwirklicht. Der anfängliche Enthusiasmus für die Demokratie schwindet. Die gesamte Bedeutung von Demokratie insbesondere hinsichtlich von Toleranz und Minderheitenrechten ist bis heute noch nicht völlig verstanden und akzeptiert worden. Autoritarismuswerte, die in der Übergangsphase niedrig waren, sind angestiegen. Trotzdem hat die russische Demokratie während ihrer kurzen Geschichte bereits viele Krisen überstanden und die sich ansammelnden Erfahrungen dieser Jahre könnten eine eigene Stabilität und die Basis für ein tieferes demokratisches Bewußtsein schaffen.

Literatur

Adorno, Theodor W., Else Frenkel-Brunswik, Daniel J. Levinson und R. Nevitt Sanford.; in Zusammenarbeit mit Betty Aron, Maria Hertz Levinson und William Morrow. 1950. The Authoritarian Personality. New York: Harper.

Ageyev, Vladimir S., Marina A. Abalakina und Sam G. McFarland. 1990. Avtoritarnaya lichnost v Ssha I SSSR [Authoritarian personality in the U.S.A. and U.S.S.R.]. Chelovek 6: 110-118.

Altemeyer, Bob. 1981. Right-wing authoritarianism. Winnipeg: University of Manitoba Press.

Altemeyer, Bob. 1988. Enemies of freedom. San Francisco: Jossey-Bass.

Altemeyer, Bob. 1990, July. The mirror-image in U.S. – Soviet perceptions: Recent cross-national authoritarianism research. Paper Presented at the International Society for Political Psychology, Washington, DC.

Bahry, Donna, Cynthia Boaz und Stacy Burnett Gordon. 1997. Tolerance, Transition and support for Civil Liberties in Russia. Contemporary Political Studies 30: 484-510.

Brief, Diane E. und Barry E. Collins. 1993, August. On Milgram's obedience paradigm: Perspectives from a Russian sample. Paper presented at the American Psychological Association, Toronto, Canada.

Christie, Richard. 1954. Authoritarianism re-examined. S. 123-196 in: Richard Christie und Marie Jahoda (Hg.): Studies in the scope and method of „The Authoritarian Personality". Glencoe, IL: Free Press.

Dahl, Robert A. 1989. Democracy and its critics. New Haven: Yale University Press.

Doty, Richard, Bill Peterson und David Winter. 1991. Threat and authoritarianism in the United States, 1978-1987. Journal of Personality and Social Psychology 61: 629-640.

Dunlop, John B. 1993. The rise of Russia and the fall of the Soviet empire. Princeton, NJ: Princeton University Press.

Eysenck, Hans J. 1954. The psychology of politics. New York: Routledge, Chapman & Hall.

Feldman, Stanley und Karen Stenner. 1997. Perceived threat and authoritarianism. Political Psychology 18: 741-770.

Fromm, Erich. 1941. Escape from freedom. New York: Holt, Rinehart & Winston.

Gibson, James L. 1995. The resilience of mass support for democratic institutions and processes in the nascent Russian and Ukrainian democracies. S. 53-111 in: Vladimir Tismaneanu (Hg.): The International Politics of Russia: Vol. 7. Political Culture and Civil Society in Russia and the New States of Eurasia. London: M. E. Sharpe.

Gibson, James L. 1996. A mile wide but an inch deep (?): The structure of democratic commitments in the former USSR. American Journal of Political Science 40: 396-420.

Gibson, James L. 1997. Mass opposition to the Soviet putsch of August 1991: Collective action, rational choice, and democratic values in the former Soviet Union. American Political Science Review 91: 671- 684.

Gibson, James L. 1998a. „Putting up with" fellow Russians: An analysis of political tolerance in the fledgling Russian democracy. Political Research Quarterly 51: 37-68.

Gibson, James L. 1998b. A sober second thought: An experiment in persuading Russians to tolerate. American Journal of Political Science 42: 819-850.

Gibson, James L. und Raymund N. Duch. 1993. Political intolerance in the USSR: The distribution and etiology of mass opinion. Comparative Political Studies 26: 286-329.

Gibson, James. L., Raymund N. Duch und Kent L. Tedin. 1992. Democratic values and the transformation of the Soviet Union. The Journal of Politics 54: 329-371.

Gozman, Leonid und Alexander Etkind. 1992. The Psychology of Post-Totalitarianism in Russia (R. Clarke, Trans.). London: The Centre for Research into Communist Economies.

Hahn, Jeffrey W. 1995. Changes in contemporary Russian political culture. S. 112-136 in: Vladimir Tismaneanu (Hg.): The International Politics of Russia: Vol. 7. Political Culture and Civil Society in Russia and the New States of Eurasia. London: M. E. Sharpe.

Hamilton, V. Lee, Joseph Saunders und Scott J. McKearney. 1995. Orientations toward authority in an authoritarian state: Moscow in 1990. Personality and Social Psychology Bulletin 21: 356-365.

Kindervater, Angela und Gerda Lederer. 1995, July. An analysis of youth surveys on authoritarianism in Russia, West Germany and East Germany: Similarities and Differences. Paper presented at the International Society of Political Psychology, Washington, DC.

Klein-Allermann, Elke, Bärbel Kracke, Peter Noack und Manfred Hofer. 1995. Micro- and Macrosocial conditions of adolescents' aggressiveness and antiforeigner attitudes. S. 71-83 in: James Youniss (Hg.): New directions in child development, Vol. 70. After the wall: Family, adaptations in East and West Germany. San Francisco: Jossey-Bass.

Likert, Rensis. 1932. A technique for the measurement of attitudes. Archives of Psychology (No. 140).

Lipset, Seymour. M. 1959. Democracy and working-class authoritarianism. American Sociological Review 24: 482-501.

MacIntosh, Mary E., Martha Mac Iver, Richard Dobson und Steven Grant. 1993, May. The Meaning of democracy in a redefined Europe. Paper presented at a meeting of the American Association of Public Opinion Research.

McCann, Stewart J. und Leonard L. Stewin. 1990. Good and bad years: An index of American social, economic, and political threat (1920-1986). The Journal of Psychology 124: 601-617.

McFarland, Sam, Vladimir S. Ageyev und Marina Abalakina. 1993. The authoritarian personality in the U.S.A. and U.S.S.R.: Comparative studies. S. 199-225 in: William F.

Stone, Gerda Lederer und Richard Christie (Hg.): Strength and weakness: The authoritarian personality today. New York: Springer-Verlag.

McFarland, Sam, Vladimir S. Ageyev und Marina Abalakina-Papp. 1992. Authoritarianism in the Former Soviet Union. The Journal of Personality and Social Psychology 63: 1004-1010.

McFarland, Sam, Vladimir Ageyev, Marina Abalakina-Paap und Nadya Djintcharadze. 1993, July. Why are Russians less authoritarian than Americans? Presented at the international Society of Political Psychology, Cambridge, MA.

McFarland, Sam, Vladimir Ageyev und Nadya Djintcharadze. 1996. Russian authoritarianism two years after communism. Personality and Social Psychology Bulletin 22: 210-217.

McFarland, Sam, Vladimir Ageyev und Kenneth Hinton. 1995, July. The effects of economic threat on authoritarianism in the United States and Russia. Presented at the International Society of Political Psychology, Washington, D. C.

Meloen, Jos. D. 1993. The F Scale as a predictor of Fascism: An overview of 40 years of authoritarian research. S. 47-69 in: William F. Stone, Gerda Lederer und Richard Christie (Hg.): Strength and weakness: The Authoritarian Personality today. New York: Springer-Verlag.

Meloen, Jos D. und Russell Farnen. 1998, July. Authoritarianism, democracy, and multiculturalism in cross-national perspective: A survey in 44 countries. Presented at the International Society of Political Psychology, Montreal, Canada.

Milburn, Michael A., Sheree D. Conrad, Fabio Sala und Sheryl Carberry. 1995. Childhood punishment, denial, and political attitudes. Political Psychology 16: 447-478.

Peterson, Bill E., Richard M. Doty und David G. Winter. 1993. Authoritarianism and attitudes toward contemporary social attitudes. Personality and Social Psychology Bulletin 19: 174-184.

Rokeach, Milton. 1956. Political and religious dogmatism: An alternative to the authoritarian personality. Psychological Monographs 70, 18 (Whole No. 425).

Rokeach, Milton. 1960. The open and closed mind. New York: Basic Books

Sales, Stephen. 1972. Economic threat as a determinant of conversion rates in authoritarian and nonauthoritarian churches. Journal of Personality and Social Psychology 23: 420-428.

Sales, Stephen. 1973. Threat as a factor in authoritarianism: An analysis of archival data. Journal of Personality and Social Psychology 28: 44-57.

Sanford, Nevitt. 1956. The approach of the authoritarian personality. S. 261-282 in: James L. McCary (Hg.): Psychology of personality: Six modern approaches. New York: Grove Press.

Shils, Edward A. 1954. Authoritarianism: „Right" and „Left." S. 24-49 in: Richard Christie und Marie Jahoda (Hg.): Studies in the scope and method of „The Authoritarian Personality." Glencoe, IL: Free Press.

Stenner, Karen. 1994. Societal Threat and Authoritarianism in America 1960-1995. Paper presented at the 1994 Annual meeting of the International Society of Political Psychology.

Stone, William F. 1980. The myth of left-wing authoritarianism. Political Psychology 2: 3-19.

Sullivan, John. L., James E. Piereson und George E. Marcus. 1982. Political tolerance and American democracy. Chicago: The University of Chicago Press.

Whitefield, Stephan und Geoffrey Evans. 1994. The Russian Election of 1993: Public Opinion and the Transition Experience. Post-Soviet Affairs 10: 38-60.

Zaslavskaya, Tatyana. 1990. The Second Socialist Revolution: An Alternative Soviet Strategy. (Susan M. Davies und Jenny Warren, Trans.). London: I. B. Tauris.

Autoritarismus und Fremdenfeindlichkeit im deutsch-deutschen Vergleich: Ein Land mit zwei Sozialisationskulturen

Gerda Lederer

Zusammenfassung: Mit dem Ende der Deutschen Demokratischen Republik (DDR) stellte sich die Frage nach den Unterschieden in Bezug auf Autoritarismus und Fremdenfeindlichkeit zwischen den in der DDR sozialisierten Jugendlichen und der vergleichbaren westdeutschen Kohorte. Hier sollten nicht grundlegend verschieden Nationen verglichen werden, sondern zwei Länder, die bis 1945 eine Nation waren und damit auch eine gemeinsame Geschichte haben, gefolgt von 45 Jahren extrem unterschiedlicher Entwicklung. Die Erhebungen für den hier vorgestellten Vergleich wurden kurz nach dem Ende der DDR in West- und Ostdeutschland an Schulen im Regelunterricht anonym vorgenommen. Das Befragungsinstrument stammt aus Jugenderhebungen und wurde seit den 60er-Jahren wiederholt zu kulturvergleichenden Studien herangezogen. Der Vergleich der Skalenmittelwerte der Erhebungen zeigt bei jeder der acht Autoritarismusskalen, daß die ostdeutschen Jugendlichen höhere (autoritärere) Werte aufweisen als die westdeutschen Jugendlichen, obwohl keine der beiden Gruppen als extrem autoritär bezeichnet werden kann. Die Ergebnisse der vorliegenden Studie liefern aber, wie eine Vielzahl vergleichbarer Untersuchungen, wenig Aufschluß über die Ursachen. Daher werden abschließend Forschungsansätze besprochen, die besser geeignet sind, tiefere Motivationen und Ursachen der gefunden Ergebnisse aufzudecken.

1. Einleitung und Übersicht

Die hier vorgestellte vergleichende Autoritarismusstudie ist Teil einer Serie von 12 international vergleichenden Jugenderhebungen[1], die neben kulturellen Unterschieden auch den Wandel des Autoritarismus im Zeitvergleich untersuchen (Lederer 1983; Lederer und Schmidt 1995). Ursprünglich wurden Ergebnisse der Analyse einer Umfrage unter Jugendlichen in Deutschland, die 1945 durchgeführt worden war, mit Ergebnissen einer Studie verglichen, die 1946 in den USA erhoben wurde (McGranahan 1946). Die selben Varia-

---

1   USA 1945, Deutschland 1945, USA 1967, BRD 1966, USA 1978, BRD 1979, Österreich 1980, Moskau 1990, Österreich 1992, DDR 1990, BRD 1991, USA 1991.

blen wurden für eine Befragung unter Jugendlichen in den USA 1978 und in
der Bundesrepublik Deutschland 1979 herangezogen. Diese Daten konnten
nun mit den Ergebnissen der ersten Untersuchungen verglichen werden
(BRD 1979 mit Deutschland 1945; USA 1978 mit USA 1945), um den Wandel der sich in diesen Ländern vollzogen hatte, zu untersuchen. Ferner konnte
ein Trendvergleich durchgeführt werden.

Die vergleichenden Erhebungen wurden 1980 auf Österreich und 1990
auf Moskau und die DDR ausgedehnt. In den frühen 90er Jahren wurden in
Österreich, den USA und (West)Deutschland Replikationsstudien durchgeführt und analysiert (Lederer und Schmidt 1995: 86-187). In dem vorliegenden Beitrag wollen wir uns dem Vergleich Jugendlicher der beiden deutschen
Staaten zuwenden.

Mit dem Zusammenbruch der DDR stellte sich die Frage nach den Unterschieden zwischen den in der DDR sozialisierten Jugendlichen und der vergleichbaren westdeutschen Kohorte. Hier sollten nicht grundlegend verschiedene Nationen verglichen werden, sondern zwei Länder, die bis 1945 nicht getrennt waren und damit auch eine gemeinsame Geschichte haben, gefolgt von 45
Jahren extrem unterschiedlicher Entwicklung. Noch vor der Wiedervereinigung
unternahmen wir eine Jugendbefragung in der DDR, die wir hier mit Daten aus
den westlichen Bundesländern vergleichen wollen. Es ist also unser Anliegen zu
erforschen, welchen Einfluß die jahrhundertealte gemeinsame deutsche Geschichte, Kultur und Tradition und welche Nachwirkungen die Sozialisation in
analogen Strukturen sehr unterschiedlicher Gesellschaftssysteme auf die befragten Jugendlichen hatten. Dabei ist zu bedenken, daß nicht nur die Probanden
der ehemaligen DDR, sondern auch schon ihre Eltern als Kinder in der Deutschen Demokratischen Republik aufwuchsen und daß die Sozialisation der Eltern und der Kinder sich in den Strukturen der (sich allerdings auch wandelnden)
DDR vollzog. Die Großeltern unserer Befragten, sowohl in der DDR wie auch
in der BRD, waren im nationalsozialistischen Deutschland groß geworden und
viele von ihnen hatten im 2. Weltkrieg gekämpft.[2]

2. Die Stichproben

Deutsche Demokratische Republik: Mit der Öffnung der Grenzen gelang es
uns mit Hilfe von Lehrern und Schülern, im Frühjahr 1990 – noch vor der
Vereinigung – eine Autoritarismusumfrage auf dem Gebiet der DDR vorzunehmen. Die Stichprobe der DDR-Jugendlichen (N=320) setzt sich zu 46%

---

2   Der Mittelwert des Alters unserer Probanden war 1990 16 Jahre, d.h., sie sind um
    1974 geboren. Zu diesem Zeitpunkt waren ihre Väter etwa 25 bis 35 Jahre alt, also
    zwischen 1940 und 1950 geboren; die Großväter vermutlich zwischen 1905 und 1925
    geboren.

aus männlichen und zu 54% aus weiblichen Schülern zusammen. Sechs Polytechnische Oberschulen (POS), zwei Erweiterte Oberschulen (EOS) und eine Musikschule nahmen an der Befragung teil. Die neun Schulen befanden sich in vier Bezirksstädten (Rostock, Berlin, Potsdam, Dresden) und vier Kreis- oder Kleinstädten (Parchim, Belzig, Bernburg, Riesa). Die Schüler wurden im Klassenverband im Regelunterricht zur freiwilligen Teilnahme eingeladen und anonym befragt.

Bundesrepublik Deutschland: Hier besteht die Stichprobe aus 552 Probanden, davon die Hälfte männlich, die Hälfte weiblich, aus vier Gymnasien, drei Realschulen, einer Gesamtschule, einer Hauptschule und einer Ausbildungsstelle, in Klein- und Großstädten der alten Bundesländer. Auch hier wurden die Schüler im Klassenverband im Regelunterricht zur freiwilligen Teilnahme eingeladen und anonym befragt. Aufgrund unterschiedlicher Kategorien mußten Schultypen und teilweise auch Berufsklassifikationen der zwei Stichproben angeglichen werden. Auffällige demographische Unterschiede gab es bei der Frage nach der Religion: In der DDR antworteten 80,3% sie seien konfessionslos, in der BRD sind es 10,9%. Der Anteil der getrennt lebenden Eltern war in den beiden Stichproben ähnlich: 17,2% in der DDR, 19,2% in der BRD.

3. Der Fragebogen

Der in den oben erwähnten international vergleichenden Studien eingesetzte Lederer-Fragebogen (vgl. Lederer und Schmidt 1995) besteht im Kern aus insgesamt 131 Items. Er wurde für die Befragungen in der Bundesrepublik Deutschland um eine Politik-Skala (9 Items) erweitert, die aber in der DDR nicht eingesetzt wurde. Sechs der Fragebogen-Items erfassen soziodemographische Variablen: Geschlecht, Alter, Ort, Schulart, Religion, Nationalität. Zusätzlich werden mit sechs weiteren Variablen Informationen zum Beruf und der Bildung der Eltern sowie der familiären Situation erhoben. Die Variablen zum Schultyp und zur Ausbildung der Eltern wurden den jeweiligen Umständen des Landes angepaßt. Die übrigen 118 Items sind den acht unten beschriebenen Skalen zugeordnet.

Die meisten Skalensätze sind als fünfstufige Likert-Items formuliert und besitzen die Antwortalternativen „starke Zustimmung" (5 Punkte), „Zustimmung" (4 Punkte), „nicht entschieden" (3 Punkte), „Ablehnung" (2 Punkte) und „starke Ablehnung" (1 Punkt). Für die Bewertung des Antwortverhaltens gilt: je höher der Punktwert, umso stärker ist die Bereitschaft, autoritären Einstellungen zuzustimmen. Siebenundfünfzig Items sind als Umkehritems formuliert, d.h., sie werden von Befragten mit autoritären Überzeugungen abgelehnt. Durch Rekodierung der Umkehritems wird für alle Items des Likert-Formats eine einheitliche statistische Auswertung ermöglicht. Umkehritems wurden in den Fragebogen aufgenommen, um Antwortverzerrungen zu kontrollieren.

Die Variablen V52, V53, V54 (vgl. Fragebogen in Lederer und Schmidt 1995) sind nicht im Likert-Format formuliert. Sie verlangen von den Befragten einen affektiv-bewertenden Vergleich der eigenen Bürger mit Angehörigen anderer Nationen. Ebenfalls nicht im Likert-Format sind die Items V85 – V89, davon sind V86 – V88 sogenannte „hypothetische Situationen", die die Einstellung zur elterlichen Autorität in bestimmten Situationen prüfen sollen. V89 bezieht sich auf die Zukunftserwartung der Probanden. Diese Items werden separat und nur durch Häufigkeitsauszählungen ausgewertet. Sie dienen zusätzlich der Validitätsmessung bezüglich der Konsistenz des individuellen Antwortverhaltens. Die Variablen V32, V33, V73, V77 und V52 sind einer Studie von McGranahan entnommen, die er bereits 1945 in Deutschland durchführte (vgl. McGranahan 1946).

3.1 Die a priori Skalen

Die dem Fragebogen zugrundeliegenden Skalen und Items sind – abgesehen von kleineren Veränderungen und Zusätzen – mit dem im Jahre 1966 von Kagitcibasi entwickelten Fragebogen für eine transkulturelle Studie zum Thema Autoritarismus bei türkischen und amerikanischen Jugendlichen identisch (vgl. Kagitcibasi 1967; Lederer und Schmidt 1995: 47-67). Kagitcibasi begründet den Einsatz einer Vielzahl von Skalen mit der Multidimensionalität des Autoritarismus. Ihre Auswahl von Items aus bereits angewandten Skalen begründet Kagitcibasi mit dem Ziel der Vergleichbarkeit mit anderen Untersuchungen der Autoritarismusforschung. So wurden entweder ganze Skalen oder repräsentative Items aus diesen Untersuchungen von Kagitcibasi übernommen. Kriterien ihrer Auswahl waren dabei:

– Trennschärfe: die Items sollten möglichst gut zwischen Autoritären und Nicht-Autoritären unterscheiden;
– Anwendbarkeit auf unterschiedliche Kulturen, d.h. die Skalen sollten keine speziellen Sachverhalte oder erwünschte/abgelehnte Tatbestände einzelner Länder ansprechen.

Einige Items, die den genannten Kriterien nicht entsprachen, wurden von Kagitcibasi durch neue oder veränderte Items ersetzt. Die folgenden Gründe waren maßgeblich für die Verwendung des gleichen Meßintruments für den hier vorgestellten deutsch-deutschen Vergleich:

a) Validität und Reliabilität des Meßinstruments erschienen ausreichend (vgl. Lederer und Schmidt 1995: 72ff.).
b) Der Fragebogen enthält eine Vielzahl von Subinstrumenten, die besonders gut geeignet sind, unsere Forschungsfragen zu beantworten. (Für die

Zuordnung der einzelnen Fragebogenitems zu den Ursprungsskalen, vgl.
Lederer 1983: 71).
c) Eine große Anzahl von Vergleichsdaten liegt vor.

Der Fragebogen enthält die folgenden Skalen:

1. Die Allgemeine Autoritarismus Skala (Skala I) – 30 Items
Die 30 Items dieser Skala sind nach dem Schema der F-Skala (vgl. Adorno et
al. 1950) entworfen und sollen die Zustimmungstendenz gegenüber autoritären Einstellungen messen. Zur Berücksichtigung des „acquiescence response
sets" (der Antwortverzerrung durch die Tendenz, allgemeinen Aussagen zuzustimmen) wurden die Hälfte der Aussagen so formuliert, daß Autoritäre die
Aussagen ablehnen müßten, sie wurden bei der Auswertung recodiert.

2. Kernautoritarismus-Skala (Skala II) – 34 Items
Mit dieser Skala sollen formale Aspekte dogmatischen Denkens und Rigidität
gemessen werden. Hierfür wurden möglichst kulturneutrale, wertfreie Aussagen von erprobten Ursprungsskalen ausgewählt.

3. Skala für nicht spezifizierte Autorität (Skala III) – 8 Items
Die Skala für nicht spezifizierte Autorität soll die generelle Tendenz, sich
Autoritäten zu unterwerfen und Gehorsam zu üben, messen.

4. Skala für Respekt vor Staatsautorität (Skala IV) – 8 Items
Die Skala für Respekt vor Staatsautorität ermittelt das Ausmaß von Staatstreue
und die Akzeptanz staatlicher Machtausübung.

5. Skala für Respekt vor elterlicher Autorität (Skala V) – 16 Items
Die Skala für Respekt vor elterlicher Autorität soll die Haltung der Befragten
gegenüber den eigenen Eltern und die Akzeptanz elterlicher Autorität im allgemeinen feststellen.

6. Ausländerablehnungsskala (Skala VI) – 14 Items
Die Ausländerablehnungsskala zur Messung ethnozentrischer Einstellungen
besteht aus 14 Items im Likert-Format, zusätzlich wurden zur Messung von
Ausländerfeindlichkeit 3 Items mit anderen Antwortoptionen (V52, V53 und
V54) erhoben.

7. Autoritäre Familienstruktur Skala (Skala VII) – 14 Items
Die Autoritären Familienstruktur Skala ist keine Autoritarismusskala, sie erfaßt
die subjektive Wahrnehmung der Autoritätsstruktur in der eigenen Familie.
Ferner kann mit Hilfe dieser Skala festgestellt werden, ob ein Wandel in den
Erziehungszielen einer Gesellschaft mit einem Wandel der autoritären Einstel-
lungen unter den Jugendlichen einhergeht.

Neue Allgemeine Autoritarismus Skala (NAAS) – 18 Items
Diese Skala wurde durch Faktorenanalysen der vor 1980 erhobenen Datensätze
gewonnen (vgl. Lederer 1983: 71ff.). Achtzehn Items des Fragebogens genüg-
ten bei jedem der Datensätze den folgenden Ansprüchen und wurden zur Neu-
en Allgemeinen Autoritarismus Skala zusammengefaßt:

1. Jedes der Items zeigte höhere Faktorladung bei Faktor 1 als bei einem
   der drei anderen Faktoren einer Vier-Faktoren-Lösung.
2. Jedes Item in jedem der Datensätze wies bei Faktor 1 einen hohen La-
   dungswert auf (>.30) (Lederer 1983: 82).

Die Höhe des für die NAAS errechneten Cronbach's Alpha weist für sieben
zwischen 1978 und 1992 gesammelten Datensätze aus vier Ländern auf eine
ausreichende interne Konsistenz dieser Skala hin (vgl. Lederer und Schmidt
1995: 77).

Bei der NAAS definieren wir einen Item-Konstrukt-Zusammenhang (vgl.
Lederer 1983: 85), der sich von den anderen Skalen unterscheidet. Es handelt
sich dabei um einen allgemeinen Autoritarismusfaktor, der nicht auf Einstellungsmuster in einem Bereich begrenzt ist, sondern umfassende Denkstrukturen des Autoritarismus darstellt, wie sie von Adorno et al. für die F-Skala beschrieben wurden (Adorno et al. 1950: 228ff.). Die NAAS erfaßt autoritäre
Unterwürfigkeit, Machtdenken und Kraftmeierei, Konventionalismus, Aberglaube und Stereotypie sowie um Zynismus und Diffamierung des Menschlichen. Weitere Variablen – Pseudopatriotismus, Ethnozentrismus, hierarchi-
sches Denken, Unterordnung unter elterliche Autorität und Werte, die Idealisierung von Eigen-Gruppen – entstammen den Kapiteln III-VI des Werks „The
Authoritarian Personality" (Adorno et al. 1950: 57-221), die die Vorarbeiten
aus denen die F-Skala entstand, beinhalten. Während also die Skalen II-VII für
spezielle inhaltliche Vergleiche herangezogen werden sollen, ist die NAAS ein
Meßinstrument für die Prävalenz der klassischen autoritären Persönlichkeit.

Unterzieht man alle Items der Datensätze einer Hauptkomponentenanalyse, dann ergibt sich für die BRD und für die USA, konsequent von 1978 bis
1990, ein erster stärkster Faktor, den man als „Allgemeinen Autoritarismus
Faktor" bezeichnen kann. Der zweite Faktor ist in der BRD 1991 durch Ethnozentrismus bestimmt, an dritter Stelle zeichnet sich ein Familien-Faktor ab,
an vierter Stelle ein Dogmatismus-Faktor. Es ist auffallend, daß in der ehemaligen DDR Ethnozentrismus an erster Stelle steht, der Familien-Faktor an
zweiter Stelle, der Allgemeine Autoritarismus-Faktor erst an dritter Stelle
und Dogmatismus an vierter Stelle. In den folgenden Analysen versuchen
wir, die Bedeutung dieser Ergebnisse genauer zu erfassen.

4. Die Ergebnisse

Wir untersuchen zunächst die Beziehung der Skalen zueinander innerhalb der beiden Erhebungen, um über die Beziehung der Autoritarismusvariablen zueinander in der jeweiligen Stichprobe Aufschluß zu gewinnen. Dann prüfen wir das Antwortverhalten bei den wiederholt eingesetzten Items der McGranahan-Befragung. Anschließend analysieren wir die Skalenmittelwerte und wählen exemplarische Einzelitems der Skalen aus, um Unterschiede zwischen den Jugendlichen der deutsch-deutschen Erhebungen zu verdeutlichen.

4.1 Interkorrelationen der Subskalen und das Autoritarismussyndrom

Die Interkorrelationen der Subskalen wurden für beide Stichproben berechnet und verglichen (vgl. Tabelle 1). Die Allgemeine Autoritarismus Skala (Skala I) und die Neue Allgemeine Autoritarismus Skala (NAAS) wurden bei den Skaleninterkorrelationen nicht berücksichtigt, da ihre Items teilweise auch in den anderen Autoritarismusskalen vorhanden sind und dies zu verzerrten Korrelationen führen würde. Die Items der anderen Skalen überschneiden sich jedoch nicht.

Tabelle 1: Interkorrelationen der Subskalen II – VII für die BRD 1991 und die DDR 1990

	II.	III.	IV.	V.	VI.	
II. Kernautoritarismus- Skala						BRD91
						DDR90
III. Skala für nicht spezifizierte Autorität	.33**					BRD91
	.20**					DDR90
IV. Skala für Respekt vor Staatsautorität	.29**	.60**				BRD91
	.07	.29**				DDR90
V. Skala für Respekt vor elterlicher Autorität	.31**	.46**	.38**			BRD91
	.04	.24**	.23**			DDR90
VI. Ausländerablehnungs-skala	.33**	.48**	.36**	.24**		BRD91
	.35**	.28**	.12	.06		DDR90
VII. Autoritäre Familienstruktur-Skala	.19**	.18**	.14**	.14**	.18**	BRD91
	.18*	.06	.05	.45**	.16	DDR90

*= p < .05, ** = p < .01.

Diese Analyse zeigt die Beziehungen zwischen den diversen Dimensionen des Autoritarismus in den zwei Gesellschaftssystemen. Es soll gezeigt werden, daß nicht nur signifikante, ausgeprägte Korrelationen zwischen den a-priori Skalen aussagekräftig sind, sondern daß auch und besonders Korrelationen, die keine signifikanten Werte erreichen, Bedeutendes über Sozialisation und Gesellschaftssystem aussagen. Wenn zum Beispiel der Skalenmittelwert der Skala für Respekt für Staatsautorität in der DDR signifikant höher ist als in Westdeutschland (vgl. Tabelle 3), der Korrelationskoeffizient zwischen dieser Skala und allen anderen Skalen aber geringer als im Westen ist, dann legt dies nahe, daß den Jugendlichen in der ehemaligen DDR insgesamt (nicht nur den Autoritären) durch das Klima des Staates diese Einstellung vermittelt wurde. Die Datenanalyse weist auf unbewußte, nicht in Frage gestellte Einstellungen hin.

Für beide Datensätze ist die Korrelation zwischen der Tendenz, sich Autoritäten zu unterwerfen (Skala III) und der Ablehnung von Ausländern (Skala VI) signifikant (p<.01). Das bedeutet zum Beispiel, daß die befragten Jugendlichen, die finden, daß disziplinierter Gehorsam der Autorität gegenüber zu den wichtigsten Eigenschaften gehört (Item 35), auch meinen, daß „deutsche Ansichten und Wertvorstellungen ... das Ende aller Kriege bedeuten würde" (Item 49, r=.3, p<.01) und daß „falls ein einziges Land die Welt regieren sollte, das eigene Land dies besser könnte als andere Nationen" (Item 50, r=.2, p<.01). Dieser Zusammenhang mit Item 35 ist besonders bedeutungsvoll, da Item 35 in unseren Erhebungen eine herausragende Rolle gespielt hat. Autoritäre Unterwürfigkeit („authoritarian submission") ist bei allen Autoritarismusforschern von Adorno et al. (1950) bis Altemeyer (1988) ein bedeutendes Merkmal des Autoritarismus und dieses Item hat in der oben beschriebenen Faktorenanalyse zur Entwicklung der NAAS die höchste Faktorladung aller untersuchten Likert-Items.

Auch der Zusammenhang zwischen der Kernautoritarismusskala (Skala II) und den Skalen IV (Respekt vor Staatsautoritarismus) und V (Respekt vor elterlicher Autorität) waren in Westdeutschland signifikant, nicht aber in der ehemaligen DDR. In Bezug zur Skala Respekt vor elterlicher Autorität (Skala V) und der Ausländerablehnungsskala (Skala VI) unterscheiden sich die Korrelationen zwischen Ost und West. Während diese Korrelation für Ostdeutschland nicht statistisch signifikant ist, ist sie für die westdeutschen befragten Jugendlichen signifikant (p<.01). Das bedeutet hier etwa, daß Ausländer von den befragten Jugendlichen der ehemaligen DDR unabhängig vom Ausmaß ihres Respektes vor der elterlichen Autorität abgelehnt werden. Im Westen Deutschlands aber geht die Unterwerfung unter elterliche Autorität mit Ausländerablehnung einher.

Eine nähere Untersuchung der Skalenkorrelationen zeigt, daß für die DDR-Probanden sowohl Skala V wie VI positive, signifikante Korrelationen mit Skala III (Skala für nicht spezifizierte Autorität) aufweisen und daß für die ostdeutschen Befragten ein besonders ausgeprägter Zusammenhang zwischen der Skala V und der Autoritären Familienstruktur Skala (Skala VII) besteht. Strenge Erziehung und Respekt für elterliche Autorität gehen für die ostdeutschen Probanden miteinander einher. Die Skala II basiert auf dem Dogmatismuskonzept von Rokeach (1960), und erfaßt nicht den Inhalt des Glaubenssystems der Probanden, sondern die Offenheit bzw. den Dogmatismus der Denkstrukturen. Aus einer Anzahl von Beispielen (siehe unten) kann man eine stärkere Verbreitung rigider Einstellung bei DDR-Jugendlichen, denen die Erfahrung mit Demokratie fehlt, beobachten, als es bei westdeutschen Jugendlichen der Fall ist. Das führt zu der Annahme, daß die Zustimmung zu den Items der Kernautoritarismusskala in der ehemaligen DDR durch soziale Normen geprägt ist. Die Beantwortung der Items 4 und 12 sind Beispiele dafür (siehe unten).

4.2 Die McGranahan-Items im Vergleich

Die Formulierung der seit 1945 in allen hier zitierten Befragungen aufgenommenen McGranahan-Items ist aus Tabelle 2 zu ersehen (vgl. McGranahan 1946).

Tabelle 2: Die McGranahan-Items in Deutschland von 1945, in der DDR 1990 und der BRD 1991 (Häufigkeiten der autoritären Antworten in Prozent)

	D 1945	DDR 1990	BRD 1991
V32: Ein Soldat, der sich im Krieg weigert, einen unschuldigen Gefangenen auf Befehl zu erschießen, ist im Recht. („nein"-Antworten)	44%	8%	10%
V33: Ein Junge, der kleine Kinder prügelt, ist schlimmer als einer, der Erwachsenen nicht gehorcht. („nein"-Antworten)	30%	13%	13%
V73: In den mir bekannten Familien wird erwartet, daß die älteren Brüder das Recht haben, den Jüngeren zu befehlen und daß diese auch gehorchen. („ja"-Antworten)	23%	13%	17%
V77: Ein Junge, den sein Vater grausam behandelt, ist im Recht, wenn er von daheim fortläuft. („nein"-Antworten)	50%	22%	17%
V52, 1-4: Sind, Ihrer Meinung nach, Deutsche in ihrer Gesamtheit (a) besser, (b) ungefähr gleich wie, (c) oder schlechter als die folgenden Nationalitäten? („besser als"-Antworten):			
Italiener	70%	26%	10%
Polen	71%	67%	18%
Franzosen	57%	8%	8%
Amerikaner	24%	12%	7%

In dem Buch „Jugend und Autorität" (Lederer 1983: 94) wird der Vergleich der Ergebnisse aus den Jugendbefragungen von 1945 und 1979 zur Operationalisierung der Hypothese herangezogen, „daß der Autoritarismus in der Bundesrepublik Deutschland" in den 34 Jahren seit dem Ende des Zweiten Weltkriegs „deutlich zurückgegangen ist". Hier stellen wir den Ergebnissen aus Deutschland von 1945 die Daten aus den zwei deutschen Erhebungen der 90er Jahre, Ost und West, gegenüber. Für die ersten vier Items unterscheiden sich die Ergebnisse der ost- und westdeutschen Untersuchungen wesentlich von denen des Jahres 1945, aber nur unwesentlich im gegenseitigen Vergleich. Es ist also offensichtlich, daß in den 45 Jahren seit der ursprünglichen Erhebung große Veränderungen in beiden Teilen Deutschlands stattgefunden haben. Auffällige Unterschiede sind bei der Bewertung der vier Nationalitäten im Vergleich zur eigenen Nationalität zu bemerken (Item V52). Noch be-

vor die Vereinigung der DDR mit der Bundesrepublik, mit dem Abbau sozialer Sicherheiten und einem Zuzug von Asylbewerbern, das Antwortverhalten beeinflussen konnte, fällt eine Ablehnung gewisser nationaler Gruppen
seitens der DDR-Jugendlichen auf. Zum Beispiel meinen 67% der DDR-Probanden, daß Deutsche besser seien als Polen. Wir werden das Antwortverhalten der DDR-Jugendlichen bezüglich Autoritarismus, Ethnozentrismus,
und Ausländerablehnung in den folgenden Abschnitten näher untersuchen.

4.3 Vergleich der Skalenmittelwerte

Der Vergleich der Skalenmittelwerte der Erhebungen zeigt, daß ostdeutsche
Jugendliche auf jeder der acht Skalen höhere (autoritärere) Werte aufweisen
als westdeutsche Jugendliche. Für sieben der Skalenmittelwerte ist der Unterschied statistisch signifikant. Allerdings liegen die Werte beider Erhebungen
fast ausnahmslos zwischen 2 und 3, das heißt, zwischen „Ablehnung" der
autoritären Antwort und „nicht entschieden", sie können also nicht als extrem
autoritär bezeichnet werden.

Tabelle 3: Skalenmittelwerte der Erhebungen in Ost- und Westdeutschland
im Vergleich

	DDR 1990	BRD 1991
I. Allgemeine Autoritarismus-Skala	2,50	2,42
II. Kernautoritarismus-Skala	2,65	2,57*
III. Skala für nicht spezifizierte Autorität	2,52	2,29**
IV. Skala für Respekt vor Staatsautorität	2,60	2,30**
V. Skala für Respekt vor elterlicher Autorität	3,18	3,01**
VI. Ausländerablehnungsskala	2,68	2,44**
VII. Autoritäre Familienstruktur-Skala	2,41	2,28**
Neue Allgemeine Autoritarismus Skala	2,83	2,56**

Höhere Werte bedeuten ein höheres Maß an Zustimmung zu autoritären Einstellungen. Die Sternchen neben den Mittelwerten der BRD 1991 bedeuten,
daß laut t-Tests signifikante Mittelwertunterschiede zwischen den Skalen-
mittelwerten der BRD und der DDR bestehen (* p<.01, ** p<.001). Der
größte Unterschied ist bei der Skala für Respekt vor Staatsautorität (Skala IV)
zu verzeichnen. Auf Grund ihrer Sozialisation sind Staatstreue und blinde Va-
terlandsliebe bei den Jugendlichen aus der DDR offensichtlich ausgeprägter als
in der westdeutschen Vergleichserhebung. Auch bei der Ausländerablehnungsskala besteht ein erheblicher Mittelwertunterschied. Wie schon Item 52,
(vgl. Tabelle 2) vermuten ließ, lehnen Jugendliche aus der DDR Ausländer signifikant stärker ab als die Jugendlichen aus Westdeutschland.

4.4 Der Vergleich anhand einzelner Beispiele

Wie schon erwähnt ist die Skala III (Skala für nicht spezifizierte Autorität) eine aussagekräftige Autoritarismusskala. Das Item 35 dieser Skala, ist das Item mit der größten Trennschärfe im gesamten Fragebogen. Disziplinierter Gehorsam der Autorität gegenüber wird nur von 38,7% der ostdeutschen Befragten abgelehnt. Item 115, ebenfalls aus der Skala III, findet ebenfalls in der DDR mehr Unterstützung als unter den westlichen Probanden.

Es ist einleuchtend, daß der weitverbreitete Trend zur bewußt nicht autoritären Erziehung in der Bundesrepublik das Bewußtsein der Bevölkerung geschärft hat und für die Gefahren des Autoritarismus sensibilisiert hat. Es ist ebenso einleuchtend, daß die Erziehung in der DDR die Werte von Disziplin, Gehorsam und Respekt, den Kult für Heldentum und Führer, weiterführte.

Abbildung 1: Ausgewählte Items aus den Autoritarismusskalen

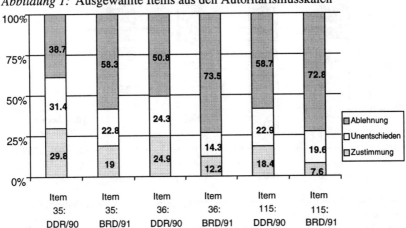

Item 35: Zu den wichtigsten Eigenschaften, die jemand haben kann, gehört disziplinierter Gehorsam der Autorität gegenüber. (Skala für nicht spezifizierte Autorität)
Item 36: Es ist besser, ein toter Held als ein lebendiger Feigling zu sein. (Skala für Respekt vor Staatsautorität)
Item 115: Was die Jugend am nötigsten braucht, sind strenge Disziplin, harte Entschlossenheit und der Wille, für die Familie und das Land zu arbeiten. (Skala für Respekt vor elterlicher Autorität)

Donald V. McGranahan schrieb zusammenfassend in seinem Bericht über „Social Attitudes of American and German Youth" (1946: 257) folgendes: „....In questions that set up a conflict between obedience to authority – state or other – and independent decision and action, the German youth favored obedience distinctly more than did the Americans. The Germans seemed to have very little faith in the common man." In einem anderen Artikel über die glei-

che Studie schreiben McGranahan und Janowitz (1946: 8), daß die Befragten
mit abstrakten Begriffen Schwierigkeiten zeigten: „When asked to define
what Democracy meant, the Friedberg group as a whole displayed striking
inability to produce even the most simple stereotype association with the
word."

Item 4 der Skala II (Kernautoritarismusskala) läßt vermuten, daß ein tieferes Verständnis für die Meinungsunterschiede in einer Demokratie in der
ehemaligen DDR auch heute noch nicht vorhanden ist. Aber auch in Westdeutschland ist das Demokratieverständnis vielleicht nicht sehr tief verankert.
Item 12, ebenfalls der Skala II entnommen, weist auf eine rigidere Form der
Denkweise im Osten als im Westen hin.

Abbildung 2: Ausgewählte Items aus der Kernautoritarismusskala

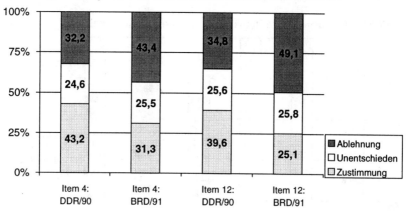

Item 4: Eine Gemeinschaft, die unter ihren Mitgliedern zu große Verschiedenheit duldet,
kann nicht von Dauer sein.
Item 12: Gewöhnlich läßt sich fast jedes Problem, dem man begegnet, nur auf eine Weise
am besten lösen.

Auch der Mittelwert der Skala für Respekt vor elterlicher Autorität (Skala V)
ist für die DDR signifikant höher als für die westlichen Probanden. Eines der
„Hypothetical Situation" Items, indem gefragt wurde, inwieweit die Jugendlichen den Gehorsam verweigern würden, wenn die Eltern etwas Unfaires
verlangen. Es zeigt sich, daß die westdeutschen Probanden (33,0%) eher als
die ostdeutschen Probanden (18,1%) bereit sind, sich mit den Eltern auseinanderzusetzen und sich ihrer Autorität zu widersetzen.

5. Interpretation der Ergebnisse

Unsere vergleichende Autoritarismuserhebung unter Jugendlichen in der BRD 1991 und der DDR 1990 läßt besonders in Bezug auf Nationalismus und Ausländerfeindlichkeit auf ausgeprägtere autoritäre Einstellungen in Ostdeutschland schließen. Ein Überblick der beträchtlichen Anzahl von ähnlichen Erhebungen im Bereich der ehemaligen DDR und Westdeutschland bestätigt unsere Ergebnisse (Müller und Schubarth 1992; Oesterreich 1993; Kleinert et al. 1998). Die Daten des DJI-Jugendsurvey 1997 und auch Ergebnisse von Blank und Schmidt (1997) bestätigen einen Zusammenhang zwischen Nationalismus und Ausländerfeindlichkeit.

In der Erklärung dieser Ergebnisse sind sich die Forscher allerdings nicht einig. Die Ansätze, die die Ausländerfeindlichkeit der Jugendlichen in den neuen Bundesländern mit der vorherrschenden schwierigen ökonomischen und sozialen Situation begründen, übersehen, daß zum Zeitpunkt unserer Erhebung diese Umstände noch nicht vorherrschten. Auch für einen späteren Zeitpunkt ist zu überlegen, worauf die größere Ablehnung und Aggressivität gegenüber Fremden zurückzuführen ist. Es ist naheliegend, daß die politische, ideologische und historische Erziehung in der DDR eine Voraussetzung rechtsextremer und ausländerfeindlicher Entwicklungen ist (vgl. u.a. Hopf, Silzer und Wernich 1999; Schubarth 1992). Die Schüler und Schülerinnen, die mit dem in der DDR üblichen Geschichtsunterricht konfrontiert waren, erfuhren zwar von den Verbrechen des Nationalsozialismus, bezogen diese jedoch nicht auf ihre eigenen Eltern, Großeltern und Verwandten.

Es besteht kein Zweifel, daß die Mehrheit der Bevölkerung ganz Deutschlands – Ost und West – den Eroberungskrieg und die Judenverfolgung in den Jahren des Nationalsozialismus mit Enthusiasmus und Hingabe unterstützten und mitvollzogen. Kurz nach dem Ende des Zweiten Weltkriegs wurde ein offizieller Rollenwechsel vollzogen und der neu gebildete Staat mit dem Gros der Bevölkerung aus der Täterrolle in die Opferrolle überführte. Nach einer kurzen Zeit der Schuldzuweisung wurde stillschweigend eine Amnestie eingerichtet, in der um die Unterstützung der „kleinen Nazis" aktiv geworben wurde. Gleichzeitig fand eine Sprachkodierung statt, die das Weiterbestehen von Nationalismus und Fremdenhaß begünstigte, zugleich aber für das Gegenteil einzustehen vorgab. Es gab weder eine individuelle noch eine kollektive Schulderkenntnis, keine Vergangenheitsbewältigung und keine Anerkennung einer kollektiven Verantwortung.

Obwohl ehemalige Mitglieder der FDJ (Freie Deutsche Jugend) und der SED (Sozialistische Einheitspartei Deutschlands) im Januar 1990 Mitgründer eines Kreisverbandes der rechtsextremen Republikaner wurden und behaupteten, daß „30 000 junge Faschisten kampfbereit stünden" sagte Walter Friedrich, zu der Zeit Direktor des Zentralinstituts für Jugendforschung in Leipzig, daß „Fremdenfeindlichkeit in der DDR kein Problem sei".[3] Unter den Bedingungen der DDR, die von Idealisierung und Projektionen auf äußere Feindbilder geprägt waren, war es für die Jugendlichen der DDR schwer, sich mit dem Tabu-Thema der eigenen Vorurteile auseinanderzusetzen. Der Druck, sich zu verändern, fehlte. Es fehlte auch der Druck, die Beziehungen in der deutschen Familie und im deutschen Staat einer kritischen Betrachtung zu unterziehen und zu verändern, d.h., gezielt demokratisch zu gestalten. Da Autoritarismus schon in der ursprünglichen Analyse dieses Begriffs auf eine distanzierte, autoritäre Familienstruktur und Erziehung zurückgeführt wird, ist es naheliegend, daß auch diese Tatsache für die Umfrageergebnisse mitverantwortlich ist.

Bertram Schaffner (1948), ein junger amerikanischer Psychiater, der 1945 von der „Information Control Division" (ICD) der Amerikanischen Militärregierung den Auftrag bekam, die tieferen, wahren politischen Einstellungen der Deutschen zu erforschen, schreibt über seine Erhebungen mit Deutschen aller Altersgruppen und unterschiedlicher Herkunft. Er beschreibt den allmächtigen, allwissenden, allgegenwärtigen Vater, der Ehrfurcht gebietendes Vorbild zu sein strebt, die sich dem Vater unterordnende Mutter, die den Kindern Fleiß und Ordnung beibringt, und das Kind, daß vor allem Disziplin lernen muß. Eines seiner letzten aufschlußreichen Kapitel nennt Schaffner, „Anti-Nazis Are German Too" und schreibt: „The majority of the anti-Nazis studied at the ICD Screening Center showed predominant German attitudes in every field not strictly related to the question of National Socialism, such as German culture, family relationships, the status of women, education of youth, discipline, personal freedom and civil liberties, and art expression. Though they were able to see defects and dangers in the nazi system as such, they did not see the connection between these defects and characteristic German behavior in other areas of human relationships. They had a blind spot in the classic manifestations in German mores and German social structure" (Schaffner 1948: 81).

Fall der Mauer – Verlust der Identität?

Der Jugend der Deutschen Demokratischen Republik galt als „Garant des Sozialismus große Aufmerksamkeit und äußerste Fürsorge" in ihrem Staat (Dennhardt 1991). Eingebettet in ein patriarchalisches Staatssystem, daß die Verantwortung für jeden Herzschlag übernahm, waren ihre Lebensentwürfe verplant. Schutz und Obhut waren garantiert, Gehorsam war verordnet (Rohn 1995). Anpassung und Konformität, politischer Gleichschritt und uniformes Denken ... wurden frühzeitig eingeübt und mit ... effektiven Sanktionsmustern trainiert (Klier 1990).

---

3   Zitiert aus einem Vortrag, dem die Autorin an der Technischen Universität Berlin persönlich beiwohnte.

Die durch den Fall der Mauer entstandene Orientierungslosigkeit erlaubte im Falle der DDR nicht einmal die Flucht in Patriotismus und Nationalismus, der in anderen Staaten, z.b. in Ungarn, Tschechien, Slowakei und Polen, eine wiederbelebte alte nationale Identität ins Leben rief (Weiss und Reinprecht 1998). Die Einstellungen der Jugendlichen in Ost- und Westdeutschland verändern sich täglich unter dem Einfluß der wirtschaftlichen, politischen und sozialen Probleme. Auch zum Zeitpunkt unserer Untersuchung waren die Einstellungen der Jugendliche in der DDR nicht mehr die selben, wie zehn Jahre zuvor. Der Systemzweifel und die abstrakte, idealisierende Anpassung an den Westen hatte schon ihre Wirkung gezeigt. Trotzdem kann man anhand unserer vielschichtigen Erhebung unbewußte Einstellungsmuster aus den 30er und den 40er Jahren erkennen, denen nie eine bewußte Aufarbeitung zuteil wurde.

Die Ethnologin Susanne Spülbeck (1997) stellt die Frage nach den Reaktionen der Einwohner eines kleinen ostdeutschen Dorfes auf das Eintreffen einer Gruppe russischer Juden als Flüchtlinge im Oktober 1990. Sie ist der Meinung, daß weder Umfrageergebnisse noch einmalige und einzelne Tiefeninterviews die nötigen Einsichten liefern können. Sechzehn Monate lebt und arbeitet Susanne Spülbeck in Winterfeld, um „die Bedingungen zu benennen, unter denen Vorurteile als diskursives Handeln produziert und tradiert werden" (15). In den 244 dicht beschriebenen Seiten ihres Werks geht es hauptsächlich um die Erinnerungen, die Werte und die Kommunikation der Winterfelder. Das Ergebnis ist unerwartet, jedoch überzeugend, sowohl für den Leser wie auch für die Ethnologin. Sie stellt eine verbreitete diffuse Angst fest, „vor einer nach wie vor funktionierenden, flächendeckenden staatlichen Überwachung (die) weiterhin bestehen könnte" (202). Das dörfliche Leben scheint von sozialer Isolation und dem Zerfall von Kommunikationsstrukturen gekennzeichnet zu sein (236). Spülbeck schreibt zusammenfassend: „Eine Rede, die schwieg, um sich in vage Andeutungen zu fassen und hinter Verschleierungen verstecktes Droh-Geflüster zu produzieren, läßt sich mit den herkömmlichen Methoden der Vorurteilsforschung nicht fassen" (243). Auch Spülbeck sieht, wie wir oben, eine Verbindung zwischen dem fast lückenlosen Übergang vom Nationalsozialismus zum DDR-Sozialismus: „Die allgemeine staatliche Kontrolle ... war über Jahrzehnte kontinuierlich etabliert worden. Kurze Zwischenräume nachlassender staatlicher Kontrolle hatten die subtile Wirkungsweise der Macht noch verstärkt, denn kaum waren die Zwischenzeiten verstrichen (z.B. zwischen 1945 und 1949), schlug die staatliche Gewalt wieder mit unverminderter Härte zu" (243). Es gab eine vollständige Isolation der Fremden in Mitten der Bürger. Offene Diskussionen der Problematik waren tabu und die Möglichkeit, Antisemitismus, Fremdenfurcht und Ausländerfeindlichkeit zu überwinden, um vieles erschwert.

In diesen Überlegungen sind Begründungen für eine größere Prävalenz für Ethnozentrismus und Antisemitismus im Osten Deutschlands zu finden – vielleicht lassen sich hier auch Ansätze für deren Bekämpfung ableiten.

Literatur

Adorno, Theodor W., Else Frenkel-Brunswik, Daniel J. Levinson und R. Nevitt Sanford; in Zusammenarbeit mit Betty Aron, Maria Hertz Levinson und William Morrow. 1950. The Authoritarian Personality. New York: Norton.

Altemeyer, Bob. 1988. Enemies of freedom. San Francisco: Jossey-Bass.

Blank, Thomas und Peter Schmidt. 1997. Konstruktiver Patriotismus im vereinigten Deutschland? Ergebnisse einer repräsentativen Studie. S. 127-148 in: Amelie Mummendey und Bernd Simon (Hg.): Identität und Verschiedenheit. Bern: Huber.

Dennhardt, Rudolph. 1991. Sozialisationsinstanzen der Jugend. Lebensbedingungen und Lebensweisen der DDR-Jugend. S. 27-45 in: Walter Friedrich und Hartmut Griese (Hg.): Jugend und Jugendforschung in der DDR. Opladen: Leske+Budrich.

Hopf, Christel, Marlene Silzer und Jörg M. Wernich. 1999. Ethnozentrismus und Sozialisation in der DDR. Überlegungen und Hypothesen zu den Bedingungen der Ausländerfeindlichkeit von Jugendlichen in den neuen Bundesländern. S. 80-121 in: Kalb, Peter, Karin Sitte und Christian Petry (Hg.): Rechtsextremistische Jugendliche. Was tun? 5. Weinheimer Gespräch. Weinheim und Basel: Beltz.

Kagitcibasi, Cidgem. 1967. Social norms and authoritarianism: A comparison of Turkish and American adolescents. Doctoral dissertation. University of California, Berkeley.

Kleinert, Corinna, Winfried Krüger und Herbert Willems. 1998. Einstellungen junger Deutscher gegenüber ausländischen Mitbürgern und ihre Bedeutung hinsichtlich politischer Orientierungen. Ausgewählte Ergebnisse des DJI-Jugendsurvey 1997. Aus Politik und Zeitgeschichte. Beilage zur Wochenzeitung Das Parlament, B 31: 14-27.

Klier, Freya. 1990. Lüg Vaterland. Erziehung in der DDR. München: Kindler.

Lederer, Gerda. 1983. Jugend und Autorität: Über den Einstellungswandel zum Autoritarismus in der Bundesrepublik Deutschland und den USA. Opladen: Westdeutscher Verlag.

Lederer, Gerda und Peter Schmidt (Hg.). 1995. Autoritarismus und Gesellschaft. Opladen: Leske und Budrich.

McGranahan, Donald V. 1946. A comparison of social attitudes among American and German youth. Journal of Abnormal and Social Psychology 41: 245-257.

McGranahan, Donald V. und Morris Janowitz. 1946. Studies of German Youth. Journal of Abnormal and Social Psychology 41: 3-14.

Müller, Harry und Wilfried Schubarth. 1992. Rechtsextremismus und aktuelle Befindlichkeiten von Jugendlichen in den neuen Bundesländern. Aus Politik und Zeitgeschichte. Beilage zur Wochenzeitung Das Parlament B 38:16-28.

Oesterreich, Detlef. 1993. Autoritäre Persönlichkeit und Gesellschaftsordnung. Weinheim: Juventa.

Rohn, Bettina. 1995. Exkurs: „Wir stehen für die deutsche Ordnung und Sauberkeit, sind aber keine Neonazis!" S. 189-217 in: Gerda Lederer und Peter Schmidt, (Hg.): Autoritarismus und Gesellschaft. Opladen: Leske und Budrich.

Rokeach, Milton. 1960. The open and the closed mind. New York: Basic Books.

Schaffner, Bertram. 1948. Father Land. New York: Columbia University Press.

Schubarth, Wilfried. 1992. Zusammenfassung der Bedingungen für Rechtsextremismus in Ostdeutschland. S. 141-150 in: Wolfgang Melzer (Hg.): Jugend und Politik in Deutschland. Opladen: Leske und Budrich.

Spülbeck, Susanne. 1997. Ordnung und Angst. Frankfurt: Campus Verlag.

Weiss, Hilde und Christoph Reinprecht. 1998. Demokratischer Patriotismus oder ethnischer Nationalismus in Ost-Mitteleuropa? Wien: Böhlau.

Die Ursprünge des Staatsautoritarismus. Eine empirische Untersuchung der Auswirkungen von Kultur, Einstellungen und der Politik im weltweiten Vergleich

Jos D. Meloen

Zusammenfassung: In diesem Beitrag wird ein Kausalmodell zur Erklärung von Staatsautoritarismus vorgestellt und im Rahmen eines weltweiten Vergleichs getestet. Das Konzept des Staatsautoritarismus wird dabei aus den zentralen Elementen eines politischen und eines psychologischen Autoritarismus entwickelt. Es wird ein reliabler und valider Index zur Messung von Staatsautoritarismus für 133 Länder vorgestellt. Vier zentrale Theorien des Staatsautoritarismus werden dargelegt, operationalisiert und empirisch überprüft. Das Ergebnis der Analyse eines Strukturgleichungsmodells zeigt starke Beziehungen zwischen einer hierarchischen Kultur, einer traditionalen Familienstruktur, autoritären Einstellungen, undemokratischen Regierungsformen und Staatsautoritarismus. Es kann gezeigt werden, daß nicht nur autoritäre Regierungen Staatsautoritarismus bedingen, sondern auch eine spezifische politische Kultur des Autoritarismus einen bedeutenden Einfluß hat. Diese politischen und kulturellen Faktoren schaffen Bedingungen unter denen linke und rechte Diktaturen entstehen.

1. Diktaturen des 20. Jahrhunderts

Der vorliegende Beitrag versucht, die Ursachen für Staatsautoritarismus zu klären und überprüft dabei insbesondere die Auswirkungen von Kultur, Einstellungen und Politik. Dieser kulturvergleichenden Untersuchung liegt Datenmaterial aus verschiedenen Staaten zugrunde.

Nach dem Ende des Kalten Krieges wurde die Frage relevant, ob die Ursachen, die zum Aufstieg der Diktaturen des 20. Jahrhunderts geführt haben, beherrscht werden können. Diktaturen haben oft Staatsautoritarismus als Mittel einer totalitären, fundamentalistischen oder extrem nationalistischen Regierungsweise genutzt, sie zeichnen sich fast immer durch antidemokratische Ideologien und Praktiken aus, die inhaltlich sehr verschieden sein können.

Diktatorische Systeme können als Gegenstück (Jones 1957) zu demokratischen Staaten (Moore 1967) verstanden werden, insofern Diktaturen antidemokratisch sind und ihr Verfall mit einem Übergang zur Demokratie verbunden ist. Einige Autoren haben auf die Spannungen zwischen Klassenstrukturen, Staat und übernationaler Macht auf dem Wege zur liberalen De-

mokratie hingewiesen (Moore 1967), während andere Autoren Diktaturen nur
als eine Phase der Regression in einer fortdauernden demokratischen Evolution (Vanhanen 1997; Fukuyama 1992), oder als sozioökonomische Entwicklung der Modernisierung (Lipset 1960; Inglehart 1997) ansehen.

Der optimistischen Sichtweise (Fukuyama 1992), daß die Demokratie in
der Welt bald die Regel sein werde, wird eine skeptische entgegengesetzt, die
den langsamen oder nur oberflächlichen Fortschritt in vielen Ländern betont
(Freedom House Berichte 1993, 1995). Zu oft schon wurde ein Diktator einfach durch einen anderen ersetzt (z.b. Mubutu und Kaliba in Zaire/Kongo).
Huntington (1996) äußert sich sogar so pessimistisch, daß er annimmt, die
Demokratie bleibe nur auf Kulturen, die westliche Normen und Werte vertreten, beschränkt. Wenn jedoch die Wurzeln der Diktatur nicht beseitigt werden können, dann kann auch ihre Wiederkehr in einer neuen Krise oder bei
regionalen Konflikten nicht verhindert werden.

Studien zu autoritären Diktaturen wurden schon unter verschiedenen Gesichtspunkten durchgeführt (Kuehnl 1986): (1) Merkmale einzelner Diktatoren (Bullock 1991; Leder 1986; Lemm 1991), (2) Merkmale diktatorischer
Systeme (Moore 1967/1991; Poulantzas 1979; Chirot 1994; Arendt 1951;
Brooker 1995; Mosse 1966; Blackburn 1985; Van Capelle 1978; Staub 1989;
Perlmutter 1981), (3) die Unterstützung von Diktaturen oder die Konsolidierung solcher Systeme (Staub 1989; Fromm 1941; Adorno et al. 1950; Rokeach 1960; Lambley 1980), und seit kurzem (4) der Umsturz von Diktaturen
und die Tendenz zur Demokratisierung von Staaten und Regionen (Potter,
Goldblatt, Kiloh und Lewis 1997), oder in der ganzen Welt (Fukuyama 1992;
Vanhanen 1997).

Ein vergleichender Rahmen hinsichtlich der Merkmale wurde jedoch relativ selten verwendet (Ausnahmen sind z.B. Brooks 1935; Leder 1986; Moore 1967; Chirot 1994; Brooker 1995; Staub 1989). So wurde der Nationalsozialismus hauptsächlich durch die Verhältnisse in Deutschland erklärt (Van
Capelle 1978; Mosse 1966), Faschismus durch die Lage in Italien, Stalinismus durch die Gegebenheiten in der UdSSR und Peronismus durch die Umstände in Argentinien. Dabei wurde der Persönlichkeit des jeweiligen Dikta-
tors viel Aufmerksamkeit geschenkt, jedoch konnte Leder (1986) nur einige
gemeinsame Faktoren (wie z.B. Selbstüberhöhung, Skrupellosigkeit, nationalistischer Größenwahn) finden.

Die große Anzahl von Diktatoren im 20. Jahrhundert deutet jedoch an,
daß die Persönlichkeit der Machthaber weniger von Bedeutung ist, als die
Bedingungen des Landes und die Bevölkerung, über die sie herrschen. Nur
mittels einer vergleichenden Analyse können gemeinsame Faktoren sichtbar
gemacht werden.

2. Staatsautoritarismus

Politikwissenschaftler betrachteten den Autoritarismus hauptsächlich als eine undemokratische Regierungsform. Psychologen definierten Autoritarismus als Einstellungs- oder Persönlichkeitsdimension. Auch Soziologen bestimmten Autoritarismus innerhalb ihrer eigenen Disziplin. Das Resultat dieser verschiedenen Zugänge war, daß Autoritarismus in vielfacher, aber oft unverbundener und fragmentierter Weise untersucht wurde. In dieser Studie wird der Fokus wieder auf die Frage nach der Existenz von Staatsautoritarismus gerichtet. Das ist exakt das Hauptproblem, das bereits Forscher wie Reich (1933), Brooks (1935) oder Fromm (1941) beschrieben haben.

Es gab viele Versuche, besonders spezifische autoritäre Kulturen, wie den Nationalsozialismus (Neumann 1942; Fromm 1941; Mosse 1966), die Apartheid (Lambley 1980) und den aktuellen Rechtsextremismus (Billig 1978) zu analysieren. Wie oben bereits angedeutet, hat jedoch die Untersuchung gemeinsamer Merkmale, die vielleicht die Welle von autoritären Regimen in diesem Jahrhundert erklären helfen kann, gerade erst begonnen (Potter et al. 1997; Brooker 1995; Chirot 1994). Seit dem Beginn der ersten Untersuchungen von Diktaturen (Fromm 1941; Brooks 1935) scheint es eine Übereinstimmung hinsichtlich dreier Schlüsselelemente des Autoritarismus zu geben: (1) Es gibt eine Anzahl von relativ extremen Vorstellungen ideologischer (politischer, nationalistischer, manchmal religiöser) Natur, die als eine absolute Richtschnur gelten, (2) es gibt eine Organisation, die für die Verbreitung dieser Ideen verantwortlich ist und (3) es werden extreme Maßnahmen zur Durchsetzung eingesetzt.

1) *Autoritäre Ideen* sind für die meisten Diktaturen zentral. Die Diktaturen des 20. Jahrhunderts werden dahingehend als „neue" Erscheinungsform verstanden, weil hier der Ideologie eine Hauptrolle zukommt (Brooks 1935; Brooker 1995), so wie es im Faschismus, Nationalsozialismus und Kommunismus der Fall war. Ein Bündel kohärenter politischer Ideen oder Ideologien, die als Richtlinien für die Partei, den Staat und die Bevölkerung gelten, sollen die Erfüllung der „glorreichen" Ziele des Regimes gewährleisten.

Diese kohärenten Ideen werden gewöhnlich mittels eines monolithischen Systems der Propaganda verbreitet, damit eben alle an dieselben dogmatischen „Wahrheiten" glauben. Allerdings weisen nicht alle diktatorischen Regime eine einheitliche Ideologie auf, einige betonen beispielsweise religiösen Fundamentalismus und andere wiederum Nationalismus. Ist jedoch die Ideologie erst einmal formuliert und „materialisiert" in der Form von „Mein Kampf" oder den „Kleinen Roten Büchern", wird sie sich auch psychologisch in der politischen Kultur niederschlagen. Diese Konsequenzen wurden zum Beispiel als „Autoritärer Konventionalismus" im Falle von rechtem Autoritarismus (Adorno et al. 1950; Altemeyer 1988, 1996) und „Kernautoritarismus" oder „Dogmatismus" im Falle von Links- oder Rechtsextremismus

(Rokeach 1960) bezeichnet. Sie repräsentieren eine Tendenz der Konformität mit der Ideologie oder der Parteilinie. In diese Kategorie schließt Altemeyer (1988, 1996) auch die konventionelle religiöse und sexuelle Moral ein. So glauben Autoritäre, daß ihre Ideen normal und herkömmlich sind, aber tatsächlich ist ihre Ideologie intolerant gegenüber anderen Glaubenssystemen, insbesondere solcher, die die pluralistische Demokratie favorisieren. Aus diesem Grunde halten sie auch unkonventionelle Ideen für schlimmere Verbrechen als kriminelle Taten. Obwohl die Konzepte Autoritarismus und Totalitarismus durchaus nicht gleich sind, haben sie doch vieles gemeinsam.

2) Eine *autoritäre Organisation* ist notwendig, um politische Macht zu erringen. Obwohl viele solcher Ideen schon lange bei Bruderschaften, in geheimen Gesellschaften oder bei politischen Randgruppen und -parteien versteckt schlummern können (Billig 1978), können sie nur unter bestimmten Umständen an die Macht gelangen, jedoch niemals ohne eine effektive Organisation. Autoritäre Organisationen entwickelten mit der Zeit ein sehr bekanntes Organisationsprinzip: die autoritäre Hierarchie, auch das „Führerprinzip" genannt. Die Befehle werden von oben nach unten weitergegeben, ohne jegliche Kritik von unten zu zulassen, zumindest in der Theorie. Auf diese Weise entwickelt sich eine Kultur des blinden Gehorsams gegenüber dem Führer, der Partei und dem Staat. Absolute Loyalität und Gehorsam werden von den höheren und den unteren Rängen in der Organisation erwartet. Diese hierarchische Haltung wird allgegenwärtig und existiert zwischen Diktator und Partei, innerhalb der Partei, innerhalb des Staates und zwischen Partei und Bürgern. Zur Absicherung der Hierarchie werden Disziplinierungsmaßnahmen ergriffen. Diese vertikale „Oben-Unten" Linie von Autorität ist grundlegend für viele verschiedene Autoritarismuskonzepte. Sie unterscheidet sich damit von demokratischen oder sogar militärischen Hierarchien in ihrer Feindseligkeit gegenüber jeglicher Form von Kritik, *sogar* wenn sie im Interesse der Organisation wäre. Schon der leiseste Ansatz von Kritik wird generell unterdrückt und Redefreiheit existiert eigentlich nicht. Diese Fixierung auf Hierarchie wird als „autoritäre Unterwürfigkeit" (Adorno et al. 1950; Altemeyer 1988) bezeichnet.

3) *Autoritäre Aktionen* ergeben sich aus der Logik autoritärer Organisationen. Es gibt offensichtlich eine große Übereinstimmung darüber, was das bekannteste Merkmal von Diktaturen ist: die Herrschaft des Terrors. Von der „Republik der Angst" (Al-Khalil 1989) bis zu den Gulags und Konzentrationslagern der totalitären Staaten des 20. Jahrhunderts, ist das Terrorisieren jeglicher möglicher Feinde des Führers, der Partei oder des Staates die Waffe, um die Opposition zu zerschlagen und die Macht zu erhalten. Die Definition des Feindes ist oft so vage, daß der größte Teil der Bevölkerung ein mögliches Opfer werden könnte. Daher muß fast jeder Inhaftierung, Bestrafung, Mißbrauch, Folter oder die Todesstrafe fürchten. Fast jede Trivialität oder nur Kritik an den Autoritäten kann Anlaß für Bestrafung oder Ermordung sein. Eine politische Kultur, die auf Angst beruht, ist wahrscheinlich das charakte-

ristischste Merkmal von Diktaturen. Sie durchdringt unweigerlich die gesamte Gesellschaft und ihre Institutionen. Die Tendenz, jeden (vermutlichen) Gesetzesbrecher hart zu bestrafen, wird „autoritäre Aggression" genannt (Adorno et al. 1950; Altemeyer 1988, 1996). Im allgemeinen sind die politische Opposition, aber sehr oft auch ziemlich verschiedene Personengruppen die Opfer (auch unpolitische Gruppen, wie zum Beispiel ethnische und nationale Minderheiten). Das ist ganz besonders der Fall bei Ideologien mit rassistischen oder nationalistischen Haltungen, während kommunistische Ideologien eher auf bestimmte soziale Gruppen abzielen.

Wir können jetzt die politischen und psychologischen Hauptelemente des Staatsautoritarismus zusammenfassen (vgl. Tabelle 1).

Tabelle 1: Politischer und psychologischer Autoritarismus

	Politischer Autoritarismus	Psychologischer Autoritarismus
Ideen/Vorstellungen	Ideologie	Überzeugungen
Organisation	Hierarchie	Unterwürfigkeit
Aktionen/Taten	Terror	Aggression

Die wichtigsten Elemente der politischen Kultur des Autoritarismus sind: (1) die politische autoritäre Ideologie: die autoritär konventionellen Überzeugungen, (2) die extreme Hierarchie von autoritären Organisationen: die autoritäre Unterordnung und letztlich, (3) der Einsatz von Terror, um an der Macht zu bleiben: die autoritäre Aggression.

Der Schwerpunkt liegt hier auf dem Staat, da er das Hauptinstrument für diktatorische Kräfte ist, ihre Macht zu legalisieren. Daher muß zwischen dem „Staat" und der „bürgerlichen Gesellschaft" unterschieden werden, so wie es Potter et al. (1997) vorschlagen. Sie verwendeten Webers klassische Definition des Staates als einer Ansammlung von institutionalen Strukturen und politischen Organisationen, der verwaltende und gesetzgebende Funktionen und das legitime Gewaltmonopol inne hat. Staaten werden als relativ dauerhafte Teile der globalen politischen Landschaft angesehen. Das Konzept von „politischen Regimen", wie das der liberalen Demokratien, spiegelt die Art und Weise wieder, in der politische Grundverhältnisse innerhalb eines Staates konstituiert werden. Potter et al. (1997) reduzierten die bürgerliche Gesellschaft auf die relationalen Netzwerke von Familie, Glaubens- und Interessengemeinschaften sowie auf nicht staatliche Organisationen, wie zum Beispiel Gewerkschaften und Genossenschaften. Politische Parteien können diese Grenzen überschreiten, wenn sie ein Teil der Regierung werden, während auch das Gegenteil der Fall sein kann, wenn Regierungen politische Parteien regulieren.

Demnach definiert sich Staatsautoritarismus als aktive Organisation eines Staates durch eine anti-demokratische Gruppe (Partei, militärische Splittergruppe, ideologische Extremisten). Er läßt sich hauptsächlich durch drei grundlegende Merkmale charakterisieren: eine autoritäre Staatsideologie, eine autoritäre Hierarchie und den Einsatz von Macht und Terror durch den Staat.

Staatsautoritarismus wird hier nicht einfach als das Fehlen von politischen und bürgerlichen Freiheiten und Rechten betrachtet (wie beim Freedom House Rating). Vielmehr wird die eigentliche Organisation und das Verhalten eines autoritären Regimes in den Mittelpunkt gestellt. Autoritäre Regime sind aktiv organisiert und der Mangel an Freiheiten und Rechten dient politischen Zielen. In seiner klassischen Studie über den nationalsozialistischen Staat hat Neumann (1942) als eines der grundlegenden Ziele die „Atomisierung des Individuums" genannt, welches entmenschlicht und isoliert und damit ein durch den Staat einfach zu manipulierendes Instrument wird.

Das Fehlen von Freiheiten kann nicht nur als eine historische Unvollständigkeit politischer Systeme beschrieben werden, die sich vielleicht im Laufe der Zeit entwickeln bzw. verbessern, sondern dieser Mangel ist für die Existenz von solchen Regimen notwendig. Die Verweigerung von Freiheiten gehört zur manipulativen Taktik von Diktaturen, um ihre Macht zu erhalten. So können Wahlen abgehalten werden, deren Ergebnis schon bekannt ist. Deshalb ist es nicht ausreichend, das legale und formelle Verhalten von Diktaturen zu untersuchen. Die oft versteckten, aber gut organisierten Aktionen von autoritären Regimen würden unerforscht bleiben (z.B. die „Endlösung", das Verschwinden von Personen oder die Todesschwadrone). Daher werden wir die Aufmerksamkeit auf das gegenwärtige Verhalten von Staaten richten und nicht nur auf die formellen und legalen Kategorien, die sie auch beschreiben könnten.

Damit wird deutlich, daß Staatsautoritarismus kein statisches Konzept sein kann, sondern Resultat zahlreicher Komponenten ist. Es kann als ein Prozeß aus der Perspektive eines Autoritarismuskreislaufes beschrieben werden (Meloen 1983, 1986, 1998), als ein Lebenszyklus von Diktaturen in vier empirischen Phasen: (1) die Phase der Expansion: der Staatsautoritarismus entwickelt sich, sobald Autoritäre genügend Macht bekommen, um die wichtigsten Institutionen des Staates zu verändern. Dieser Entwicklung folgt (2) eine weitere Ausbreitung, bis der Großteil des Landes unter ihrer absoluten Kontrolle ist. In dieser Phase der Konsolidierung wird die Macht gefestigt. Dann folgt (3) die Phase des Niederganges, wenn die Opposition wieder anwächst und (4) die Phase der Demokratie, wenn der Diktator abgelöst wird und die Demokratie wiederhergestellt oder eingeführt wird.

3. Staatsautoritarismus in der Welt

Der Staatsautoritarismus-Index

Die eben ausgeführten theoretischen Annahmen werden verwendet, um das Konzept des Staatsautoritarismus auf der Ebene von empirischen Indikatoren zu operationalisieren. Ein umfassendes Meßinstrument für Staatsautoritarismus, das für internationale Vergleiche eingesetzt werden kann, war schwierig zu entwickeln, hauptsächlich wegen des Mangels an relevanten und zuverlässigen weltweiten Daten. In den vergangenen Jahren wurden jedoch globale Daten von international anerkannten Einrichtungen, wie den Vereinten Nationen oder auch von nicht-staatlichen Organisationen wie Amnesty International, verfügbar.

Autoritäre Überzeugungen und Moralvorstellungen werden durch drei Indikatoren abgebildet: den Normen, den Werten und den Einstellungen, die von dem Staat, der Partei oder der regierenden herrschenden Klasse vorgeschrieben werden.

(1) Das Aufdrängen von *Staatsüberzeugungen* oder Ideologien ist zentral für die autoritäre Herrschaft. Ein Vier-Punkte-Indikator wurde entwickelt, dieser reicht von „alle Überzeugungen werden toleriert" bis zu „eine Überzeugung wird oktroyiert, während alle anderen unterdrückt werden". Als Staatsüberzeugungen gelten Christentum, Buddhismus, Islam, Marxismus-Leninismus und „mythischer Nationalismus" (nur in Burma). (2) Die offizielle Haltung zum Thema *Homosexualität* wird als ein sexuelles Tabuthema betrachtet und fehlt selten in autoritären Moralvorstellungen. Der Vier-Punkte-Indikator reicht hier von „gesetzmäßig und toleriert" bis zu „ungesetzlich und unterdrückt". (3) Der legale Status der *Abtreibung* ist ein weiterer moralischer Wert, der oftmals mit Autoritarismus assoziiert ist. Der Indikator reicht hier von „auf Anfrage und legal" über „eingeschränkt sein" bis zu „völlig eingeschränkt" und „nur erlaubt, um das Leben der Mutter zu retten".

Autoritäre Unterwerfung wird durch vier Indikatoren gemessen, die die aktive Unterdrückung jeglicher Kritik und Opposition ausdrücken und das Aufzwingen einer autoritären Hierarchie beinhalten. (4) Die *Unterdrückung* durch den Staat bei Abweichung von der sozialen Norm. Ein Fünf-Punkte-Indikator reicht von „affirmative action" und „Vernachlässigung" bis zu „Unterdrückung". (5) *Zensur* ist die am häufigsten praktizierte Form, um regierungsfeindliche Kritik in Grenzen zu halten. Ein Vier-Punkte-Indikator erfaßt den Bereich von keiner Zensur (‚implizit') bis zu rigiden und willkürlichen Zensurmaßnahmen. (6) Die Unterdrückung der *Opposition* ist normalerweise die erste und hauptsächliche Strategie von autoritären Regimen, oft gefolgt von Vertuschungen illegaler Aktivitäten der Regierung. Hier ergibt sich ein kombinierter Drei-Punkte-Indikator, der die Existenz von Gefangenen aufgrund ihres Glaubens bzw. Gewissens oder Einstellungen und die Behinderung von Menschenrechtsorganisationen, erfaßt. (7) Der legale Status von Gewerkschaften ist wichtig, da diese ein mächtiges Gegengewicht darstellen und deshalb von autoritären Regimen oft entweder kontrolliert oder unterdrückt werden. Hier handelt es sich um einen Vier-Punkte-Indikator, der von ‚legal' bis ‚illegal' reicht.

Autoritäre Aggression ist der schärfste Teil des Staatsautoritarismus und wird durch zwei Indikatoren wiedergegeben. Die Opposition wird nicht nur unterdrückt und verfolgt, sondern auch gefoltert und getötet, was manchmal bis zum Genozid führt (z.B. der Holocaust, der sowjetische Gulag, die kambodschanischen „Killing Fields", der Genozid in Ruanda). (8) *Staatsterror* oder offizielle Verstöße gegen die Menschenrechte sind ein zentraler Aspekt des Machtmißbrauchs von autoritären Regimen. Dieser Drei-Punkte-Indikator reicht von „keine Verletzungen berichtet" bis „Terrorstaaten in denen Menschen verschwinden, in denen gefoltert und gemordet wird". (9) Der Einsatz der *Todesstrafe* für Zwecke des Regimes, um jegliche Oppositionskräfte zu eliminieren, ist hier ebenso relevant. Ein Vier-Punkte-Indikator wurde entwickelt, dieser reicht von „verbannt für jegliche Verbrechen" bis zu „vorhanden und für gewöhnliche Verbrechen eingesetzt". (10) Die Anzahl der Soldaten pro Arzt zeigt die Investitionen für militärische Zwecke gegenüber jenen, die Leben retten bzw. erhalten. Damit wird ein Hinweis auf das Verhältnis von aggressiven und humanitären Zielen in der Politik gegeben. Dazu wurde ein Vier-Punkte-Indikator gebildet.

Dieses Maß für Staatsautoritarismus beinhaltet die wichtigsten und gefürchteten Tendenzen autoritärer Staaten. Eine Analyse der internen Konsistenz zeigt, daß der Index aus den zehn Items reliabel ist und ein Konzept mißt (Cronbach Alpha .83, mean item-rest correlation .53; vgl. Meloen 1996).

Die Validität des Staatsautoritarismusindex

Das Staatsautoritarismusmaß erweist sich hinsichtlich (1) seiner *Diskriminanzvalidität* und (2) seiner *Übereinstimmungsvalidität* als valide.

Um die Diskriminanzvalidität des Staatsautoritarismus zu bewerten, wurde ein Autoritarismuswert für jedes der 133 Länder berechnet. Dieser Wert reicht von Null (geringer Staatsautoritarismus) bis zu 100 (starker Staatsautoritarismus). Die Ergebnisse spiegeln die politische Situation der frühen 90er Jahre am Ende des Kalten Krieges wieder (mit Ausnahme des schon vereinten Deutschlands). Die meisten Daten wurden *vor* der Auflösung der Sowjetunion erhoben, also *bevor* die großen politischen Veränderungen in Osteuropa (Rumänien mit Ceaucescu und Jugoslawien) stattfanden, *bevor* afrikanische Nationen ihr Regime wechselten (Äthiopien mit Mengistu, Somalia mit Barre, Namibia, Mosambique) und *bevor* die Apartheid in Südafrika aufgehoben wurde.

Wenn der Index valide ist, müßten bekannte autoritäre Diktaturen hohe Werte und freie und demokratische Länder niedrige Werte auf diesem Index aufweisen. Tatsächlich weist die Gruppe der diktatorischen Staaten die höchsten Staatsautoritarismuswerte auf. Dieser Bereich erstreckt sich von Afrika (z.B. Sudan, Libyen, Äthiopien, Somalia, Angola), dem Mittleren Osten (z.B. Iran, Irak, Saudi Arabien, Oman) bis nach Südasien (z.B. Pakistan, Burma/Myanmar, Laos) und Ostasien (z.B. China, Nordkorea). Ebenso gehören die Sowjetunion und Jugoslawien noch immer dazu. Die höchsten Werte (von 50 und darüber) wurden für den Iran (93) und Laos ermittelt, gefolgt von Burma (89), Äthiopien (86), und dem Sudan (85), alles bekannte autoritäre Staaten zur Zeit der Datenerhebung. Hohe Werte fanden sich für die Sowjetunion (60), China (63) und Südafrika (64).

Staaten mit niedrigem Staatsautoritarismus (Werte von unter 50) befinden sich in den westlichen Regionen von Nordamerika (USA/18), Westeuropa und Australien, aber auch in einigen nicht westlich geprägten Regionen Asiens (z.B. Japan/22), Afrika (z.B. Botswana/41) und in Südamerika (z.B. Costa Rica/24). Einige osteuropäische Länder zeigen schon einen bemerkenswert niedrigen Wert (die postkommunistische Tschechoslowakei/12 und Ungarn/22) und können als frei und demokratisch angesehen werden. Die Länder mit den niedrigsten Werten für Staatsautoritarismus waren skandinavische Länder (Dänemark und Schweden/10, Norwegen/12), Frankreich (10), die Niederlande (0), Island und Kanada (3), Neuseeland und die Bundesrepublik Deutschland (12).

Das allgemeine Bild, das sich aus dem vorgestellten Vergleich ergibt, scheint in überwältigender Weise mit den Erwartungen übereinzustimmen. Keine (damals existierende) Diktatur weist niedrige Werte auf und kein zu dieser Zeit wirklich freies und demokratisches Land hat hohe Werte.

Die *Übereinstimmungsvalidität* von Staatsautoritarismus kann durch seine Beziehungen zu unabhängigen globalen Einschätzungen von ähnlichen Phänomenen gezeigt werden: das Freedom Rating durch das Freedom House (1993), der UN Freedom Index und die Bestandsaufnahme von groben Menschenrechtsverletzungen durch PIOOM (Gupta et al. 1993). In allen drei Fällen sind die Korrelationen zwischen Staatsautoritarismus und dem Freedom Rating, dem Freedom Rating der Vereinten Nationen (UNDP 1991) und der Einschätzung der groben Menschenrechtsverletzungen hoch signifikant und in der erwarteten Richtung (vgl. Tabelle 2; die unabhängigen Variablen werden weiter unten erklärt). Offensichtlich sind die besonders hohen Korrelationen teilweise durch Überschneidungen erklärbar, weil ähnliche Phänomene, besonders im Feld von Menschenrechtsverletzungen, bürgerlichen Freiheiten und politischen Rechten, gemessen wurden. Leider wurden die UN und die PIOOM Einschätzungen nicht wiederholt (UNDP, 1994, 1996), sondern nur das House Rating, das seit 1980 jährlich zur Verfügung steht (Freedom House 1993, 1995).

Die interne Konsistenz des Freedom Rating ist nicht veröffentlicht und die Konzeptualisierung ist eher auf formelle Rechte und Freiheiten ausgerichtet und weniger auf das eigentliche Verhalten autoritärer Staaten. Das Konzept von Staatsautoritarismus ist breiter angelegt und tendiert deshalb dazu, höher mit vergleichbaren Variablen zu korrelieren (siehe auch Tabelle 2), besonders bezüglich der Familienstruktur und autoritären Einstellungen. Die einzigen beiden Ausnahmen, die Form der Regierung und die Menschenrechtsverletzungen, bestätigen die etwas stärkeren Beziehungen des Freedom Rating mit formalen Rechten und Formen der Regierung.

Tabelle 2: Korrelationen zur Übereinstimmungsvalidiät des
Staatsautoritarismus

Variable	Staatsautoritarismus in den frühen 90er Jahren		Freedom Rating 1992	
	Korrelation	Anzahl der Länder	Korrelation	Anzahl der Länder
UN Human Freedom Index 1985	.82***	76	.78***	84
Gross Human Rights Violations 1991	.79***	84	.90***	102
Hierarchische Kultur (Hofstede)	.68***	57	.67***	63
Traditionelle Familienstruktur (Todd)	.74***	50	.65***	80
Kinder pro Frau 1993	.70***	92	.59***	130
Autoritäre Einstellungen 1993	.85***	27	.79***	30
Regierungsform 1993	.71***	92	.82***	153
Freedom Rating 1992	.80***	95		

Alle Werte sind in autoritäre Richtung kodiert, d.h. niedrige Werte zeigen Freiheit und
Demokratie an; Korrelation = Pearson Korrelationen, paarweise, *** = p<.000; Quellen:
UNDP 1991, 1994, Freedom House 1993, Gupta et al. 1993; Jongman 1995; CIA 1993;
Hofstede 1991; Kidron und Segal 1991; Todd 1985; MacKay 1993; UNESCO 1991, 1993;
PIOOM: Niederländische Abkürzung von: Interdisciplinary Research Program on Root
Causes of Human Rights Violations, Universität Leiden.

4. Ursprünge des Staatsautoritarismus

Zahlreiche direkte und indirekte Ursachen für Staatsautoritarismus wurden
bereits beschrieben, wie die politischen Umstände, die Einstellungen der
Massen und soziale Ängste, einzelne politische Demagogen, politische Randgruppen bzw. -parteien, ökonomische Krisen und Arbeitslosigkeit, patriarchalische Familientraditionen, die politische Kultur und extremistische Regime, Gruppenverhalten, ein Mangel an Erziehung und Bildung, ein bestimmter kognitiver Stil und eine Beschränktheit der Perspektive.
    Ausgehend davon, lassen sich vier Hauptrichtungen identifizieren, die
weiterhin untersucht werden sollen. Andere Ursachen und Modelle bezüglich
Autoritarismus sind bereits erforscht und getestet geworden (Meloen 1983,
1986, 1991, 1993, 1994, 1996, 1998; Meloen Hagendoorn, Raaijmakers und
Visser 1988; Meloen, Farnen und German 1994; Meloen und Middendorp
1991).
    In dieser Untersuchung unterscheiden wir zwischen *direkten* und *indi-
rekten kulturellen Ursachen.*

Direkte Ursachen

Als direkte Ursachen für Staatsautoritarismus sind die *Form der Regierung*
und *autoritäre Einstellungen* zu nennen.

Regierungsform

Einer der wichtigsten direkten Gründe von Staatsautoritarismus ist ein autoritäres politisches System. Obwohl das offensichtlich erscheinen mag, ist eine Verbindung zwischen autoritären Formen der Regierung und Staatsautoritarismus nicht immer selbstverständlich. Daher muß die Form der Regierung vom Staatsautoritarismus unterschieden werden und eine Verbindung beider muß nachgewiesen werden. Der House Report (1993) wurde für die Regierungsformen verwandt, die in vier Kategorien eingeteilt wurden. Die erste Kategorie umfaßt Länder ohne Parlament, die durch einen absoluten Monarchen oder durch eine kommunistische, militärische oder religiöse Partei regiert werden. Die zweite Kategorie zeichnet sich durch das Vorhandensein eines Parlaments aus, das aber machtlos ist, weil entweder eine regierende Partei oder eine Interessengruppe die Teilung von Macht kaum zuläßt oder es indirekt durch das Militär dominiert wird. In der dritten Kategorie ist ein Parlament vorhanden, jedoch mit einem sehr mächtigen Präsidenten oder einer machtvollen Regierung, während in der vierten Kategorie das Parlament das Machtzentrum darstellt, also der Regierung weniger Macht zufällt. Dieser Indikator war für alle in die Untersuchung einbezogenen 174 Länder gegeben.

Autoritäre Einstellungen

Der zweite direkte Einfluß bezieht sich auf die autoritären Einstellungen der Befürworter des herrschenden Regierungssystems. In den 30er Jahren haben autoritäre Einstellungen große Aufmerksamkeit in den Sozialwissenschaften erfahren. Viele verschiedene Ansätze wurden vorgeschlagen, um solche Einstellungen zu erklären und vorherzusagen. Dies reichte von Fromms erster Umfrage unter Arbeitern in Weimar 1929 (Fromm 1984), den Arbeiten der Frankfurter Schule (Horkheimer, Marcuse und Fromm 1936; Wiggershaus 1994) und den Arbeiten von Reich (1933) bis zu Adorno et al. (1950), Rokeach (1960) und Altemeyer (1988, 1996). Obwohl sich die frühen Arbeiten hauptsächlich mit der offensichtlichen Attraktivität von Faschismus und Nationalsozialismus beschäftigten, wurden sie später, teilweise unter amerikanischem Einfluß, neu betrachtet und interpretiert. Ihr gemeinsamer Kern war der autoritäre Charakter (Fromm 1941; Maslow 1943) oder die autoritäre Persönlichkeit (Adorno et al. 1950). Das Konzept der autoritären Persönlichkeit erlangte zwar größte Aufmerksamkeit, die Veröffentlichung (Adorno et al. 1950) enthielt aber keine explizit ausgearbeitete Theorie, eine solche konnte nur indirekt aus dem Text abgeleitet werden (Meloen 1983, 1993). Das Ziel dieser Studie war es, die psychologischen Mechanismen herauszufinden, die die Menschen für autoritäre Propaganda anfällig machen und sie dazu bewegen, sich autoritären Ideologien und Bewegungen zu unterwerfen.

Obwohl Autoritarismus als Persönlichkeitskonzept einen der größten Forschungsbereiche in den Sozialwissenschaften initiiert hat (Meloen 1983,

1991, 1993) mit über 2000 wissenschaftlichen Publikationen, hat es auch zahlreiche Kontroversen ausgelöst. Eine frühe Kritik von Shils (1954) an Adorno et al. wies auf den Mangel an Freiheiten und die autoritären Staatstendenzen in den kommunistischen Ländern hin. Diese Problematik wurde aber kaum von der psychologischen Forschung beleuchtet. Rokeachs Konzept des Dogmatismus (1960) bezog sich hauptsächlich auf Einstellungen. Aber im Gegensatz zu seinen anfänglichen Ergebnissen schienen diese Einstellungen vor allem ein Merkmal der extremen Rechten in westlichen Gesellschaften zu sein, und kaum eines von Linken, das zeigten zumindest die empirischen Analysen (Stone et al. 1993; Meloen 1983, 1993, 1994).

Teile der Kritik (Hyman und Sheatsley 1954) zielten nicht auf eine Verbesserung des Konzepts und manche Kritik mag ideologisch befangen gewesen sein (z.b. Ray 1976, 1985, der verschiedenen Naziparteien beitrat, so der Australischen Nazipartei, vgl. auch Billig 1978, 1985). Alternative Ansätze, wie z.b. das Konzept der Direktivität von Ray schafften es nicht, eine Verbindung zwischen dem klassischen Autoritarismussyndrom und politischem Extremismus nachzuweisen (Meloen, Van der Linden und De Witte 1996; Meloen und De Witte 1998).

Obgleich verschiedene Mythen fortdauern werden (Meloen 1997), wurde die grundlegendste Kritik durch neuere Forschungen und Ansätze überwunden (Stone et al. 1993; Meloen 1983, 1991, 1993, 1994, Meloen et al. 1988; Altemeyer 1988, 1996; Lederer und Schmidt 1995). Die Forschungsrichtung weitete sich kulturübergreifend aus, da Autoritarismus für Forscher in vielen Ländern zu einem wichtigen Konzept wurde (Meloen 1983, 1993; Meloen, Farnen und German 1994; Duckitt 1983; Simpson 1972), 1983 wurde das Konzept bereits in 24 Ländern verwendet; heute wird es weltweit wahrscheinlich noch verbreiteter sein.

Seit kurzem gibt es Belege aus der früheren Sowjetunion (McFarland et al. 1993; Popov 1995), die zeigen, daß die Lösung bezüglich des Fehlens des sogenannten „linken Autoritarismus" relativ einfach zu sein scheint: die Ergebnisse von empirischen Untersuchungen im Westen werden, bis zu einem gewissen Grade, in früheren kommunistischen Ländern mit ihren zentralisierten, repressiven Staatssystemen, gespiegelt. Die Befürworter kommunistischer Systeme scheinen in ihren Einstellungen eindeutig autoritärer als Demokraten zu sein (auch im kommunistischen Polen, Koralowicz 1992). Diese Ergebnisse bestätigen, daß in beiden, rechten und linken zentralisierten, anti-demokratischen Staaten, Autoritäre das System unterstützten (ebenso Meloen 1991, 1994).

Aufgrund nicht verfügbarer Daten für dieses Untersuchungsfeld, wurde für die vorliegende Analyse eine nationenübergreifende Einschätzung von autoritären Einstellungen aus einem umfassenden Überblick von Autoritarismusstudien abgeleitet. Hierzu wurden aus zahlreichen bereits veröffentlichten Studien standardisierte Mittelwerte für 24 Länder berechnet (Meloen 1983, 1993), die später um weitere Ländermittelwerte ergänzt werden konnten (Meloen 1995). Aus diesen Daten ergab sich dann eine Einschätzung des Niveaus an Autoritarismus für eine Gesamtzahl von 32 weltweit wichtigen Ländern. Autoritarismus basiert dabei auf dem Konzept von Adorno et al. (1950).

Kulturelle Ursachen

Die kulturellen Ursachen beziehen sich auf *traditionelle Familienstrukturen* und auf Autoritätsbeziehungen in *hierarchischen Kulturen*. Entferntere, mittelbarere Ursachen können auf kulturellen Traditionen beruhen. Kulturelle Praktiken können Machtverhältnisse und politische Entscheidungsfindungen durch kulturelle Traditionen und vorherrschende kulturelle Werte beeinflussen. Grundlegende Konzepte wie z.b. „Familie" und „Autorität" werden von allen Kulturen anerkannt und verstanden, wie die kulturübergreifenden Arbeiten von Todd (1985) und Hofstede (1991) belegen.

Traditionelle Familienstrukturen

Eine Beziehung zwischen Familienstrukturen (Traditionen, Einstellungen, Praktiken) und Staatsautoritarismus wurde bereits in der Autoritarismusforschung seit den 30er Jahren diskutiert (Horkheimer et al. 1936, *Autorität und Familie*; Schaffner 1948, *Father Land*). In der Studie *The Authoritarian Personality* wurden die Erziehungspraktiken von Eltern autoritärer Probanden als sehr verschieden von nicht autoritären Personen beschrieben. Dies führte zu der Vermutung, daß Erziehungsstile in der Familie grundlegend für die Entwicklung autoritärer Einstellungen verantwortlich sind.

Eine weltweite Untersuchung über die Beziehung zwischen Staatsautoritarismus und Familienstrukturen wurde aufgrund fehlender relevanter Indikatoren derartiger Strukturen noch nicht durchgeführt. Der Anthropologe Todd (1985) unternahm jedoch einen umfassenden Versuch, die wichtigsten Familienstrukturen, die in der Welt existieren, zu klassifizieren. Die Beziehung zwischen der Familienorganisation und den soziopolitischen Strukturen von totalitären, ideologischen Staaten wurde in seiner Abhandlung auch erfaßt. Todd argumentierte, daß der Totalitarismus der kommunistischen Welt (1985 immer noch die Sowjetunion, China, Osteuropa, Vietnam und Kuba umfassend) mit den allgemeinen Familienstrukturen in diesen Ländern in Verbindung gebracht werden kann. Diese Strukturen müssen sich nicht ändern, wenn sich das politische System wandelt. Seine Argumentation gewann an Bedeutung als klar wurde, daß mit den politischen Veränderungsprozessen in der ehemaligen Sowjetunion hin zur Demokratie viele der repressiven Merkmale weiter fortbestanden.

Todds Familientypen verstehen sich als Nominaltypen. Er klassifizierte diese Typen unter Zuhilfenahme von grundlegenden Strukturen, bei denen davon ausgegangen werden kann, daß sie in allen Familien der Welt vorhanden sind: die Tendenz zu exogamen oder endogamen Beziehungen, das Inzesttabu, die Freiheit der Partnerwahl und die Ausgewogenheit der Erbfolge. Mitglieder *endogamer Kulturen* heiraten gewohnheitsmäßig innerhalb des eigenen Stammes, Clans oder der Familie, während in *exogamen Kulturen* der Heiratspartner außerhalb gefunden werden muß. In allen Kulturen gibt es jedoch ein *Inzesttabu*, das in einigen Kulturen als absolut gilt, in anderen lockerer gehandhabt wird (z.B. wird teilweise eine Verbindung von Cousin und Cousine erlaubt). Die *Freiheit der Partnerwahl* ist in einigen Kulturen sehr eingeengt, wenn sie durch die Sitten bestimmt wird. In anderen ist sie weniger begrenzt, wenn sie von den Eltern getroffen werden kann, einige erlauben einen Einfluß ihrer Kinder und am offensten ist sie dann, wenn die Partner selbst entscheiden können. Todd schlug auch die Klassifizierung der Ausgewogenheit der Erbfolge vor. Er legt somit nahe, daß seine Klassifikationen der Familienstrukturen auch anhand der Kategorien Freiheit und Gleichheit interpretiert werden könnten, zweier Basisdimensionen also, die in den meisten Kulturen eine Rolle spielen.

Die vier Familienmerkmale wurden für jedes Land nach Todds Klassifikation kodiert. Drei dieser Variablen (exo-endogam, Inzesttabu und Partnerwahl) wurden korreliert und erwiesen sich als eine Dimension: die *traditionelle Familienstruktur*. Die Dimension reichte von traditionell „ausgedehnt", über „gemischt" bis zu der „modernen Kernfamilie" und konnte in 84 Ländern nachgewiesen werden. Sie war eng verbunden mit der durchschnittlichen Anzahl an Kindern pro Frau. Größere Familien finden sich in Ländern mit traditionellen Familienstrukturen.

Hierarchische Kulturen

Der Psychologe Hofstede (1980, 1991) analysierte mittels einer großen internationalen Datenbasis die Einstellungen von IBM Managern aus 72 Ländern. Hofstede fand heraus, daß sich ähnliche Gruppen kulturübergreifend finden lassen. Die auffälligsten Unterschiede zwischen nationalen Gruppen lassen sich durch die Unterschiede der nationalen Kulturen erklären, wenn individuelle Unterschiede statistisch kontrolliert werden. Er entwickelte fünf kulturelle Konzepte. Zwei davon, „Individualismus versus Kollektivismus" und „power distance" werden hier verwendet.

Hofstede zeigte auf, daß individualistische Gesellschaften sich erheblich von kollektivistischen unterscheiden. In kollektivistischen Gesellschaften werden die Menschen in große „weitläufige Familien" hineingeboren und werden immer ein Teil dieser Gruppe sein. Die Gruppe hat eine beschützende Funktion, und die Kinder lernen eher in Begriffen von „wir" als „ich" zu denken. Konflikte werden eher zum Wohle der Harmonie in der Gruppe unterdrückt, während unerwünschtes Verhalten zum Gesichtsverlust führt. Die persönlichen Beziehungen werden oft für wichtiger als Geschäftsbeziehungen gehalten. Kollektive Interessen gelten mehr als individuelle Rechte und die Privatsphäre. Gleichzeitig werden Meinungen von der Gruppe übernommen, wobei unterschiedliche Rechte für unterschiedliche Gruppen gelten, so wie es die Kultur vorschreibt. Der Staat dominiert die Geschäftswelt und die Medien, während Gruppeninteressen die Wirtschaft bestimmen. Kollektivistisch orientierte Kulturen tendieren dazu, ethnozentrisch zu sein, ein Merkmal das häufiger in Entwicklungsländern mit einem geringen Bruttosozialprodukt auftritt, während individualistische Orientierungen eher in westlichen Ländern vorherrschen.

Der zweite kulturelle Faktor „power distance" (nach Mulder 1972, 1976) bezieht sich auf Unterschiede bezüglich der Machtverhältnisse zwischen Menschen: egalitäre versus hierarchische Beziehungen. In einigen Ländern sind die Beziehungen zwischen den Menschen fast egalitär, in anderen sehr hierarchisch. Ein hohes Ausmaß an „power distance" weist nach Hofstede eine Beziehung zu wichtigen charakteristischen kulturellen Merkmalen auf. Wird z.B. Macht für wichtiger als Gerechtigkeit gehalten, geht damit eher die Akzeptanz von Privilegien der Mächtigen einher, ebenso werden Familienstrukturen und Freundschaftsbeziehungen als Basis der Macht akzeptiert. Der Einsatz von Gewalt wird als ein Mittel zu Erlangung der Macht angesehen. Daher wird erwartet, daß ein Wechsel im politischen System eher als gewaltsame Revolution denn als friedliche Bewegung bzw. Entwicklung stattfindet. Ein hohes Ausmaß von „power distance" verbindet sich weiterhin mit gewaltsamen internen Konflikten und mit autokratischen, oligarchischen Regierungen. Ferner zeichnet es sich durch ein schwaches politisches Zentrum und machtvolle extreme Flügel aus. Auf sozialer Ebene ergibt sich daraus ein fast völliges Fehlen der Mittelklasse und sehr große Einkommensunterschiede innerhalb der Bevölkerung. Religionen und moralische Bewegungen verkörpern hier die Tugenden der Hierarchie. In diesen Kulturen gilt der Machtkampf als normal, ob es nun die Ideologie oder den Alltag betrifft. Ein geringes Ausmaß von „power distance" zeichnet sich hauptsächlich durch das Gegenteil von den eben erwähnten Tendenzen aus. Daher ist es keine Überraschung, daß viele westliche demokratische Länder auf diesem Faktor eher niedrige Werte zeigen, und nicht westliche Länder zu hohen Werten tendieren, obwohl sich dieses Muster als nicht vollständig konsistent erweist.

Auf beide Faktoren, Kollektivismus und „power distance", beziehen sich viele Argumentationen von Todd (Hofstede 1991, der sich ebenfalls auf Todd bezieht). Als ein gemeinsames Element stellt sich heraus, daß eine hohe Bewertung von Hierarchie in gesellschaftlichen Beziehungen innerhalb einer Kultur ihren Niederschlag in den Familien findet, die die Hierarchie dann auch positiv bewerten. Tatsächlich korrelieren beide Faktoren Hofstedes, „power distance" und Kollektivismus, wobei angemerkt werden sollte, daß „power distance" und Kollektivismus gleichsam in den selben Ländern vorherrschend waren. Daher wurden beide Faktoren zu einem Faktor, dem *hierarchischen Kultur*-Faktor zusammengefaßt, dieser reicht von einem hohen Ausmaß an „power distance" und Kollektivismus auf der einen Seite bis zu einem niedrigen Ausmaß von „power distance" und Individualismus auf der anderen Seite. Dieser Faktor konnte für 63 Länder berechnet werden.

5. Ein Kausalmodell des Staatsautoritarismus

Das entwickelte Modell schließt nun die vorgestellten direkten und kulturellen Ursachen des Staatsautoritarismus ein. Vorherrschende autoritäre Einstellungen und das bestehende autoritäre politische System (die autoritäre Regierungsform) gelten als die wichtigsten unmittelbaren Ursachen für Staatsautoritarismus, während die Familienstrukturen und die traditionellen Werte und Bräuche als indirekte Ursachen gewertet werden.

Die Methode

Um das entwickelte Modell zu testen, wurden LISREL-Analysen verwendet. Die Daten beziehen sich auf Angaben aus 174 Ländern, wobei die meisten Variablen für ungefähr 120-150 Länder ermittelt werden konnten. Staatsautoritarismus als die abhängige Variable schließt die vollständigen Daten von 95 Ländern ein, 133 Länder können erfaßt werden, wenn das Fehlen von ein oder zwei Indikatoren akzeptiert wird. Hofstede veröffentlichte Daten für 63 und Todd für 84 Länder. Die Variable für autoritäre Einstellungen war nur für 32 Länder verfügbar, dennoch decken die Daten eine große Breite von Ländern und Kulturen weltweit ab.

Testen des Modells

Der Test mittels LISREL ergab ein akzeptables Modell (χ^2 = 2.81, df = 3, p = 0.42; ML-Methode, es wurden keine Fehlerkorrelationen erlaubt). *Alle* der postulierten Beziehungen innerhalb des Modells waren signifikant. Die autoritäre Einstellung, die Regierungsform und die traditionelle Familienstruktur sind signifikante Einflußfaktoren für Staatsautoritarismus, wobei die Einstellungsdimension den besten Prädiktor darstellt. Die Einstellung wurde sowohl von der hierarchischen Kultur als auch von der traditionellen Familienstruktur stark beeinflußt.

Das Ergebnis der statistischen Analyse bestätigt das theoretisch postulierte Modell. Die eher stabilen kulturellen Variablen, wie die traditionellen Familienstrukturen und die hierarchische Kultur, erwiesen sich, neben den direkten Einflüssen von Einstellungen und der Regierungsform als bedeutsame Einflußfaktoren. Die vorgelegte Erklärungsstruktur des Staatsautoritarismus scheint wenig Möglichkeiten für alternative Erklärungen zu lassen (bei einer erklärten Varianz von R^2 = .82). Die wichtigsten Beziehungen innerhalb der Argumentationen Todds hinsichtlich des Einflusses von traditionellen Familienstrukturen auf die Politik, werden bestätigt. Zudem können nun auch die Arbeiten von Adorno et al. und Altemeyer über autoritäre Einstellungen besser verstanden werden. Autoritäre Einstellungen scheinen nicht vom kulturellen Kontext und den Familientraditionen isoliert zu sein.

Abbildung 1: Staatsautoritarismus – ein Kausalmodell

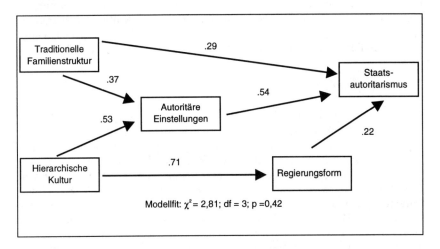

Einschränkungen

Allerdings sollten die Ergebnisse vorsichtig interpretiert werden, da die Aussagekraft der Analyse zu einem gewissen Grade begrenzt ist. Das präsentierte Modell basiert auf einer Querschnittuntersuchung. Für langfristige Prozesse, wie sie für den Autoritarismus relevant sind, werden andere Analyseformen benötigt (Meloen 1983, 1998). Ebenso fehlen zuverlässige weltweite Daten, die für die Untersuchung der diskutierten Themen nützlich wären. Es hat sich auch gezeigt, daß viele Indikatoren nur für spätere Perioden verfügbar sind. Die erhobenen Daten beziehen sich auf eine Zeitspanne: auf die späten 80er und die frühen 90er Jahre. Dieser Zeitraum ist vielleicht zu spezifisch, um die Ergebnisse hinsichtlich anderer Zeitabschnitte zu verallgemeinern. Der von uns gewählte Zeitraum hat jedoch den großen Vorteil, daß er aufzeigt, wie weit verbreitet Staatsautoritarismus zu dieser Zeit immer noch war.

6. Zusammenfassung

Staatsautoritarismus

Das bemerkenswerteste Ergebnis dieser komparativen kulturübergreifenden Analyse scheint die Existenz einer starken Beziehung zwischen Kultur, Einstellung und Politik zu sein. Autoritäre Regierungen scheinen nicht die einzige Ursache von Staatsautoritarismus zu sein. Eine autoritäre politische Kultur zeigt ebenso einen signifikanten kausalen Einfluß auf Staatsautoritarismus. Ein überaus einflußreiches Element dieser Kultur stellen die traditionellen Familienstrukturen dar, welche, zusammen mit einer Kultur von hierarchischen Machtverhältnissen, autoritätsorientierte Einstellungen formen. Diese wiederum dienen als Vermittler, um Staatsautoritarismus zu unterstützen.

Das Hauptproblem

Das gegenwärtige Modell hat Staatsautoritarismus eindeutig als ein Hauptproblem erfaßt. Diktaturen weisen tatsächlich Ähnlichkeiten in ihren grundlegenden Ideen, Strukturen und Praktiken auf, trotz großer Unterschiede bezüglich der Ideologien. Sie beinhalten oft eine Reihe von intoleranten Auffassungen, eine hierarchische politische Organisation und den Einsatz von Gewaltmaßnahmen gegen jegliche Opposition. Diese wurden als die Schlüsselfaktoren des *Staatsautoritarismus* angesehen. Der Staat ist das Hauptinstrument von Diktatoren und ihrer verbündeten Interessengruppen, um Macht zu erlangen. Zu diesem Zweck werden oft politische Strukturen, militärische Truppen, die Polizei, die Verwaltung und das Rechtssystem gebraucht bzw. mißbraucht, um eine absolute Kontrolle über die Bevölkerung zu sichern. Das psychologische Pendant der Schlüsselfaktoren sind autoritär konventionelle Überzeugungen, autoritäre Unterwürfigkeit und autoritäre Aggression. Die Befürworter anti-demokratischer Staaten und Diktatoren können daher auch als autoritär verstanden werden, weil sie das System und die herrschenden Autoritäten bzw. die Autoritäten der Eigengruppe unterstützen. Dies funktioniert offensichtlich in vielen Ländern und für die meisten Ideologien und Glaubenssysteme ähnlich.

Die Ursprünge

Das Modell belegt vier Hauptansätze für die Ursprünge von Staatsautoritarismus. Der *Regierungstyp* allein reicht nicht aus, um Staatsautoritarismus zu erklären. Zudem ist die politische Kultur eine zusätzliche mächtige Kraft. Politische Systeme können sich schnell ändern, die politische Kultur kann das aufgrund ihrer stabileren Natur nicht. Die vielen Versuche eines Staatsstreiches nach großen politischen Systemveränderungen in eine demokratische Richtung, scheinen dies zu unterstreichen (z.B. Spanien, Portugal, Philippinen, Argentinien). *Traditionelle Familienstrukturen* in denen es viele Nachkommen gibt und in denen viele Generationen unter einem Dach leben, neigen vielleicht mehr dazu, patriarchalische, autoritäre Beziehungen zu entwickeln als die egalitäreren Lebensumstände der Kernfamilie. Es ist bemerkenswert, daß der Familienfaktor als einer der stärksten indirekten kausalen Faktoren hervortritt. Eine Kultur, die hierarchische Beziehungen mit einem hohen Ausmaß von „power distance" und Kollektivismus favorisiert, scheint eine Vorbedingung für Autoritarismus zu sein. Im Gegensatz dazu steht Egalitarismus oft in Beziehung zu individueller Freiheit und einem geringen Ausmaß von „power distance" zwischen den Menschen. Die Konzeptualisierung des Autoritarismus als Einstellungsdimension (die möglicherweise persönlichkeitsbedingt ist) erhält hier überraschenderweise – betrachtet man die unbarmherzige Kritik – auch eine Bestätigung, sogar als ein kausaler Hauptfaktor für Staatsautoritarismus. Möglicherweise werden die starken Einflüsse dieser Einstellungen noch unterschätzt. Sie scheinen als eine Art mentale Unterströmung zu existieren, die große Teile der Gesellschaft durchdringt und dadurch auch ihr politisches und soziales Leben beeinflußt.

Die Zukunft

Diktaturen sind im Westen zur Jahrtausendwende fast verschwunden, aber dennoch ist Staatsautoritarismus bei benachteiligten Ländern in der heutigen Welt noch weit verbreitet. Die Zahl der formalen Demokratien ist in den letzten zehn Jahren von 69 im Jahre 1987 auf 118 in den folgenden zehn Jahren gestiegen (laut Freedom House 1997). Im Jahr 1997 lebten 55% der Weltbevölkerung in demokratischen Systemen, doch im selben Jahr lebten auch immer noch 39% der Weltbevölkerung in Ländern, die als „nicht frei" oder diktatorisch angesehen wurden und weitere 39% lebten in Ländern ohne ein Mehr-Parteiensystem; 1981 waren dies 43% bzw. 22%. Dies zeigt auch, daß der Fortschritt in Richtung Demokratie sehr langsam verläuft. Es braucht mehr als nur einen Wechsel hin zu einem demokratischen System, um eine demokratische politische Kultur der Freiheit und des Respektes für Menschenrechte zu schaffen.

Literatur

Adorno, Theodor W., Else Frenkel-Brunswik, Daniel J. Levinson und R. Nevitt Sanford; in Zusammenarbeit mit Betty Aron, Maria Hertz Levinson und William Morrow. 1950. The Authoritarian Personality. New York: Harper and Row.
Al-Khalil, Samir. 1989. Republic of Fear. London: Hutchinson Radius.
Altemeyer, Bob. 1988. Enemies of Freedom. London: Jossey Bass.
Altemeyer, Bob. 1996. The Authoritarian Specter. Cambridge: Harvard University Press.
Arendt, Hannah. 1951/1985. Totalitarianism. Part Three of the Origins of Totalitarianism. New York: Harvest/HAJ.
Billig, Michael. 1978. Fascists: A Social Psychological View of the National Front. London: Academic Press.
Billig, Michael. 1985. The Unobservant Participator: Nazism, Anti-Semitism and Ray's Reply. Ethnic and Racial Studies 8, 3: 444-449.
Blackburn, Gilmer W. 1985. Education in the Third Reich. Albany: State of New York University Press.
Brooker, Paul. 1995. Twentieth-Century Dictatorships: The Ideological One-Party States. London: MacMillan.

Brooks, Robert C. 1935. Deliver us from Dictators. Philadelphia: University of Pennsylvania Press.

Bullock, Alan. 1991. Hitler and Stalin: Parallel Lives. London: Fantana.

Chirot, Daniel. 1994. Modern Tyrants: The Power and Prevalence of Evil in Our Age. New York: MacMillan.

CIA (Central Intelligence Agency). 1993. The World Fact Book 1993-94. New York: MacMillan.

Duckitt, John. 1983. Culture, Class, Personality and Authoritarianism among White South Africans. Journal of Social Psychology 121: 191-199.

Duckitt, John. 1992. Education and Authoritarianism Among English- and Afrikaans-Speaking White South Africans. Journal of Social Psychology 132: 701-708.

Freedom House Survey Team. 1993, 1995, 1997. Freedom in the World: The Annual Survey of Political Rights and Civil Liberties 1992-1993, 1994-1995, 1996-1997. New York: Freedom House.

Fromm, Erich. 1941/1965. Escape from Freedom. New York: Avon Books.

Fromm, Erich. 1984. The Working Class in Weimar Germany: A Psychological and Sociological Study. English edition, Leamington Spa, Warwickshire, Berg Publ. German edition 1980; year of original unpublished study: 1929.

Fukuyama, Francis. 1992. The End of History and the Last Man. London: Penguin Books, insbesondere S. 49-50.

Goldstein, K.M. und S. Blackman. 1978. Cognitive Style. New York: Wiley and Sons.

Gupta, Dipak K., Albert J. Jongman und Alex P. Schmid. 1993. Creating a Composite Index for Assessing Country Performance in the Field of Human Rights: Proposal for a New Methodology. Human Rights Quarterly 15: 131-162.

Hofstede, Geert. 1980. Culture's Consequences: International Differences in Work-Related Values. Beverly Hills CA: Sage.

Hofstede, Geert. 1991. Cultures and Organizations, Software of the Mind. London: McGraw-Hill.

Horkheimer, Max, Erich Fromm und Herbert Marcuse. 1936. Studien über Autorität und Familie: Forschungsberichte aus dem Institut für Sozialforschung. Vol. I, II, Paris: Librairie Felix Alcan.

Human Freedom Index, siehe UNDP 1991.

Huntington, Samuel P. 1996. The Clash of Civilizations and the Remaking of World Order. New York: Simon and Schuster.

Hyman, Herbert H. und Paul B. Sheatsley. 1954. „The Authoritarian Personality": A Methodological Critique. S. 50-122 in: Christie Richard und Marie Jahoda (Hg.): Studies in the Scope and method of „The Authoritarian Personality". Glencoe, Illinois: The Free Press.

Inglehart, Ronald. 1997. Modernization and Postmodernization. Cultural, Economic, and Political change in 43 Societies. Princeton. Princeton University Press.

Jones, A. H. M. (1957/1989). Athenian Democracy. Oxford, Basil Blackwell.

Jongman, Albert J. (1995). Contemporary Conflicts: A Global Survey of High- and Lower Intensity Conflicts and Serious Disputes. PIOOM Newsletter and Progress Report 7, 1: 14-23.

Kidron, Michael und Ronald Segal. 1991. The New State of the World Atlas. New York: Simon and Schuster.

Koralowicz, Jadwiga. 1992. Authoritarianism and Degree of Confidence in Political Leaders and Institutions in Poland, 1984. Conference Paper.

Kuehnl, Reinhard. 1979. Faschismustheorien. Hamburg. Rowohlt.

Lambley, Peter. 1980. The Psychology of Apartheid. London: Secker and Warburg.

Leder, Karl B. 1986. Hoe een diktator aan de macht komt. Zutphen, Thieme, deutsche Ausgabe: (1983). Wie man Diktator wird. München: Kösel.

Lederer, G. (1982). Trends in Authoritarianism: A Study of Adolescents in West Germany and the United States Since 1945. *Journal of Cross-Cultural Psychology 13*, 3: 299-314.

Lederer, Gerda und Peter Schmidt. 1995. Autoritarismus und Gesellschaft. Trendanalysen und vergleichende Jugenduntersuchungen 1945-1993. Opladen: Leske + Budrich.

Lemm, Robert. 1991. Optocht der dictators [March of Dictators]. Kampen: Kok.

Lipset, Seymour. 1960. Political Man: The Social Basis of Politics. New York: Doubleday.

MacKay, Judith. 1993. State of Health Atlas. New York: Simon and Schuster.

Maslow, Abraham H. 1943. The Authoritarian Character Structure. Journal of Social Psychology 18: 401-411.

McFarland, Sam, Vladimir Ageyev und Marina Abalakina. 1993. The Authoritarian Personality in the U.S.A. and the Former U.S.S.R.: Comparative Studies. S. 199-229 in: William F. Stone, Gerda Lederer und Richard Christie (Hg.): Strength and Weakness: The Authoritarian Personality Today. New York. Springer.

Meloen, Jos D. 1983. De autoritaire reactie in tijden van welvaart en crisis. [The Authoritarian Response in Times of Prosperity and Crisis]. Amsterdam: University of Amsterdam, unveröffentlichte Dissertation.

Meloen, Jos D. 1986. The Dynamic Socio-Political and Economic Influence on Authoritarianism: The Construction of an Empirical Time-Series Model. S. 62-71 in: M. Brouwer, J. Van Ginneken, A. Hagendoorn und J. Meloen (Hg.): Political Psychology in The Netherlands, The Nijmegen Papers. Amsterdam: Mola Russa.

Meloen, Jos D. 1991. The Fortieth Anniversary of „The Authoritarian Personality". Politics and the Individual 1: 119-127.

Meloen, Jos D. 1993. The F Scale as a Predictor of Fascism: An Overview of 40 Years of Authoritarianism Research. S. 47-69 in: William F. Stone, Gerda Lederer und Richard Christie (Hg.): Strength and Weakness: The Authoritarian Personality Today. New York: Springer Verlag.

Meloen, Jos D. 1994. A Critical Analysis of Forty Years of Authoritarianism Research: Did theory testing suffer from Cold War Attitudes? S. 127-165 in: Russell F. Farnen (Hg.): Nationalism, Ethnicity, and Identity: Cross National and Comparative Perspectives. London: Transaction.

Meloen, Jos D. 1996. Authoritarianism, Democracy and Education: A Preliminary Empirical 70-Nation Global Indicators Study. S. 20-38 in: Russell F. Farnen, Henk Dekker, R. Meyenberg und Daniel B. German (Hg.): Democracy, Socialization and Conflicting Loyalties in East and West: Cross-National and Comparative Perspectives. London: MacMillan.

Meloen, Jos D. 1997. The Humdrum of Rhetorics: A Reply to Durrheim's „Theoretical Conundrum". Political Psychology 18, 3: 649-656.

Meloen, Jos D. 1998. Fluctuations of Authoritarianism in Society. An Empirical Time Series Analysis for the Dynamic Socio-Political and Economic Influence on Authoritarianism in American Society. Mid-American Review of Sociology/Social Thought and Theory 21, 1-2: 107-132.

Meloen, Jos D., Louk Hagendoorn, Quinten Raaijmakers und Liewe Visser. 1988. Authoritarianism and the Revival of Political Racism: Reassessments in The Netherlands of the Reliability and Validity of the Concept of Authoritarianism by Adorno et al. Political Psychology 9, 3: 413-429.

Meloen, Jos D., Russell Farnen und Daniel German. 1994. Authoritarianism and Democracy. S. 123-152 in: G. Csepeli, Daniel German, L. Küri und I. Stumpf (Hg.): From Subject to Citizen. Budapest: Hungarian Center for Political Education.

Meloen Jos D., Gert Van der Linden und Hans De Witte. 1996. A Test of the Approaches of Adorno et al., Lederer and Altemeyer of Authoritarianism in Belgian Flanders: A Research Note. Political Psychology 17, 4: 643-656.

Meloen, Jos D. und Hans De Witte. 1998. Ray's Last Stand? Directiveness as Moderate Conservatism, A Reply to Ray. Political Psychology 19, 4: 663-668.

Meloen, Jos D. und Cees P. Middendorp. 1991. Authoritarianism in The Netherlands: Ideology, Personality or Sub Culture. Politics and the Individual 1, 2: 49-72.

Moore, Barrington, jr. 1967/1991. Social Origins of Dictatorship and Democracy. London: Penguin.

Mosse, George L. 1966/1981. Nazi Culture: A Documentary History. New York: Schocken Books.

Mulder, Mauk. 1972. Het spel om de macht, over verkleining en vergroting van machtsongelijkheid [The game of power, on reduction and enlargement of power inequalities]. Meppel: Boom.

Mulder, Mauk. 1976. Reduction of Power Differences in Practice: The Power Distance Reduction Theory and its Applications. S. 79-94 in: Geert Hofstede und Sami M. Kassem, (Hg.): European Contributions to Organization Theory. Assen: Van Gorcum.

Neumann, Franz. 1942/1966. Behemoth: The Structure and Practice of National Socialism, 1933-1944. New York: Harper and Row.

Perlmutter, Amos. 1981. Modern Authoritarianism. London: Yale University Press.

Popov, Nicolai. 1995. The Russian People Speak: Democracy at the Crossroads. Syracuse: University Press.

Potter, David, David Goldblatt, Margret Kiloh und Paul Lewis. 1997. Democratization. Cambridge: Polity Press.

Poulantzas, Nicos. 1979. Fascism and Dictatorship. London: Verso.

Ray, John J. 1976. Do Authoritarians Hold Authoritarian Attitudes? Human Relations 29: 307-325.

Ray, John J. 1985. Racism and Rationality: A Reply to Billig. Ethnic and Racial Studies 8, 3: 441-443.

Reich, Wilhelm. 1933/1975. The Mass Psychology of Fascism. Middlesex: Penguin Books.

Rokeach, Milton. 1960. The Open and Closed Mind. New York: Basic Books.

Schaffner, Bertram. 1948. Father Land: A Study of Authoritarianism in the German Family. New York: Columbia University Press.

Shils, Edward A. 1954. Authoritarianism: „Left" and „Right". S. 24-49 in: Richard Christie und Marie Jahoda (Hg.): Studies in the Scope and method of „The Authoritarian Personality". Glencoe, Illinois: The Free Press.

Simpson, Miles. 1972. Authoritarianism and Education: A Comparative Approach. Sociometry 35: 223-234.

Staub, Ervin. 1989. Roots of Evil. The Origins of Genocide and Other Group Violence. Cambridge: University Press.

Stone, William F., Gerda Lederer und Richard Christie. 1993. Strength and Weakness: The Authoritarian Personality Today. New York: Springer.

Todd, Emmanuel. 1985. The Explanation of Ideology: Family Structures and Social Systems. New York: Basil Blackwell.

UNDP. 1991, 1994, 1996. United Nations Development Program: Human Development Report 1991, 1994, 1996. Oxford: University Press.

UNESCO. 1991. United Nations Education Scientific and Cultural Organization: World Education Report 1991. Paris: UNESCO.

Van Capelle, H. 1978. De Nazi Economie. [The Nazi Economy]. Assen: Van Gorcum.

Vanhanen, Tatu. 1997. Prospects of Democracy. London: Routledge.

Wiggershaus, Rolf. 1994. The Frankfurt School. Cambridge: Polity Press.

Ansätze der Autoritarismusforschung und die Probleme ihrer empirischen Prüfung

Die Konzeptualisierung und die Messung von Autoritarismus: Ein neuer Ansatz

Stanley Feldman

Zusammenfassung: Die Autoritarismusforschung hat sich ohne eine klare theoretische Leitlinie entwickelt. Der an Freud angelehnten und von Adorno et al. (1950) formulierten Theorie ist es im allgemeinen nicht gelungen ihre Versprechungen zu erfüllen. Altemeyer entwickelt zwar eine reliablere Skala, doch fehlt ihm die Theorie bzw. die Konzeptualisierung, um damit empirische Ergebnisse zu interpretieren. In diesem Beitrag gebe ich einen Überblick über Aspekte der Konzeptualisierung, die in der Autoritarismusforschung immer problematisch waren und arbeite deren Bedeutung für die Messung und das Verstehen von Autoritarismus heraus. Danach unterbreite ich einen neuen Ansatz. Der Ursprung von Autoritarismus liegt nach meiner Auffassung in der Lösung des Konflikts zwischen den Werten sozialer Anpassung und persönlicher Autonomie. Vorurteile und Intoleranz, wie sie in der Autoritarismusforschung beschrieben werden, setzen sich aus einer Kombination von sozialer Anpassung und der Wahrnehmung von Gefahren für die soziale Ordnung zusammen. Diese Konzeptualisierung gibt klare Hinweise, um neue Meßinstrumente zu konstruieren und sie kann die Bedingungen vorhersagen, unter denen Vorurteile und Intoleranz entstehen.

1. Einleitung

Wissenschaftlern ist seit längerer Zeit bekannt, daß die Äußerung von Vorurteilen und Intoleranz gegenüber einer Gruppe sehr häufig positiv mit Vorurteilen und Intoleranz gegenüber einer Reihe von Gruppen korreliert. Wie schon Allport (1954: 68) vor über 40 Jahren ausführte: „One of the facts of which we are most certain is that people who reject one out-group will tend to reject other out-groups. If a person is anti-Jewish, he is likely to be anti-Catholic, anti-Negro, anti any out-group." In einem Überblick über aktuelle Studien zeigt Duckitt (1992), daß die durchschnittliche Korrelationen zwischen verschiedenen gut konstruierten Vorurteilsmessungen gegenüber unterschiedlichen Gruppen r = 0,5 beträgt.

Auch die Messungen von politischer Intoleranz gegenüber einer Reihe von Gruppen, in der die Einschränkung des Rechts auf freie Rede oder der Bürgerrechte erhoben wurde, zeigen konsistent positive Korrelationen. Die Höhe dieser Korrelationen ist sehr unterschiedlich und in extremen Fällen (zwischen linken und rechten Extremgruppen) mögen sie auch nicht sehr groß sein, aber selbst bei diesen Extremfällen sind die Korrelationen immer positiv (Sullivan et al. 1978; Feldman 1987). Auch Sniderman et al. (1989) finden zwischen verschiedenen Vorurteilsmessungen gegenüber unterschiedlichen Gruppen substantielle Korrelationen und zeigen, daß politische Intoleranz in den USA mit dem Widerstand gegen die Rassenintegration verbunden ist.

Diese Ergebnisse sind nicht auf die USA beschränkt. Eine neuere Studie, die in Rußland und in Estland durchgeführt wurde (McFarland et al. 1993) findet eine durchschnittliche Korrelation von r = .53 zwischen Vorurteilen gegenüber einer Reihe von Gruppen wie Kapitalisten, Juden, Dissidenten und Jugendlichen sowie negative Einstellungen gegenüber der Demokratie und einer unabhängigen Presse.

Obwohl es nicht unwichtig ist, die unterschiedlichen Gründe für Intoleranz und Vorurteile gegenüber einer bestimmten Gruppe zu betrachten, so zeigen doch die langjährigen Forschungsbemühungen, daß sich Personen in ihren Reaktionen gegenüber einer großen Anzahl von Gruppen konsistent unterscheiden. Es ist einfach, aus diesen Ergebnissen auf stabile individuelle Unterschiede in der Vorurteilsbereitschaft und der Akzeptanz von Intoleranz zu schließen. Wenn dem so ist, so muß *erklärt* werden, warum Personen sich unterscheiden und es müssen die *dynamischen Bedingungen* angeben werden, die diese Bereitschaft mit den Reaktionen gegenüber bestimmten Personen und Gruppen verbindet. Dazu benötigen wir mehr als eine Korrelation zwischen der Messung allgemeiner Vorurteilsbereitschaft, intoleranter Einstellungen und anderen Variablen. Um diese individuellen Unterschiede in der Verbindung mit den dynamischen Entstehungsbedingungen von Vorurteilen und Intoleranz zu verstehen, benötigt man eine Theorie, die die Ursprünge dieser Bereitschaft und seiner Äußerung in Einstellungen und Verhalten expliziert.

Das war auch genau das Ziel der groß angelegten Studie „The Authoritarian Personality" (Adorno, Frenkel-Brunswik, Levinson, Sanford 1950). Die fast tausend Seiten umfassende Studie begann mit der Untersuchung der Wurzeln des Antisemitismus. Nach dem die Autoren festgestellt hatten, daß Antisemitismus keine isolierte Einstellung, sondern Bestandteil eines generellen Ethnozentrismus ist, erklärten Adorno et al. dieses Phänomen auf der Basis der Freudschen psychoanalytischen Theorie. Neben dieser Erklärung entwickelten Adorno et al. (1950) ein standardisiertes Meßinstrument: die F-Skala. Diese Untersuchung initiierte schnell eine enorme Anzahl weiterer Studien, die mit der F-Skala oder ähnlichen Meßinstrumenten die Beziehungen des Autoritarismus erforschten. Bis 1989 gab es über 2000 Publikationen über Autoritarismus oder ähnliche Konstrukte (Meloen 1993).

Die Autoritarismusforschung spielte in den 70er und den frühen 80er Jahren kaum eine Rolle, wird aber in den letzten Jahren in der scientific community wieder verstärkt aufgegriffen. Neben den gesellschaftlichen Entwicklungen liegt ein wesentlicher Grund für die Revitalisierung dieses Konzepts in den Autoritarismusstudien die Altemeyer (1981, 1988, 1996) durchgeführt hat. Im Rahmen seiner langjährigen Forschungsarbeiten hat Altemeyer sowohl ein neues und reliableres Meßinstrument sowie eine neue Konzeptualisierung entwickelt, die auf der sozialen Lerntheorie basiert.

Altemeyer (1988), der die psychoanalytische Erklärung von Adorno et al. (1950) zurückweist, bezieht sich auf eine einfachere Konzeptualisierung und sieht Autoritarismus als eine soziale Einstellung (oder ein Cluster von Einstellungen), die durch Interaktionen mit den Eltern, den peer groups, der Schule, den Medien und durch Erfahrungen mit Personen, die konventionelle und unkonventionelle Überzeugungen und Lebensstile aufweisen, erlernt wird. Seine Messung des „Right-Wing Authoritarianism" (RWA) ist im Vergleich zu vorhergehenden Skalen reliabler und eindimensional und berücksichtigt durch Umkehritems auch die Ja-Sage-Tendenz.

Die zunehmende Verbreitung der RWA Skala von Altemeyer deutet darauf hin, daß er es in der Ansicht der scientific community geschafft hat, eine bessere Skala zu entwickeln, die zumindest die methodologischen Probleme überwunden hat, die die Autoritarismusforschung in den letzten 50 Jahren belastet haben. Mit diesem neuen Meßinstrument ausgestattet, berichten Forscher von neuen Ergebnissen über den Zusammenhang zwischen Autoritarismus und Vorurteilen, Werten sowie weiteren Variablen.

Gleichzeitig gibt es in diesen Studien kaum Hinweise darauf, daß auch die soziale Lerntheorie Altemeyers als Erklärungsmuster angewandt wird. Damit wird die empirische Ausrichtung der bisherigen Forschungen, die im Gefolge der Studie „The Authoritarian Personality" bereits angelegt war, fortgesetzt. Wissenschaftler, die die RWA Skala von Altemeyer anwenden, beschränken sich darauf, nur eine psychometrisch schlechter fundierte Skala gegen eine bessere Skala auszutauschen. Darüber hinaus wurde die Forschung nicht besonders beeinflußt.

2. Autoritarismus: Theoretische Probleme und Fragen

Die Theorie des Autoritarismus und die auf ihr aufbauenden empirischen Studien sind praktisch seit dem Tag der Erstveröffentlichung hart kritisiert worden. Rezensionen des Buches von Adorno et al. (1950), die kurz nach dem Erscheinen des Buches geschrieben wurden, kritisierten sowohl die Konzeptualisierung wie auch die Durchführung der empirischen Studie (Christie und Jahoda 1954). Aktuelle Besprechungen kehren genau zu den gleichen konzeptionellen Fragen zurück, obwohl den Wissenschaftlern mit der Arbeit von Altemeyer eine solidere empirische Basis gegeben ist (vgl. Forbes 1985, 1990).

Vielleicht noch wichtiger ist die Tatsache, daß die auf Freud basierte psychodynamische Theorie in der Studie „The Authoritarian Personality" weit weniger nützlich war, als die Autoren gedacht hatten. Dadurch hat sich die weitere

Forschung weitgehend von der Theorie gelöst. Obwohl quantitative Studien Zusammenhänge zwischen der F-Skala, sozio-demographischen Variablen und sozialen Einstellungen nachweisen konnten, blieb der Nachweis der Dynamik und des Ursprungs des autoritären Charakters, wie ihn Adorno et al. (1950) konzipiert hatten, weitgehend aus (vgl. Altemeyer 1981, 1988; Duckitt 1992). Der größte Teil der Autoritarismusforschung stellt somit kleinere empirische Studien dar, die sich nur marginal an der ursprünglichen Theorie orientieren. In den meisten Untersuchungen vermißt man die Berücksichtigung der komplexen Zusammenhänge, die von Adorno et al. (1950) angesprochen wurden. Über den theoretischen Status dieses Konzepts weiß man aufgrund dieser datenorientierten Forschung nur sehr wenig. Die Untersuchungsergebnisse mögen kumulieren, aber in den seltensten Fällen basieren sie auf Hypothesen, die auf der Grundlage einer Theorie des Autoritarismus explizit abgeleitet wurden. Dieser Mangel an einer adäquaten Konzeptualisierung läßt einige kritische Fragen über den Ursprung individueller Unterschiede in der Vorurteilsbereitschaft und der Akzeptanz von Intoleranz offen.

1. Woher kommen diese unterschiedlichen Dispositionen? Adorno et al. (1950) sehen in der frühkindlichen Sozialisation den wesentlichen Ursprung der Persönlichkeitsentwicklung und den damit verbundenen Verhaltensbereitschaften. Es gibt jedoch nur wenige überzeugende empirische Ergebnisse, die diese Hypothese stützen. Altemeyer behauptet dagegen, daß Autoritarismus sozial erlernt wird. Allerdings gibt er auch zu, daß mit dem Hinweis auf die soziale Lerntheorie die spezifischen Bedingungen in denen Autoritarismus (vielleicht) erlernt wird, kaum vorhergesagt werden können.

2. Sind diese individuellen Unterschiede stabil oder verändern sie sich im Verlaufe des Lebens? Die psychodynamische Theorie Freuds geht von einer hohen Stabilität aus, da Autoritarismus als ein Persönlichkeitsmerkmal angesehen wird. Aus der Sicht der sozialen Lerntheorie von Altemeyer kann man von einem möglichen Wandel ausgehen. Da es sich beim Autoritarismus um eine soziale Einstellung handelt, sollte sie immer für weitere Lernanlässe empfänglich sein (wegen der Trägheit des Menschen läßt dies mit zunehmenden Alter allerdings nach). Die Ergebnisse sprechen für eine gewisse aber nicht völlige Stabilität des Autoritarismus (Altemeyer 1996). Stabilität wird zudem erst in der mittleren oder späten Adoleszenz erreicht (Himmelweit und Swift 1972). Dies deckt sich weitgehend mit der sozialen Lerntheorie, obwohl Altemeyer nur wenig Hinweise für ein tieferes Verständnis der Wandlungsprozesse gibt.

3. Wie manifestiert sich eine generelle Vorurteilsbereitschaft und Intoleranz gegenüber spezifischen Gruppen? Da wir wissen, daß die Korrelation zwischen den unterschiedlichen Gruppen, die von Vorurteilen und Intoleranz betroffen sind, nicht perfekt ist, benötigen wir Kriterien, um herauszufinden, welche Gruppe mehr oder weniger Feindseligkeit hervorruft. Adorno et al. (1950) argumentieren, daß die unterdrückte Feindseligkeit

autoritärer Persönlichkeiten auf nahezu jede Gruppe bezogen werden kann, die als schwächer oder unterlegen angesehen wird. Vorurteile sollten demnach auf alle möglichen Gruppen gerichtet sein. Dabei ist uns heute klar, daß Adorno et al. (1950) das Ausmaß in dem die Feindseligkeit auf alle möglichen Minderheitengruppen übertragen wird sowie den Zusammenhang zwischen Autoritarismus und Vorurteilen überschätzt haben (Altemeyer 1988; Duckitt 1992). Auch Altemeyer sieht in der Vorurteilsbereitschaft und der Intoleranz von autoritären Persönlichkeiten eine Funktion ihrer generellen Feindseligkeit. Während er zeigt, wie die Bereitschaft Abweichler zu bestrafen unter den autoritären Persönlichkeiten beträchtlich variiert, hat er aber keine theoretische Konzeption, die erklären könnte, warum Autoritäre gegenüber einigen Personen mehr und gegenüber anderen Personen weniger feindselig eingestellt sind (obwohl er glaubt, dies habe etwas mit den konventionellen Einstellungen der Autoritären zu tun).

Die Autoritarismustheorie ist zu Recht dafür kritisiert worden, daß sie die Bedeutung realer sozialer Konflikte ausblendet. Um Intergruppenkonflikte zu verstehen und um Politikern und politischen Parteien die Möglichkeit zu geben, Vorurteile und Intoleranz zu bekämpfen, müssen wir die wichtigen Fragen danach, wie spezifische Ziele ausgewählt und auf welche Inhalte sich die Feindseligkeit bezieht, beantworten.

4. Wie beeinflußt der soziale Kontext die Dispositionen gegenüber Vorurteilen und Intoleranz? Sehr häufig wird vermutet, daß soziale Gefahren und Besorgnisse, Vorurteile und Bestrafungswünsche wecken und die Bereitschaft fördern, rechtsextreme Parteien und auch Massengewalt zu unterstützen (Wilkinson 1972; Staub 1989). Es gibt auch faszinierende Beweise durch Archivstudien und durch Studien, die auf Individualdaten basieren, die belegen, daß das Niveau an Autoritarismus und die Stärke der Beziehung zwischen Autoritarismus, Vorurteilen und Intoleranz in Gefahrenzeiten zunehmen (Sales 1972, 1973; Doty, Peterson und Winter 1991; Feldman und Stenner 1997). Obwohl es anschauliche Evidenzen gibt, daß Vorurteile, Intoleranz und die Unterstützung rechtsextremer Parteien im Laufe der Zeit zu- und abnehmen, gibt es innerhalb des Autoritarismusansatzes keine offensichtlichen Hinweise, um dieses Phänomen zu erklären.

5. Die Untersuchungen, die auf dem Ansatz der Studie „The Authoritarian Personality" beruhen, rufen ein weiteres Problem für unser Verständnis der politischen Dynamik von Vorurteilen und Intoleranz hervor. Seit der Veröffentlichung der Studie „The Authoritarian Personality" wurde nach dem Verhältnis zwischen Autoritarismus und Ideologie gefragt. Ausgehend von den Erfahrungen des europäischen Faschismus und den Holocaust ist es nicht überraschend, daß Adorno et al. (1950) wie auch andere Forscher vor ihnen (Fromm 1941; Reich 1946) hauptsächlich die Anziehungskraft rechtsextremer Ideologien in den Mittelpunkt ihrer Untersuchung stellten.

Als dem Kommunismus mehr Aufmerksamkeit zu teil wurde, fragten sich einige frühe Kritiker, ob linksextreme Personen auch autoritär sein können (Shils 1954; Eysenk 1954). Bis heute gibt es für diese These aber kaum empirische Belege. In einem detaillierten Überblick über die bisherige Forschung zeigt Stone (1980; vgl. auch Stone und Smith 1993), daß Autoritarismus in konsistenter Weise mit rechtsextremer nicht aber mit linksextremer Ideologie verbunden ist.

Aber diese Beziehung zur Ideologie hat der Autoritarismusforschung von einigen Kritikern den Vorwurf eingebracht, Autoritarismus sei nichts anderes als Konservatismus (Ray 1976, 1983; Forbes 1990). Altemeyer geht sogar soweit, seine Skala als „right-wing authoritarianism" zu bezeichnen, um zu verdeutlichen, daß mit dieser Skala nicht explizit das Problem behandelt wird, ob es einen linken Autoritarismus gibt. Adorno et al. (1950) waren sich dieses Problems bewußt und behaupten ohne jegliche Begründungen, daß der Unterschied zwischen Autoritarismus und Konservatismus von der Entstehung konventioneller Überzeugungen abhängt. Es wurde an keiner Stelle geklärt, wie diese Unterscheidung zu operationalisieren ist, außer durch den folgenden Kommentar: „the meaning of a high score on this variable [conventionalism], as on any of the others, is to be known from the broader context within it occurs" (1950: 159).

Auch Altemeyer weist die simple Gleichsetzung von Autoritarismus mit Konservatismus strikt zurück. Er behauptet, daß Personen mit hohen Werten auf der RWA Skala sehr wahrscheinlich auch konservativ sind, der Umkehrschluß aber nicht notwendigerweise richtig ist. Tatsächlich zeigen die Daten von Altemeyer einen starken Zusammenhang zwischen der RWA Skala und der Zugehörigkeit zu einer politischen Partei (und damit wahrscheinlich zur Ideologie) unter kanadischen Politikern. Die Korrelationen zwischen der „right-wing authoritarianism" Skala und Messungen von Konservatismus sind meistens sehr hoch, oftmals r = 0,6 (Altemeyer 1996).

Durch die Unterscheidung zwischen wirklichen linken Bewegungen und den verhärteten politischen Strukturen älterer kommunistischer Staaten, versucht Altemeyer dieses Problem in den Griff zu bekommen. In diesem Kontext meint „right-wing", kommunistische Systeme zu unterstützen. Um die Beziehung zwischen Autoritarismus und Ideologie zu untersuchen hat Altemeyer auf einem direkteren Weg auch eine „left-wing authoritarianism" Skala entwickelt. In zwei Studentenstichproben war seine „left-wing authoritarianism" Skala positiv mit der RWA Skala korreliert (wenn auch schwach), obwohl fast keiner der Studenten auf der RWA Skala hohe Werte erzielte. Aber wenn es so etwas wie „left-wing authoritarianism" geben sollte, sollte es dann nicht möglich sein, ein Meßinstrument zu entwickeln, daß Autoritarismus unabhängig von Ideologie erfassen kann?

Leider ist es überhaupt nicht klar wie man mit diesen Fragen innerhalb der (klassischen) Autoritarismusforschung umgehen soll, da dort Konservatismus und Autoritarismus sowohl auf der konzeptionellen wie auf der empirischen

Ebene konfundiert sind. Sowohl bei Adorno et al. wie auch bei Altemeyer stellen die Konstrukte sozialer Konservatismus oder soziale Konventionalität wesentliche Bestandteile der Definition von Autoritarismus dar. Zudem gibt es sowohl in der F-Skala wie auch bei der RWA Skala von Altemeyer eine Reihe von Items, die ohne weiteres als Messung von sozialem Konservatismus gelten können. Ziehen wir die folgenden Items von Altemeyer in Betracht:

„There is nothing wrong with premarital sexual intercourse.

People should pay less attention to the Bible and the other old traditional forms of religious guidance and instead develop their own personal standards of what is moral and immoral.

It would be best for everyone if the proper authorities censored magazines and movies to keep trashy material away from the youth.

There is absolutely nothing wrong with nudist camps.

It may be considered old-fashioned by some, but having a decent, respectable appearance is still the mark of a gentleman, and, especially, a lady".

Die große Anzahl von Items, die einen klaren Bezug zu konservativen Einstellungen aufweisen, führen dazu, daß eine sehr konservative Person auf dieser Skala einen Wert erzielen würde, der über dem Durchschnitt liegt. Wenn wir uns eine von ideologischen Einstellungen bereinigte Autoritarismuskonzeption vorstellen, würden wir davon ausgehen, daß konservative Personen einen höheren Wert auf dieser Skala erzielen werden als liberale Personen, selbst dann, wenn sie beide auf der Autoritarismusdimension genau gleich wären. Es ist von daher sehr schwierig, wenn nicht sogar unmöglich, mit Meßinstrumenten wie diesem empirisch zwischen Autoritarismus und sozialem Konservatismus zu unterscheiden.

Obwohl die Autoritarismusforschung bestehende individuelle Unterschiede in der Vorurteilsbereitschaft und der Akzeptanz von Intoleranz nachweisen kann, bietet sie nur wenige theoretische Einsichten, um die Genese dieser Einstellungen und ihre Dynamik zu verstehen. Die Studien sind sehr oft atheoretisch und behandeln nicht die wichtigen Fragen nach dem sozialem Charakter und den sozialen Konsequenzen von Autoritarismus.

Es gibt leider Tendenzen in der scientific community, den Blick für die komplexeren Zusammenhänge zu verlieren. Untersuchungen über individuelle Unterschiede haben ihren Wert darin, daß sie Erklärungen für die Dynamik von Vorurteilen und Intoleranz liefern können. Das war auch das Ziel, das die Forschungen von Adorno et al. (1950) motiviert hat. Als es jedoch immer mehr Studien gab, verschob sich das Interesse auf die Meßprobleme und auf die Beziehungen von Autoritarismus mit anderen Variablen. Wenn diese Konstrukte für die Erklärung von Vorurteilen und Intoleranz wirklich nützlich sind, steht es natürlich außer Frage, mehr über deren Messung und deren Eigenschaften zu lernen. Aber wir sollten nicht die Augen vor der Tatsache verschließen, daß sich diese individuellen Unterschiede im Zusammenhang mit Gruppenkonflikten manifestieren. Es kann durchaus möglich sein, mit solchen Meßinstrumen-

ten wie der RWA Skala weiteren Fortschritt hinsichtlich der Erklärung von generellen Vorurteilen und Intoleranz zu erzielen, dennoch können die aufgewor-
fenen Kritikpunkte nur durch eine bessere Theorie beantwortet werden. Diese
Theorie müßte die sozialen und politischen Aspekte von Gruppenkonflikten
genauso berücksichtigen wie jede Studie über individuelle Unterschiede die
Bedeutung der Persönlichkeitspsychologie hervorhebt.

3. Das Autoritarismuskonzept

Wenn Autoritarismus das zentrale Konstrukt ist, mit dem wir zwischen vorurteilsbereiten und intoleranten sowie generell toleranten Personen unterscheiden können, so ist es absolut notwendig zu wissen, was dieses Konstrukt
ist. Doch die Autoritarismusforschung wurde, selbst nach mehr als 40 Jahren
intensiver Forschung, durch eine unklare konzeptionelle Definition behindert.
Wie ist das möglich?

Das Problem ergibt sich aus der Art und Weise, in der die Skalen zur Messung von Autoritarismus konstruiert wurden und der sich daraus ergebenden
Sicherheit, das Konstrukt damit zu definieren. Die Entwicklung der F-Skala
war zunächst nicht darauf ausgerichtet, ein einzelnes Konstrukt oder eine Dimension zu definieren. Das Meßinstrument entwickelte sich vielmehr aus den
Bemühungen von Adorno et al. (1950) Items zu finden, die die neun Komponenten des Syndroms oder Komponenten der antidemokratischen Persönlichkeit widerspiegeln. Die Autoren haben damit in umgekehrter Reihenfolge gearbeitet: von den klinischen Interviews und ihren Erfahrungen bei der Konstruktion der Antisemitismus-Skala und der Ethnozentrismus-Skala zu einer Definition. Die Aspekte der antidemokratischen Persönlichkeit wurden durch die Betrachtung der Unterschiede zwischen vorurteilsbereiten und toleranten Personen quasi „entdeckt".

Die neun Komponenten der autoritären Persönlichkeit, wie sie mit der F-
Skala erfaßt werden sollten, reichten von politischen und sozialen Manifesta-
tionen des Konstrukts (konservative soziale Einstellungen und Reaktionen zu
Autoritäten und Minderheiten) zu Aspekten, die eher tiefliegende Persönlichkeitsmerkmale konstituieren (Ich-Schwäche, Unterdrückung, Verschiebung).
Jedes der F-Skala Items sollte ein oder mehrere Aspekte (meistens mehrere)
der antidemokratischen Persönlichkeit erfassen. Die inhaltliche Ausrichtung
der Items war von daher sehr breit und ließ keinen unmittelbaren Zusammenhang zwischen den Items erkennen. Altemeyer (1981) kommt in einer Zusammenfassung verschiedener Studien zu dem Ergebnis, daß man nicht von
der Messung eines einzigen kohärenten Syndroms ausgehen kann, da die
Items untereinander zu wenig zusammenhängen.

Vielleicht noch wichtiger ist der Aspekt, daß Adorno et al. (1950)
selbst keine einfache und explizite Definition von Autoritarismus geben.

Sie widmeten ihre Aufmerksamkeit der Entwicklung dieses Persönlichkeitstypus und dessen psychodynamischen Bedingungen, doch nach fast tausend Seiten gibt es keine klare Definition von Autoritarismus, nur ein Set von Symptomen und deren Beziehung zu Vorurteilen. Obwohl viele Autoren Instrumente zur Messung von Autoritarismus so verwenden, als könnten sie damit einen Persönlichkeitszug erfassen, gibt es keine Anzeichen dafür, um was für einen Persönlichkeitszug es sich handelt oder ob es überhaupt einen solchen gibt.

Selbst wenn die F-Skala interessante Verhaltensweisen und Einstellungen vorhersagt, bleibt die Frage: Was ist der erklärende Faktor? Er ist das, was immer auch die F-Skala messen mag. Die vielen Autoritarismusstudien lassen keinen Zweifel daran aufkommen, daß es möglich ist, empirische Forschung mit einem Meßinstrument durchzuführen, dem eine klare konzeptionelle Definition fehlt. Aber können noch so viele Studien diese (notwendige) Konzeptualisierung liefern?

Altemeyer (1981, 1988, 1996), der von dem psychometrischen Versagen der F-Skala ausgeht, versucht auf der Grundlage seiner kritischen Literaturübersicht von Studien, die mit der F-Skala arbeiten, ein besseres Instrument zur Messung von Autoritarismus und auch eine solidere theoretische Basis für das Konstrukt zu entwickeln. Zur erfolgreichen Konstruktion einer neuen Skala müssen nach Altemeyer folgende Kriterien erfüllt sein: die Skala sollte eindimensional sein und eine hohe Reliabilität aufweisen sowie Einstellungen und Meinungen vorhersagen, von denen man annimmt, sie seien die wichtigsten Konsequenzen von Autoritarismus.

Altemeyer (1981) definiert „right-wing authoritarianism" (RWA) als Kombination von nur drei der ursprünglich neun Komponenten der F-Skala: autoritäre Unterwürfigkeit, autoritäre Aggression und Konventionalismus. Woher kommt diese Konzeptualisierung? Altemeyer macht sehr deutlich, daß diese Konzeptualisierung induktiv, aus seinen vielen Versuchen ein eindimensionales Instrument zu entwickeln, entstand. In den zahlreichen von Altemeyer durchgeführten Itemanalysen korrelierten die Items, die diese drei „Einstellungscluster" repräsentierten hoch genug, um die traditionellen Kriterien für die Skalenkonstruktion zu erfüllen.

Autoritarismus ist danach die Kombination dieser drei Attribute: Warum? Weil sie kovariieren. Altemeyer entwickelt das Konstrukt ausschließlich auf einer empirischen Basis: das Konstrukt ist durch die Messung definiert: „The operational definition of the construct, the RWA Scale, was necessarily faithful to the conceptualization, since both grew from the same source (the item analysis studies)" (1981: 174). Sind alle drei Einstellungen notwendig? Altemeyer bejaht diese Frage; alle drei Einstellungen sind notwendig, um „right-wing authoritarianism" zu definieren. Warum? Weil sie alle Komponenten des von ihm entwickelten Meßinstruments sind.

Altemeyers empirische Vorgehensweise eine konzeptionelle Definition zu entwickeln, wird zusätzlich durch seinen theoretischen Ansatz unterhöhlt.

Er verwirft die psychodynamische Perspektive Freuds und verwendet die soziale Lerntheorie als Erklärungsmodell. Während er vielfältige Quellen sozialen Lernens untersucht, begründet er aber nicht, warum viele Personen „lernen" konventionell *und* unterwürfig gegenüber Autoritäten *und* aggressiv gegenüber ausgewählten Minderheiten zu sein. Warum sollen diese drei Komponenten auf der Grundlage sozialen Lernens in verschiedenen Kulturen so eng miteinander zusammenhängen?

Altemeyer ist nicht der erste Wissenschaftler der auf der Grundlage der sozialen Lerntheorie Autoritarismus erklären will (vgl. Selznick und Steinberg 1969). Diese Erklärungen wurden aber nie als sehr erfolgreich angesehen (Brown 1965; Forbes 1985), da sie eben nicht genau festlegen konnten, warum durch ein bestimmtes soziales Umfeld das ganze Einstellungsmuster des Autoritarismus entwickelt wird.

Altemeyer argumentiert in der folgenden Weise: „the covariation of authoritarian submission and conventionalism presents no mystery. Persons highly submissive to the established authorities will ordinarily be highly conventional, and vice versa. What is unclear, what is at the heart of the matter for us, is why such submissive, conventional persons should also be so aggressive" (1988: 105).

Zunächst einmal ist es nicht offensichtlich und klar, warum Konventionalismus und Unterwürfigkeit so stark kovariieren sollten. Ist es einer Person nicht möglich, ausgeprägte konservative Moralvorstellungen zu haben und dennoch nicht unterwürfig gegenüber politischen Autoritäten zu sein? Was ist mit den Mitgliedern der gegenwärtigen Bürgerwehr-Bewegung in den USA und anderen rechtsextremen Organisationen? Könnten konservative und konventionelle Einstellungen nicht auch mit einem Vertrauensverlust gegenüber der Regierung oder anderen politischen Autoritäten verbunden sein? Beispielsweise könnten gegenwärtige Autoritäten als zu liberal angesehen werden und dies könnte die Unterstützung für diese Autoritäten unter konservativen Kreisen schwächen. Und würden wir nicht auch erwarten, daß eine Person, die sich Autoritäten gegenüber extrem unterwirft auch sehr unkonventionelle moralische Ansichten vertreten könnte, falls diese von den Autoritäten befürwortet werden?

Ist es notwendigerweise so, daß die Kovariation dieser beiden Komponenten so stark sein sollte, um sie in einer gemeinsamen Dimension zu erfassen? Wird durch soziales Lernen diese Kovariation *immer* hervorgerufen? Noch wichtiger ist in diesem Zusammenhang Altemeyers Entscheidung, Konventionalismus als einen notwendigen Aspekt von Autoritarismus zu definieren, denn damit hält er das Problem einer Unterscheidung zwischen Autoritarismus und sozialem Konservatismus sowohl auf der konzeptionellen wie auf der empirischen Ebene aufrecht.

Selbst wenn wir die Kovariation zwischen Unterwürfigkeit und Konventionalismus anerkennen, wie können wir dann das Vorhandensein autoritärer Aggression in diesem Kontext erklären? Dies ist ein sehr heikler Punkt, denn

Altemeyer sieht in der Aggressivität der Autoritären den wichtigsten Aspekt dieser Disposition und die größte Gefahr für die liberale Demokratie. Nachdem er verschiedene mögliche Erklärungen durchgespielt hat, kommt Altemeyer zu der Überzeugung, daß die Aggressivität von „right-wing authoritarians" eine gemeinsame Funktion ihrer Furcht, die aus ihrem Glauben an eine gefährliche Welt gespeist wird und dem fördernden Effekt ihrer Selbstgerechtigkeit ist.

Nehmen wir an, diese Annahme stimmt. Was für eine Art des Verständnisses von Autoritarismus liefert uns diese Annahme? In der Tat ist diese Erklärung mit Altemeyers Konzeptualisierung und Messung von Autoritarismus nicht vereinbar. Wenn Aggression eine Konsequenz des Glaubens an eine gefährliche Welt und der Selbstgerechtigkeit ist, warum sollte dann die Aggressivität einen Teil der empirischen Definition des Konstrukts ausmachen? Ist Aggressivität eine Komponente oder ein Ergebnis von Autoritarismus? Wenn es eine Komponente ist, wie von Altemeyer festgelegt, dann ist es nicht notwendig zu erklären, warum Autoritäre aggressiv sind, denn sie sind es per definitionem. Wenn Aggressivität auf der anderen Seite eine Konsequenz von Autoritarismus ist, dann sollte sie nicht Teil der empirischen Definition sein.

Was haben wir über Autoritarismus gelernt, wenn wir diese Erklärung von autoritärer Aggression akzeptieren? Etwas über Aggression, bzw. die Kombination aus dem Glauben an eine gefährliche Welt und Selbstgerechtigkeit, oder die Faktoren die Selbstgerechtigkeit und den Glauben an eine gefährliche Welt produzieren? Und wie verhält sich dies zu Konventionalismus und Unterwürfigkeit? Führen sie notwendigerweise zu Selbstgerechtigkeit und den Glauben an eine gefährliche Welt? Wenn ja, warum? Wenn nicht, warum sind sie dann ein notwendiger Bestandteil der Definition?

Damit läßt Altemeyers Kombination einer rein empirischen Vorgehensweise zur Definition von Autoritarismus und sein Bezug auf die sehr generelle soziale Lerntheorie den konzeptionellen Status des Konstrukts weiterhin offen. Obwohl er sehr kritisch gegenüber der Studie „The Authoritarian Personality" und den vielen Studien ist, die danach folgten, ist es auch ihm nicht gelungen, eine gehaltvolle konzeptionelle Definition zu entwickeln. Deshalb liefern Untersuchungen, die mit der RWA Skala arbeiten, auch keine wirklichen Erklärungen der sozialen und politischen Einstellungen von Autoritären, sondern stellen vielmehr eine Beschreibung, im Falle Altemeyers einer sehr dichten Beschreibung, der Kovarianz einer Reihe von interessanten Variablen dar.

4. Eine neue Konzeptualisierung

Die beobachtete Konsistenz im Ausdruck von Vorurteilen und Intoleranz gegenüber einer Reihe unterschiedlicher Gruppen stellt das Basisphänomen dar, das von dem Konzept der autoritären Persönlichkeit erklärt werden sollte. Obwohl es üblich ist, insbesondere den Zusammenhang zwischen Autoritarismus

und Vorurteilen zu betonen, ist es meines Erachtens wichtiger, auf die weitverbreitete Intoleranz von autoritären Personen zu achten. Dafür gibt es zwei
Gründe. Erstens zeigt eine genauere Analyse der vorliegenden Autoritarismus-
literatur, insbesondere der Arbeiten von Altemeyer, daß Autoritarismus zwar
mit Vorurteilen korreliert, aber wesentlich stärker mit Intoleranz verbunden ist.
Zweitens sind mit der Variable Intoleranz weitreichendere Konsequenzen als
mit der Variable Vorurteile verbunden. Es ist eine Sache, Mitglieder anderer
Gruppen nicht zu mögen; weitreichender sind die Auswirkungen, wenn die
Bürgerrechte und Freiheiten dieser Gruppenmitglieder angegriffen werden.
Wie Altemeyer in seinen Studien zeigen konnte, erlauben die Personen, die auf
der RWA Skala hohe Werte aufweisen, der Regierung, Bürgerrechte und Frei-
heiten einer Reihe von politischen und sozialen Gruppen zu beschränken.

Bedeutsam wird diese generelle Intoleranz dadurch, daß sie sich nicht
gegen eine kleine Anzahl von Gruppen richtet, die aus ideologischen Gründen unbeliebt sind. Obwohl Personen, die hohe Autoritarismuswerte aufweisen, wesentlich stärker linke als rechte Gruppen angreifen, sind sie gegen jede Gruppe, die außerhalb des Mainstreams des sozialen und politischen Systems steht, wesentlich intoleranter als Personen mit niedrigen Autoritarismuswerten. Intoleranz wird damit nicht durch die Anwendung ideologischer
Kriterien begründet, mit deren Hilfe zwischen verschiedenen unkonventio-
nellen Gruppen unterschieden werden könnte, vielmehr muß diese Intoleranz
eher darin begründet sein, daß diese Gruppen überhaupt als „unkonventionell" angesehen werden.

Eine einfachere Möglichkeit die allgemeine Bereitschaft zur Intoleranz
zu erklären, liegt darin, sie als eine generelle Reaktion auf Nonkonformität zu
betrachten. Aber warum sollte Nonkonformität eine Rolle spielen? Dazu
müssen wir zwischen der Mißbilligung und der Intoleranz gegenüber Personen und Gruppen unterscheiden. Politische Intoleranz unterscheidet sich von
der Mißbilligung nicht dadurch, daß der Kontakt mit diesen anstößigen
Gruppen vermieden wird, sondern durch die Überzeugung die gesamte Gesellschaft müsse vor diesen Gruppen geschützt werden. Die Einschränkung
der freien Rede und der Versammlungsfreiheit nonkonformistischer Gruppen
verringert deren Chance, durch Artikulation ihrer Überzeugungen und Handlungen, sozial wirksam zu werden. Um zu verstehen, warum Personen die
Neigung verspüren auf nonkonformes Verhalten mit unterschiedlichen Gra-
den an Intoleranz zu reagieren, müssen wir ihre Ansichten über die Gesellschaft und das Individuum genauer betrachten.

Eine der zentralen Fragen, die sich Personen aufgrund ihrer Verortung in
einer Gesellschaft stellt, ist die nach dem Spannungsverhältnis von persönlicher
Autonomie und sozialem Zusammenhalt. Wie Nunn, Crocket und Williams
(1978: 7) ausführen: „every society inevitably confronts the problem of how
much individual freedom is possible and how much social control is needed."
Worin liegt das Problem? Aus der Perspektive derjenigen, die sich eine maxi-
male individuelle Freiheit wünschen, sind die gesellschaftlichen Regeln und

Restriktionen, die dem Verhalten auferlegt werden, von größtem Interesse. Cohen-Almagor (1994: 11) schreibt dazu: „Liberty is a necessary condition for individuals to exercise their capabilities independently. It is required to enable people to discover, through the open confrontation of the ideas that are cherished by their society, their own stances, their beliefs, and their future life plans. The central idea of autonomy is self-rule, or self-direction." Die fundamentale Spannung zwischen dem Individuum und der Gesellschaft liegt in dem Widerspruch, individuelle Autonomie zu erreichen und dabei die von der Gesellschaft auferlegten Verhaltensbeschränkungen zu berücksichtigen.

Aufgrund dieser Spannung, die man auch in den Weltanschauungen der Menschen feststellen kann, dürfte es Gründe für den Wunsch nach sozialen Verhaltensrestriktionen geben. Warum sollten sich gewöhnliche Menschen von der Gesellschaft Regeln wünschen, in denen festgelegt wird, wie sich Menschen, einschließlich ihrer Person, verhalten sollen? Seit Hobbes haben eine Reihe von Gesellschaftstheoretikern darauf hingewiesen, daß das größte Problem von Gesellschaften in der Aufrechterhaltung der sozialen Ordnung liegt. Obwohl man gewöhnlich an Kriminalität und Gewalt denkt, wenn es um das Problem der sozialen Ordnung geht, kann man sich auf einer mehr prinzipiellen Ebene soziale Ordnung auch als einen Austausch von Interaktionen zwischen Mitgliedern einer Gesellschaft vorstellen (vgl. Rosenau und Bredemeier 1993; Wrong 1994). Warum bricht die soziale Ordnung nicht zusammen? Es lassen sich drei potentielle Mechanismen angeben: Gewalt oder Zwang, gegenseitiger Eigennutz oder die Orientierung an gemeinsam geteilten Normen (Wrong 1994).

Ich nehme an, daß Personen, wie auch immer ihre Ansichten sein mögen, hoffen, daß Gewalt immer nur als letztes Mittel eingesetzt wird. Legt man ein optimistisches Menschenbild zugrunde, könnte man der Ansicht sein, man benötige außer den Regeln zum Schutz des Lebens und der Gewährleistung des ökonomischen Austausches keine weiteren Regeln mehr. Die liberale Gesellschaftsauffassung geht beispielsweise davon aus, daß die Verfolgung des Eigennutzes zu einer stabilen sozialen Ordnung führt (Gray 1995). Autonome Individuen, die ihren Eigennutz verfolgen, müssen sich nicht gegenseitig verletzten, wenn es keine strikt überwachten Normen gibt. Dennoch könnte eine etwas weniger optimistische Sicht leicht zu Zweifeln führen, ob Selbstinteresse die soziale Ordnung aufrecht erhalten kann.

Selbst wenn man nicht daran glaubt, daß die Menschen von Natur aus boshaft und asozial sind, ist es nicht schwer, skeptisch gegenüber den entstehenden sozialen Auswirkungen zu sein, wenn Millionen von Menschen versuchen, ihren Eigennutz zu verfolgen. Seit Parsons (1937) argumentieren Gesellschaftstheoretiker, daß eine stabile soziale Ordnung im wesentlichen durch die Existenz von Verhaltensnormen gestiftet wird, die die Interaktionen zwischen den Mitgliedern einer Gesellschaft festlegen. Diese gemeinsam geteilte normative Ordnung ist für die Stabilität von Gesellschaften von besonderer Bedeutung (Wrong 1994; Etzioni 1996). Mangelt es an Vertrauen, soziale Ordnung durch die Interaktion autonomer Individuen zu erreichen, bleibt als Alternative zur dauernden Gewaltanwendung nur die strikte Orientierung an der gemeinsam geteilten normativen Ordnung. Solange die Mitglieder einer Gesellschaft die gemeinsam geteilte normative Ordnung respektieren, wird die Angst vor einem Chaos reduziert. Während es möglich ist, daß die Überzeugung, eine normativen Ordnung sei sehr wichtig, bei denjenigen Personen nur schwach ausgebildet ist, die von dem Wunsch nach persönlicher Autonomie beseelt sind, kann diese Überzeugung bei anderen Personen eine große Angst vor unbegrenzter Freiheit auslösen.

Es gibt genügend Gründe anzunehmen, daß die Spannung, die zwischen Autonomie und Anpassung an eine normative Ordnung besteht, einen universellen Aspekt menschlichen Zusammenlebens darstellt. Zwei wesentliche Studien unterstützen diese Ansicht. In der Soziologie beschäftigte sich Kohn (1977) mit gesellschaftlichen Werten, die er aus den wichtigsten Werten innerhalb der Kindererziehung ableitete. Auf der Grundlage einer Reihe von Bevölkerungsumfragen kommt Kohn (Kohn und Schooler 1983: 283) zu der Schlußfolgerung, daß: „there is a self-direction/conformity dimension to parental values in all industrialized countries that have to our knowledge been studied and even one society (Taiwan) that was, at the time of inquiry, less industrialized." Obwohl diese Messungen im Kontext von Werten zur Kindererziehung erhoben wurden, stellt Kohn klar, daß Konformität und Selbstbestimmung einen Teil eines breiteren Spektrums von Überzeugungen darstellen, die auch auf die gesamte Gesellschaft übertragen werden können.

In der Psychologie hat Schwartz (1992) weitreichende Untersuchungen über soziale Werte durchgeführt. In vierzig Stichproben aus zwanzig Ländern mußten die Versuchspersonen 56 Werte beurteilen, darunter waren Werte wie soziale Konformität (Gehorsam, Selbstdisziplin, Freundlichkeit, Eltern und ältere Menschen ehren) und Selbstbestimmung (Kreativität, Freiheit, Auswählen eigener Ziele, Wißbegierde und Unabhängigkeit). Bei der zweidimensionalen Analyse der 56 Werte fand er heraus, daß die Konformitäts- und die Selbstbestimmungswerte nahezu in allen Ländern vorhanden sind. Wichtiger noch, diese beiden Werte standen sich meistens direkt gegenüber. Einer der beiden offensichtlichen Achsen der zweidimensionalen Skalierung wird durch den Wert Selbstbestimmung und dem nahegelegenen Wert Stimulation (abwechslungsreiches, aufregendes Leben) und der andere Pol wird durch den Wert Konformität, zusammen mit Sicherheit (soziale Ordnung, Sicherheit der Familie) gebildet.

Es ist wichtig darauf hinzuweisen, daß beide Forscher neben den signifikanten Unterschieden in der Einschätzung der Werte Konformität und Selbstbestimmung zwischen den Ländern, auch Unterschiede in der Bewertung dieser Werte innerhalb der jeweiligen Länder festgestellt haben. Soziale und kulturelle Bedingungen mögen zu dieser unterschiedlichen Betonung der einzelnen Werte in diesen Gesellschaften beitragen. Gleichzeitig sollten durch unterschiedliche Sozialisationserfahrungen, unterschiedliche Bildungsabschlüsse und soziale Erfahrungen sowie Persönlichkeitsmerkmale auch bedeutende individuelle Unterschiede in den beiden Dimensionen Konformität/ Selbstbestimmung auftreten.

Man kann zwar relativ sicher davon auszugehen, daß die wenigsten Personen fähig sind, sich reflektiert dazu zu äußern, wie sie die konfligierenden Werte miteinander vereinbaren, aber das implizite Tauziehen zwischen diesen beiden Zielen führt bei jeder Person zu einer spezifischen Haltung zur Welt, in der sich die Präferenz für einen der beiden Werte widerspiegelt. Wir können damit eine Dimension definieren an deren einem Ende der Wunsch nach unbegrenzter persönlicher Autonomie und an deren anderem Ende die strikte Konformität gegenüber gesellschaftlichen Verhaltensregeln steht.

Dabei muß man erkennen, daß diese Dimension über die relative Bedeutung die den Werten Konformität und Selbstbestimmung zugeschrieben wird, definiert ist. Abstrakter gesprochen: manche Personen legen einen hohen Wert auf persönliche Autonomie, insbesondere in einer individualisierten Gesellschaft wie den USA. Der wichtigste Aspekt dieser Konzeptualisierung liegt in dem relativen Gewicht, das die Personen diesen Werten zusprechen, wenn sie dazu gezwungen werden, sich zwischen ihnen zu entscheiden. *Wie hoch schätzen Personen persönliche Autonomie ein, wenn sie mit ihrem Wunsch nach sozialer Konformität in Konflikt gerät?*

Es ist möglich, detaillierter zu den Unterschieden in der Ausprägung dieser Dimension Stellung zu nehmen. Nehmen wir zunächst diejenigen Personen, die den Wert persönliche Autonomie über den Wert soziale Konformität stellen. Diese Sichtweise sollte mit der Auffassung verbunden sein, daß autonome, frei interagierende Individuen eine stabile soziale Ordnung herstellen können. Weiterhin wird damit die Erkenntnis verbunden sein, daß das Streben nach persönlicher Autonomie zu unterschiedlichen Ansichten und Verhaltensweisen führt, dies aber für alle Gesellschaftsmitglieder von Vorteil ist. Personen, die persönliche Autonomie über soziale Konformität stellen, werden eine sehr starke Aversion haben, Regeln und gesellschaftlichen Diktaten zu gehorchen.

Was zeichnet nun die Personen aus, die soziale Konformität höher bewerten? Ein Faktor, der zu einem Wunsch nach Konformität mit einer gemeinsam geteilten normativen Ordnung führen kann, liegt in einem mehr pessimistischen Menschenbild. Es ist nicht notwendig, daß diese Personen glauben, die Menschen seien von Natur aus asozial, es genügt schon, wenn sie annehmen, daß Menschen, die ihren eigenen Fähigkeiten überlassen werden, ihren Eigennutz verfolgen und nach ihren Präferenzen handeln und glauben, daß sich darauf keine stabile soziale Ordnung aufbauen läßt. Denn Menschen benötigen die Anleitung von sozial akzeptierten Normen und Regeln, damit sie wissen, wie sie sich im sozialen Umfeld verhalten sollen.

Obwohl die relative Bevorzugung von sozialer Konformität gegenüber persönlicher Autonomie nicht bedeutet, daß diese Personen gegen die Entwicklung einzigartiger Talente und Persönlichkeiten sind, sollten sie aber einen ausgeprägten Wunsch haben, die Vielfalt in einer Gesellschaft zu begrenzen. Vielfalt ist sowohl ein Indikator dafür, daß Personen nicht mit der normativen Ordnung übereinstimmen als auch eine Gefahr für die Aufrechterhaltung dieser Ordnung.

Die Menschen sollten nicht nur an diese allgemeinen sozialen Normen glauben, sondern es ist viel wichtiger, daß sie diese Regeln auch befolgen. Das kann bedeuten, daß es nötig sein kann, auch die abschreckende Wirkung von Sanktionen und Strafen einzusetzen, um unerwünschtes Verhalten von Individuen zu verhindern. Personen, die soziale Konformität hoch bewerten, sollten die Regierung sehr stark unterstützen, insbesondere deren Möglichkeiten, Nonkonformität zu bekämpfen. Während sie der Regierung wohl nicht das Recht für jede Maßnahme zubilligen (sie mögen vielleicht gegen die Interventionen der Regierung in die Ökonomie sein) sollten sie doch viel eher, als Personen die persönliche Autonomie hoch bewerten, die Regierung, in ihren Bemühungen die Kontrolle über das Sozialverhalten zu erhöhen und Nonkonformität zu bestrafen, unterstützen.

Eine effektivere Lösung besteht darin sicherzustellen, daß alle Individuen generell gehorsam sind. Die Aufrechterhaltung sozialer Konformität wird enorm erleichtert, wenn die Motivation zu gehorchen, internalisiert wurde (Kelman und Hamilton 1989). Unter idealen Bedingungen ist es nicht notwendig jeden zu beobachten oder Zwang auszuüben, um Individuen zu beherrschen. Wenn man annimmt, Personen neigen nicht von Natur aus zum Gehorsam, dann werden Fragen der Kindererziehung wichtig. Kinder sollten lernen gehorsam zu sein, die Autorität nicht in Frage zu stellen und die Gesellschaft so zu akzeptieren wie sie ist. (Damit stellen Fragen zur Kindererziehung gute Indikatoren für soziale Werte im allgemeinen dar).

Schließlich erfordert der Glaube an eine normative Ordnung auch die Verpflichtung auf bestimmte Normen und Verhaltensvorschriften. Obwohl es möglich ist, daß Personen, die sich soziale Konformität wünschen, die soziale Ordnung als eine willkürliche Konstruktion ansehen könnten, scheint dies in der Realität doch sehr unwahrscheinlich zu sein. Man kann sich nur sehr schwer vorstellen, daß Personen davon ausgehen, sie müssen sich an eine partikulare normative Struktur anpassen, ohne an diese Ordnung zu glauben.

Personen die soziale Konformität sehr schätzen, werden deshalb wahrscheinlich auch an die Gültigkeit dieser normativen Ordnung sehr stark glauben, denn sie enthält die korrekten Verhaltensvorschriften und alle anderen möglichen Ordnungen sind falsch. Und wenn die Basis der normativen Ordnung nicht willkürlich ist, so läßt sich diese Ordnung auch nicht leicht verändern, wenn sie überhaupt zu verändern ist. Wenn es eine gemeinsam geteilte Einsicht in die normative Ordnung gibt, so liegt sie darin, daß sie nicht von gewöhnlichen Personen, sondern eher von einer „höherer Autorität" etabliert wurde (vgl. Gabennesch 1972).

5. *Soziale Konformität, Bedrohung und Autoritarismus*

Es ist leicht einzusehen, daß es einen Zusammenhang zwischen der Dimension soziale Konformität/Autonomie und Vorurteilen und Intoleranz geben sollte. Diejenigen die persönliche Autonomie höher als soziale Konformität bewerten, sollten gesellschaftliche Verhaltensbeschränkungen, wie Einschränkungen der freien Rede, der Versammlungsfreiheit oder der Bürgerrechte im allgemeinen ablehnen. Sie sollten weiterhin nicht dafür eintreten, die normative Ordnung zu verteidigen, denn Normabweichungen sind für sie nicht von größerem Interesse. Die Bevorzugung von persönlicher Autonomie verringert zum einen die Bereitschaft die Bürgerrechte einzuschränken und zum anderen negativ auf Gruppen zu reagieren, die sich nicht nahtlos an die sozialen Konventionen anpassen.

Der umgekehrte Zusammenhang gilt für diejenigen Personen, die soziale Konformität über persönliche Autonomie stellen. Für diese Personen steht die Verteidigung der normativen Ordnung an erster Stelle. Jede Gruppe, die von einer eng ausgelegten Definition sozialer Konventionen abweicht, kann zum Ziel feindseliger Handlungen werden. Aber Individuen und Gruppen die „unkonventionell" sind, sollten mehr als nur negative Gefühle erzeugen. Solange das Ziel die Verteidigung der normativen Ordnung ist, sollten Personen, die soziale Konformität hoch bewerten den Wunsch haben, die Gesellschaft vor Abweichlern zu beschützen. Dies kann am besten dadurch geschehen, daß Nonkonformisten bestraft und öffentliche Auftritte, in denen sie ihre Meinungen äußern und mögliche Anhänger gewinnen könnten, beschränkt werden. Die Bereitschaft, Bürgerrechte und freie Rede für nonkonforme Gruppen zu unterstützen, sollte sehr stark mit der individuellen relativen Bewertung von Autonomie und sozialer Konformität zusammenhängen.

Wenn diese Konzeptualisierung wirklich hilfreich ist, sollte sie über die Erfindung eines neuen Namens für generelle Intoleranz hinausgehen. Unter welchen Bedingungen sollten wir im Zusammenhang mit der Dimension sozialer Konformität und persönlicher Autonomie Intoleranz beobachten? Gehen wir zunächst von denjenigen Personen aus, die Autonomie höher bewerten als soziale Konformität. Wie bereits erwähnt, können wir davon ausgehen, daß diese Personen sehr tolerant und unterstützend gegenüber Bürgerrechten sind. Sollten wir deshalb vorhersagen, daß diese Personen die Bürgerrechte absolut unterstützen?

An dieser Stelle ist es notwendig, zwischen der normativen und der sozialen Ordnung genauer zu unterscheiden. Nur weil Personen, die Autonomie hoch bewerten, keinen Grund haben eine bestimmte normative Ordnung zu verteidigen, bedeutet dies noch lange nicht, daß sie sich nicht über die Notwendigkeit im klaren sind, überhaupt eine stabile soziale Ordnung aufrechtzuerhalten. Selbst eine optimistischere Sichtweise der menschlichen Natur muß die Möglichkeit von Konflikten und Gewalt anerkennen und für Personen, die Autonomie hoch bewerten, sollte der Wunsch, in einer gewalttätigen und bedrohlichen Gesellschaft zu leben, nicht größer sein wie bei jedem anderen Individuum auch.

Es muß also Bedingungen geben unter denen Personen, die den Wert persönliche Autonomie über soziale Konformität stellen, intolerant werden können. Dies kann aus dem Glauben heraus geschehen, daß Aktionen, die von bestimmten Gruppen ungehindert durchgeführt werden können, zu einem signifikanten Rückgang der Freiheit von anderen Personen oder einer direkten Bedrohung deren Lebens führen können. Dies mag auch daher kommen, daß die Aktionen dieser Gruppen zu Gewalttätigkeiten und somit zu einer grundlegenden sozialen Desintegration führen können, in der individuelle Freiheit nur schwer zu verwirklichen ist, oder die Ziele dieser Gruppen verringern die Möglichkeit zur freien Entfaltung und zur Äußerung von abweichenden Meinungen.

Aus ähnlichen Motiven kann bei denjenigen Personen, die soziale Konformität über die persönliche Autonomie stellen, die Furcht vor Gewalttätigkeiten dazu führen, daß sie Beschränkungen der Bürgerrechte unterstützen. Die Motivation Verhaltensrestriktionen zu erlassen, ist jedoch sehr unterschiedlich und der dynamische Prozeß der Intoleranz folgt anderen Prinzipien. Viel wichtiger dabei ist noch, daß der Wunsch nach sozialer Freiheit dem Wunsch nach einer Überwachung der sozialen Normen und Regeln untergeordnet ist. Entwicklungen, die eine Gefahr für die soziale Freiheit darstellen, bereiten Personen, die die Autonomie hoch bewerten, am meisten Sorgen. Für Personen am anderen Ende des Kontinuums gilt, daß sie die Gruppen, die die normative Ordnung in Frage stellen, unterdrücken wollen.

Was kann als Bedrohung der normativen Ordnung angesehen werden? Offensichtlich diejenigen Überzeugungen, Werte und Verhaltensweisen, die mit der vorhandenen normativen Ordnung nicht übereinstimmen. Aber auch Verhaltensweisen, die die Fähigkeiten der Regierung herausfordern, soziale Regeln und Vorschriften durchzusetzen. Da soziale Konformität der bevorzugte Weg ist, um die normative Ordnung aufrechtzuerhalten, kann jede Aktion die diese Konformität in Frage stellt – entweder dadurch Nonkonformität zu befürworten oder durch nonkonformes Verhalten – als eine Bedrohung wahrgenommen werden.

Unter denjenigen Personen, die soziale Konformität über persönliche Autonomie stellen, sind Intoleranz und Vorurteile demnach eine Funktion des Ausmaßes der wahrgenommenen Bedrohung der normativen Ordnung. Sobald eine soziale oder politische Gruppe von den sozialen Konventionen abweicht, wird sie als Bedrohung wahrgenommen und wird zum Ziel von Maßnahmen zur Unterbindung dieser Bedrohung. Das Bedürfnis, die zivilen Freiheitsrechte einer Gruppe zu beschränken, ist abhängig von dem Abstand, den diese Gruppe von den konventionellen Standards hat und dem Ausmaß indem sie diese konventionellen Werte aktiv in Frage stellt. Es ist sogar möglich, daß es Einschränkungen von Rechten von Gruppen gibt, auch wenn diese nicht offen von der Norm abweichen, da Menschen die soziale Konformität schätzen auch dazu neigen, staatliche Beschränkungen sozialen Verhaltens im allgemeinen zu unterstützen. Liegen nicht konforme oder herausfordernde Verhaltensweisen nicht vor, sollten diejenigen, die soziale Konformität hoch bewerten nur etwas intoleranter sein als Personen, die persönliche Autonomie bevorzugen.

Da das Ziel derjenigen Personen, die soziale Konformität hoch bewerten, in dem Schutz der normativen Ordnung im allgemeinen liegt, müßte der Wunsch nach Unterdrückung aller Arten nonkonformen Verhaltens steigen, wenn sie eine zunehmende Bedrohung der normativen Ordnung wahrnehmen. Und diese Bedrohungen können viel diffuser sein als diejenigen, die durch eine bestimmte Gruppe hervorgerufen werden. Beispielsweise sollte die soziale oder politische Vielfalt in Gesellschaften selbst als eine Bedrohung wahrgenommen werden und damit das Niveau an Intoleranz steigern (Feldman und Stenner 1997).

Die Frage nach der Rolle der wahrgenommen Bedrohung in der Genese der autoritären Persönlichkeit stellt einen kritischen Aspekt innerhalb dieser Konzeption dar. Meistens wird in der Literatur davon ausgegangen, daß Autoritarismus einen direkten Einfluß auf Intoleranz oder Toleranz hat. In dieser Konzeption sollte dieser Effekt immer von der Dimension soziale Konformität/persönliche Autonomie abhängen. Technisch gesprochen handelt es sich immer um einen Interaktionseffekt zwischen dieser Dimension und der wahrgenommenen Bedrohung. Gibt es keine Bedrohung – und Bedrohung wird hier als in Fragestellung der normativen Ordnung begriffen – dann sollte es nur einen geringen Effekt der Dimension soziale Konformität/persönliche Autonomie auf Intoleranz und Vorurteile geben. In diesem Sinne ist die Dimension soziale Konformität/persönliche Autonomie wirklich eine Prädisposition auf die man reagieren kann. Personen, die soziale Konformität hoch bewerten, zeigen eine (latente) Bereitschaft intolerant zu sein, ob es sich dabei nun um eine spezifische Gruppe handelt, die bedrohlich wirkt oder ob es sich um die Wahrnehmung einer allgemeinen Bedrohung der normativen Ordnung handelt. Sie können aber auch nicht intolerant sein, wenn diese Bedrohung fehlt.

6. Schlußfolgerung

In diesem Aufsatz habe ich eine neue Konzeptualisierung des Konstrukts Autoritarismus skizziert. Es stellt explizite Anweisungen für die Konstruktion von Meßinstrumenten zur Verfügung und erlaubt Vorhersagen über die Beziehung dieses Konstrukts zu Vorurteilen und Intoleranz. Ich habe dargelegt, daß der Konflikt zwischen den Werten persönliche Autonomie und soziale Konformität für die dynamische Betrachtung des Autoritarismus zentral ist. Personen, die soziale Konformität über persönliche Autonomie stellen, sind sehr empfindlich gegenüber Bedrohungen der allgemeinen Ordnung. Sie werden auf diese Bedrohungen dadurch antworten, daß sie Personen oder Gruppen, die sie als die

Quelle dieser Bedrohung ausmachen, verunglimpfen und die Regierung darin unterstützen, die Rechte dieser Personen und Gruppen zu beschneiden. Die wichtigste Vorhersage dieses Ansatzes ist darin zu sehen, daß Intoleranz und Vorurteile das Ergebnis einer Interaktion zwischen der hohen Bewertung sozialer Konformität und der wahrgenommenen Bedrohung der sozialen Ordnung ist.

Einer der wichtigsten Vorteile dieses Ansatzes ist es, daß die Meßinstrumente der Dimension soziale Konformität/persönliche Autonomie aus einer theoretischen Perspektive abgeleitet werden können. Es ist nicht notwendig sich auf eine Versuch- und Irrtumstrategie bei der Skalenkonstruktion einzulassen, wie es allzu oft bei Meßinstrumenten des Autoritarismus der Fall war. Seitdem die Dimension soziale Konformität/persönliche Autonomie durch wichtige Studien über Werte (Kohn 1977; Schwartz 1992) identifiziert wurde, ist es möglich, Instrumente zur Messung von Werten einzusetzen, die bereits validiert und sehr häufig benutzt wurden.

Diese Konzeptualisierung zeigt zusätzlich, daß es nicht notwendig ist, die Aspekte Konservatismus oder Konventionalismus in die Messung der Dimension soziale Konformität/persönliche Autonomie aufzunehmen. Es gibt gute Gründe anzunehmen, daß es zwischen der Dimension soziale Konformität/persönliche Autonomie und Messungen von Konservatismus einen signifikanten Zusammenhang geben wird, die Höhe dieses Zusammenhangs ist aber eine empirische Frage. Noch wichtiger ist der folgende Hinweis: wenn Konservatismus mit Autoritarismus nicht konfundiert ist, ist es den Forschern möglich, die Frage nach der Beziehung zwischen Autoritarismus und Ideologie aufzugreifen. Obwohl soziale Konformität ideologisch nicht neutral ist, kann sie von einer einfachen Links-Rechts Dimension unterschieden werden und mag zudem mit einigen Varianten des Konservatismus nicht verbunden sein (zum Beispiel „libertarianism").

Die Konzentration auf die Dimension soziale Konformität/persönliche Autonomie öffnet auch neue Perspektiven zur Erforschung der Genese von Autoritarismus. Anders als Altemeyer vorschlägt, ist Autoritarismus dann nicht mehr bloß eine Funktion sozialen Lernens, sondern es ist nun möglich zu überlegen, wie Personen zu einer Bewertung von sozialer Konformität und persönlicher Autonomie kommen. Oder spezifischer, wie Individuen mit der Spannung zwischen diesen beiden Werten umgehen. Einige interessante soziologische Arbeiten von Kohn und seinen Kollegen (Kohn 1977; Kohn und Schooler 1983) gibt es bereits, die den Effekt der beruflichen Stellung oder der Bildung bezüglich der Gewichtung dieser beiden Werte bei Personen untersuchten. Obwohl Kohn diese Ergebnisse nicht explizit im Kontext der Autoritarismusforschung diskutiert, kann diese Beziehung nun klarer gesehen werden.

Am wichtigsten ist vielleicht die Tatsache, daß es diese neue Perspektive erlaubt, die Dynamik des Autoritarismus zu verstehen. Unter welchen Bedingungen werden die Personen mit hohen Autoritarismuswerten vorurteilsbereit und intolerant? Die bisherige Forschung hat entweder angenommen, daß Personen mit hohen Autoritarismuswerten intolerant gegenüber allen Minderheiderheitengruppen sind oder sich überhaupt nicht explizit mit dieser Frage befaßt. Wenn aber das Konstrukt Autoritarismus eine wirklich gute Erklärung leisten soll, müssen wir in der Lage sein vorherzusagen, wann Vorurteile und Intoleranz entstehen. Ich habe dargelegt, daß die Interaktion zwischen der wahrgenommenen Bedrohung der allgemeinen normativen Ordnung mit dem Wert soziale Konformität, Vorurteile und Intoleranz hervorbringen, die Personen mit hohen Autoritarismuswerten kennzeichnen. Diese wahrgenommene Bedrohung ist der entscheidende Faktor, der eine sonst latente Verhaltensbereitschaft aktiviert. Der vorgelegte Ansatz ermöglicht es uns zu verstehen, wann diese latente Verhaltensbereitschaft zu Vorurteilen und Intoleranz führt.

Literatur

Adorno, Theodor W., Else Frenkel-Brunswik, Daniel J. Levinson und R. Nevitt Sanford; in Zusammenarbeit mit Betty Aron, Maria Hertz Levinson und William Morrow. 1950. The Authoritarian Personality. New York: Harper and Row.

Allport, Gordon W. 1954. The Nature of Prejudice. Garden City: Doubleday.

Altemeyer, Bob. 1981. Right-Wing Authoritarianism. Canada: The University of Manitoba Press.

Altemeyer, Bob. 1988. Enemies of Freedom. San Francisco: Jossey-Bass.

Altemeyer, Bob. 1996. The Authoritarian Specter. Cambridge, MA: Harvard University Press.

Brown, Roger. 1965. Social Psychology. New York: Free Press.

Cohen-Almagor, Raphael. 1994. The Boundaries of Liberty and Tolerance. Gainsville, FL: University Press of Florida.

Christie, Richard und Marie Jahoda (Hg.): Studies in the Scope and Method of "The Authoritarian Personality". Glencoe, IL: The Free Press.

Doty, Richard M., Bill E. Peterson und David G. Winter. 1991. Threat and Authoritarianism in the United States, 1978-1987. Journal of Personality and Social Psychology 61: 629-640.

Duckitt, John H. 1992. The Social Psychology of Prejudice. New York: Praeger.

Etzioni, Amitai. 1996. The New Golden Rule. New York: Basic Books.

Eysenck, Hans J. 1954. The Psychology of Politics. London: Routledge and Kegan Paul.

Feldman, Stanley. 1987. Ideology, Conformity and Support for Civil Liberties. Paper Presented at the Annual Meeting of the Midwest Political Science Association.

Feldman, Stanley und Karen Stenner. 1997. Perceived Threat and Authoritarianism. Political Psychology 18: 741- 770.

Forbes, H. D. 1985. Nationalism, Ethnocentrism and Personality. Chicago: University of Chicago Press.

Forbes, H. D. 1990. Authoritarianism Past and Present: Changes in the Theory of Authoritarian Personality Since 1950. Paper presented at the 1990 Meeting of the International Society of Political Psychology.

Fromm, Erich. 1941. Escape from Freedom. New York: Holt, Rinehart and Winston.

Gabennesch, Howard. 1972. Authoritarianism as World View. American Journal of Sociology 77: 857-875.

Gray, John. 1995. Liberalism. Minneapolis, MN: University of Minnesota.

Himmelweit, Hilde T. und Betty Swift. 1971. Adolescent and Adult Authoritarianism Reexamined: Its Organization and Stability over Time. European Journal of Social Psychology 3: 357-384.

Kelman, Herbert C. und V. Lee Hamilton. 1989. Crimes of Obedience. New Haven: Yale University Press.

Kohn, Melvin L. 1977. Class and Conformity: A Study in Values. Chicago: The University of Chicago Press.

Kohn, Melvin L. und Carmi Schooler. 1983. Work and Personality. Norwood, NJ: Ablex.

McFarland, Sam, Vladimir Ageyev und Marina Abalakina. 1993. The Authoritarian Personality in the United States and the Former Soviet Union: Comparative Studies. S. 199-225 in: William F. Stone, Gerda Lederer und Richard Christie (Hg.): Strength and Weakness: The Authoritarian Personality Today. New York: Springer-Verlag.

Meloen, Jos D. 1993. The F-scale as a Predictor of Fascism: An Overview of 40 Years of Authoritarianism Research. S. 47-69 in: William F. Stone, Gerda Lederer und Richard Christie (Hg.): Strength and Weakness: The Authoritarian Personality Today. New York: Springer-Verlag.

Nunn, Clyde Z., Harry J. Crocket und J. Allen Williams. 1978. Tolerance for Nonconformity. San Francisco: Jossey-Bass.

Parsons, Talcott. 1937. The Structure of Social Action. New York: McGraw Hill.

Ray, John J. 1976. Do Authoritarians Hold Authoritarian Attitudes? Human Relations 29: 307-325.

Ray, John J. 1983. Half of All Authoritarians are Left-wing: A Reply to Eysenck and Stone. Political Psychology 4: 139-143.

Reich, Wilhelm. 1946. The Mass Psychology of Fascism. New York: Orgone Institute Press.

Rosenau, Pauline Vaillancourt und Harry C. Bredemeier. 1993. Modern and Postmodern Conceptions of Social Order. Social Research 60: 337-362.

Sales, Stephen M. 1972. Economic Threat as a Determinant of Conversion Rates in Authoritarian and Nonauthoritarian Churches. Journal of Personality and Social Psychology 23: 420-428.

Sales, Stephen M. 1973. Threat as a Factor in Authoritarianism. Journal of Personality and Social Psychology 28: 44-57.

Schwartz, Shalom. 1992. Universals in the Content and Structure of Values. Theoretical Advances and Empirical Tests in 20 Countries. S. 1-65 in: Mark P. Zanna (Hg.): Advances in Experimental Social Psychology, Vol. 25. New York: Academic Press.

Selznick, Gertrude J. und Stephen Steinberg. 1969. The Tenacity of Prejudice. New York: Harper and Row.

Shils, Edward A. 1954. Authoritarianism: „Right" and „Left". S. 24-49 in: Richard Christie und Marie Jahoda (Hg.): Studies in the Scope and Method of "The Authoritarian Personality". Glencoe, IL: The Free Press.

Sniderman, Paul M., Philip E. Tetlock, James M. Glaser, Donald Phillip Green und Michael Hout. 1989. Principled Tolerance and the American Mass Public. British Journal of Political Science 19: 25-45.

Staub, Ervin. 1989. The Roots of Evil. New York: Cambridge University Press.

Stone, William F. 1980. The Myth of Left-wing Authoritarianism. Political Psychology 2: 3-19.

Stone, William F. und Laurence D. Smith. 1993. Authoritarianism: Left and Right. S. 144-156 in: William F. Stone, Gerda Lederer und Richard Christie (Hg.): Strength and Weakness: The Authoritarian Personality Today. New York: Springer-Verlag.

Sullivan, John L., James E. Piereson, George E. Marcus und Stanley Feldman. 1979. The More Things Change, the More They Stay the Same: The Stability of Mass Belief Systems. American Journal of Political Science 23: 176-186

Wilkinson, Rupert. 1972. The Broken Rebel. New York: Harper and Row.

Wrong, Dennis H. 1994. The Problem of Order. Cambridge, MA: Harvard University Press.

Probleme der empirischen Autoritarismusforschung[1]

Christian Seipel, Susanne Rippl und Angela Kindervater

Zusammenfassung: In diesem Beitrag werden aktuelle Probleme der empirischen Erfassung und Überprüfung der Annahmen der Autoritarismusforschung diskutiert. Dabei wird weniger auf die Kritik eingegangen, die unmittelbar nach dem Erscheinen der Studie „The Authoritarian Personality" (Adorno et al. 1950) Wellen schlug. Es geht vielmehr darum, aktuelle Kontroversen darzustellen und Fortschritte in der empirischen Erforschung genauer zu beleuchten. Neben sehr grundsätzlichen Fragen der Theorieprüfung stehen die Möglichkeiten und Grenzen der empirischen Erfassung von Persönlichkeitsmerkmalen und von frühen Sozialisationserfahrungen im Zentrum des Interesses. Daneben wird erneut die Frage nach dem Bildungs-Bias des Autoritarismuskonzeptes aufgeworfen. Zudem werden die Probleme einer kulturvergleichenden Autoritarismusforschung thematisiert. Abschließend wird auf die im ZUMA-Informationssystem (ZIS) zugänglichen aktuellen Meßinstrumente der Autoritarismusforschung hingewiesen.

1. Einleitung

Die Studie „The Authoritarian Personality" avancierte schon kurz nach ihrer Erstveröffentlichung im Jahre 1950 zu einem Klassiker. Klassiker zeichnen sich nicht nur durch die in ihrer unmittelbaren zeitgeschichtlichen Entstehungsgeschichte ausgelösten Kontroversen aus, sondern insbesondere durch ihre Stimulation weiterer Forschungsbemühungen, die bis in die Gegenwart reicht. Eine der ersten zusammenfassenden Arbeiten, die eine kritische Würdigung der „Authoritarian Personality" (Adorno et al. 1950) vornimmt, ist der Sammelband von Christie und Jahoda (1954). In diesem Band werden bereits die wichtigsten methodologischen und methodischen Fragen aufgeworfen, die die Konzeptualisierung und die Operationalisierung der autoritären Persönlichkeit betreffen. In der Bundesrepublik Deutschland wurde die Kritik insbesondere von Heintz (1957) und Roghmann (1966) formuliert.

---

1 Wir bedanken uns bei Peter Rieker für wertvolle Hinweise und Kritik an einer früheren Fassung dieses Beitrages.

Während einige der „klassischen" Kritikpunkte inzwischen an Bedeutung verloren haben, stellen die in diesem Kapitel diskutierten Punkte bis heute relevante Probleme der empirischen Erforschung der autoritären Persönlichkeit dar. Die zentrale Bedeutung methodischer Probleme für die Prüfung und Weiterentwicklung kerntheoretischer Annahmen sei für die Autoritarismusforschung am Beispiel der Diskussion um eine valide Erfassung der Sozialisationsbedingungen im Zusammenhang mit der Idealisierungsthese kurz erläutert. In der „Authoritarian Personality" wird davon ausgegangen, daß autoritäre Persönlichkeiten dazu neigen, ihre Kindheitserfahrungen zu idealisieren. Dabei stellt sich die Frage, wie wesentliche sozialisationstheoretische Annahmen der Kerntheorie mit Hilfe geeigneter empirischer Forschungsmethoden (Meßtheorie) überprüft werden können. Bei der Erfassung vergangener Erziehungserfahrungen ist es – folgt man der Idealisierungsthese – schwierig, zwischen der Äußerung tatsächlicher und idealisierter Erfahrungen zu trennen, damit ist eine valide und reliable Messung in Frage gestellt.

Valide und reliable Messungen sind aber die Basis jeglicher Theorieprüfung. Neuere Entwicklungen im Bereich der Methoden stellen somit letztlich auch einen Grundstein für theoretische Weiterentwicklungen dar. In dem vorliegenden Beitrag geht es deshalb nicht darum, die Kritikpunkte an der klassischen Studie zu wiederholen[2] oder die in ihrer Vielzahl kaum noch zu übersehende Anzahl von Einzelstudien und deren Messung der autoritären Persönlichkeit detailliert darzustellen. Vielmehr ist es das Ziel dieses Kapitels, zu diskutieren, ob und in welchen Bereichen es innerhalb der letzten 50 Jahre einen Fortschritt hinsichtlich der Bemühungen um eine angemessene Konzeptualisierung und um die empirische Erfassung der autoritären Persönlichkeit gibt. Zunächst werden im zweiten Abschnitt die Probleme unterschiedlicher Modelle zur Erklärung der Genese autoritärer Dispositionen hinsichtlich der Möglichkeiten ihrer empirischen Prüfung dargestellt. Im dritten Abschnitt behandeln wir zentrale Probleme, die bei der empirischen Prüfung der Kernthesen der „Authoritarian Personality" auftreten. Dazu gehört die eingangs erwähnte Problematik der Erfassung von frühen Sozialisationserfahrungen. Wir beschäftigen uns zudem mit der Frage der empirischen Erfaßbarkeit von Charakterzügen (Rückschlußproblematik) sowie mit der Frage der Dimensionalität des Autoritarismuskonstrukts. Im Abschnitt IV werden Ansätze diskutiert, die eine Erfassung von Autoritarismus auf der Aggregatdatenebene vorlegen. Das Problem der Bildungsabhängigkeit ist Gegenstand von Abschnitt V. Im Abschnitt VI. behandeln wir Möglichkeiten und Grenzen einer kulturvergleichenden Autoritarismusforschung. Schließlich stellen wir die im ZUMA-Informationssystem (ZIS) zugänglichen Meßinstrumente der aktuellen Autoritarismusforschung dar (Abschnitt VII).

---

2 Vgl. zur Zusammenfassung der auf die ursprünglichen Studie bezogenen Kritikpunkte (z.B. Hopf/Hopf 1997; Six 1997; Oesterreich 1996).

2. Verschiedene Erklärungsmodelle und ihre Prüfung

Das grundsätzliche Problem der empirischen Überprüfung klassischer und aktueller Ansätze der Autoritarismusforschung beginnt bereits mit der Frage, inwieweit im Rahmen der konkurrierenden Ansätze (lerntheoretisches versus psychoanalytisch-orientiertes versus Intergruppen-Modell zur Erklärung der Genese autoritärer Dispositionen oder Persönlichkeitszug versus situatives Einstellungssyndrom) tatsächlich Hypothesen expliziert und Operationalisierungen vorgelegt werden, die eine konkurrierende Überprüfung und potentielle Falsifikation zulassen. So verwenden Studien, die sich auf unterschiedliche theoretische Grundannahmen beziehen, oftmals die gleichen Meßinstrumente. Sehr häufig wird die „right-wing authoritarianism" Skala (RWA-Skala) von Altemeyer (1988, 1996) verwendet. Altemeyer selbst favorisiert einen lerntheoretischen Ansatz. Offen bleibt dabei (auch bei Altemeyer selbst), inwieweit die dort erfaßten drei zentralen Dimensionen Konventionalismus, autoritäre Aggression und autoritäre Unterwürfigkeit mit den verschiedenen theoretischen Zugängen kompatibel sind. So ist etwa bisher analytisch nicht geklärt, wie eine aggressive Komponente außerhalb eines psychodynamischen Modells begründet werden kann (vgl. dazu S. Feldmans Kritik im vorliegenden Band an Altemeyers Konzeptualisierung des Autoritarismus). Sieht man von dieser Problematik ab und geht davon aus, daß sich das autoritäre Syndrom trotz unterschiedlicher Perspektiven hinsichtlich der Entstehungsbedingungen in gleicher Weise äußert, dann müßte zumindest die Messung der Entstehungsbedingungen in deutlich unterschiedlicher Weise operationalisiert werden. In den bisherigen Autoritarismusstudien zeigt sich aber, daß sich lerntheoretische wie psychoanalytisch orientierte Hypothesen oftmals auf sehr ähnliche Designs beziehen, in denen im Rahmen standardisierter oder teil-standardisierter Befragungen, ähnlich lautende Items verwendet werden, um Zusammenhänge zwischen Autoritarismus und Erziehungsverhalten zu überprüfen. Grundsätzlich müßte aber zunächst explizit ausgearbeitet werden, wie sich die zu prüfenden Hypothesen hinsichtlich der Entstehungsbedingungen unterscheiden und es wäre vorab zu klären, ob sich lerntheoretische und psychoanalytisch orientierte Ansätze logisch ausschließen. Lassen sich keine konkurrierenden Hypothesen explizieren (die sich auch auf empirischer Ebene unterscheiden), müßte die Integrationsfähigkeit der verschiedenen Hypothesen diskutiert werden. Eine solche systematische Gegenüberstellung der beiden eben genannten theoretischen Erklärungsansätze steht in der Autoritarismusforschung allerdings noch aus. Erste Ansätze zu einer genaueren Explikation legen z.B. Oesterreich auf quantitativer oder C. Hopf auf qualitativer Ebene vor (vgl. beide in diesem Band). C. Hopf versucht, emotionale Prozesse, die aus Bindungs- und Beziehungserfahrungen resultieren, wie sie in der neueren psychoanalytisch-orientierten Forschung relevant sind, zu erfassen. Sie prüft allerdings nicht explizit konkurrierende lerntheoretische Hypothesen. Es müßte anhand des empirischen Datenmaterials gezeigt werden können, daß z.b. konkurrierende lerntheoretische Annahmen durch die Daten nicht gestützt werden. Oesterreich (1974 und in diesem Band) versucht in seinen Operationalisierungen, emotionale Aspekte von lerntheoretischen Aspekten zu trennen, um die Ansätze gegenüberzustellen. Allerdings erfolgt hier auch noch keine Explikation des logischen Verhältnisses der beiden Ansätze. Ähnliches gilt auch für die Frage, inwieweit Autoritarismus ein Persönlichkeits- oder ein Einstellungskonzept ist (vgl. dazu auch Abschnitt 3.1). Auch hier müßten auf empirischer Ebene unterschiedliche Forschungsdesigns und Operationalisierungen vorgelegt werden, die diese Unterscheidung in irgendeiner Weise berücksichtigen. Es bleibt festzuhalten, daß der empirische Theorienvergleich (vgl. Seipel 1999) in der aktuellen Autoritarismusforschung ein wichtiges Desiderat darstellt. In diesen Arbeiten müßte zunächst das logische Verhältnis der Ansätze bestimmt werden, und auf dieser Grundlage könnten sich dann empirische Prüfungen konkurrierender theoretischer Erklärungsmodelle als Grundlage einer kumulativen Weiterentwicklung der Autoritarismustheorie anschließen.

Ein weiteres Desiderat der empirischen Forschung bleibt die Frage nach dem Zusammenhang von Charakterstruktur und Gesellschaft, die in der aktuellen Forschung weitgehend unberücksichtigt bleibt. Gesellschaftliche Bedingungen werden in der aktuellen Autoritarismusforschung eher als situative, oft nur individuell bedeutsame, Interaktionskontexte (z.B. Feldman und Stenner 1997) und weniger als makrosoziale Bedingungen oder Strukturen der Entstehung von Charakterstrukturen erfaßt. Das theoretisch wie empirisch aufwendige Projekt einer Verknüpfung von Mikro- und Makrovariablen steht noch weitgehend aus.

3. Probleme der empirischen Prüfung der theoretischen Annahmen der „Authoritarian Personality"

Um die Frage der empirischen Prüfung der theoretischen Annahmen der „Authoritarian Personality" zu behandeln, ist es sinnvoll die theoretische Grundfigur des klassischen Modells der autoritären Persönlichkeit kurz zu skizzieren (vgl. ausführlicher dazu: Rippl, Kindervater und Seipel in diesem Band). Die Autoren der „Authoritarian Personality" sehen in den Sozialisationspraktiken in der Familie die Ursache für die Entwicklung einer autoritätsgebundenen Charakterstruktur. Dies ist ein zentraler Gedanke der Kerntheorie. Eine straforientierte, kühle Erziehung der Kinder führt zu Haßgefühlen gegenüber den Eltern, insbesondere dem Vater, die aber nicht gezeigt werden können. In einem psychodynamischen Prozeß führt dies zu einer unterwürfigen und unkritischen Identifikation gegenüber Autoritäten und zur Genese einer autoritären Charakterstruktur. Prozesse der Verschiebung des angestauten Hasses auf Schwächere

oder soziale Randgruppen (z.B. Ausländer, Homosexuelle) werden als der wesentliche Mechanismus bei der Entstehung von Ethnozentrismus und Fremdenfeindlichkeit gesehen. Hier schließen sich mindestens zwei voneinander zu
trennende Probleme auf der Ebene der empirischen Prüfung an:

a) Zum einen die Erfassung der autoritären Charakterstruktur: Wie ist sicherzustellen, daß tatsächlich Charaktereigenschaften und nicht etwa
   durch Situationen (z.B. ökonomische Krisen) erzeugte Einstellungen erfaßt werden? (Rückschlußproblematik)
b) Zum anderen die Frage nach der empirischen Erfassung der Genese der
   autoritären Persönlichkeit: Wie sind Erfahrungen der frühen Kindheit re-
   trospektiv zu erfassen? Wie ist in diesem Zusammenhang mit der Idealisierungsthese umzugehen? (Rückerinnerung)

3.1 Die Rückschlußproblematik

Zur Messung der autoritären Persönlichkeit wurde mit der F-Skala in der Studie „The Authoritarian Personality" ein standardisiertes Meßinstrument entwickelt. Die Erfassung über standardisierte Einstellungsskalen wurde damit,
wenn auch in veränderten Versionen, zum Normalfall der Autoritarismusforschung. Die Rückschlußproblematik ergibt sich aus der Tatsache, daß man über
die verbalisierten Meinungen und Einstellungen von Befragten einen Rückschluß auf tieferliegende, nicht direkt meßbare Persönlichkeitsmerkmale vollzieht. Nach Adorno et al. (1950: 3f.) kann man vier verschiedene Ebenen in einem Schichtmodell unterscheiden: 1) Oberflächenmeinungen, 2) wirkliche
Meinungen, 3) geheime Gedanken und 4) vage, ungeordnete Gedanken, die
nicht selbst eingestanden werden und tiefere Charaktertendenzen darstellen.

Abbildung 1: Das Schichtmodell nach Adorno et al. (1950)

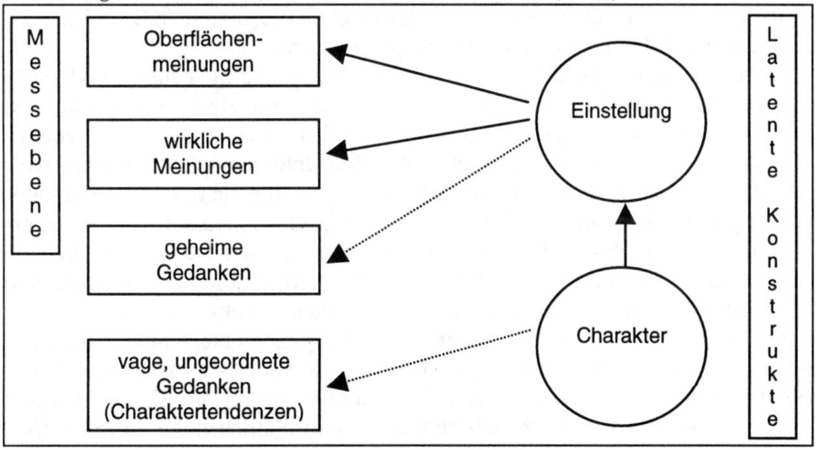

In empirischen Untersuchungen, die es sich zur Aufgabe machen, Persönlichkeitsmerkmale zu erfassen, geht es letztlich um die Erfassung der vierten Ebene. Dies scheint aber für quantitative, wie für qualitative Datenerhebungsverfahren ein außerordentlich schwieriges Unternehmen zu sein, da eigentlich nur Informationen der ersten und zweiten Ebene von dem Befragten verbalisiert werden. Informationen auf der dritten Ebene sind zwar vom Befragten verbalisierbar, sind aber nicht systematisch zu erheben, da sie entweder gar nicht oder nur aus Versehen kommuniziert werden.

Im qualitativen wie im quantitativen Paradigma versucht man, über indirekte Verfahren (z.B. projektive Tests, Tiefeninterviews, Skalen etc.) solche latenten, nicht direkt meßbaren Charaktermerkmale zu erfassen. Adorno et al. (1950) etwa gingen in ihren Arbeiten davon aus, daß ein kohärentes Muster von Einstellungen zu unterschiedlichen Bereichen als Indikator für tieferliegende Charakterstrukturen zu interpretieren sei. In der aktuellen Praxis der quantitativen Sozialforschung vollzieht sich die Erfassung von Persönlichkeitsmerkmalen über die in der Psychologie und Soziologie üblichen Verfahren der Konzeptspezifikation und Operationalisierung latenter Konstrukte. Dazu werden Items formuliert (die sich auf Eigenschaften oder Einstellungen beziehen) und aufgrund des Beantwortungsmusters wird dann auf latente Persönlichkeitsmerkmale geschlossen (vgl. dazu z.B. ZUMA-Informationssystem ZIS, in dem eine Vielzahl von Skalen zur standardisierten Erfassung von Persönlichkeitsmerkmalen dokumentiert sind, vgl. auch: Aiken 1996; Asendorpf 1996). Methodologisch geht man dabei von einem kausal-analytischen Ansatz aus, in dem angenommen wird, die Indikatoren sind beobachtbare Folgen der latenten Variablen, d.h. das Antwortverhalten auf bestimmte Stimuli (Indikatoren), wird durch die latente Variable verursacht. Neben der eigentlich zu überprüfenden Kerntheorie wird bei diesem Ansatz zusätzlich eine Meßtheorie spezifiziert, die die Beziehung zwischen Indikatoren und latentem Konstrukt angibt (vgl. Schnell, Hill und Esser 1989: 125f.). Diese Hilfstheorie kann mit multivariaten statistischen Verfahren (z.B. Faktorenanalysen und Reliabilitätsanalysen) überprüft werden.

Problematisch erscheint in diesem Zusammenhang die häufig praktizierte Verwendung von Autoritarismuskurzskalen, die mit einer Gesamtzahl von nur 3 oder 4 Items alle drei Subdimensionen des Autoritarismus (Konventionalismus, autoritäre Aggression und autoritäre Unterwürfigkeit) erfassen wollen. Zwar ist damit sicherlich eine reliablere Messung als mit Einzelindikatoren gegeben, aber eine Abbildung komplexer Persönlichkeitskonstrukte erscheint fraglich. Positiv ist dabei anzumerken, daß die Kurzskalen mit den Langversionen von Autoritarismusskalen hohe Korrelationen aufweisen und auch mit externen Konstrukten in der erwarteten Richtung korrelieren (vgl. ZIS). Meloen et al. (1996) zeigen in einem Vergleich unterschiedlicher Varianten von Autoritarismusskalen (F-Skala, RWA-Skala von Altemeyer, NAAS von Lederer und eine von ihnen selbst entwickelte Skala), daß alle Skalen vergleichbar gute Reliabilitätswerte und ähnlich hohe Korrelationen mit relevanten abhängigen Variablen aufweisen. Die von ihnen zusätzlich getesteten Kurzversionen der F-Skala und der RWA-Skala weisen etwas niedrigere Reliabilitäten als die Langversionen der Skalen auf, zeigen aber ähnliche Korrelationen mit externen Kriterien, die allerdings ebenfalls etwas niedriger waren als bei der Verwendung der Langversionen.

Einige Forscher sehen in der Anwendung qualitativer Methoden eine Alternative, um Persönlichkeitstrukturen valider zu erfassen. Ein Vorteil qualitativer Methoden liegt darin, den Kontext einer Aussage durch gezieltes Nachfragen genauer zu erfassen, z.b. was mit einer Aussage assoziiert wird oder wie bestimmte Äußerungen begründet werden. Wir gehen auf diesen Aspekt bei der Diskussion der Idealisierungsthese (vgl. 3.2) nochmals ein. Ein weiterer Vorteil, der durch die Reduzierung der Standardisierung in qualitativen Interviews erzielt wird, liegt in der Möglichkeit des Befragten in einer vom Forscher nichtantizipierten Weise zu reagieren. Damit kann das Spektrum der Äußerungen des vom Befragten subjektiv als wichtig erachteten Geschehens beträchtlich erweitert werden. Die Äußerung zusätzlicher Informationen, eventuell auch geheimer Gedanken (3. Ebene des Schichtmodells), ist zumindest wahrscheinlicher, eine Möglichkeit, die bei einer standardisierten Befragung kaum zu erreichen ist. Mit dieser Vorgehensweise können differenziertere und zusätzliche Informationen vom Befragten gewonnen werden, als dies bei einer standardisierten Befragung der Fall ist. Aber auch bei den in der Autoritarismusforschung angewandten qualitativen Methoden, z.B. projektive Tests oder biographische Interviews wird die Charakterstruktur nicht direkt erfaßt. Seit den Arbeiten von Else Frenkel-Brunswik gibt es in der aktuellen Autoritarismusforschung kaum Ansätze, die mit qualitativen Verfahren arbeiten. Eine Ausnahme sind z.B. C. Hopf und ihre Mitarbeiter, die versuchen mit Hilfe teilstrukturierter Interviews die Genese autoritärer Dispositionen zu ergründen. In teilstrukturierten Interviews wird im Vorfeld ein Interviewleitfaden entwickelt, der die zentralen theoretischen Variablen enthält. Auf der Grundlage der transkribierten Antorten z.B. zu Fragen nach der Orientierung gegenüber Stärkeren und Schwächern im sozialen Nahbereich (Hopf et al. 1995: 66) und zu vorgelegten Konfliktsituationen, die die Normverinnerlichung und Gewissensentwicklung erfassen sollten, wird ebenfalls indirekt auf tieferliegende Charakterstrukturen geschlossen.

3.1.1 Verfahren zur Erfassung autoritärer Charakterzüge

Akzeptiert man, daß Charaktermerkmale nur indirekt erfaßt werden können, muß man in einem nächsten Schritt die Qualität der vorliegenden Autoritarismus-Messungen im quantitativen wie qualitativen Bereich betrachten, um zu entscheiden ob auf der Grundlage dieser Erhebungsverfahren ein Rückschluß auf Charakterstrukturen zulässig ist.

In der neueren quantitativen Autoritarismusforschung haben insbesondere Feldman und Stenner (1997) und Oesterreich (1993, 1998) darauf aufmerksam gemacht, daß die bisher entwickelten indirekten Messungen autoritärer Charakterstrukturen, z.b. die F-Skala (Adorno et al. 1950), die NAAS (Lederer 1983) oder die RWA (Altemeyer 1988, 1996) überwiegend Items mit politiknahen Formulierungen aufweisen, die sie eher als Messungen komplexer politischer Einstellungen ausweisen. Oesterreich (1998) ist deshalb der Auffassung, daß mit den vorhandenen Skalen ein Rückschluß auf Charaktermerkmale nicht gerechtfertigt ist. Wenn das Konstrukt Autoritarismus als unabhängige Variable tatsächlich einen Beitrag zur Erklärung von rechtsextremen Einstellungen und Orientierungsmustern liefern will, müssen die Operationalisierung der unabhängigen und der abhängigen Variable empirisch klar getrennt sein. Stellen jedoch die aktuellen Autoritarismusskalen eher Messungen von politischen Einstellungen dar, dann kann man sie nicht als Prädiktoren von rechtsextremen politischen Einstellungen verwenden, denn eine solche Erklärung wäre tautologisch und hätte keinerlei Informationsgehalt.

Bereits in der Debatte um einen rechten und linken Autoritarismus haben verschiedene Forscher versucht (z.b. Rokeach 1960), ein von politischen Inhalten unabhängiges Meßinstrument zu entwickeln, das Denkstrukturen (z.b. Rigidität und Schwarz-Weiß-Denken) erfassen soll. Auch Oesterreich (1998) versucht, diese beiden Probleme (Rückschlußproblematik und Tautologieproblem) zu lösen und legt eine neue Autoritarismusskala vor, die auf Einstellungsmessungen mit politischen Inhalten gänzlich verzichtet. Er setzt dabei „psychologische Items, also Fragen zum Verhalten und Erleben" (Oesterreich 1998: 58) ein. Zum Beispiel „Ich lasse mich gerne von etwas Neuem überraschen" oder „Wer nicht für mich ist, ist gegen mich". Er ordnet dabei die Items verschiedenen Facetten des Autoritarismussyndroms zu und versucht, eine Verkürzung auf nur eine Dimension des Syndroms (z.b. Rigidität) zu vermeiden. Damit wird der Versuch unternommen, Persönlichkeitsmerkmale und Einstellungen als zwei unterschiedliche latente Konstrukte nicht nur theoretisch explizit zu trennen, sondern auch auf der empirischen Ebene unterschiedlich zu erfassen. Charakterstrukturen werden in der Operationalisierung von Oesterreich von Einstellungen unterschieden, indem insbesondere Fragen zum Verhalten und zur Einschätzung der eigenen Person und der Gefühle in bestimmten Situationen erhoben werden (Oesterreich 1998: 59). Eine umfassende Validierung dieser neuen Skala, die ein „neues Maß zur Messung autoritärer Charaktermerkmale" darstellen soll, steht allerdings noch aus. Auch mit dieser Operationalisierung werden Charakterstrukturen indirekt erhoben, dennoch wird durch die klare Trennung von politischen Einstellungen das Tautologieproblem gelöst.

In der quantitativen Autoritarismusforschung gibt es bereits eine Tradition der Methodenkritik, in der qualitativen Autoritarismusforschung ist die Methodenkritik aufgrund der geringen Zahl solcher Studien weniger entwickelt (vgl. aber die Kritik an den qualitativen Arbeiten von E. Frenkel-Brunswik von Hyman und Sheatsley 1954). Aber auch hier ist die Frage nach der Validität der erfaßten Informationen relevant. Gerade in der qualitativen Forschung, die kaum Korrespondenzregeln im traditionellen Sinne vorlegt und deren Daten aufgrund des interaktiven Datenerhebungsverfahrens eine „verwobenere" Struktur aufweisen, ist bei der Konzeptualisierung und der Auswertung der Interviews darauf zu achten, eine klare Trennung abhängiger und unabhängiger Konstrukte vorzunehmen.[3] Gerade der größere Interpretationsspielraum den indirekte Messungen in der qualitativen Forschung bieten, stellt eine besondere Herausforderung dar, da die Auswertungskategorien zum Teil in Auseinandersetzung mit dem Material entwickelt werden (vgl. Schmidt 1997). Die Problematik einer klaren Trennung unabhängiger und abhängiger Konstrukte betrifft insbesondere die Auswertungs- bzw. Interpretationsphase. So ist es z.B. bei der Analyse des Zusammenhangs von Sozialisationserfahrungen und Autoritarismus schwierig, die Sozialisationserfahrungen völlig unabhängig von den Informationen zum Autoritarismus der Person zu interpretieren und zu codieren, da beim Lesen des Interviews dem Forscher beide Informationen zufließen. Ähnliches gilt für die Trennung von autoritären Charakterzügen und möglichen abhängigen Variablen. Die Codierung durch verschiedene Personen ebenso wie double-blind Codierungen sollten hier die Regel sein.

Eine Möglichkeit der Validierung qualitativer wie quantitativer Erfassungen des Charaktermerkmals Autoritarismus, stellt die Prüfung der Stabilität der Ergebnisse dar. Charakterzüge stellen relativ stabile, zeitüberdauernde individuumsspezifische Dispositionen dar (vgl. Asendorpf 1996). Um die Frage zu klären, ob es sich bei dem autoritären Syndrom um ein Persönlichkeitsmerkmal oder um eine Einstellung handelt, müßte belegt werden, daß die bei Individuen gemessenen autoritären Dispositionen über längere Zeiträume und über Situationen hinweg stabil sind. Solche Validierungsstudien fehlen aber weitgehend in der Autoritarismusforschung. Neuere Arbeiten (z.B. Rickert 1998; Feldman und Stenner 1997), die die Situativität des Autoritarismus betonen, stellen häufig diese Stabilität in Frage. In diesen Ansätzen spielen Interaktionseffekte von autoritären Dispositionen mit situationalen Faktoren, wie z.B. bedrohlichen gesellschaftlichen Situationen, eine wichtige Rolle. Allerdings weisen die Ergebnisse dieser Querschnittstudien oftmals neben einer gewissen situativen Variabilität auch auf den Bestand eines gewissen „Basis-Autoritarismus" hin.

3.2 Probleme retrospektiver Fragen (Rückerinnerung)

Ein Problem, das die Erfassung der Genese von Persönlichkeitsmerkmalen, also die postulierten Zusammenhänge zwischen spezifischen Sozialisationsprozessen und der Entwicklung bestimmter Persönlichkeitseigenschaften be-

---

3 Als Beispiel für eine klare Konzeptualisierung der unterschiedlichen Konstrukte innerhalb der qualitativen Autoritarismusforschung vgl. C. Hopf et al. 1995.

trifft, liegt in der Schwierigkeit begründet, reliable und valide Aussagen über Ereignisse zu erhalten, die lange zurückliegen. Ist die Erinnerungsleistung der Befragten korrekt? Mit diesem Problem, haben wiederum quantitative wie qualitative Methodentraditionen zu kämpfen. Es ist zwar durchaus denkbar, daß nicht nur beim qualitativen Interview sondern auch beim quantitativen Vorgehen Möglichkeiten bestehen, Zeit für die Rückerinnerungsleistung einzuräumen (bei der paper&pencil Methode), etwa indem der Befragte explizit aufgefordert wird, die Fragen nicht zu schnell, sondern mit Geduld und mit Phasen der Rekonstruktion zu beantworten. Es handelt sich allerdings nicht allein um ein Problem des Vergessens, sondern auch um die Tendenz einer nachträglich konsistenten Konstruktion der eigenen Biographie, die mit einer selektiven oder idealisierenden Erinnerung einhergehen kann. Im Rahmen qualitativer Designs versucht man diesen Problemen mit differenzierten Fragestrategien zu begegnen, in dem man über detaillierte Nachfragen versucht, etwaige Widersprüche in der Darstellung der Befragten aufzudecken, um daraus Hinweise auf „falsche" oder inkonsistente Angaben zu erhalten. Bei quantitativen Studien ist einer Lösung der Probleme mit retrospektiven Fragen wohl am ehesten durch komplexere Designs näherzukommen. So können eventuell über Eltern- oder Geschwisterbefragungen Widersprüche ermittelt werden. Allerdings stellt sich, wenn Widersprüche gefunden werden, die Anschlußfrage: wie ist damit umzugehen? Denn im Unterschied zum qualitativen Interview besteht hier nicht die Möglichkeit nachzufragen. Auch hier kann die Antwort nur in Abhängigkeit von der theoretischen Perspektive gegeben werden. In der Perspektive der Bindungsforschung werden solche widersprüchlichen Angaben nicht als Problem „unkorrekter" Auskünfte gesehen, sondern als Indiz für einen bestimmten Umgang mit Sozialisationserfahrungen. Sieht man solche widersprüchlichen Angaben aber als Meßfehler, gibt es statistische Ansätze, wie lineare Strukturgleichungsmodelle, die im Rahmen von MTMM-Designs[4] (wie die oben vorgeschlagene Erhebung über verschiedene Informanten), die Berücksichtigung solcher systematischen Meßfehler bei der Schätzung von Zusammenhängen ermöglichen (vgl. zur Kontrolle systematischer Fehler: Bollen und Paxton 1998).

Eine sehr effiziente und aufwendige Lösung ist wohl nur mit Langzeituntersuchungen denkbar. Dort könnten die entsprechenden Entstehungsbedingungen von Persönlichkeitseigenschaften z.B. der Einfluß von unterschiedlichen Erziehungspraktiken zur Genese autoritärer Dispositionen etwa durch Beobachtung von Interaktionsbeziehungen, Befragungen (standardisiert oder teil-standardisiert) von Kindern und Eltern über das subjektiv wahrgenommene Familienklima etc. im Zeitverlauf erhoben werden. Die Frage nach der Entstehung von Persönlichkeitsmerkmalen kann mit diesem Design aber auch nicht völlig zureichend erklärt werden, da bedingt durch die Anlage des Designs nicht beobachtete Zeiträume vorhanden sind, in denen

---

4 MTMM – multi-trait-multi-method

andere, vom Forscher nicht kontrollierte Faktoren, die Ausprägungen der Variablen zum nächsten Meßzeitpunkt beeinflussen können. In der kriminologischen Forschung wird in diesem Zusammenhang auf das sog. „initial conditions problem" aufmerksam gemacht. Wenn die Paneluntersuchung zu einem Zeitpunkt startet, indem die relevante zu untersuchende Variable bereits vorliegt (in diesen Fällen meist delinquentes Verhalten), kann durch diese zeitliche Anordnung der abhängigen und unabhängigen Variablen keine Aussage über vorhergehende Situationsumstände und kausale Zusammenhänge getroffen werden (vgl. Nagin und Paternoster 1991: 184).

Die Meßproblematik, die mit der in der autoritären Persönlichkeit vertretenen „Idealisierungsthese" verbunden ist, ist eng mit dem eben genannten Punkt verknüpft. Insbesondere C. Hopf weist auf die Unzulänglichkeit einer standardisierten Erfassung der Sozialisationshintergründe hin (Hopf 1992) und zeigt, daß sich Tendenzen einer Idealisierung von einer realistischen Wahrnehmung der Eltern-Kind-Beziehung durch die Konfrontierung allgemeiner Aussagen über das Verhältnis zu den Eltern mit detaillierten Nachfragen zu konkreten Verhaltensweisen der Eltern trennen lassen. Mit diesem Ansatz, der im Rahmen der Attachmentforschung von Mary Main und Ruth Goldwyn (1985) entwickelt wurde, liegt eine innovative Technik vor, die eine mögliche Lösungsstrategie anbietet, um Rückschlüsse auf die familiären Sozialisationsbedingungen und damit auf die Persönlichkeit des Befragten zu ziehen. In den meisten quantitativen Autoritarismusstudien wurde bisher der Operationalisierung des Familienklimas und der Erziehungsstile und insbesondere der Prüfung der Idealisierungsthese keine prominente Rolle zugewiesen. Man wird bei diesen standardisierten Befragungen nur sehr schwer unterscheiden können, ob Personen tatsächlich eine schöne Kindheit erlebt haben oder ob die Beziehung zu den Eltern idealisiert wird. Milburn et al. (1995) versuchen in ihrer quantitativen Studie diesen Aspekt indirekt zu erfassen, indem sie in einem experimentellen Design Personengruppen vergleichen, die angeben sich mit ihrer Kindheit auseinanderzusetzen (in Form von Gesprächen oder therapeutisch) und solche Personen die dies nicht tun. Sie finden signifikante Unterschiede zwischen beiden Gruppen.

Es liegen also durchaus Ansätze vor, die eine validere Erfassung von Sozialisationshintergründen möglich erscheinen lassen. Leider werden in der Autoritarismusforschung bis heute sehr oft herkömmliche Skalen zur Erfassung von Erziehungsstilen eingesetzt, ohne dem Idealisierungsproblem die nötige Aufmerksamkeit zu schenken.

3.3 Die Dimensionalität des Autoritarismuskonstruktes

Neben diesen methodischen Problemen, die mit den Kernhypothesen zur Genese der autoritären Persönlichkeit verbunden sind, richtet sich ein weiterer Fokus der Kritik immer wieder auf die Frage nach der *Dimensionalität* der autoritären Persönlichkeit. In der ursprünglichen Konzeption der „Authoritarian Personality" wurde von neun unterschiedlichen Subdimensionen des Autoritarismuskonzepts ausgegangen. Da Adorno et al. (1950) keine explizite Meßtheorie vorgelegt haben, bleibt es strittig, inwieweit die autoritäre Persönlichkeit ein eindimensionales Charaktersyndrom darstellen soll oder ein multidimensionales Konstrukt. Verschiedene Studien haben immer wieder die Mehrdimensionalität der Skala (von Freyhold 1971, Altemeyer 1981) belegt und die Annahme eines einheitlichen Syndroms in Frage gestellt. Grundsätzlich erlauben heutige komplexere statistische Analysemethoden (lineare Strukturgleichungsmodelle) die neun von den Autoren der „Authoritarian Personality" genannten Aspekte als Subdimensionen (Faktoren 1. Ordnung) eines übergeordneten Faktors Autoritarismus (Faktor 2. Ordnung) zu konzeptualisieren, und damit das Problem einer möglichen Mehrdimensionalität adäquat zu berücksichtigen, wenn nachgewiesen werden kann, das die neun Dimensionen trotz eines Anteils eigener Varianz („uniqueness") (Faktoren 1. Ordnung), einen großen Teil gemeinsamer Varianz aufweisen, die einen gemeinsamen übergeordneten Faktor „Autoritarismus" rechtfertigen (Seipel und Rippl 1999; Schmidt 1984). Problematisch ist hier allerdings anzumerken, daß nicht in allen Meßinstrumenten alle Dimensionen erfaßt werden bzw. oft keine explizite Zuordnung der Items zu den Dimensionen geschieht und somit eine Prüfung dieser Annahmen zumeist ausbleibt. Altemeyer (1981, 1996) entwickelt aus diesem Grund eine neue Autoritarismus-Skala, die nur noch die drei Aspekte autoritäre Aggression, autoritäre Unterwürfigkeit und Konventionalismus enthält und die sich in verschiedenen Überprüfungen als eindimensional erweist. Allerdings erfolgte diese Entwicklung von Altemeyer weitgehend induktiv anhand einer Vielzahl von Studierendenstichproben. S. Feldman (im vorliegenden Band) kritisiert, daß insbesondere die Aggressionskomponente durch lerntheoretische Überlegungen, wie sie auch Altemeyer vertritt, nicht abgedeckt ist. In der aktuellen Autoritarismusforschung hat sich die Beschränkung auf die drei genannten Subdimensionen weitgehend durchgesetzt. Kritisch ist hier im Sinne S. Feldmans festzuhalten, daß die Bemühungen von Altemeyer (1981, 1996) sicherlich ein besseres Meßinstrument produziert haben, die Autoritarismusforschung sich aber in den letzten Jahren eher an psychometrischen Kriterien und weniger an theoretischen Überlegungen orientiert hat. In Studien, die mit unterschiedlichen theoretischen Erklärungen der Genese autoritärer Charakterstrukturen arbeiten, sollte grundsätzlich hinterfragt werden, inwieweit sich die drei Dimensionen, die letztlich aus dem psychodynamischen Modell abgeleitet wurden und in dieser Definition der autoritären Charakterstruktur auch spezifische Funktionen erfüllen, mit dem jeweiligen theoretischen Ansatz kompatibel sind.

4. Die Erfassung von Autoritarismus auf Aggregatebene

Ein weiterer interessanter Zugang zur empirischen Erfassung von Autoritarismus besteht darin, Indikatoren auf der Aggregatebene zu verwenden. Insbesondere Sales (1972, 1973) hat diesen Weg in seinen Studien gewählt. 1972 zog er als Indikator zur Messung von Autoritarismus die Konvertierungsrate zu autoritären Kirchen heran, um zu untersuchen, ob gesellschaftlich als bedrohlich wahrgenommene Situationen (Große Depression 1920-1939), hohe Arbeitslosigkeit in den 60er Jahren in der Region um Seattle, Washington) zu einem Anstieg autoritärer Verhaltensweisen führen. 1973 legt Sales weitere komplexere Operationalisierungen von Autoritarismus auf der Aggregatebene vor. So wird z.b. autoritäre Aggression durch die Größe der Polizeibudgets erfaßt. Die Dimension Beschäftigung mit Macht und Stärke wurde durch die Popularität von Boxschwergewichtsmeisterschaften und der Anzahl machtvoller Comic-Helden operationalisiert. Die Popularität von Astrologiebüchern und -artikeln wird als Index für Aberglaube herangezogen, während Anti-Intrazeption durch das Abnehmen der Anzahl von Büchern und Artikeln zum Thema Psychotherapie erfaßt wurde. Doty, Peterson und Winter (1991) greifen diese Operationalisierungsmöglichkeit von Autoritarismus in ihrer Studie auf. Der Vorteil dieser Vorgehensweise liegt darin, daß mehr oder minder harte und objektive Daten zur Operationalisierung von Autoritarismus vorliegen. Allerdings kann mit dieser Operationalisierung nur noch sehr indirekt auf autoritäre Dispositionen geschlossen werden. Ein Rückschluß auf Zusammenhänge auf individueller Ebene ist mit dieser Art der Operationalisierung nicht möglich. Denn wenn sich auf der Aggregatdatenebene ein Zusammenhang zwischen Autoritarismus und ökonomischen Krisen ergibt, wie ihn auch Sales (1973) nachweist, läßt sich daraus nicht eindeutig auf einen Zusammenhang auf der Individualebene schließen (ökologischer Fehlschluß). Dennoch stellt dieser Ansatz einen interessanten Anknüpfungspunkt für eine Verbindung von Mikro- und Makroprozessen in der Autoritarismusforschung dar. Meloen arbeitet mit einem anderen inhaltlichen Schwerpunkt ebenfalls mit Aggregatdaten (vgl. seinen Beitrag in diesem Band), aber auch hier steht eine Verbindung mit Individualdaten noch aus.

5. Der Bildungs-Bias

Ein Kritikpunkt der bereits früh nach der Veröffentlichung der Studie „The Authoritarian Personality" und danach immer wieder aufgegriffen wurde, ist das Problem der *Bildungsabhängigkeit*. In nahezu allen Autoritarismus- und Rechtsextremismusstudien läßt sich ein negativer Zusammenhang zwischen autoritären bzw. rechtsextremen Einstellungen und der Bildung der befragten Personen nachweisen. Formal höher gebildete Personen lehnen autoritäre bzw. rechtsextreme Einstellungen signifikant häufiger ab als Personen, die eine niedrigere formale Bildung aufweisen. Einige Kritiker der empirischen Autoritarismusforschung bezeichneten den gefundenen höheren Autoritarismus insbesondere in Arbeiterschichten als pures Bildungsartefakt. In diesem Zusammenhang stellt sich die Frage nach der Bildungsabhängigkeit der Meßinstrumente: ist der negative Zusammenhang zwischen Bildung und Autoritarismus tatsächlich ein reines methodisches Artefakt? Antworten demnach höher Gebildete aufgrund ihrer kognitiven Kompetenzen eher in sozial erwünschter Weise, oder ist dieser Befund auf tatsächliche Unterschiede durch Bildungsprozesse zurückzuführen (vgl. W. Hopf 1999 für eine Diskussion dieser Prozesse).

In Deutschland hat insbesondere Ursula Jaerisch (1975) die Frage aufgeworfen, ob nicht ein restringierter Sprachcode in bestimmten sozialen Schichten dafür verantwortlich ist, daß diese eher autoritär erscheinen. W. Hopf macht in seiner zusammenfassenden Betrachtung der Forschung zu diesem Sachverhalt (vgl. den Beitrag in diesem Band), darauf aufmerksam, daß die Stellung im System der Erwerbsarbeit und der Ausbildungsstand in Analysen klar zu trennen sind. Die Bildungsvariable zeigt hierbei den deutlichsten Effekt, dennoch sind Einflüsse der Schicht- bzw. Klassenzugehörigkeit nicht zu vernachlässigen. Diese Zusammenhänge sind insbesondere deshalb von Interesse, da es zumindest in der deutschen Geschichte deutliche Hinweise auf die Abhängigkeit dieser negativen Beziehung zur politischen Kultur gibt. In der Weimarer Zeit waren es nicht nur die formal niedrig gebildeten Personen, die antisemitische Einstellungen aufwiesen, sondern sie waren auch insbesondere in intellektuellen Kreise dominant (vgl. Volkov 1990; Stern 1997 der darauf hinweist, daß Albert Einstein aufgrund antisemitischer Hetze die geplante Rede bei der Jahrhundertfeier der Gesellschaft Deutscher Naturforscher und Ärzte 1922 absagen mußte). Unter meßtheoretischen Gesichtspunkten ist die Entwicklung eines Instruments notwendig, mit dem kontrolliert werden kann, ob die Items von allen Befragten, unabhängig von ihrer formalen Bildung gleich verstanden werden. Wie dies bei der Frage nach geschlechtsspezifischen Unterschieden hinsichtlich rechtsextremer Einstellungen bei Frauen und Männern innerhalb der Methodologie intrakultureller Vergleiche mit komplexen statistischen Modellen gelöst werden kann, haben Rippl und Seipel (1999) gezeigt. In der aktuellen Autoritarismusforschung gibt es hinsichtlich dieser Frage kaum systematische Prüfungen. Wagner und Zick (1995) verwenden eine Art MTMM-Design für eine Prüfung dieser Frage hinsichtlich ethnischer Vorurteile. Sie verwenden durchschaubare und weniger durchschaubare Items, um mögliche Bildungseffekte aufzudecken. Hier gibt es Anknüpfungspunkte für die Autoritarismusforschung, um solche möglichen systematischen Meßfehler im Rahmen entsprechender Verfahren statistisch zu berücksichtigen.

Verfahren die innerhalb der quantitativ orientierten Methodologie eingesetzt werden, versuchen die soziale Erwünschtheit durch spezifische social desirability Skalen zu kontrollieren (vgl. Edwards 1970). Allerdings liegt auch hier der Verdacht nahe, daß höher gebildete Personen diese Skalen eher durchschauen und entsprechende Antworten geben können. Eine weitere Möglichkeit besteht in dem Einsatz verdeckt teilnehmender Beobachtung und Aufzeichnung von Gesprächen (wie teilweise in der Konversationsanalyse betrieben: vgl. Bergmann 1987) und in der Rollenübernahme eines „agent provocateur", der bestimmte Stimuli in einer Gruppendiskussion vorgibt, um Einstellungen und Meinungen vom unmittelbar einsichtigen Kontext einer Umfrage zu befreien und damit möglicherweise „ungeschütztere" Aussagen zu erhalten. Die damit verbundenen forschungsethischen Fragen (vgl. C. Hopf 2000; Ethik-Kodex der DGS und des BDS 1998) müssen allerdings berücksichtigt werden.

6. Probleme des Kulturvergleichs

Das Konzept der autoritären Persönlichkeit wird zunehmend auch als Erklärungsmodell in verschiedenen nicht-westlichen Kulturen eingesetzt. Damit werden *Probleme des Kulturvergleichs* auch in diesem Zusammenhang zunehmend relevant. Die Problematik der Übertragbarkeit des Konzeptes der autoritären Persönlichkeit hat inhaltliche (die Frage nach der Universalität der Theorie) und methodische Aspekte (die Frage nach der universellen Validität und Reliabilität der Meßinstrumente). Ist die inhaltliche konzeptionelle Übertragbarkeit gewährleistet (was von Fall zu Fall zu prüfen wäre), stellt sich die Frage, ob man identische Items bzw. Meßinstrumente in verschiedenen Kulturen einsetzten kann – ob also eine Äquivalenz der Meßinstrumente vorliegt. Die konzeptionelle Übertragbarkeit wird etwa dann fraglich, wenn sich die Normen einer spezifischen Kultur mit dem Autoritarismuskonzept überlagern. In kollektivistischen Kulturen ist die Anpassung bzw. Unterordnung des Individuums eine kulturell tradierte Norm, die voreilig mit einer autoritären Unterwürfigkeit, wie sie im Autoritarismuskonzept vorgesehen ist, gleichgesetzt werden könnte. Hier stellt sich die Frage, ob das Konzept der autoritären Unterwürfigkeit in einem solchen Fall überhaupt übertragbar ist. Wenn man diese Frage positiv beantwortet, müßte man zumindest auf der Meßebene neue kulturspezifische Items formulieren, die zu diesem kulturellen Kontext passen und in der Lage sind, die kulturelle Norm von individuellen Charaktermerkmalen zu trennen. Auf dieses Problem hat bereits Kagitcibasi (1967) in ihrer kulturvergleichenden Autoritarismusstudie zwischen US-Amerikanern und Türken aufmerksam gemacht. Sehr differenziert wird die Problematik der Übertragbarkeit des Autoritarismuskonstrukts von O. Feldman und Watts (in diesem Band) am Beispiel Japans diskutiert. Äquivalenzprobleme auf der Meßebene betreffen die Frage, ob die verwendeten Skalen in gleicher Weise verstanden und verwendet werden. Van de Vijfer und Leung (1997) machen neben dem Problem der Bedeutungsäquivalenz einzelner Items auch auf Probleme wie einem kulturspezifisch unterschiedlichen Ausmaß an sozialer Erwünschtheit, einer unterschiedlichen Vertrautheit mit den vorgelegten Stimuli oder einer unterschiedlichen Verwendung von Antwortskalen (z.B. im Ausmaß der Verwendung der Extremkategorien) aufmerksam. Hinzu kommen Probleme einer äquivalenten Übersetzung.

Auch wenn man etwa davon ausgeht, daß Autoritarismus auf konzeptioneller Ebene in den USA und in West- und Ostdeutschland äquivalente Konzepte sind, so ist es doch problematisch auf der Meßebene z.B. Items zu verwenden, die Fragen zum Nationalstolz beinhalten. Der Bedeutungsgehalt dieses Items wird in den unterschiedlichen kulturellen Kontexten sehr verschieden sein, ebenso das Ausmaß sozialer Erwünschtheit des Antwortverhaltens. Auf ähnliche Probleme weist McFarland (in diesem Band) bei der Übertragung der RWA-Skala auf Rußland hin. Bestimmte Items z.B. solche die religiöse Orientierungen betreffen, können in Rußland nicht in gleicher Weise funktionieren wie in den USA. Diese Beispiele sind sehr offensichtliche Fälle. Allerdings sollte man sich in der Praxis nicht darauf verlassen, Probleme, die durch nicht äquivalente Items auftreten können, per Augenschein zu erkennen. Jeder kulturvergleichenden Studie sollte daher ein empirischer Test der Äquivalenz der Items vorausgehen.

Eine Möglichkeit der Prüfung der Meßinstrumente besteht in der Methode des lauten Denkens. Die Methode „Lautes Denken" geht auf die Tradition der Denkpsychologie zurück (Duncker 1935/1974, Wertheimer 1945/1964) und wurde z.B. von Deffner (1984), Schneider (1992) und Weidle und Wagner (1982) diskutiert und weiterentwickelt. Bei der Methode des lauten Denkens werden die Personen angewiesen, einfach alles laut aussprechen, was ihnen beim Lesen eines Items und beim Antworten in den Sinn kommt. Das Laute Denken wird im Zusammenhang mit einem standardisierten Meßinstrument mit dem Ziel verwendet, die Konnotationen der Begriffe der einzelnen Items genauer zu betrachten und die Unterstellung des geteilten Verständnisses z.B. in unterschiedliche Kulturen auf eine empirische Basis zu stellen (vgl. Kindervater 1997, 1999; vgl. auch Kurz et al. 1999). Im Rahmen eines quantitativen Ansatzes können solche Prüfungen der Bedeutungsäquivalenz z.B. im Rahmen von simultanen konfirmatorischen Faktorenanalysen innerhalb eines multiplen Gruppendesigns durchgeführt werden (vgl. Rippl und Seipel 1999).

Die Methodik der kulturvergleichenden Forschung ist heute soweit entwickelt (vgl. z.B. van de Vijfer/Leung 1997), daß viele der Probleme empirisch zumindest zu diagnostizieren und damit oftmals auch zu handhaben sind. Allerdings besteht eine gewisse Diskrepanz zwischen diesem Wissen und dessen Anwendung bei der Durchführung kulturvergleichender Autoritarismusforschungsprojekte.

7. Die aktuell verwendeten Meßinstrumente der Autoritarismusforschung

Abschließend soll noch kurz auf die aktuell verwendeten Meßinstrumente der Autoritarismusforschung eingegangen werden. Dabei stellt die von Altemeyer konzipierte RWA-Skala, die inzwischen auch in einer deutschen Fassung vorliegt (vgl. Schneider 1997; Petzel et al. 1997), die am weitesten verbreitete Autoritarismusskala dar.

a) die RWA-Skala von Altemeyer (1981, 1988, 1996)
b) die NAAS von Lederer (1983)
c) das Autoritarismusmaß von Oesterreich (1998)
d) die Autoritarismus-Kurzskala (Schmidt et al. 1995)

Die breite Anwendung der Instrumente besagt nicht, daß die obengenannten Probleme damit ausgeräumt wären, dennoch ist die psychometrische Qualität der aufgelisteten Skalen hinreichend nachgewiesen und ihre Reliabilität gesichert. Die Frage welche Skala eingesetzt wird, ist jeweils vor dem Hintergrund des geplanten Forschungsprojektes zu beurteilen.

Eine ähnliche zusammenfassende Dokumentation von Vorgehensweisen liegt für die qualitative Autoritarismusforschung nicht vor. Dies hängt sicherlich auch mit der geringeren Zugänglichkeit qualitativer Vorgehensweisen zusammen, die mit dem geringeren Grad an Standardisierung und mit Problemen der Anonymisierung der Daten verbunden ist. Dennoch wäre eine zusammenfassende Dokumentation zu bestimmten Themengebieten auch hier wünschenswert.

Die Dokumentation von Meßinstrumenten der Autoritarismusforschung im ZUMA-Informationssystem (Glöckner-Rist und Schmidt 1999)

Eine ausführliche Dokumentation der genannten Skalen findet sich im Internet im Rahmen des aktuellen ZUMA-Informationssystems (ZIS). Hier sind ausführliche Angaben zum Hintergrund der Skalen, zu Primär- und Sekundärstudien und zur Validität und Reliabilität der Meßinstrumente zu finden. Das ZIS kann kostenlos und von jedem Interessierten über die folgende Internetadresse heruntergeladen werden:
www.zuma-mannheim.de/research/method/zis.

Literatur

Adorno, Theodor W., Else Frenkel-Brunswik, Daniel J. Levinson und Nevitt R. Sanford; in Zusammenarbeit mit Betty Aron, Maria Hertz Levinson und William Morrow. 1950. The Authoritarian Personality. New York: Norton Library.

Aiken, Lewis R. 1996. Personality Assessment. Methods and Practices. 2. Auflage. Seattle u.a.: Hogrefe und Huber.

Altemeyer, Bob. 1981: Right-wing authoritarianism. Canada: The University of Manitoba Press.

Altemeyer, Bob. 1988. Enemies of freedom: Understanding right-wing authoritarianism. San Francisco u.a.: Jossey-Bass.

Altemeyer, Bob. 1996. The authoritarian specter. Harvard: Harvard University Press.

Asendorpf, Jens B. 1996. Psychologie der Persönlichkeit. Grundlagen. Berlin u.a.: Springer.

Bergmann, Jörg R. 1987. Klatsch. Zur Sozialform der diskreten Indiskretion. Berlin und New York: de Gruyter.

Bollen, Kenneth A. und Pamela Paxton. 1998. Detection and determinants of bias in subjective measures. American Sociological Review 63: 465-478.

Christie, Richard und Marie Jahoda (Hg.). 1954. Studies in the scope and methods of „The Authoritarian Personality". Glenoce, IL: Free Press.

Deffner, Gerhard. 1984. Lautes Denken – Untersuchung zur Qualität eines Datenerhebungs-verfahrens. Frankfurt am Main u.a.: Peter Lang.

Doty, Richard M., Bill E. Peterson und David G. Winter. 1991. Threat and authoritarianism in the United States 1978-1987. Journal of Personality and Social Psychology 61: 629-640.

Duncker, Karl. 1974. Zur Psychologie des produktiven Denkens. Berlin u.a.: Springer.

Edwards, Allen L. 1970. The measurement of personality traits by scales and inventories. New York: Holt, Rinehart und Winston.

Ethik-Kodex der Deutschen Gesellschaft für Soziologie (DGS) und des Berufsverbandes Deutscher Soziologen (BDS). 1998. Soziologie: 79-85.

Feldman, Stanley und Karen Stenner. 1997. Perceived threat and authoritarianism. Political Psychology 4: 741-770.

Glöckner-Rist, Angelika und Peter Schmidt. 1999. Die Dokumentation von Meßinstrumenten der Autoritarismusforschung. ZUMA-Informationssystem (ZIS); www.zuma-mannheim.de/research/method/zis.

Heintz, Peter. 1957. Zur Problematik der Autoritären Persönlichkeit. Kölner Zeitschrift für Soziologie und Sozialpsychologie 9: 28-49.

Hopf, Christel und Wulf Hopf. 1997. Familie, Persönlichkeit, Politik. Eine Einführung in die politische Sozialisation. Weinheim und München: Juventa.

Hopf, Christel, Peter Rieker, Martina Sanden-Marcus und Christiane Schmidt. 1995. Familie und Rechtsextremismus. Familiale Sozialisation und rechtsextreme Orientierung junger Männer. Weinheim und München: Juventa.

Hopf, Christel. 1992. Eltern-Idealisierung und Autoritarismus. Kritische Überlegungen zu einigen sozialpsychologischen Annahmen. Zeitschrift für Sozialisationsforschung und Erziehungssoziologie 12: 52-65.

Hopf, Christel. 2000. Forschungsethik und qualitative Forschung. Erscheint in: Flick, Uwe, Ernst von Kardorff und Ines Steinke (Hg.): Qualitative Sozialforschung. Reinbek b. Hamburg: Rowohlt.

Hopf, Wulf. 1999. Ungleichheit der Bildung und Ethnozentrismus. Zeitschrift für Pädagogik 45: 847-865.

Jaerisch, Ursula. 1975. Sind Arbeiter autoritär? Zur Methodenkritik politischer Psychologie. Frankfurt am Main u.a.: Europäische Verlagsanstalt.

Kindervater, Angela. 1997. „Ich empfinde, daß es eine gewisse Autorität geben muß": Zur Kombination qualitativer und quantitativer Methoden in der Autoritarismusforschung. Zeitschrift für Politische Psychologie 2: 147-159.

Kindervater, Angela. 1999. Qualitativ-biographische Zugänge zur Autoritären Persönlichkeit. S. 257-270 in: Helmut Moser (Hg.): Sonderheft der Zeitschrift für politische Psychologie 7 : Sozialisation und Identitäten – Politische Kultur im Umbruch?

Kurz, Karin, Peter Prüfer und Margrit Rexroth. 1999. Zur Validität von Fragen in standardisierten Erhebungen. Ergebnisse des Einsatzes eines kognitiven Pretestinterviews. ZUMA Nachrichten 23: 83-107.

Lederer, Gerda. 1983. Jugend und Autorität. Über den Einstellungswandel zum Autoritarismus in der Bundesrepublik Deutschland und den USA. Opladen: Westdeutscher Verlag.

Main, Mary, Nancy Kaplan und Jude Cassidy. 1985. Security in infancy, childhood, and adulthood: A move to the level of representation. S. 66-106 in: Inge Bretherton und Everett Waters (Hg.): Growing points of attachment. Theory and research. Monographs of the society for research in child development 50 (1-2, Serial No. 209). Chicago: Univ. of Chicago Press.

McFarland, Sam, Vladimir Ageyev und Kenneth Hinton. 1995, July. The effects of economic threat on authoritarianism in the United States and Russia. Presented at the International Society of Political Psychology, Washington, D. C.

Meloen, Jos D., Gert Van der Linden und Hans de Witte. 1996. A test of the approaches of Adorno et al., Lederer und Altemeyer of authoritarianism in Belgian Flanders: A research note. Political Psychology 4: 643-656.

Milburn, Michael, Sheree Conrad, Fabio Sala und Sheryl Carberry. 1995. Childhood punishment, denial and political attitudes. Political Psychology 3: 447-478.

Nagin, Daniel S. und Raymond Paternoster. 1991. On the relationship of past to future participation in delinquency. Criminology 29: 163-189.

Oesterreich, Detlef. 1993. Autoritäre Persönlichkeit und Gesellschaftsordnung. Der Stellenwert psychischer Faktoren für politische Einstellungen – eine empirische Untersuchung von Jugendlichen in Ost und West. Weinheim und München: Juventa.

Oesterreich, Detlef. 1974. Autoritarismus und Autonomie. Stuttgart: Ernst Klett Verlag.

Oesterreich, Detlef. 1996. Flucht in die Sicherheit. Zur Theorie des Autoritarismus und der autoritären Reaktion. Opladen: Leske + Budrich.

Oesterreich, Detlef. 1997. Krise und autoritäre Reaktion. Drei empirische Untersuchungen zur Entwicklung rechtsextremistischer Orientierungen bei Jugendlichen in Ost und West von 1991 bis 1994. Gruppendynamik 28: 259-272.

Oesterreich, Detlef. 1998. Ein neues Maß zur Messung autoritärer Charaktermerkmale. Zeitschrift für Sozialpsychologie 29: 56-64.

Petzel, Thomas, Ulrich Wagner, Katja Nicolai und Rolf van Dick. 1997. Ein kurzes Instrument zur Messung der Autoritarismus-Neigung. Gruppendynamik 28: 251-258.

Rickert, Eric J. 1998. Authoritarianism and economic threat: Implications for political behavior. Political Psychology 4: 707-720.

Rippl, Susanne und Christian Seipel. 1999. Gender differences in right-wing extremism: Intergroup validity of a second-order construct. Social Psychology Quarterly 62: 381-393.

Roghmann, Klaus 1966. Dogmatismus und Autoritarismus. Meisenheim am Glan: Verlag Anton Hain.

Rokeach, Milton. 1960. The open and the closed mind. New York: Basic Books.

Sales, Stephen M. 1972. Economic threat as a determinant of conversion rates in authoritarian and nonauthoritarian churches. Journal of Personality and Social Psychology 23: 420-428.

Sales, Stephen M. 1973. Threat as factor in authoritarianism. Journal of Personality and Social Psychology 28: 44-57.

Schmidt, Christiane. 1997. „Am Material": Auswertungstechniken für Leitfadeninterviews. S. 544-568 in: Barbara Friebertshäuser und Annedore Prengel (Hg.): Handbuch Qualitative Forschungsmethoden in der Erziehungswissenschaft. Weinheim und München: Juventa.

Schmidt, Peter. 1984. Autoritarismus, Entfremdung und psychosomatische Krebsforschung: Explikation der drei Forschungsprogramme durch eine allgemeine Theorie und empirischer Test mittels Strukturgleichungsmodellen. Habilitationsschrift. Giessen.

Schmidt, Peter, Karsten Stephan und Andrea Herrmann. 1995. Entwicklung einer Kurzskala zur Messung von Autoritarismus. S. 221-227 in: Gerda Lederer und Peter Schmidt (Hg.): Autoritarismus und Gesellschaft. Trendanalysen und vergleichende Jugenduntersuchungen von 1945-1993. Opladen: Leske + Budrich.

Schneider, Johann F. 1992. Lautes Denken: Eine Methode zur Erfassung der Prozesse bei der Beantwortung von Fragebogenitems? Vortrag auf dem 38 Kongreß der DGP Trier.

Schneider, Johann F. 1997. Erfahrungen mit deutschsprachigen Versionen der Right-Wing Authoritarianism Scale von Altemeyer. Gruppendynamik 28: 239-249.

Seipel, Christian. 1999. Strategien und Probleme des empirischen Theorienvergleichs in den Sozialwissenschaften. Rational Choice Theorie oder Persönlichkeitstheorie? Opladen: Leske+Budrich.

Six, Bernd. 1997. Autoritarismusforschung: Zwischen Tradition und Emanzipation. Gruppendynamik 28: 223-238.

Stern, Fritz. 1997. Vom Pflichtgefühl des Gelehrten. Von den bürgerlichen Selbstverständlichkeiten bis in die Schatten des Schreckens: Max Planck, ein deutscher Lebenslauf. Frankfurter Allgemeine Zeitung (15.11.1997, Nummer 266).

Van de Vijver, Fons und Kwok Leung. 1997. Methods and data analysis for cross-cultural research. Thousand Oaks: Sage.

Volkov, Shulamit. 1990. Jüdisches Leben und Antisemitismus im 19. und 20. Jahrhundert. München: Beck.

von Freyhold, Michaela. 1971. Autoritarismus und politische Apathie. Frankfurt/M.: Europäische Verlagsanstalt.

Wagner, Ulrich und Andreas Zick. 1995. The relation of formal education to ethnic prejudice: its reliability, validity and explanation. European Journal of Social Psychology 25: 41-56.

Weidle, Renate und Angelika C. Wagner. 1982. Die Methode des Lauten Denkens. S. 81-103 in: Günter L. Huber und Heinz Mandl (Hg.): Verbale Daten. Weinheim, Basel: Beltz.

Wertheimer, Max. 1964. Produktives Denken. Frankfurt am Main: Kramer.

Die Autorinnen und Autoren

Sheree Dukes Conrad ist wissenschaftliche Mitarbeiterin im Bereich Sozialpsychologie der University of Massachusetts in Boston. Sie erwarb ihren B.A. in Psychologie an der Wesleyan University und promovierte in Persönlichkeitspsychologie an der Boston University. Sie ist Mitautorin (mit Michael Milburn) von *Politics of Denial* (MIT Press, 1996). Das Buch basiert auf ihren mit einem Preis ausgezeichneten Forschungen über die Verbindung zwischen Kindheitserfahrungen und politischen und sozialen Einstellungen.

Ofer Feldman ist Professor an der Naruto University of Education in Japan. Er lehrte Politikwissenschaft, Sozialpsychologie und Kommunikation an der Hebrew University in Jerusalem und an verschiedenen japanischen Universitäten. Er war Visiting Scholar an der University of British Columbia (Kanada, 1976) und an der Tel Aviv University (Israel, 1997-98). Zu seinen jüngsten Veröffentlichungen zählen u.a. *Politics and the News Media in Japan* (University of Michigan Press, 1993), *The Political Personality of Japan* (Macmillan, im Erscheinen) und zwei Bücher über politisches Verhalten in Japan. Er ist Mitherausgeber des Buches *Politically Speaking: A Worldwide Examination of Language Used in the Political Sphere* (Greenwood Press, 1998) und Herausgeber von *Political Psychology in Japan* (Nova Science Publications, im Druck).

Stanley Feldman promovierte in Politikwissenschaften an der University of Minnesota und ist zur Zeit Professor für Politikwissenschaften an der State University of New York at Stony Brook. Seine Forschungsinteressen liegen im Bereich der politischen Psychologie und der Sozialisationsforschung, der Wahlforschung und im Bereich der Methoden. Er hat Beiträge in Zeitschriften wie dem American Political Science Review, dem American Journal of Political Science und in Political Psychology veröffentlicht. Er ist Mitautor zweier Monographien in der Sage-Reihe: Quantitative Applications in the Social Science.

Aribert Heyder studierte Soziologie an der Universität Mannheim. In seiner Diplomarbeit beschäftigte er sich mit Determinanten des Ethnozentrismus in

Ost- und Westdeutschland. Zur Zeit ist er Mitarbeiter am Zentrum für Umfragen, Methoden und Analysen (ZUMA) in Mannheim. Wichtige Veröffentlichungen u.a. zusammen mit P. Schmidt (1999). *Wer neigt eher zu autoritärer Einstellung und Ethnozentrismus, die Ost- oder die Westdeutschen? – Eine Analyse mit Strukturgleichungsmodellen.* In: R. Alba, P. Schmidt und M. Wasmer (Hg.): Deutsche und Ausländer: Freunde, Fremde oder Feinde? Theoretische Erklärungen und empirische Befunde. Blickpunkt Gesellschaft. Band 5. (Westdeutscher Verlag).

Christel Hopf ist Professorin für Soziologie an der Universität Hildesheim. Ihre Hauptforschungsgebiete liegen im Bereich der qualitativen Methoden und im Bereich der Erziehungssoziologie und Sozialisationsforschung. Zu den zahlreichen Veröffentlichungen in diesen Gebieten gehören u.a. (zusammen mit E. Weingarten) *Qualitative Sozialforschung.* 3. Auflage (Klett, 1993). Zusammen mit P. Rieker, M. Sanden-Marcus und C. Schmidt: *Familie und Rechtsextremismus.* (Juventa, 1995).

Wulf Hopf promovierte zum Dr. rer. pol. in Soziologie an der Freien Universität Berlin und habilitierte sich in Soziologie an der Georg-August-Universität Göttingen. Er ist Professor in Erziehungssoziologie am Pädagogischen Seminar Göttingen und hat verschiedene Aufsätze und Bücher zu sozialer Schichtung und politischer Sozialisation veröffentlicht, u.a. (zusammen mit Christel Hopf) *Familie, Persönlichkeit, Politik. Eine Einführung in politische Sozialisation.* (Juventa, 1997).

Angela Kindervater ist wissenschaftliche Mitarbeiterin an der Universität Hamburg. Sie studierte Erziehungswissenschaft, Soziologie und Psychologie an der Universität Hamburg. Seit 1990 hat sie in verschiedenen internationalen Projekten im Bereich der Psychologie und Erziehungswissenschaft mitgearbeitet. Zur Zeit arbeitet sie an ihrer Dissertation mit dem Arbeitstitel: Die autoritäre Persönlichkeit: Ein biographischer Ansatz. Seit 1996 arbeitet sie in dem internationalen Forschungsprojekt *YOUTH and HISTORY. A Comparative European Survey on Historical Consciousness and Political Attitudes.* Wichtige Publikationen sind u.a.: zusammen mit G. Lederer: *Wandel des Autoritarismus unter Jugendlichen in der USA; Wandel des Autoritarismus bei Jugendlichen in Österreich; Internationale Vergleiche* in G. Lederer und P. Schmidt. (Hg.), Autoritarismus und Gesellschaft (Leske+Budrich, 1995) und *Qualitativ – biographische Zugänge zur Autoritären Persönlichkeit,* Zeitschrift für Politische Psychologie 1999, 7: 257-270.

Gerda Lederer promovierte in Soziologie und Sozialpsychologie an der Columbia University, New York. Ihre Forschungsinteressen liegen im Bereich der kulturvergleichenden Autoritarismus- und Antisemitismusforschung und des politischen Protestverhaltens in Ost- und Westdeutschland. Seit 1994 lehrt sie politische Psychologie an der New School of Social Research University, New York. Zu ihren zahlreichen Veröffentlichungen gehören u.a.: *Jugend und Autorität* (Westdeutscher Verlag, 1983), mit W. Stone und R. Christie (Hg.): *Strength and Weakness. The Authoritarian Personality Today* (Springer, 1993) und zusammen mit P. Schmidt: *Autoritarismus und Gesellschaft* (Leske + Budrich, 1995).

Sam McFarland promovierte in Sozialpsychologie an der Vanderbilt University. Er ist University Distinguished Professor an der Western Kentucky University, wo er seit 28 Jahren lehrt. Während eines Fulbright fellowships in der Sowjetunion 1989 initiierte er die Forschungsarbeiten zum Autoritarismus in Rußland. Zu diesem Thema hat er zahlreiche Aufsätze veröffentlicht u.a. *Russian Authoritarianism Two Years after Communism* (in Personality and Social Psychology Bulletin, 1996).

Jos D. Meloen ist Senior Researcher an der University of Leiden. Er arbeitete als Sozialforscher und Projektleiter an der University of Leiden (LISWO) und der University of Rotterdam (ISEO). Er hat zahlreiche Studien im Bereich Autoritarismus, Diskriminierung, ethnische Minoritäten und ebenso kulturvergleichende Studien durchgeführt. Zu seinen zahlreichen Veröffentlichungen zählen u.a. The F-Scale as a Predictor of Fascism. An Overview of 40 years of Authoritarianism Research in W. Stone, G. Lederer und R. Christie (Hg.): *Strength and Weakness. The Authoritarian Personality Today* (1993; Springer) und A Critical Analysis of Forty Years of Authoritarianism Research in Farnen (Hg.) *Nationalism, Ethnicity, and Identity* (1994). Er ist Mitautor des Buches *The Authoritarian Personality Revisited. Democracy, Authority, Multiculturalism, and Educational Policy in a Survey of 44 Countries* (im Druck).

Michael A. Milburn promovierte 1978 in Sozialpsychologie an der Harvard University. Er ist Professor für Psychologie an der University of Massachusetts/Boston. Er hat eine Vielzahl von Artikeln und die beiden Bücher *Persuasion and Politics: The Social Psychology of Public Opinion* (Brooks-Cole, 1991) und zusammen mit S.D. Conrad *The Politics of Denial* (MIT Press, 1996) publiziert.

Detlef Oesterreich promovierte zum Dr. phil in Psychologie. Er ist wissenschaftlicher Mitarbeiter am Max-Planck-Institut für Bildungsforschung in Berlin. Seine Forschungsschwerpunkte sind die autoritäre Persönlichkeit, Rechtsextremismus und politische Bildung. Zu seine Veröffentlichungen zählen u.a. *Autoritarismus und Autonomie.* (Klett, 1974); *Autoritäre Persönlichkeit und Gesellschaftsordnung. Zum Stellenwert psychischer Faktoren für politische Einstellungen. Eine empirische Untersuchung von Jugendlichen in Ost und West* (Juventa, 1993) und *Flucht in die Sicherheit. Zur Theorie des Autoritarismus und der autoritären Reaktion* (Leske + Budrich, 1996).

Susanne Rippl promovierte in Sozialwissenschaften an der Universität Giessen. Ihre Forschungsschwerpunkte liegen im Bereich der politischen Soziologie, insbesondere im Bereich der Vorurteils- und Autoritarismusforschung. Sie ist wissenschaftliche Mitarbeiterin am Fachgebiet Soziologie der Technischen Universität Chemnitz. Wichtige Veröffentlichungen im Bereich der Vorurteilsforschung sind u.a. *Vorurteile und persönliche Beziehungen zwischen Ost- und Westdeutschen.* Zeitschrift für Soziologie 1995; zusammen mit C. Seipel und G. Lederer: *Wandel des Autoritarismus bei Jugendlichen in Westdeutschland,* in G. Lederer und P. Schmidt (Hg.): Autoritarismus und Gesellschaft. (Leske + Budrich, 1995); zusammen mit K. Boehnke: *Authoritarianism: Adolescents from East and West Germany and the United States compared* in J. Youniss (Hg.): After the wall: Family adaptions in East and West Germany. (Jossey-Bass, 1995); zusammen mit K. Boehnke, G. Hefler und J. Hagan: *Sind Männer eher rechtsextrem und wenn ja, warum?* Politische Vierteljahresschrift 4/1998.

Peter Schmidt promovierte in Soziologie und Wissenschaftstheorie an der Universität Mannheim. Zur Zeit ist er Professor für Empirische Sozialforschung an der Universität Giessen. Er war wissenschaftlicher Leiter am Zentrum für Umfragen, Methoden und Analysen (ZUMA) in Mannheim. Forschungsschwerpunkte liegen im Bereich Methoden, Autoritarismus, interethnische Beziehungen und Rational Choice.

Christian Seipel ist Akademischer Rat am Institut für Sozialwissenschaften der Universität Hildesheim. Er promovierte in Sozialwissenschaften an der Universität Giessen. Seine Forschungsschwerpunkte liegen im Bereich der Methoden empirischer Sozialforschung und der politischen Soziologie. Wichtige Veröffentlichungen u.a.: zusammen mit S. Rippl, 1997: *Gruppenunterschiede – Fakt oder Artefakt? Das Problem der Bedeutungsäquivalenz am Beispiel der Rechtsextremismusforschung,* Zeitschrift für Soziologie 26: 139-150, zusammen mit S. Rippl, 1999: *Jugend und Autorität – Ist die Theorie der „autoritären Persönlichkeit" heute noch ein tragfähiges Erklärungsmodell?* Zeitschrift für Soziologie der Erziehung und Sozialisation (ZSE) 19: 188-202. C. Seipel: *Strategien und Probleme des empirischen Theorienvergleichs in den Sozialwissenschaften. Rational Choice oder Persönlichkeitstheorie?* (Leske + Budrich, 1999).

Meredith W. Watts ist Professor für Politikwissenschaften an der University of Wisconsin-Milwaukee. Er hatte verschiedene Gastprofessuren an der Hebrew University in Jerusalem, an der Northeastern University (Boston, MA) und an verschiedenen Universitäten in Deutschland (Philipps-Universität in Marburg, Heinrich-Heine-Universität in Düsseldorf und am Forschungsinstitut für Sozialwissenschaften an der Universität von Siegen). Zu seinen jüngsten Veröffentlichungen gehört u.a. *Xenophobia in United Germany* (St. Martin's Press, 1997). Er ist Herausgeber des Bandes *Cross-Cultural Perspectives on Youth and Violence* (CONN, 1998).